جمعیت‌های سری
و
فراماسونری

به قلم:
امیر نجات

شرکت کتاب
KETAB CORP.

جمعیت‌های سری و فراماسونری
امیر نجات
چاپ پنجم
چاپ نخست شرکت کتاب:
بهار ۱۳۸۹ هجری خورشیدی، ۲۵۶۹ ایرانی خورشیدی، ۲۰۱۰ میلادی
ناشر: شرکت کتاب

Secret Organizations
& Free Masonry
Amir Nejat
Fifth Edition
First Edition by Ketab Corp.-Spring 2010

I S B N: 978-1-59584-259-6

Ketab Corp.
1419 Westwood Blvd.
Los Angeles, CA 90024 U.S.A.
Tel: (310) 477-7477
Fax: (310) 444-7176

Website: www.Ketab.com
e-mail: Ketab1@Ketab.com

جمعیت های سری
و
فراماسونری

امیر - نجات

شمـــاره کتـــابخـــانه کنــگــره
۸۳ - ۰۸۱۷۹۱

سازمان فرهنگی شرق
Eastern Publishing Society

جمعیت های سرّی

و

فراماسونری

کتابی است جامع که پشتیبان پژوهشی عمیق دارد و از نظری دیگر تاریخچه ایست مُهیّج از نهضت مشروطیت ایران و زندگی نامه سیاسی اشخاصی که درین کشمکش سهم و بهره ای داشته اند و بر سیر وقایع نفوذ نیک یا بدی اعمال کرده اند.

کتاب جمعیت های سری و فراماسونری فتوکپی اسناد معتبری دارد که شاید برای اولین بار در یک کتاب فارسی منتشر شده باشد که از آنجمله است اسناد تشرّف و به عضویت درآمدن رجال سرشناس قرن گذشته و قرن حاضر و فرامین تأسیس لژها و دعوتنامه ها با نام و نشان و امضای اشخاص و تنصیب آنان به سمت های گوناگون.

نیز منظومه شیوای میرزا صادق امیری فراهانی، ادیب الممالک، درباره آیین فراماسون با زیر نویس جامع بر ارزش کتاب می افزاید.

سعی و اهتمام آقای امیرنجات در تحقیق و تتبُع و تألیف این کتاب، بسیار ارزنده است و در حقیقت اثر پر ارجی به دانشمندان و محققان اهدا کرده اند.

محمد زرنگار

تقدیم به دخترم مریم

با تشکر از بانو و آقای امیر کیائی که در آماده ساختن
این مجموعه مرا یاری کرده اند.

امیر نجات مؤلف این کتاب از پژوهشگران سرشناس و نویسندگان قدیمی ایران است که تا کنون متجاوز از یازده کتاب و ده ها مقاله در جراید به رشته تحریر درآورده است.

پدرش محمد خراسانی، مؤسس و مدیر روزنامه "حقوق" و سپس روزنامه "نجات" بود و بهمین سبب به محمد نجات شهرت یافت.

شادروان نجات از آزادیخواهان و رهبران جنبش مشروطه بود که به پاس خدماتش از دوره دوم تا پنجم به نمایندگی مجلس شورای ملی انتخاب شد.

امیر نجات تحصیلات متوسطه را در کالج آمریکائی به پایان رسانید و پس از تحصیل در دانشکده حقوق دانشگاه تهران در رشته سیاسی در سال ۱۹۴۹ میلادی برای ادامه تحصیل به آمریکا عزیمت کرد و از دانشگاه یوتا بدریافت دانشنامه مهندسی در رشته ساختمان نائل شد.

او پس از بازگشت از آمریکا، به درخواست آقای نفیسی معاون وزارت فرهنگ که ساختمان پلی تکنیک تهران زیر نظر ایشان ساخته می شد بعنوان نخستین استاد پلی تکنیک بکار مشغول شد.

او پیش از عزیمت به آمریکا، خدمات مطبوعاتی خودرا در سال ۱۳۲۴ شمسی (۱۹۴۵ میلادی) با تجدید انتشار روزنامه "نجات" آغاز کرد و در زمینه های سیاسی و اجتماعی مقالاتی در جراید آن زمان به رشته تحریر درآورد

نجات در آمریکا در سال ۱۹۵۸ نخستین هفته نامه را بزبان انگلیسی و بنام "ایرانیان" با همکاری چند ایرانی دیگر منتشر کرد و در حال حاضر نیز با نشریات فارسی و انگلیسی خارج از ایران همکاری دارد و مصاحبه های بسیاری نیز در رادیوها و رسانه های خبری انجام داده است.

فهرست مندرجات

دیباچه

در این چند سال اخیر آندسته از نویسندگان و پژوهشگران ایرانی که از گزند حوادث جان بسلامت برده اند آثار ادبی و فلسفی و تاریخی و اجتماعی و هنری گرانبهائی از خود باقی و به یادگار گذاشته اند. که نه تنها معرف ذوق و هنر آنان بلکه نشانه جد و جهدی است که در این ایام تاریک تاریخ ایران میهن پرستان ایرانی در حفظ فرهنگ و ادب پارسی مبذول میدارند.

شاید به علت همین جدیت ها و مجاهدت ها بوده که ایرانیان توانسته اند در سراسر تاریخ پر ماجرای خود از آنهمه فراز و نشیب و آنهمه ناملایمات بسلامت بگذرند و زبان پارسی و تمدن و فرهنگ ایران را زنده و پاینده پاسداری کنند.

پس از حمله اعراب به ایران و سقوط امپراتوری ساسانیان قوای فاتح در تغییر کلیه مظاهر ملی و اجتماعی ایران و ایرانیان کوشش بسیار بکار بردند اما نتوانستند ارکان فرهنگی و ملی و اجتماعی ایران را متزلزل سازند.

در این زمینه قیام ایرانیان برای مبارزه با قوای مهاجم از دو راه مختلف ولی با هدفی مشترک تجلی نمود. . . نخست قیام فرهنگی و سپس قیام مسلحانه.

ایرانیان در هردو راه پیروز شدند یعنی هم زبان عرب را در زبان پارسی حل کردند و هم با تشکیل جمعیت های پنهانی به قیام مسلحانه دست زدند و پایه های حکومت خلفای بغداد را به لرزه درآوردند.

لیکن نباید فراموش کرد که موفقیت دو جانبه ایرانیان در مبارزه با اعراب از یک طرف مدیون قلم برنده دانشوران و مورخان و شعرا و از طرف دیگر مرهون جانبازی و شمشیر آبدیده جنگ آوران پاکنهاد ایرانی بوده است. براستی این ها بودند که موجودیت خودرا در راه نجات ایران از زیر یوغ اعراب و احیای تمدن و فرهنگ آریائی به مخاطره افکندند. . و این ها هستند که تا به امروز مشعل فروزان فرهنگ و ادب ایران را همچنان تابناک دست به دست به نسل آینده ایران انتقال می دهند.

در این رهگذر کتاب، "جمعیت های سری و فراماسونری" که طی اوراق آتی عرضه گردیده اثر تحقیقی بسیار ارزشمند دیگری است که به همت محقق دانش پژوه و خوش قلم امیر نجات به ما ایرانیان اهداء میگردد.

مؤلف کتاب با ارائه مدارک و شواهد معتبر تاریخی به خوبی نشان داده است که چگونه پس از استیلای اعراب بر سرزمین ایران شیر مردان دلیر و آگاه و آزاده ایرانی با تشکیل جمعیت های سری مانند جمعیت های شعوبیه و باطنیه و اخوان الصفا و راوندیه و غیره در برابر خلفای اموی و عباسی پرچم مبارزه و مخالفت برافراشتند و در راه حفظ و حراست معیارهای ملی و فرهنگی و بخصوص حفظ هویت ایرانیان قیام کردند.

در باره فراماسونری و ارتباط آن با جمعیت های سری نیز در این کتاب مطالبی موشکافی شده که نه تنها تازگی دارد بلکه نشانه پژوهش ژرف و ارزنده مؤلف کتاب است.

بنا به پاره ای قرائن و شواهد از قرن ها پیش مجامع سری ایرانیان با محافل فراماسونری ارتباط داشته اند. حتا برخی از صاحب نظران اروپائی نوشته اند که پس از سقوط ساسانیان رسوم و رموز فراماسونها میان ایرانیان

وجود داشته و برخی دیگر پا فراتر نهاده و آداب و رسوم فراماسونری را به دراویش نسبت می دهند و شاید این قرابت و بستگی چندان هم بی پایه و بدون اساس نیست.

در مورد فراماسونری مدرن در ایران که شاید شروع آن مقارن سال ۱۷۱۷ میلادی بوده مؤلف کتاب ذوق و علاقه خاص به کار گرفته و ضمن معرفی فراماسون های اولیه ایرانی که افکار تجدد خواهی و نوآوری را از اروپا برای ایرانیان به ارمغان آوردند از مجامع اخلاقی و باشگاه های اجتماعی بخصوص از فعالیت های فراماسون ها در صدر مشروطیت یاد میکند و چهره آن دسته از آزادی خواهان و رجال صدر مشروطه را که به نحوی از انحاء با فراماسونری ارتباط داشته اند در آیینه تاریخ منعکس ساخته و نقش فراماسون ها را در انقلاب مشروطیت و پس از آن در معرض قضاوت قرار می دهد.

یقین دارم که در آینده این مجموعه ذیقیمت به صورت یکی از منابع مهم و مستدل و غنی توجه محققان و علاقمندان به تاریخ ایران را جلب خواهد کرد و بهره وری از آن نه تنها بسیاری از نکات تاریک تاریخ فراماسونری بلکه بسیاری از رویدادهای مجهول تاریخ ایران را روشن خواهد ساخت

دکتر ضیاء الدین هیئت

پیش گفتار

مجموعه ای را که اکنون تقدیم می کنم تاریخچه فشرده ای است از انجمن های سری و فراماسونری با تمرکز در پیدایش "فراماسونری ایرانیان" و نقش فراماسون ها و طبقه روحانی در انقلاب مشروطیت ایران. . .

هنوز هستند کسانیکه انقلاب مشروطه را حاصل رقابت و تضاد منافع بین روس و انگلیس می دانند و معتقدند که اگر دو سه پادشاه آخری قاجار به امپراطوری انگلیس پشت نکرده و به موقع روابط عاشقانه خودرا با همسایه شمالی قطع کرده بودند هرگز دولت فخیمه پشت به آنها نمی کرد و از مشروطه و مشروطه خواهان جانبداری نمی نمود.

هنوز هستند کسانی که معتقدند اگر آن شیخ واپسکرایی که آبروی خودرا زیر پا گذاشت و با شاه خود مختار و مستبد و متجاوز قاجار پیمان مهر و وفا بست کوتاه آمده و تسلیم شده بود هم سلطنت قاجاریه را نجات میداد و هم جانش را از دست نمی داد. در اینصورت چه بسا معجون مشروطه و محصول آن که همان قانون اساسی باشد جور دیگری از آب در می آمد و شاید به حال ملت سودمندتر و به مذاق مردم گواراتر بود.

هنوز هستند کسانی که همه تحولات اجتماعی ایران. . . وضع مزاجی شاه و نبض سیاسی رجال ایران. . . نطفه بندی شب زفاف رابطه بین زن و شوهر و خواهر و برادر. . . اوضاع جوی و برف و باران و طوفان. . . و خلاصه همه و همه را زیر سر ساحل نشینان لندنی میدانند.

شاید کم و بیش نوری از حقیقت در چنان اعتقاداتی نهفته باشد اما این مانع نمی شود که ما ایرانی ها هر وقت که صحبت از انقلاب مشروطیت پیش می آید در خود احساس غرور و سربلندی نکنیم زیرا در اثر انقلاب مشروطه بود که طومار حکومت جبار درهم پیچیده شد و صدها سال فشار و ظلم و خودکامگی خاتمه یافت و قانون و عدالت جانشین بی قانونی و بیدادگری گردید.

حال اگر حلوای مشروطه در دیگ ساخت لندن و با هیزم سفارت انگلیس جوشید و جا افتاد. . . بدا به حال انگلیس و اگر آزادیخواهان ایران توانستند از رقابت بین دو قدرت استثمارگر آنزمان بهره برداری کنند و پرچم مشروطه را به هوا کردند خوشا به حال آزادیخواهان ایران.

اگر در انقلاب مشروطیت ایران، انگلیس دایه مهربان تر از مادر شد و در راه پشتیانی از آزادیخواهان ایران دروازه های سفارت را گشود و مشروطه خواهان را زیر چتر حمایت خود گرفت. . . و اگر روزنامه های لندن، ناشر افکار آزادیخواهان ایران و مدافع حقوق ملی ما گردیدند و اگر پارلمان انگلیس مجلس تعزیه شهدای مشروطه گردید به این علت بود که انگلیسی ها پایه های حکومت قاجاریه را لرزان و بی ثبات میدیدند و چون نزدیکی ایران و روس تزاری را برخلاف علایق خود در منطقه تشخیص داده بودند ناچار گردیدند با آزادیخواهان ایران همراهی و همدردی کنند و الا دولت بیدادگری که صدها سال است خون ملتهای محروم مشرق زمین را مکیده و حاصل دسترنج آنان را به غارت برده و آنها را در جهل و گمراهی و خرافات مذهبی غرق نموده ، چگونه میتواند طرفدار آزادی و مساوات و عدل و انصاف باشد آنهم در مورد سرزمینی که نه تنها از لحاظ مسافت بلکه از نظر زبان و مذهب و رسوم و فرهنگ، فرسنگ ها با او فاصله دارد.

واضح است که اندیشه های آزادیخواهی و دمکراسی از غرب به شرق آمده و ما ایرانیان از این حیث به غربی ها مدیون هستیم و باید از آنها تشکر کنیم که علی رغم تمایلات باطنی خود که همیشه استثمار و استعمار مادی و معنوی ما شرقی ها بوده، با همه کجی و دشمنی که پیوسته نسبت به ما شرقی ها داشته اند، خانه و کاشانه خودرا بر روی نوآوران ایرانی گشودند و اجازه دادند نسیم فرحبخش دمکراسی مغرب زمین به فضای مختنق و هوای آلوده ایران انتقال یابد.

باید از غربی ها تشکر کنیم که اجازه دادند میرزا تقی خان امیرکبیر صدر اعظم روشنفکر و مترقی ایران، جوان های ایرانی را به فرنگ بفرستد تا آنها نیز به نوبه خود کشف کنند که علم کلاسیک قدیمی شده و بسیاری از اصول دانش و بینش پیشینیان ما یا خبط و خطا و یا ناقص و مردود بوده و بهره برداری و بهره وری از فلسفه زندگی و تمدن مغرب زمین نه تنها برای پیشرفت جامه ای عقب مانده لازم، بلکه ضروری است.

هم این جوان های روشن دل و پاکنهاد به دنبال فلسفه "دکارت" و قوانین فیزیکی "نیوتن" و روش علمی "کنت" و اصول طبیعی "داروین" رفتند و در نتیجه گوش و چشمشان باز شد و دانستند که غیر از دنیای محدود و تنگ و تاریک "قبله عالم ها" و "ظل السلطان ها" و "عین الدوله ها" و "فرمانفرما ها" دنیای دیگری نیز هست. . . و سوای کوچه های تنگ و تاریک و خانه های مخروبه و خشت و گلی و مکتب خانه های نمناک و آلوده و قیاقه بد عنق ملا احمد مکتب دار زیر بازارچه، خیابان های با شکوه و خانه های زیبا و مدارس هنری و صنعتی و معلمین خوش خلق نیز در این دنیا وجود دارد. . . و همین جوان ها بودند که به مجامع سیاسی و اجتماعی و هنری اروپا راه یافتند و نه تنها عضویت در چنان مجامعی را از انحصار

اروپائیان خارج ساختند بلکه در مراجعت به ایران از راه تشکیل حزب و دسته و جمعیت انجمن انقلاب مشروطه را به راه انداختند و در راه حصول به مقصود خویش نیز کامیاب شدند.

پس انقلاب مشروطیت ایران حاصل تلاش و رهبری نو آوران اروپا دیده ایرانی بود. انقلابی بود که از بطن اجتماع ایران جوشید و خروشید و بدون هیچگونه شک و تردید، تا آنجا که به حقوق مردم مربوط بود، مهمترین واقعه تاریخ ایران محسوب می شود.

اما چه شد که عمر مشروطه اینقدر زودگذر و کوتاه بود؟

چه شد که ملتی قیام کرده، توفیق یافته، با آنهمه شور و شر و سرو صدا، آنچه را که برای بدست آوردنش آنهمه تلاش کرده و چنان خون بهای گران پرداخته بود، به این آسانی و سهولت از دست داد؟

کسی که در جستجوی دلایل پیدایش چنان انقلاب عظیمی چون انقلاب مشروطه باشد ناچار باید در پی کاوش و تحقیق زنجیره گسسته شده حوادث را که منجر به انقلاب مردمی و ملی مشروطیت شد دوباره با هم پیوند دهد تا شاید بتواند غایت منظور و نتیجه ی مطلوب را بدست آورده و گوشه ای از زوایای تاریک تاریخ ایران را روشن سازد.

امید دارم اکنون که قلم را بر زمین می گذارم و این مجموعه را به پایان می رسانم در این راه توفیق حاصل کرده باشم و محصول بیش از دو سال جستجو و تحقیق بتواند نکات تاریک تاریخ انجمن های پنهانی و فراماسونری و ارتباط شگفت انگیز آن انجمن ها را با مشروطه آن طور که من کاوش کرده و یافته ام روشن ساخته در معرض داوری و بهره وری قرار دهد.

سال روز مشروطیت ۱۳۶۲ شمسی - امیر نجات

۱

مقاله

تا کنون درباره پیدایش فراماسونری صدها مقاله و رساله و ده ها کتاب نوشته شده که بسیاری یا نا درست و یا حاوی مطالب آشفته و ضد و نقیض و غرض آلود است.

بعضی از نوشته ها از کلک قلم کسانی تراوش کرده که خود، یا فراماسون بوده اند، و یا به نوعی با فراماسونری آشنائی و رابطه داشته اند. اگر تعصب بعضی از نویسندگان با دیده اغماض پرده پوشی شده و نوشته های آنها بدیده قبول مقبول آید، شاید بتوان در خلال سطور چنان نوشته هائی، روزنه ای از حقیقت و نوری از واقعیت جستجو کرد و حاصل این جستجو را ملاک و مبنای قضاوت درباره این جمعیت باستانی و این جماعت نیرومند، که موجودیت آن از زمان پیدایش تا عصر حاضر، هم موجب ستایش و هم مورد مخالفت و اعتراض بوده و هست، قرار داد.

پیدایش "ماسونری" به قرون وسطی مربوط می شود. واژه "ماسون" معرف سازنده و مربوط بوده به آن گروه از هنرمندانی که علم معماری و صنعت ساختمانی و فن طراحی را با هم در آمیخته و در این گونه امور تخصص داشته اند. لیکن با گذشت زمان، هنر بناها یا "ماسون ها" به رشته های دیگر از قبیل سنگ تراشی و کاشی کاری و آجر کاری و نجاری و تا اندازه ای به مجسمه سازی و نقاشی توسعه یافته است.

اما بدون تردید پس از پیدایش صنایع اولیه و به موازات پیشرفت امور هنری، بخصوص در امر بنائی و معماری، گروه سازی ها و رده بندی هائی برای متشکل ساختن و در انحصار گرفتن هنر طراحی و حرفه بنائی انجام پذیرفت که با اسرار و رموزی توام بود.

بنایان و هنرمندان به درجات مختلف از قبیل کاشی کاران و سنگ تراشان و آجرکاران و مجسمه سازان و غیره تقسیم می شدند و برای شناسائی یکدیگر علامات و رموزی رد و بدل می کردند. لیکن همین که تعداد آنها فزونی یافت، قوانین و مقرراتی نیز وضع نمودند و اتحادیه هائی به وجود آوردند تا پاسخگوی نیازمندی های صنفی آنان باشد.

در اغلب شهرهای اروپائی آنزمان، دسته هائی مربوط به هنر بنائی و طراحی وجود داشت و بنایان و طراحان که از شهری به شهر دیگر می رفتند با بکار بردن علائم و رموزی یکدیگر را شناسائی میکردند.

میان شش یا هفت گروه که به طریق فوق تشکیل می گردید یک گروه وجود داشت که رهبری سایر دسته ها را بر عده داشت. اعضای آن گروه را "استاد بنا" می نامیدند. استاد بنایان، از شهر و دیاری به شهر و دیار دیگر آزادانه سفر می کردند و بهمین سبب به استاد بنایان آزاد مشهور شدند.

معماران و مجسمه سازان و نقاشان و کاشی کاران و سایر هنرمندان اغلب سواد نداشتند. با این حال ظاهراً به علوم فیزیک و شیمی و ریاضیات ترسیمی آشنائی داشتند. هم اینها بودند که بیش از یکهزار و پانصد کلیسا و خانقاه و صومعه و قلعه و برج و بارو بنا نهادند که شاید معروفترین آنها صومعه "سن دنیس" است که در سال ۱۱۴۰ میلادی در شهر پاریس ساخته شد.

مقارن همین ایام در کشور انگلیس نیز کوشش های بسزائی برای ایجاد چند کلیسای بزرگ آغاز گردید. هزینه ساختمان کلیساها از محل گردآوری اعانه تأمین می شد و برای این منظور یکی از استاد بنایان به سمت "استاد بزرگ" برگزیده شد تا در امر جمع آوری اعانه و انتخاب هنرمندان کار آزموده و واگذاری کاری که در خور آنان بود نظارت نماید.

"استاد بزرگ" عده ای از بنایان آزاد را که در سراسر قاره اروپا پراکنده بودند و در ساختن ابنیه مذهبی و تاریخی دست داشتند به انگلیس فرا خوانده و برای سکنای آنها، محل هائی بنام "لژ" یا "محل سکنی" تخصیص داد و به امر "استاد بزرگ" یکی از استاد بنایان، بعنوان مسئول یا "رئیس لژ" برگزیده شد.

وظیفه اصلی "رئیس لژ" پذیرفتن شاگرد بنا و کمک بنا و آموزش آنان به رموز و شِگِرد حرفه بنائی و معماری و انجام دستورهای "استاد بزرگ" بود.

"استاد بزرگ" یا "بزرگ استاد" نقش رئیس پروژه ها را ایفا میکرد و در تخصص و هنر سرآمد سایرین بود.

"لژ" بمنزله کارگاه و مدرسه تلقی می شد و محل نگهداری آلات و ادوات و ابزار و لوازم و وسائل کار بنایان از قبیل تراز و شاقول و گونیا و غیره بود. بعلاوه، در مجاورت "لژ" ساختمان دیگری نیز وجود داشت که محل تهیه نقشه و تدارک مدل ساختمان محسوب می شد.

در انجام کارهای ساختمانی از کارگران معمولی غیر متخصص که به مزد نا چیزتر قانع بودند نیز استفاده می شد لیکن آنان اجازه نداشتند از رموز و فنون طراحی و معماری که مختص بنایان و استاد بنایان آزاد بود آگاهی یابند.

هنگامی که کار ساختمان پایان می یافت، لژ نیز منحل می شد و بنایان و هنرمندان برای شروع کار تازه به محل دیگر کوچ می کردند.

شش یا هفت قرن این روش در ساختمان آثار هنری بنایان آزاد در اروپا ادامه داشت تا در اواسط قرن چهاردهم میلادی در ایالت "یورک"، پنجاه کیلومتری لندن، وقتی ساختمان کلیسای بزرگ "یورک" پایان یافت، برخلاف سنت معمول، لژی که در ساختمان کلیسا دست داشت منحل نگردید. . . و بدین منوال "اولین لژ ثابت فراماسونری بنایان آزاد" در ایالت یورک کشور انگلیس بنیان گذاری شد. در نتیجه برای نخستین بار "لژ بنایان آزاد" از صورت محل اجتماع موقت هنرمندان و بنایان آزاد و کارگران حرفه ای خارج شده و بصورت محل دائمی در آمد.

در سال ۱۳۵۰ میلادی، قانون و دستورات مربوط به نخستین لژ بنایان آزاد پذیرفته شده (Free and Accepted Masons) برشته تحریر در آمد و به ثبت رسید و سپس در فاصله بین سالهای ۱۳۵۰ تا ۱۴۱۰ میلادی قانون اساسی فراماسونری بنام "ریجیوس مانسکریپت" (Regius Manuscript) نوشته شد. این مدرک تاریخی کهن سال ترین مدرک موجود در فراماسونری مدرن به شمار می آید. لژهائی که از آن تاریخ به بعد، یا به تدریج و یا بطور دائم تشکیل می شد، محل تدریس فلسفه و اصول برادری و برابری بود و بسیاری از بنایان آزاد و حرفه ای نیز که در سراسر اروپا متفرق بودند به لژهای دائمی پیوستند.

در دهه اول قرن هیجدهم میلادی، کم و بیش حدود دویست لژ به طریق فوق در انگلیس تأسیس شد که عضویت بعضی از آنها اختصاص به

فراماسون های حرفه ای[۱] داشت و برخی دیگر از فراماسون های مجازی[۲] بودند. تعدادی از لژها نیز از هر دو گروه ترکیب شده بود.

در سال ۱۷۱۷ میلادی، چند لژ اجتماع کردند و تحت عنوان "اتحاد فراماسون ها" لژ بزرگ لندن را بنیان گذاری نمودند.

از بدو پیدایش، فراماسون ها مردمانی مذهبی بودند که به کلیسای کاتولیک تعلق داشتند، پس از تأسیس لژ بزرگ لندن، سایر شعب مسحیت نیز به عضویت لژها پذیرفته شدند و سپس به تدریج مسئله مذهب در لژها حل و شرط عضویت ایمان به خداوند قرار داده شد. با این حال چون در مذهب کاتولیکی اقرار از ارکان اصلی محسوب می شود و برعکس در فراماسونری اقرار بر خلاف اصول عقاید و معتقدات است، کاتولیک های متعصب از عضویت در لژهای فراماسونری رویگردان هستند.

لژهای فراماسونری محل عبادت نیست و یک فراماسون به مذهب ویژه خود که به آن معتقد است، بستگی دارد. هنگام تشریفات ورود هیچگونه آزمایش مذهبی از داوطلبان بعمل نمی آید و تنها اثری که از مذهب دیده می شود، کتاب آسمانی داوطلب است که در بالای محراب قرار داده می شود.

مباحث سیاسی و مذهبی در لژ مجاز نیست و فراماسون ها در انتخاب راه و روش سیاسی و اعتقادات دینی خود از آزادی کامل برخوردار میباشند.

اصول برادری و برابری و تعاون در سرلوحه مرام فراماسون ها قرار دارد.

۱- فراماسون های حرفه ای بنایان آزادی بودند که قبل از سال ۱۷۱۷ میلادی و کمی پس از آن در لژهای حرفه ای عضویت داشته اند

۲ – فراماسون های مجازی تخصصی نداشتند اما اجازه یافتند به عضویت لژ درآیند.

Courtesy: Grand Lodge of England, London, England

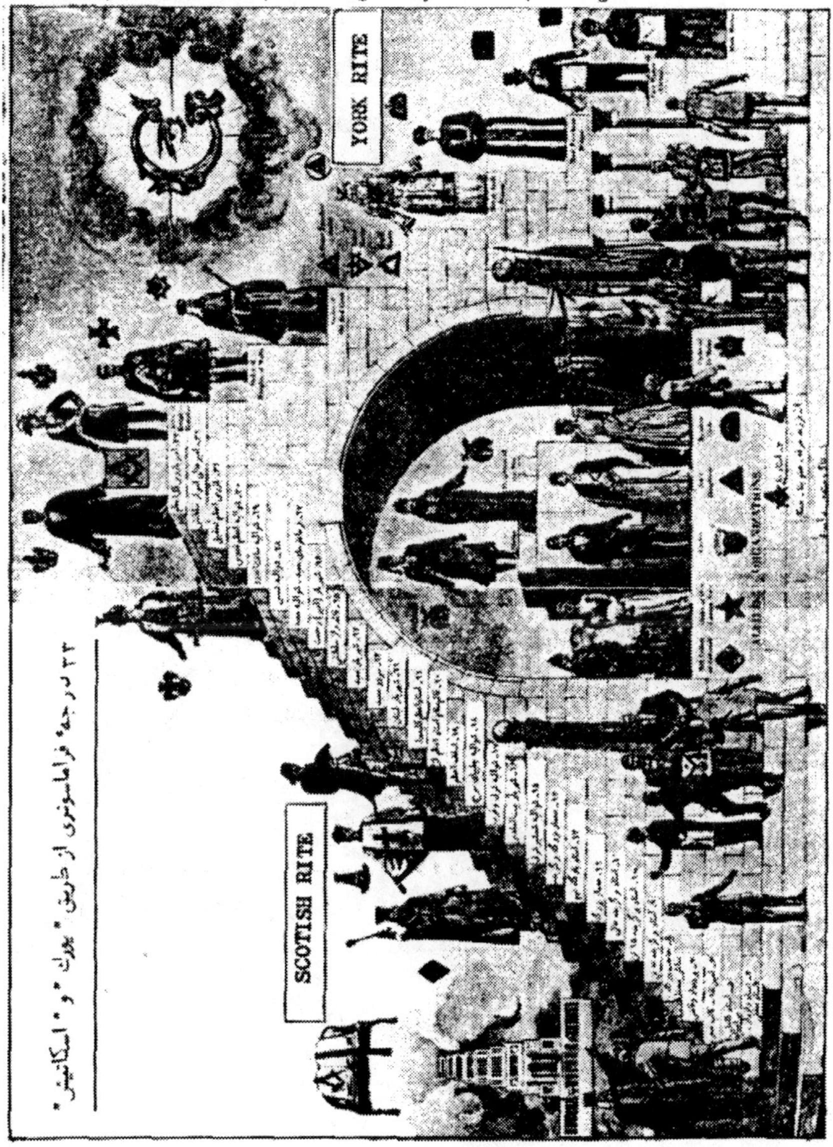

نویسنده این کتاب تا بالاترین و سی و دومین درجه فراماسونری و شرینری رسیده است.

۲

قیام

جمعیت هـای سـری باستانی را میتوان بقـرار ذیل طبقه بنـــدی و شناسائی کرد. . .

۱- در امور مذهبی، جمعیت های سری، "مصری ها" و "ایلیوساینینها".

۲- در امور نظامی. شوالیه های تمپلار.

۳- در امور قضائی. ویمگریشت ها.

۴- در علوم. الشیمیت ها.

۵- در امور خیریه و اجتماعی. فراماسون ها.

۶- در امور سیاسی. کابوناری ها.

۷- در امور ضد اجتماعی. گازدون ها.

میان گروه های فوق از همه مهمتر و فعال تر که اثر اجتماعی – سیاسی غیر قابل انکاری از خود باقی گذاشته جمعیت های سری مذهبی بوده اند. تحول اصلی را انجمن های سری مسیحیت بوجود آوردند. در صدر اسلام نیز انجمن های سری مانند "جمعیت های سری شعوبیه" و غیره برای رهائی ایرانیان از سلطه خلفای عرب وجود داشته است. پس از پایان حکومت خلفای راشدین و انتقال قدرت به خاندان "اموی" تعصبات نژادی و خود پسندی به جای نیکوکاری و فضیلت نشست و حکومت امویه نه تنها مشوق فساد و ظلم و ستم بود بلکه زعمای قوم اموی نیز خود در فساد و ظلم

و زورگوئی و سرقت اموال مردم دست داشتند. بهمین علت مردمی که زیر سلطه عرب قرار گرفته بودند قد علم کرده به مبارزه پرداختند. پرچمدار مبارزه ایران و ایرانیان بودند که با سابقه درخشان تاریخی و فرهنگ و هنر موروثی خویش به ایجاد جمعیت های سری پرداختند. در رأس این جمعیت ها "اخوان الصفا" و "شعوبیه" قرار داشت که نخست از طریق نشر افکار علمی و فلسفی آغاز به کار کردند و سپس با اشاعه عقاید و افکار اخلاقی پرچم مبارزه با خلفا را برافراشتند. این گروه ها با اشاعه ی فرهنگ و ادب ایران از راه شعر و خطابه و نشر رساله و با استفاده از آیات قرآن و نقل حدیث نبوی حکومت اموی را به شدت مورد تهدید قرار دادند. نمونه ی بسیار برجسته اینگونه قیام های فرهنگی را میتوان به خوبی در شاهنامه فردوسی طوسی مشاهده کرد.

برخی دیگر از جمعیت های سری از طریق قیام مسلحانه علیه خلفا عمل کردند. مهمترین آنها قیام "ابو مسلم خراسانی" بود که جمعیت "راوندیه" را تشکیل داد و موفق شد آخرین خلیفه اموی – "مروان" را شکست داده خلافت را به "خاندان عباسیان" منتقل سازد.

با اینکه انتقال خلافت از امویان به عباسیان موجب تعدیل فشار خلفا و تقبل نسبی عقاید فلسفی و اجتماعی ایرانیان گردید با این حال مبارزه استقلال طلبانه جمعیت های سری علیه خلفای عباسی همچنان ادامه یافت.

ستمگری اعراب بر ایرانیان و سایر ملل "غیر عرب" که تا حد بردگی تنزل یافته و بخصوص رفتار غیر انسانی "بنی امیه" نسبت به ایرانیان موجب پیدایش فرقه یا "نهضت شعوبیه" گردید.

"بنی امیه" در فساد غوطه ور شده بودند و همین فساد روزافزون و فشار بر مردم سرزمین های اشغالی سبب قیام های مردمی علیه تجاوز

"معاویه" و حکام عرب گردید. رفتار خشونت آمیز اعراب ایرانیان را به ستوه آورد بطوریکه در پس هر سرکشی و طغیانی که بر ضد حکمرانان اموی تجلی می کرد ایرانیان دست داشتند.

در زبان عرب "شعوبیه" به معنای قوم یا ملت است اما در این مورد نهضتی بود کاملاً ایرانی که برای پاسداری فرهنگ و ادب و زبان و ملیت قوم ایرانی و ایجاد حکومت ناسیونالیسم مترقی تجلی می کرد. رهبری اولیه نهضت را خاندان "یسار نسائی" بر عهده داشت که در اشاعه ی فرهنگ و ادب ایران کوشا بودند.

اعراب نسبت به تمدن و فرهنگ ایرانیان بغض و کینه ی دیرینه داشتند و در سرکوبی نهضت اقدام کردند. به این علت رهبران نهضت شعوبیه روش مبارزاتی خودرا به فعالیت های پنهانی و مخفی علیه اعراب مبدل ساختند و با ارائه ی طرحهای وسیع اقتصادی و اجتماعی نهضت عظیم پیشه وران و کشاورزان را ایجـــاد کـــردند. رهبران نهضت نیز از میان پیشه وران و کشاورزان انتخاب می شدند و در شهرهای عمده به تبلیغ و ترویج عقاید خویش می پرداختند.

در حقیقت نهضت شعوبیه هسته مرکزی قیام هائی بود که به رهبری ایرانیان در قرون دوم و سوم هجری تجلی نمود. از آن میان می توان قیام "به آفرید"، "ابو مسلم خراسانی"، "بابک خرم دین"، "مقنع" و "قرمطیان" را نام برد. نخستین قیام به دست یکی از عمال اموی به وجود آمد. . . "عبدالرحمان ابن اشعث" حاکم زابل از جانب حجاج امارت داشت. حجاج نامه ای به وی نوشت که هرچه زودتر در وصول و ایصال مالیات ها اقدام کن و به هند و سند حمله بر و سر عبداله عامر را فوراً نزد من بفرست.

ابن اشعث که در صدد طغیان و سرکشی بود برآشفت و جوابی درشت به حجاج نوشت که تاختن به هند و سند کنم امّا نا حق نستانم و خون نریزم.[3]

بین اشعث و حجاج جنگ درگرفت. ابن اشعث بارها حجاج را شکست داد امّا در جنگ "جماجم" پس از یکصد روز محاربه دستگیر شد و از ترس حجاج خودرا از بام خانه ای به پائین افکند و در دم جام سپرد.

در بحبوحه ی ظلم و ستم حکام عرب و تاراج و غارت بنی امیه خطه خراسان مرکز شورش ها و نهضت های ملی و پنهانی بود. از لحاظ اقتصادی خراج خراسان به عمال اموی معادل نصف کلیه خراجی بود که به خلفا پرداخت می شد و از این حیث فشار بسیاری بر مردم وارد می آمد. از طرف دیگر بُعد مسافت و ناتوانی خلیفه در لشگرکشی به آن خطه زرخیز سرکوب ساختن قیام مردم خراسان را دشوار می ساخت. بدین ترتیب پیدایش شخصیت های انقلابی مانند "باکراین ماهان" - "ابو مسلم خراسانی" و یا "خداش" و تشکیل سازمان سری "طرفداران بنی عباس" زمینه را برای ایجاد توازن سیاسی – اجتماعی نوین ضروری ساخت.

"باکراین ماهان" که بازرگان بود و از پرداخت خراج به حکام اموی و عمال آنان به ستوه آمده بود برای سرنگون ساختن حکومت امویان جمعیت مخفی طرفداران بنی عباس را تشکیل داد.

"خداش" پیرو مزدکیان بود و بعلاوه در روستاهای خراسان نفوذ داشت و مخفیانه به تبلیغ عقاید مزدک مشغول بود. حاکم خراسان از ماجرا

۳- تاریخ سیستان. تصحیح ملک الشعرای بهار. ص ١١٤

آگاه شد و امر داد "خداش" را دستگیر کنند. . . زبان و دستهای اورا بریدند و سپس دیدگانش را با آهن گداخته میل زدند و اورا کشتند.

اما "ابو مسلم خراسانی" جمعیت سری "راوندیه" را تشکیل داد و دائماً علیه حکومت اموی تبلیغ می کرد و شاید بعلت فقدان بینش سیاسی و تحت تأثیر مظالم خلفای اموی به تصور اینکه از میان بردن امویه و به وجود آوردن خلافت "عباسیان" گره از مشکلات باز کرده عدالت اجتماعی و مساوات را برقرار خواهد ساخت. به حمایت از عباسیان پرداخت و در این راه بسیاری از قیام های مردمی و ملی از قبیل قیام "به آفرید" و قیام مردم بخارا را به نفع حکومت عباسیان سرکوب نمود. . . و شاید درحقیقت با تحکیم پایه های حکومت عباسیان زمینه قتل خودرا به وسیله "منصور عباسی" فراهم ساخت.

استقرار حکومت عباسیان با نثار خون ایرانیان جامه ی عمل پوشید لیکن امید و آرزوی مردم ایران در برپا ساختن حکومت عدل و مساوات تحقق نبخشید. با این حال نباید نتیجه مبارزات مردم ایران را که منجر به پیدایش شخصیتی چون حکیم ابوالقاسم فردوسی طوسی که عالیترین شاهکار حماسه سرائی تاریخ را تدوین نمود و بصورت "شاهنامه" به جامعه بشری تقدیم داشت نادیده گرفت.

". . . این جماعات نخست از راه نشر عقاید فلسفی و علمی آغاز به کار کردند برخی از این جمعیت های سری مانند اخوان الصفا و شعوبیه فقط به تبلیغ آراء و عقاید اجتماعی و اخلاقی مشغول شدند و رسوخ در افکار را مفیدتر از جنبش های مسلحانه تشخیص دادند و برخی دیگر راه جنگ و ستیز در پیش گرفتند. گروه اول شعر می سرودند، خطابه می خواندند، سخنرانی و وعظ می کردند و در خلال آنها با استفاده از قرآن کریم و احادیث نبوی بر ضد روش دستگاه حکومت

بخصوص تعصب نژادی آن که رنگ جاهلیت داشت سخن می گفتند و تبلیغ می کردند.

قصاید بشاربرد طخارستانی معاصر عبد الملک مروان که در کتاب ها باقی مانده از نمونه های برجسته اینگونه تبلیغات است.

استاد بزرگوار فردوسی طوسی نیز تحت تأثیر افکار شعوبی و دارای مکتب معتذله بود و کار او در تنظیم شاهنامه از کارهای بزرگی است که جهت پیشرفت مسلک خود انجام داده است.

برخی از جمعیت های سری ایران در دوران اسلامی پس از پیشرفت در کار به قیام مسلحانه دست زدند مانند جمعیت راوندیه پیروان ابومسلم خراسانی که موفق شدند مروان آخرین خلیفه اموی را مغلوب سازند و خلافت را از خاندان اموی منتزع کنند. لیکن با انتقال خلافت از امویان به عباسیان فعالیت جمعیت های سری خاموش نشد. . . هرچند در زمان حکومت این خاندان جامعه از جهت پذیرفتن عقاید فلسفی و علمی بسیار ملایمتر از پیش شده بود زیرا هدف جمعیت های سری در واقع برانداختن سلطه عرب از دوش مردم دیگر بود و این هدف با انتقال خلافت از خاندانی به خاندان دیگر تأمین نمی شد. لذا جمعیت های سری بار دیگر از آمادگی زمینه های سیاسی و اجتماعی و افکار استقلال طلبانه ایرانیان سود جسته و دنبال کار خودرا گرفتند و دسته های جدیدی به نام های گوناگون بر ضد خلفای بغداد تحریک و تبلیغ می کردند.

قیام خرم دینان و نخشب و دسته هائی مانند آنان که کارهایشان در تاریخ اسلام ذکر شده هرکدام شعله ای از اقدامات این جمعیت ها است. قیام ها و طغیان های برخی از سلاطین محلی در مقابل اوامر دربار بغداد در اثر تشویق و تبلیغ و حمایتی بود که این جمعیت ها از آنان می نمودند و زمینه کار را در افکار عامه آماده می ساختند". [۴]

۴- فراموشخانه و فراماسونری در ایران. اسماعیل رائین. جلد اول. ص ۲۲٤ و ۲۲۵ تهران

استقرارحکومت عباسیان موجبات تمرکز بیشتر "فئودالیسم" و غصب اراضی و املاک روستائیان را فراهم آورد و خلافت عباسیان به حربه ای بُرنده در دست اشراف زمین دار مبدل شد. بعلاوه چون مذهب رسمی عباسیان "تسنن" بود هرگونه مخالفت و اعتراض نسبت به نظام موجود خلفا زیر پوشش ارتداد مذهبی و در کسوت نهضت هائی از قبیل "خرم دینان، مقنعیان، خوارج (که جمهوری خواه بودند) و قرمطیان و شیعیان (که سلطنت طلب بودند) زیر لوای جمعیت های سری ظاهر می شد. چه بسا رهبران فرقه های سری فوق سعی داشتند با ایجاد اختلال میان مدعیان خلافت از زیر بار حکومت اعراب شانه خالی کنند بطور مثال وقتی ابومسلم خراسانی از عباسیان قطع امید کرد به خاندان علی ابن ابیطالب متوسل شد و به وسیله "ابوسلمه" طی نامه ای به امام جعفر صادق پیام فرستاد و خویشتن را در اختیار امام قرار داد لیکن امام نامه های ابومسلم را آتش زد و زیر بار مخالفت با حکام عباسی نرفت. تاریخ فخری در این مورد مینویسد:

". . . فرستاده ابو سلمه نزد جعفربن محمد آمد و نامه ابوسلمه را به او داد. جعفربن محمد گفت: مرا به ابوسلمه که شیعه و پیرو دیگران است چه کار (منظور شیعه عباسی است که به امامت محمدبن علی بن عبداله بن عباس از نواده های عباس بن عبدالمطلب عموی پیامبر اسلام اعتقاد داشته اند.) . . . فرستاده ابوسلمه گفت: نامه را بخوان. امام جعفربن محمد به خادم گفت چراغ را نزدیک بیآورد. چون خادم چراغ آورد جعفربن محمد نامه را در آتش چراغ نهاد و آنرا سوزاند. فرستاده ابوسلمه گفت: جواب آنرا نمیدهی؟ جعفربن محمد گفت جوابش همین بود که دادم."[۵]

۵ ـ تاریخ فخری. ابن طقطقی. محمد وحید گلپایگانی. بنگاه ترجمه و نشر کتاب. ص ۲۰۸

با تمامی خدماتی که "ابو مسلم" به عباسیان کرده بود بنا به دستور خلیفه اورا کشتند و قتل او موجب شد که بیشتر نهضت های پنهانی و مخالف با حکومت عباسیان با اختلاط عقاید "زرتشتی و شیعی" و عقاید "مزدکیان" که توسعه عدالت اجتماعی و اشتراک ثروت بود به صورت واحد در مبارزه علیه خلفای عباسی متحد گردند.

چنین اتحادی را به خوبی می توان در جنبش های "سنباد" و "یوسف البرم" و "بابک خرم دین" و "مقنع" که از افکار "شیعی – مزدکی" ریشه می گرفت جستجو کرد. قیام "مقنع" یکی از مهمترین رویدادهای قرن دوم هجری بود و افکار او شور و هیجان بسیار در جامعه اسلامی و دستگاه خلفا به وجود آورد. این قیام با همکاری روستائیان موجودیت یافت و از نظر اجتماعی و اقتصادی قویاً تحت تأثیر افکار "مزدکیان" قرار داشت.

". . . مقنع ادعای خدائی می کرد و بر اتباعش حکم کرد که پیروی از کلیه قوانین و احکام مزدک بر آنها فرض و واجب است و آنچه را که مزدک تشریح کرده بود او هم امضاء کرد.[۶]

. . . پیشه او کازرگری (رخت شوئی) بود و پس از آن به علم آموختن پرداخت و از هر دانش بهره برد. به غایت زیرک بود و کتب بسیار از علوم پیشینیان خوانده بود . . . و وی دعوت نبوت کرد و مدتی بر این بود . . . و ابو جعفر دوانقی اورا کس فرستاد و از مرو به بغداد برد و زندانی کرد. سالها از بعد آن چون خلاصی یافت به مرو باز آمد و مردمان را گرد کرد و گفت دانید که من کیستم؟ مردمان گفتند تو هاشم بن حکیمی . . . گفت غلط گفته اید . . . من خدای شمایم و خدای همه عالم. مردمان گفتند دیگران دعوی پیغمبری کردند تو دعوی خدائی می کنی ؟ گفت ایشان نفسانی بوده اند و من روحانی ام که اندر

---

۶ – آثار الباقیه. ابو ریحان بیرونی. اکبر دانا سرشت. ابن سینا. تهران. ص ۲۷۳

ایشان بودم و مرا این قدرت هست که خودرا بهر صورت که خواهم بنمایم . . . و نامه ها نوشت به هر ولایتی و به داعیان خویش داد و اندر نامه چنین نوشت به من گروید و بدانید که پادشاهی مراست و کردگاری مراست و جز من خدائی دیگر نیست . . . و هنوز به مرو بود و داعیان بهرجای بیرون کرد و بسیار خلق را از راه بیرون برد و اکثریت اهالی دهات پیرو مقنع شدند و از اسلام روی گردانیدند و مسلمانان اندر کار ایشان عاجز شدند و نفیر به بغداد رسید و خلیفه مهدی بود اندر آن روزگار . . . تنگ دل شد و بسیار لشگرها فرستاد به حرب وی و آخر خود آمد به نیشابور به دفع آن فتنه می ترسید و بیم آن بود که اسلام خراب شود و دین مقنع همه جهان بگیرد.[۷]

نخستین شورش پیروان مقنع در بخارا واقع شد که شب هنگام در روستای نومجکت به مسجد ریختند و مؤذن و پانزده نفر نمازخوان را کشتند."[۸]

"مقنع" و پیروان او به معتقدات مذهبی و دیانت اسلام اعتقاد نداشتند و اصول و فروع دین را به مسخره گرفته بودند و با تبلیغ و اشاعه مرام مزدکیان در طبقه روستائی آنان را علیه حکام اسلامی تحریک و ترغیب میکردند. از طرف دیگر بعلت ظلم و فساد و انحصارات خلفای بغداد مردم بسوی جستجو برای یافتن "رهبر" خواه بصورت پیغمبر و خواه بصورت خدا تشویق می شدند.

مورخین و پژوهشگران تاریخ اسلام بعلت عدم توجه به عقاید مذهبی و الحاد و مخالفت با اسلام که از طرف مقنع تبلیغ می شد از وی به زشتی یاد کرده اند. اما من نتوانسته ام نوشته ای پیدا کنم که در امانت و صداقت و پاکی و اصالت عقیده مقنع شک و تردید آورده باشد.

---

۷ – تاریخ بخارا. ابوبکر محمد بن جعفر الزشخی. مدرس رضوی. بنیاد فرهنگ ص ۷۷

۸ – افغانستان بعد از اسلام. عبد الحی حبیبی. انجمن تاریخ کابل. ص ۳۲۸

"... مقنع ادعای خدائی می کرد و قائل به تناسخ بود[9] و گروه بسیاری از مردم گمراه پیرو او شدند. مهدی خلیفه عباسی لشگری به سوی او فرستاد مقنع به قلعه ای در نزدیکی های مقر خود پناهنده شد و سپاه مهدی اورا محاصره کرده بودند تا آنکه مقنع و یارانش به ستوه آمدند .. مقنع نیز آتشی افروخت آنچه چهارپا و متاع و لباس در قلعه بود سوزانید سپس زنان و فرزندان و یاران خویش را گرد آورد و از ایشان خواست که خودرا در آتش اندازند ... و برای آنکه جثه او و خانواده اش به دست دشمن نیفتد همگی خویشتن را به آتش افکندند... چون جملگی سوختند درهای قلعه گشوده شد و سپاه مهدی داخل شد. قلعه را خالی و ویران یافتند.. "[10]

افکار "مقنع" بر چهار اصل کلی اتکاء داشت:

۱- انسان ها هریک خدای خویش هستند.

۲- ملیت و ملی گرائی ایرانیان ایجاد حکومت ملی و "غیر عربی" را ایجاب می کند.

۳- بهشت موعود را باید در این جهان جستجو کرد و به وجود آورد.

۴- سیستم اجتماعی – اقتصادی "مزدکیان" بر اصل اشتراک ثروت و مساوات را بصورت الگوی حکومت مردمی قبول داشته اند.

---

۹ – تناسخ خارج شدن روح از کالبد و ورود آن به کالبد دیگر است و یا انتقال نفس ناطقه از بدنی به بدن دیگر. بعقیده فرقه تناسخیه روح انسان نیکوکار پس از مردن در بدن انسان عاقل دیگری داخل می شود و برعکس.

۱۰ – تاریخ فخری. ابن طقطقی. محمد وحید گلپایگانی. بنگاه ترجمه و نشر کتاب. تهران ص ۲٤٤ و ۲٤٥

۳

لژ قاهره

با اینکه اعراب سلسله ساسانیان را منقرض کرده پیروزی خودرا با غارت و چپاول جشن گرفتند و خودرا "صاحب امپراطوری ساسانی" اعلام داشتند هرگز نتوانستند ایران و ایرانیان را زیر یوغ بندگی و عبودیت خویش قرار دهند.

پس از درگذشت محمد بن عبداله پیامبر اسلام بین پیروان او تفرقه افتاد و سودای ریاست و خلافت بالا گرفت. ایرانیان دنبال علی بن ابیطالب داماد پیامبر اسلام (امام شیعیان) رفتند و تنها با خلافت او موافقت کردند.

". . . در اوایل سال یازده هجری ستاره ای خاموش شد. ستاره ای که تقریباً بیست و سه سال قبل در آسمان قومیت عرب درخشیدن گرفته بود. از همان ساعت نخستین غوغا برخاست. هنوز جسد پیغمبر اسلام سرد نشده بود که فریاد (منا امیر و منکم امیر) در سقیفه ی بنی ساعده بلند شد و سودای ریاست خون مهاجر و انصار را به جوش آورد. . ." [۱۱]

". . . قتل عثمان – بیعت با علی بن ابیطالب و سه جنگ صفین و جمل و نهروان در طول پنج سال خلافت او – دسایس عمر و عاص و معاویه و پیدایش خلافت اموی – فاجعه کربلا – هتک حرمت کعبه برای دست یافتن بر عبداله بن زبیر –

---

۱۱ – کتاب ۲۳ سال. علی دشتی. بنگاه نشر فرهنگ و هدایت اسلامی. لندن. رویال پرینتینگ. ص ۲٦٤ (چاپ به همت امیر نجات)

دعوت بنی هاشم و سقوط دولت بنی امیه – روی کارآمدن عباسیان – نهضت فاطمیان در مغرب - حرکت انقلابی اسماعیلیان و حوادثی که تا استیلای هلاکو بر بغداد روی داد همه علامت تبی است که بر مزاج عرب مستولی شده بود . . . تب امارت و رسیدن به قدرت اما زیر عنوان جانشینی پیغمبر."

". . . عرب در پشت سنگر شریعت اسلامی سیادت و ملک و توفق میجست و از این رو اصل بزرگ (ان اکرمکم عند الله اتقاکم) را پشت سر انداخت. طبعاً چنین روشی از عکس العمل خالی نخواهد ماند. ملل دیگر مخصوصاً ایرانیان بدین استبداد گردن نمی نهادند. آنها به اصول مقدس اسلام روی آورده بودند نه به تفوق نژادی و حرص ثروت اندوزی اعراب. از این رو آنها را شعوبیه خواندند و حق آنها را برابر زندقه دانستند". [۱۲]

بدین ترتیب مشاهده می شود که نغمه های استقلال طلبی و مبارزه با خلفای بغداد از ایران که دارای تمدن درخشانتری بود به سایر بلاد اسلامی سرایت کرد و متفکرین و دانشمندان ایرانی در برابر تعصبات مذهبی و زورگوئی و ستمگری اعراب رهبری قیام را در دست داشتند.

در زمره جمعیت های بسیاری که در صدر اسلام موجودیت یافت جمعیت معروف به "باطنیان" بود که شامل فرقه های قرامطه – اسماعیلیه – ملاحده و دیصانیه نیز می شود. شیعیان برخلاف اهل تسنن به امامت اعتقاد داشته امام دوازدهم را آخرین امام ظاهر شده می دانند که در غار "هیلا" از نظرها ناپدید شده و تا پایان جهان در آن غار باقی خواهد ماند. ظهور مجدد او روزی است که جهان به پایان رسیده و فساد و تباهی همه جا را فرا

---

۱۲ – کتاب ۲۳ سال . علی دشتی. بنگاه نشر فرهنگ و هدایت اسلامی. لندن. رویال پرینتینگ. ص ۲٦٦ و ۳۰۱ (چاپ به همت امیر نجات)

گرفته. . . و او است که ظاهر خواهد شد و جهان را از سقوط نجات خواهد داد. شیعیان امام غایب را "مهدی موعود" میدانند.

اما اسماعیلیان معتقدند که پس از علی بن ابیطالب اسماعیل آخرین امامی است که ظاهر شده. پیروان این اعتقاد خودرا اسماعیلیه نامیدند. مروج این اعتقاد شخصی بود بنام "عبداله بن میمون" نوه هارون الرشید خلیفه بغداد. وی همچنین اعلام داشت که از بدو پیدایش کائنات برای راه نمائی بشر شش پیامبر مبعوث شده اند. . .

اول – آدم

دوم – نوح

سوم – ابراهیم

چهارم – موسی

پنجم – مسیح

ششم – محمد

و هفتمین امام از اخلاف علی بن ابیطالب هفتمین پیامبر است که مروج فلسفه اسلام خواهد بود. او "محمدبن اسماعیل" است. همانطور که هفتمین امام جانشین پیامبر اسلام گردید او نیز برای جانشینی پیامبر انتخاب شده است.

این ادعا مورد پسند یکی از ثروتمندان پارسی بنام "محمد بن حسین" (زیدان) قرار گرفت و دو میلیون سکه طلا به اسماعیل هدیه کرد. در این حال فرماندار شوش با اشاعه افکار محمدبن اسماعیل به مخالفت برخاست و قصد داشت وی را معدوم سازد. محمد اسماعیل به سوریه گریخت و در آنجا با کمک یکی از طرفدارانش بنام "حمدان قرمط" فرقه معروف قرامطه را بنیانگذاری کرد.

یکی از معروفترین و مهمترین جمعیت های سری که خوف و هراس فوق العاده در قلمرو حکومت بغداد به وجود آورد جمعیت سری "باطنیه" بود.

جمعیت باطنیه به همت یکی از نوابغ زمان بنام "قداح" یا "عبداله بن میمون بن دیصان" تأسیس و شبیه تشکیلات فراماسونری پی ریزی شد. ابن میمون که بنام "عبداله قداح اراجانی" نیز مشهور بوده در عنفوان جوانی به سیاحت و سفر پرداخت و ضمن جهانگردی با بسیاری از مردمان سرشناس آنروزگار آشنائی حاصل نمود.

پیروان "ابن میمون" را به این دلیل "باطنیه" می نامند که وی در مباحثه اعلام میداشته که:

". . . آیات قران سوای معنائی که اعراب معمولی ادراک می نمایند دارای عمق و معانی به مراتب "باطنی" تری می باشد که تنها نزد دانشمندان و فقها قابل درک است. "

اساس افکار" ابن میمون" در دنیا غلغله ای شگفت انگیز برپا نمود و در مدتی کمتر از دو سال انبوه بسیاری از مردم پیرامون وی گرد آمدند و تحت تأثیر تبلیغات وی قرار گرفتند.

ابن میمون که پیوسته در صدد بود جمعیت های سری را متشکل سازد بنام "محمد بن اسماعیل بن جعفر صادق" به تبلیغ پرداخت و موفق شد بسیاری از طرفداران خاندان علوی را مجذوب ساخته گردهم آورد.

اساس فلسفه ابن میمون این بود که طرفداران او باید همه چیز را مکتون دارند و برای انجام این منظور طرفداران او و اعضای جمعیت های

سری وابسته به "ابن میمون" مدارج و آزمایش های بسیار سخت و طولانی را می گذراندند و به درجات مختلف که شباهت به درجات فراماسونری داشت نائل می شدند.

روش اجتماعی و سیاسی "ابن میمون" که بعدها مورد استفاده متفکرین اجتماعی اروپا قرار گرفت و شاید متفکر اجتماعی ایتالیائی "ماکیاول" از آن تقلید نموده بر این اصل قرار داشت که در مبارزات اجتماعی آنچه که در صدر اهمیت قرار دارد "وصول به هدف" است. . . و برای وصول به هدف باید از هرگونه وسیله خواه اخلاقی و خواه غیر اخلاقی استفاده نمود.

اهداف مکتب ابن میمون با نهایت دقت و مطالعه تنظیم شده . . . اساس و برنامه جمعیت از جمعیت های سری قبل از اسلام الهام گرفته بود بطوریکه افکار "مانوی ها" و "ثنوی ها" و "مزدکی ها" از محتوای آن به خوبی احساس می شد. در این مورد ذبیح اله صفا در مجله دانشکده ادبیات نوشته:

". . . در مصر خانواده فاطمیه را تشکیل داده و ادعا کردند که از اولاد فاطمه هستند ولی خلفای عباسی از نقیب الاشراف بغداد در باره عبداله و بهرام گناوه ای (بهرام گناوه ای با کمک ابن میمون جمعیت باطنیه را تشکیل داد – مؤلف) پرسش کردند. نقیب در جواب آنها نوشت این ها فاطمی نیستند بلکه زرتشتی و ایرانی هستند. ."

در بعضی نوشته ها آمده که جدّ "عبداله بن میمون" از موبدان زرتشت و آتش پرست بوده و همچنین ریشه بهرام گناوه ای زرتشتی بوده که بعدها به اسلام گرویده اند.

پس از درگذشت ابن میمون فرزند او "سعیدبن حسین بن عبداله" جانشین پدر شد و اعلام داشت که "مهدی موعود" است. خودرا "ابومحمد عبید اله" نامید و بنا به دعوت پیروانش به آفریقا سفر کرد و در تریپولی و تونس با کمک مردی بنام "ابو عبداله شیعی" که از اهالی یمن بود از قبایل "بربر" سپاهی آماده کرد و موفق شد "اغالبه" (خاندان بنی اغلب حکام اسلامی شمال آفریقا بودند) را شکست دهد. در واقع آغاز سرکشی علیه خلفای بغداد را "عبیدالله بن حسن" که منتصب به امام سوم شیعیان "حسین بن علی" بود در شمال آفریقا فراهم آورد.

پس از شکست "اغالبه" ابومحمد عبید الله یا "مهدی موعود" دولت فاطمیه را تشکیل داد و خودرا به "المهدی" ملقب ساخت.

پس از درگذشت عبیدالله یکی از نواده های او بنام "معزالدین الله" به مصر حمله کرد و نیروهای خلفای بغداد را از آنجا بیرون راند. . . شهر قاهره را پایه گذاری کرد و پایتخت "فاطمیه" اعلام داشت. . . "لژ قاهره" (یا دارالحکمه) را که جنبه آکادمی داشت ایجاد نمود و مرکز خلافت فاطمیان را از تونس (قیروان آنروز) به قاهره انتقال داد.

لژ قاهره تعداد نه درجه یا دیپلم می داده است. . .

۱- *محصلین را با شک و تردید و ایمان به معلم برای رفع آن شک و تردید تعلیم می دادند. برای این منظور قران را مورد شک و تردید قرار داده و به مباحثه می نشستند. سپس معلم در رفع شک و تردید با محصلین مناظره می کرد و در پایان محصلین بدون چون و چرا از نظر معلم تبعیت می کردند.*

۲- *به محصلین برای شناخت و قبول حقانیت "ائمه" که به وسیله خدا برای نجات بشر مأموریت داشتند تعلیم داده می شد.*

۳- *به محصلین تعلیم داده می شد که شماره "هفت" را همیشه شماره مقدس به شمار آورند.*
۴- *خداوند "هفت" واضع قانون به جهان فرستاده است که هریک از آنها دارای هفت سخنران هستند.*
۵- *هریک از این "هفت" سخنران دارای "هفت" پیام آور میباشند.*
۶- *دستور اخلاقی قرآن اینست که اصول دین تابع فلسفه است. افکار فلسفی ارسطو و افلاطون نیز در لژ تدریس می شده.*
۷- *فلسفه سایر ادیان تدریس می شده.*
۸- *اعتقاد کامل به قوانین اسلامی و صحت قوانین قرانی تدریس می شده.*
۹- *به محصلین تدریس می شده که هیچ چیز در جهان قابل قبول مطلق نیست.*

"لژ قاهره" برای تربیت "مبلغین اسلامی فاطمی" تشکیل یافته بود و محصلین بر اساس تعلیمات "ابن میمون" تعلیم می گرفتند.

متقاضیان ورود به لژ قاهره پس از آزمایش های سختی به درجه "شاگردی" (همانطور که در فراماسونری مرسوم است) پذیرفته می شدند و پس از طی مدارج فوق الذکر به عنوان "مبلغ" به سراسر جهان اسلام اعزام می گردیدند.

افراد لژ قاهره محل اجتماع خودرا "میدان علی" نامگذاری کرده و قبل از ورود به لژ – همانطور که بین فراماسون ها مرسوم است – پیشبندی از چرم به خود می بسته اند.

". . . در لژ قاهره حس مسئولیت و سلسله مراتب محکوم به فنا بود و جانشینان معزالدین الله تحت مراقبت ارتشی که از آدم کشان برای حفاظت تشکیل شده بود قرار داشتند. بعلاوه گروه پاسداران سری وظیفه داشتند وحشت و ترور از

خلفای قاهره به سراسر جهان انتشار دهند و بخصوص بغداد هدف اصلی آنان بود. میسیون ها به سرعت رشد کردند و بخصوص در سوریه و شبه جزیره عرب گروه هائی که چشم بسته و کورکورانه از پاسداران سری تبعیت می کردند به اطراف و اکناف اعزام شدند.
لژ قاهره غریب یک قرن دوام داشت و اعتقادات اعضای آن که عبارت بود از نفی حقیقت و اخلاق و عدالت از لکه های تاریک تاریخ بشریت است. . "[۱۳]
(ترجمه از انگلیسی)

". . . برخی از مورخین عبیدالله بن الحسن فاطمی را نوه ابن میمون از زن یهودی او می دانند. خلفای فاطمی پس از فراغت از فتوحات و فرو نشاندن سرکشی ها به تحکیم مبانی جمعیت های سری به نشر دانش و فرهنگ پرداختند و الحاکم بامرالله دانشگاه معروف به دارالحکمه را برای این منظور تأسیس کرد که در آن مبلغینی دانا و زبان آور تربیت میشدند و کار شاگردان بر همان اصولی مبتنی بود که ابن میمون بنا نهاده بود.

خواستاران ورود به دارالحکمه پس از آزمایش های مخصوص به درجه شاگردی پذیرفته می شدند و برحسب شایستگی به تدریج تا درجه ۹ بالا می رفتند. دارالحکمه که در حقیقت یک اکادمی فلسفی و دینی بود به زودی در جهان اسلام شهرت یافت و صیت معارف آن به اکناف پراکنده گردید. . [۱۴]

---

۱۳ – انجمن های سری ادوار مختلف. چارلز ویلیام هکترن. یونیورسیتی بوکز. ص ۱۱۵ سال ۱۹٦۵ میلادی. نیویورک.

۱٤ – فراموشخانه و فراماسونری در ایران. اسماعیل رائین. جلد اول . ص ۲۲۹ تهران .

۴

فتــیان

جمعیت "فتیان" یکی دیگر از جمعیت های سری بود که در زمان تسلط اعراب بر ایران تشکیل گردید.

هدف "فتیان" مبارزه با اعراب اشغالگر و بازیافتن حاکمیت و استقلال ایران بود. بعضی از پژوهشگران و مورخین تأسیس جمعیت "فتیان" را به "سلمان پارسی" نسبت می دهند. لوئی "ماسینیون"[۱۵] مورخ فرانسوی که مطالعات وسیعی در مورد اسلام دارد اشاره می کند که پس از علی بن ابیطالب یکی از اصحاب پیغمبر اسلام بنام "سلمان فارسی" مهمترین شخصیت مورد احترام پیروان جمعیت "فتیان" بشمار میرفت. سلمان فارسی ایرانی بود که مسلمان شده و از نزدیکان پیغمبر محسوب می شد و گفته شده در تنظیم و شاید تدوین آیاتی از قرآن دست داشته است. در قرآن نیز در این مورد آیه ای وجود دارد.

کلمه "فتیان" از واژه عربی فتوت مشتق شده و علاوه بر جوانمردی جوانی نیز معنی می دهد.

---

۱۵ ـ آقای لوئی ماسینیون یکی از مورخین خارجی است که عشق و علاقه وافر به اسلام و قهرمانان حادثه آفرین مسلمان داشته و نوشته ها و کتبی نیز در این رهگذر برشته تحریر درآورده و کاسه داغتر از آش بوده. . . لیکن با تمام علاقه و الفتی که نسبت به اسلام بروز داده اند و عشقی که به تاریخ و فرهنگی اسلامی داشته اند معلوم نیست به چه سبب تا آخر عمر دم گرم مسیح را بر شمشیر سرد اسلام ترجیح داده و بدین اسلام تشرف حاصل نکردند.

"فرانتس تیشنر" مورخ آلمانی که در سال ۱۳۳۵ شمسی بنا به دعوت دانشگاه تهران به ایران آمد طی سخنانی در دانشکده ادبیات در باره معنای دوگانه واژه "فتوت" و "فتیان" چنین اظهار نظر می کند:

"... توجه به دو معنای کلمه فتوت که اولی به معنای خصلت نیکو و فضیلت و دومی به معنای مجریان خصائل و فضایل است باید توجه داشت که اولی از تکامل فکری و دومی از تکامل اجتماعی برخوردار بوده اند..."

واژه "فتوت" در زبان فارسی به معنای سخاوت و جوانمردی و رشادت و شجاعت نیز مورد استفاده قرار گرفته و بعضی اوقات نیز به معنای دسته و گروهی از جوانان که دارای خصائل مشترک بوده اند استعمال شده است.

در جای دیگر "فرانتیس تیشنر" مورخ آلمانی در مورد "جمعیت فتیان" چنین اظهار میدارد.

"... حتی زمانی نیز در جرگه راهزنان در آمدند و تمام خصوصیات و بزرگواری و فتوت خویش را که جمعیت آنها بر اساس آن موجودیت یافته بود از دست داده به عیش و نوش و خوشگذرانی پرداختند. گاهی نیز از افکار "مزدکیان" و "مانویان" پیروی می کردند و شاید منظور آنها این بود که زندگی سست و بی پایه و فاسدی را بوجود آورند... بطوریکه در خوردن و پوشیدن و آشامیدن و بخصوص در روابط جنسی حد و مرزی قائل نبودند..."

ملاهای شیعه "فتیان" را "عیاران" می نامیدند. با مرور زمان دراویش در جمعیت "فتیان" نفوذ کردند و اقطاب و شیوخ نیز به عضویت مجامع فتوت در آمدند.

از نظر تشکیلاتی جمعیت "فتیان" یا "عیاران" به سه دسته تقسیم شده و یکدیگر را "رفیق" خطاب می کردند.

۱- "اب" یا "پدر"
۲- "ابن" یا "پسر"
۳- "پیر پیر" یا "جد"

" فتیان" محل اجتماع خودرا "بیت" یا "خانه" یا "خانقاه" و مجموع خانه ها را "بیوت" یا "حزب" و رهبران احزاب را "زعیم القوم" می نامیدند.

شرایط ورود به جمعیت "فتیان" شباهت کامل به شرایط ورود به لژهای فراماسونری داشت. داوطلب ورود به جمعیت فتیان "طالب" و ضامن او که ورود اورا از نظر اخلاقی و اجتماعی تضمین می کرد "مطلوب" نامیده می شد. تازه وارد مانند فراماسون ها "پیشبند" می بست و پس از انجام تشریفات ورود اورا "مرید" می نامیدند. بعلاوه برای ایجاد وجه تمایز فتیان شلوار به پا می کردند تا از اعراب بدوی که بدون شلوار بودند متمایز گردند.

انجام دستورات جمعیت برای اعضاء لازم الاجرا بود و ضامن اجرای فرامین جمعیت فتیان تشکیلاتی بود بنام "عوانیه" که احکام مربوط به تشکیلات دادگستری آنها را که بنام "مصالحه" معروف بود ابلاغ و اجرا می کرد.

"فتیان" یا "عیاران" نسبت به فقرا نظری مساعد داشتند و مال و منال اغنیا را سرقت کرده بین افراد بی بضاعت اجتماع تقسیم مینمودند.

اعمال و کردار جمعیت بوسیله فردی که "نقیب" نامیده میشد به نیابت خلیفه تحت نظارت بود.

تشریفات ورود به جمعیت را که کاملاً سری و مخفی بود "تکفیه" می نامیدند و پس از انجام تشریفات ورود لباس مخصوص "فتوت" را به تازه وارد پوشانیده اورا از آن پس "رفیق" خطاب میکردند.

بطور کلی "فتیان" مراتب ذیل را در "خانقاه" رعایت میکردند:

۱- پیش بند. هنگام ورود به خانقاه پیش بند مخصوص بسته و شلوار سفید میپوشیدند. عضو تازه وارد را "مشدود" یا "مرید" مینامیدند و پس از انجام تشریفات ورود که "تکمیل" نامیده می شد عضو جدید "رفیق" لقب می گرفت.

۲- کاس الفتوّت آب نمکی بوده که می نوشیده اند و بسیار به این رسم اعتقاد داشته اند. (شاید اصطلاح "نمک گیر شدن" از همان ایام در زبان فارسی متداول شده باشد.)

۳- سوگند. فتیان یا عیاران به شرافت و ناموس خود سوگند یاد میکرده اند که نسبت به یکدیگر وفادار باشند و از زنا و لواط و خیانت به پرهیزند.

۴- خیانت. هرکس به مرام فتیان خیانت می کرد اورا از دست رفته بشمار می آوردند و با او قطع رابطه و مراوده می کردند.

۵- آزادی. فتیان به آزادی اجتماعی معتقد بودند و به شدت با حکومتهای استبدادی مقابله می کردند.

۶- اعوان. افراد سوگند خورده ای بوده اند که مأمور رسیدگی به بی عدالتی در اجتماع می شده اند. فتیان احکامی را که از طرف دادگاه های اسلامی صادر میشد نادیده می گرفتند و در قضاوت به دادگاه های خود که آنها را مصالحه می نامیدند مراجعه می کردند و معتقد بودند که صلح و آشتی بین طرفین دعوی باید نخستین هدف یک قاضی عادل باشد." فتیان" تنها در یک مورد به دادگاه ها مراجعه نمی کردند و آن هنگامی بود که درباره زنی از بستگانشان بدگوئی

می شد و یا نسبت زنا به او داده شده بود که در اینصورت شوهر بلافاصله زن خودرا میکشت.

". . . وقتی در مورد زن یکی از فتیان بد گوئی می شد شوهر او بدون تحقیق زن را می کشت و اگر تعلل می کرد اورا ناچار می ساختند زنش را بکشد و هرکس که از انجام این کار سر باز می زد از نظر سایر فتیان متمرد شناخته می شد. . . این بود فتوت از نظر آنها. . ."[16]

بسیار از ادبا و شعرا و نامداران زمان به تشکیلات فتیان راه یافتند که از جمله شاعر بزرگ ایران نظامی است که اشعاری نیز در مدح فتیان سروده. جامی و ملا حسین واعظ کاشفی مؤلف کتاب "روضه الشهدا"[17] نیز به عضویت جمعیت "فتیان" درآمده بودند.

در بعضی از تواریخ آمده که شاه اسماعیل صفوی نیز نسبت به جمعیت فتیان علاقه بخصوص نشان میداده و شاید به عضویت جمعیت پذیرفته شده بوده لیکن تردیدی نیست که جمعیت فتیان در زمان سلطنت شاه اسماعیل از توجه مخصوص برخوردار بوده و بصورت جمعیت "صنفی" که تازه در حکومت صفویه متداول شده بود درآمده و از مزایای بسیار برخوردار بوده است.

"محمد علی موحد" که در ترجمه سفرنامه ابن بطوطه زحمات بسیار متحمل شده در مورد تشریفات پذیرائی فتیان می نویسد:

---

۱٦ ــ ابولفرج عبدالرحمن بن جوزی. نقد العلم و العلما. ۵۹۰ هجری.

۱۷ ــ روضه الشهدا کتاب مقدس روضه خوانها است و اصطلاح روضه از آن اقتباس شده

"... اخیه (برادر معنی می دهد که در فراماسونری نیز یکدیگر را چنین خطاب می کنند. مؤلف.) در غریب نوازی و اطعام کردن و برآوردن حوائج مردم و دستگیری از مظلومـــان و کشتن شرطه هـــا و سایر اهـل شـهر در تمــام دنیا بی نظیرند. اخی در اصطلاح نواحی کسی را گویند که از طرف همکاران خود و سایر جوانان به عنوان رئیس و پیش کسوت انتخاب می شود. این طریقه را فتوت نیز می نامند. پیش کسوت هریک از گروه ها خانقاهی دارد مجهز به فرش و چراغ و سایر لوازم. اعضای وابسته به هرکدام از گروه ها آنچه را که از کار و کاسبی خود بدست می آورند هنگام عصر به پیش کسوت خود تحویل می دهند و این وجوه صرف خرید میوه و خوراک میشود که در خانقاه به مصرف میرسد. این جماعت مسافرینی را که وارد شهر می شوند در خانقاه خود منزل می دهند و مسافر تا هنگامی که بخواهد آن شهر را ترک کند مهمان آنها تلقی می شود. اگر شبی مسافر نرسید غذائی را که تهیه شده خودشان می خورند و سپس به رقص و آواز می پردازند تا فردا دوباره به سر کسب و کار خود بروند و باز آنچه را که بدست می آورند وقف خانقاه سازند. این گروه را فتیان می نامند و پیش کسوتشان بطوریکه گفتیم اخی نامیده می شود. من در تمام دنیا مردمی نیکوکارتر از آنان ندیده ام. اگرچه اهالی شهر شیراز و اصفهان بروش جوانمردان تشبه می جـــویند لیکن اینان در غریب نوازی و مهربانی بیشتر و پیشتر اند..."

در جریان جنگهای صلیبی جمعیت فتیان یا عیاران به کلیسای مسحیت وارد شدند و چون زبان لاتین را قبلاً در موطن خویش فرا گرفته بودند بعضی از آنها تا مقام کشیش نیز پیشرفت کردند. بعلاوه جمعیت های سری اروپا مانند "فراماسون ها" نیز از تشکیلات سری و رسوم و اصول متداول بین فتیان بهره گرفتند و همانطور که "جمعیت پاسداران معبد" از عقاید و اصول جمعیت هائی از قبیل باطنیان و اسماعیلیان و صباحیان استفاده کردند فراماسون ها نیز تشکیلات خودرا شبیه به عقاید و اصول جمعیت "فتیان" متکی و مستحکم ساختند

۵

بکتاشیّه

طریقت "بکتاشیه" معجونی است از عقاید باز مانده "مهری ها" فتیان و علی اللهی ها که حدود هفتصد سال قبل، در زمان "اورخان" دومین سلطان آل عثمان در قلمرو عثمانی (آناطولی) ایجاد شد. مؤسس فرقه شخصی بود بنام "حاجی بکتاش ولی" که در شهر نیشابور تولد یافته و تحصیلات مذهبی خودرا در شهر مشهد فرا گرفته بود.

از چگونگی تشکیل فرقه بکتاشیه و اینکه حاجی بکتاش چرا به آناطولی رفت و چگونه تعدادی از بازماندگان فرقه های سّری را که در آن نواحی می زیسته اند دور خود جمع نمود و "فرقه" را تشکیل داد اطلاع کاملاً دقیقی در دست نیست اما بدون تردید حاجی بکتاش بعد از ورود به آناطولی در قشون "ینی چری" رخنه و نفوذ کرد و آیین طریقت بکتاشی را میان آنان رواج داد و بعلاوه بسیاری از آنها را که مسیحی و یهودی بودند به دین اسلام مشرف ساخت.

پیروان فرقه بکتاشیه را "کوچک ابدال" می نامند. فرقه بکتاشیه از سایر فرقه های سرّی به فراماسونری نزدیکتر است و بخصوص وجه تشابه این فرقه با تشکیلات فراماسونری در سرّی بودن آن است.

وجه تشابه جمعیت بکتاشیه و جمعیت فراماسونری در جدول مقایسه ذیل نشان داده می شود:

بکتاشیه	فراماسونری
جمعیت سری است.	جمعیت سری است.
یکدیگر را "اخی" (برادر)خطاب می کنند.	یکدیگر را برادر خطاب می کنند.
رؤسای خودرا "بابا" خطاب می کنند.	رژسای خودرا "استاد" می گویند.
مخالفان آنها سنی ها و کاتولیک ها هستند.	مخالفان آنها کاتولیک ها هستند.
طریقت را سلطنتی می دانند.	طریقت را سلطنتی می دانند.
زنها حق عضویت ندارند.	زنها حق عضویت ندارند.
درجات مختلف به اعضاء می دهند.	درجات مختلف به اعضاء می دهند.
لیاقت و خدمتگذاری شرط ورود است.	لیاقت و خدمتگذاری شرط ورود است.
به خدا اعتقاد دارند.	به خدا اعتقاد دارند.
برای شناسائی علائم مخصوص دارند.	برای شناسائی علائم مخصوص دارند.
معرّف اعضای جدید باید بکتاشی باشند.	معرّف اعضای جدید باید فراماسون باشند.
رازداری و صداقت و امانت و احترام به نوامیس یکدیگر از شرایط ورود است.	رازداری و صداقت و امانت و احترام به نوامیس یکدیگر از شرایط ورود است.

محل اجتماع بکتاشی ها را "صومعه" می نامند و در این محل علاوه بر انجام تشریفات ورود به فرقه از ضعفا و نیازمندان و فقرا پذیرائی می کنند. در صومعه محل مخصوصی بطور مجانی برای پذیرائی از مهمانان وجود دارد و هزینه های مربوط به اینگونه پذیرائی ها از محل اعانه ای که در صومعه جمع آوری می کنند و آنرا "حق آلا" مینامند تأمین می شود. برای خانم ها نیز محلی نزدیک صومعه در نظر گرفته اند تا قبل از تشکیل خانقاه در آنجا بیتوته کنند. الحاق به جمعیت بکتاشیه را "اخذ نصیب" میگویند و در انتخاب عضو جدید نهایت دقت را به عمل می آورند. سلسله مراتب بکتاشیه عبارت است از: عاشق – طالب – محب – خلیفه – دده بابا

- مرید - مرشد - مرشد و پیر - درویش - بابا. هیچکس نمی تواند به مقام مرشد نایل آید مگر اینکه تمام مراتب فوق را طی کند.

هریک از درجات ذکر شده در فوق تشریفات و اسراری را در بر دارد که تنها اعضای جمعیت از چنان تشریفات و اسراری اطلاع دارند و هنگام برخورد بوسیله علائم و اشاراتی یکدیگر را شناسائی می کنند.

لباس بکتاشی ها عبارت است از عبا - تاج - کمربند - کارد - کیف چرمی و قطعه سنگی که آنرا "سنگ تسلیم" می نامند و دوازده داندانه دارد. کیف و سنگ را به گردن آویزان می کنند.

تشریفات ورود به فرقه بکتاشیه تشریفاتی است کاملاً جالب و دیدنی. داوطلب را عاشق می نامند. اوائل غروب آفتاب، "صاحب" که شاید بتوان اورا رئیس تشریفات نامید، عاشق را به حمام برده غسل میدهد و به او کفن پوشانده وی را در تابوت جا می دهد و با تخته ای روی تابوت را می پوشاند. پس از ساعتی "عاشق" را از تابوت خارج میکند و به او تکلیف می کند نماز "میّت" (نمازی که سر جنازه برگزار می کنند) بخواند. . . در این حال "صاحب" به او می گوید: دقایقی پیش تو مرده بودی و اکنون به زندگی نوی وارد شده ای. سپس تازه وارد را به محوطه ای که به میدان جوانمردان معروف است بـــرده کفن را از او دور می کنند و لباس هـــایش را بـــه او می پوشانند. . . دور گردن او طنابی که از پشم گوسفند بافته شده می پیچند و "صاحب" سر طناب را گرفته و "عاشق" را به محل برگزاری تشریفات ورود راهنمائی می کند. در صومعه چراغی از روغن زیتون روشن است و این تنها روشنائی آن محل را تأمین می کند.

در صدر صومعه "بابا" که سمت ریاست دارد جلوس کرده تعداد دوازده درویش طرف چپ و راست بابا روی پوست گوسفند نشسته اند.

"عاشق" را مقابل بابا قرار می دهند و صاحب پشت سر او می ایستد و شیئی را که شبیه کشکول دراویش است و از آن بخار خوشبوئی متصاعد می شود دور سر عاشق می چرخاند و با کلماتی پر احساس و شمرده میگوید:

"چشمم معطوف عرصه حق و دار ارادت است و رویم در سجده وصلت خاک درگاهت. لطف و اجازه ترا انتظار دارم."

پس از چند ثانیه سکوت عرفانی "بابا" می گوید:

"دروغ مگو – وام مخور – از فحشا بپرهیز – زبانت را نگهدار."

سپس مراسم مناجات و غزل خوانی در مدح علی بن ابیطالب آغاز میگردد و در چنین شرایطی تازه وارد به افتخار عضویت جمعیت نائل می آید. به او می آموزند که به دوازده امام بخصوص به امام جعفر صادق و به چهارده معصوم اعتقاد داشته برای ائمه احترام قائل شود همانطور که "عیسی" میان عیسویان مورد احترام است – علی بن ابیطالب نیز بین بکتاشیان از احترام و شأن فوق العاده ای برخوردار میباشد.

محل اجتماع عمومی بکتاشیان را "تکیه" می نامند. در تکیه فقیر و غنی در یک "تراز" می نشینند. . . نان و پنیر و پیاز و شربت نیاز میشود و مانند "مهری ها" ضمن خوردن و آشامیدن از شادی و سرور غفلت نمی کنند.

اوایل سلطنت "شاه اسماعیل صفوی" (شاه اسماعیل دوم) عده ای از بکتاشی ها به رهبری شخصی بنام "بالین بابا" دور هم جمع شده تعدادی قزلباش و علی اللهی را مجذوب ساخته تشکیلاتی منظم و وارسته به وجود

آوردند. "بالین بابا" اولین "پیر" بکتاشیه محسوب میشود و مورخین اسلامی مقام و منزلت فوق العاده ای برای وی قائل هستند.

بعضی از مریدان بکتاشی به علائق دنیائی پشت پا زده "راهب" میشوند. از لذات و بخصوص ازدواج و روابط جنسی صرفنظر می کنند و بـه مسائل اُخروی و دنیای باقی می پـردازند. راهب هـای بکتاشی حلقه ای به گوش خود آویزان کرده، مرشد و رئیس مخصوص دارند که "مجرد بابا" نامیده می شود.

بکتاشی ها با حجاب زنان مخالف هستند و به تناسخ اعتقاد دارند. میان اعداد به عدد چهار علاقه مند هستند و رموز و اسراری را در اعداد جستجو می کنند.

دراویش فرقه بکتاشیه هنوز در نواحی "ارضروم" در شمال شرقی ترکیه امروزی سکونت دارند و در آن منطقه دارای مساجد و تکایا میباشند ولی نفوذ و قدرتی را کـــه در زمان عثمانی داشتند از دست داده اند.

۶

اسماعیلیه

حسن بن علی بن محمد بن جعفر بن الحسین بن محمد الصباح الحمیری یا حسن صباح یکی از مبلغین بود که از لژ قاهره[18] فارغ التحصیل شد. گفته شده که حسن با فرزند ارشد مستنصر بنام نزار علیه مستعلی دومین فرزند مستنصر متحد شد و فرقه "نزاریان" را علیه فرقه مستعلیان تشکیل داد. پس از پیروزی نزاریان حسن مأموریت یافت برای تبلیغ به ایران مراجعت کند. . . اما روایت دیگری می گوید که بعلت شخصیت و نفوذ فوق العاده ای که حسن در دستگاه فاطمیان بهم زده بود مورد حسادت قرار گرفت و به این علت اورا به کشتی نشانده به دریا رها ساختند. لیکن طوفان شدیدی برخاست و وحشت بسیار کشتی نشینان را درگرفت. حسن به عرصه کشتی رفت و ندا داد. . .

". . . خداوند مرا و هرکه را که به من ایمان آورد در پناه خواهد گرفت"

ناگهان طوفان فرو نشست و کشتی نشینان به وی ایمان آوردند. . .

در سال ۴۶۴ هجری "عبدالملک بن عطاش فاطمی" که از داعیان صاحب نام اسماعیلیه بود به "ری" رفت. "بنداری" در تاریخ خود "عطاش" را رهبر "باطنیه" خوانده است. در ری ابن عطاش حسن صباح را به نیابت خود برگزید و حسن به دعوت پرداخت. در سال ۴۶۷ هجری (۱۰۷۵ میلادی) حسن به اصفهان رفت و چهار سال بعد عازم مصر شد.

---

۱۸ ـ لژ قاهره جنبه دانشگاه داشته و بعدها دانشگاه الازهر نامیده شد.

(هجدهم صفر ۴۷۱ هجری – ۱۰۷۸ میلادی). "ابن اثیر" ضمن وقایع سال ۴۷۲ هجری ورود حسن را به قاهره نوشته است. هنگام ورود حسن صباح به قاهره، "بوداود" و بسیاری از بزرگان مصری و نماینده "خلیفه المستنصر" به استقبال او رفتند. بوداود داعی الدعات بود و از طرف ابن عطاش به نیابت انتخاب شده بود. حسن هیجده ماه در مصر اقامت کرد ولی نتوانست به ملاقات خلیفه نایل آید.

درباره لژ قاهره، "ناصرخسرو قبادیانی بلخی ابو معین" فلسفه لژ قاهره را مورد بحث قرار داده و در کتاب معروف خود "زاد المسافرین" به تفصیل در این باره نگاشته است. ناصر خسرو مؤسس فرقه ناصریه نیز میباشد که در عصر خود مورد توجه بسیاری قرار گرفت. در "تبصره القوام" راجع به فرقه ناصریه چنین آمده: "رئیس ایشان ناصر خسرو بود و این ملعون شا عر بود و خلقی را گمراه کرد."

و اما دامنه نفوذ "حسن صباح"و سازمان سرّی و تشکیلات منظمی که بوجود آورده بود از کرانه های شمال شرقی قاره افریقا به ایران و هندوستان و سایر نقاط گسترش یافت.

". . . پادشاهان در سراسر قاره اروپا از نام او وحشت داشتند و قدرت بازوی او به همه جا سرایت کرد. فیلیپ آگوستاس پادشاه فرانسه به قدری از وی هراس داشت که بدون گارد محافظ جرأت حرکت نداشت و شاید بعلت همین ترس و وحشت بود که عقاب کوهستان (لقب دیگر حسن صباح) رحم کرد و اورا مورد عفو قرار داد. . ."[۱۹]

---

۱۹ – انجمن های سرّی ادوار مختلف. چارلز ویلیام هکتورن. یونیورسیتی بوکز. ص ۱۱۷ سال ۱۹۶۵ میلادی. نیویورک.

حسن صباح نُه درجه مرسوم در لژ قاهره را به هفت درجه تنزل داد و لقب "سیدنا" را که مخلوطی از واژه اسپانیولی "سید" و لغت ایتالیائی "سینیور" (آقا) می باشد برای خود انتخاب کرد. البته در زبان عرب نیز به این معناست.

فرقه صباحیان را "آدمکشان" نیز می نامیده اند. این واژه از لغت Asasa به معنای "افکندن دام" و یا به تله انداختن گرفته شده و اینکه میگویند چون آدم می کشته اند آنها را "آدمکشان" لقب داده اند صحیح نیست.

درجات هفتگانه فرقه عبارت بوده از:

درجه اول - پاکسازی - داوطلب را از تمام متعلقات دنیوی پاک و مبرا می ساخته اند و آنچه از زر و زیور با خود داشته از وی دور می کرده اند.

درجه دوم - دخول- به داوطلب تلقین می شده برای ورود به فرقه هراس نداشته باشد.

درجه سوم – نفی – قرآن را نفی کرده در داوطلب شک و تردید نسبت به "ترهات" مندرجه در قرآن بوجود می آورده اند.

درجه چهارم – وفاداری – تحت شروط بسیار دشواری داوطلب سوگند وفاداری نسبت به اصول فرقه و ایمان بدون چون و چرا نسبت به آن اصول یاد می کرده است.

درجه پنجم – تصویب – پس از آزمایش های سخت که توسط معلم از داوطلب به عمل می آمده اورا برای پذیرش وظایف خویش روحاً و جسماً آماده می کرده اند.

درجه ششم – رجحان – به داوطلب تلقین می شده که افراد فرقه از هر حیث بر سایرین برتری دارند.

درجه هفتم – رموز - آخرین مرحله آزمایش انتقال اسرار و اشارات و کنایات و تسلیم رموز فرقه به داوطلب بوده است.

"چارلز ویلیام هکتورن" که در مورد جمعیت های سرّی و بخصوص فرقه اسماعیلیه پژوهش دامنه داری نموده درجات مختلف صباحیان یا اسماعیلیان را به نُه درجه یا مرتبه تقسیم نموده است.

۱- کلاس تعلیم - مخصوص آماده ساختن فدائی بوده است.
۲- روایات - تفاسیر و احکام مجتهدین اسلامی باطل و تنها روایات مستقیم از ائمه مورد قبول بوده است.
۳- ائمه اصلی - ائمه اصلی هفت نفر و "محمد اسماعیل" آخرین آنها بوده است.
۴- پیامبران - پیامبران هفت تن بوده اند. آدم - ابراهیم - نوح - موسی - عیسی - محمد - محمد اسماعیل.
۵- سنت - سنن دین مربوط به صدر اسلام و تعلیمات محمد بن عبدالله پیامبر اسلام غیر قابل اجرا است.
۶- فرایض مذهبی - چون احکام لازم الاجرا در کلیه ادیان از قبیل روزه و نماز و غیره احکامی شاق است مردود می باشد و تنها افکار فلاسفه از قبیل فیثاغورس، ارسطو و افلاطون قابل قبول است.
۷- توحید - با مباحثه در کلاس درس تعلیمات توحید و یگانگی را نفی میکرده اند.
۸- نبوت - تعلیم می داده اند که پیامبران حقیقی آنهائی هستند که فرایض مذهبی را بطور عملی در شئون دینی معرفی کرده اند.
۹ - گلستان اسرار - آخرین مرتبه گلستان اسرار بوده و به محصلین می آموخته اند که هرگز نباید به اوهام معتقد باشند و تعلیمات موهوم مذهبی برای عوام الناس است نه برای دانشمندان و فلاسفه. . . و پیامبران نیز از این طبقه بوده اند.

پیروان فرقه اسماعیلیه و بخصوص میان "باطنیان الموت" هفت رتبه که دلیل احترام فرقه به عدد هفت بوده است رعایت می شده:

رتبه اول – مستجیب.

رتبه دوم – ماذون.

رتبه سوم – داعی یا رفیق.

رتبه چهارم – داعی اعظم.

رتبه پنجم – امام.

رتبه ششم – اساس.

رتبه هفتم – ناطق. (قبل از درگذشت حسن صباح رتبه پنجم و ششم و هفتم به یک رتبه مبدل شد و باطنیان "حسن" را "ناطق" خطاب می کرده اند).

در جای دیگر طبقات یا درجات مختلف فرقه اسماعیلیه به شرح ذیل آورده شده است:

۱- امام عصر که نامرئی است.

۲- برهان یا معاون امام.

۳- جانشین امام.

۴- مبلغین که "دعات" نیز نامیده می شده اند.

۵- عادیون.

۶- سکان.

۷- مومنین.

از نظر تشکیلات داخلی "حسن صباح" فرقه اسماعیلیه را به هفت مرتبه تقسیم نموده است:

مرتبه نخست – شیخ جبل یا "آقا" که بالاترین مرتبه است.

مرتبه دوم – پیشتازان یا پیش قدمان که "دعات" یا مبلغین نیز نامیده میشده اند.

مرتبه سوم – رسولان.

مرتبه چهارم – نمایندگان سیاسی.

مرتبه پنجم – رفقا.

مرتبه ششم – فدائیان.

مرتبه هفتم – نگهبانان.

"فدائیان" بدون ارزش بودند و از سیستم تشکیلاتی اطلاعی نداشتند. اغلب از طبقه عوام و بی سواد بودند لیکن "امام و اساس و ناطق" در رأس فرقه قرار داشت و به لباس سفید ملبس بود و معاونان او بنام حجت های عظمی و مبلغین کبری نقش "نایب امام" را بازی میکردند.

فدائیان خستگی و خطر و شکنجه را حقیر می شمردند و با اراده کامل خودرا فدای امیال حسن صباح می کردند. لباس آنها سفید و شبیه روپوش بدون آستین و گشاد و معرف معصومیت بود که روی آن کمربند و شال قرمز که معرف خون بود می بستند. در این حال به استقبال مرگ می شتافتند و خنجر آنها هرگز خطا نمی رفت. . . "مارکوپولو" جهانگرد ایتالیائی در باره آماده ساختن فدائیان چنین مینویسد. . .

". . . آنگاه که برای انجام مأموریتی یکی از فدائیان انتخاب می شد وی را به وادی زیبائی که نام آنرا علاء الدین (نام دیگر حسن صباح) گذاشته بودند میبردند. آن محل در میان کوهستان های رفیع و زیبا محاصره شده بود و آنرا زیگستان می نامیدند. زیگستان مملو از گل و باغستان ها و رودخانه ها و آبشارهای بدیع بود و بسیاری پریچهرگان و سیمین بدنان در آنجا بودند. قبل از اینکه فدائی را به زیگستان وارد کنند اورا کاملاً مست می کردند و در شرایط مستی و بی خبری وی را میان آنهمه زیبائی رها می ساختند و به او تلقین می کردند که در میان بهشت برین جای دارد. . . هرگز اجازه نمی دادند فدائی از حال مستی و بی خبری خارج گردد و پس از هفت روز اورا از زیگستان خارج

میکردند بطوریکه رویای بهشت در ماورای وجدان او جای داده شده بود. . . و آنگاه که موسم بهره برداری از وی فرا می رسید حسن صباح اورا بـــه حضور می پذیرفت و به وی می گفت. . . یکبار درهای بهشت برین برتو گشوده شده است اکنون دستورات مرا اطاعت خواهی کرد و برای همیشه به بهشت خواهی رفت. . ."

حسن صباح به پیروان خویش تلقین می کرد که از آینده خبر دارد اما واقعیت این بود که اخبار از طریق سیستم کبوتر های قاصد به وی می رسید و این سیستم را در ارتفاعات و قلاعی که در تصرف داشت با نهایت دقت و فراست به وجود آورده بود.

تعداد پیروان حسن صباح را حدود چهل هزار نفر تخمین زده اند لیکن از این عده تعداد معدودی که شاید از دو یا سه هزار نفر تجاوز نمیکرد فدائی بودند و بقیه در شمار "داوطلبان" و "جویندگان" و علاقمندان محسوب می شدند.

مبلغین فرقه اسماعیله را "داعی" (ابن میمون نیز پیروان خویش را دعات می نامیده) می نامیدند و اینها کسانی بودند که به پیروی از اصول مکتسبه از" لژ قاهره" (لژ قاهره را دارالحکمه نیز می نامیده اند که بعدها به دانشگاه الازهر معروف شد) به اطراف و اکناف فرستاده میشدند تا اصول فرقه را تبلیغ کنند.

تاریخ مراجعت حسن صباح از مصر سال ۴۷۳ هجری برابر با ۱۰۸۰ میلادی ذکر شده است. حسن صباح از طریق خوزستان به ایران بازگشت و مدتی در اصفهان، یزد، کرمان و نواحی مرکزی ایران به تبلیغ مرام خویش اشتغال داشت و مردم بسیاری را مرید خود ساخت. از میان این مریدان

تعدادی نخبه را انتخاب کرده و به کوهستان های طبرستان و الموت اعزام داشت تا ساکنان آن نواحی را با فرقه پیوند دهند.

اواسط ماه اکتبر سال ۱۰۹۰ میلادی حسن صباح به سوی قلعه الموت حرکت کرد و اوائل دسامبر همان سال در سرما و برف و بوران شدید به پای قلعه رسید. "علوی مهدی" که به نمایندگی ملکشاه سلجوقی حکومت الموت را بر عهده داشت به دیدار حسن صباح رفت و به اتفاق وی به قلعه الموت صعود کرد. حسن به مهدی حاکم قلعه اظهار داشت که الموت را به بهای سه هزار دینار از "رئیس مظفر" (یکی از مریدان حسن) خریداری کرده و قلعه متعلق به او است و حاکم میتواند برای دریافت مبلغ فوق به نامبرده که حاکم دامغان و کرد کوه است مراجعه کند. . . و بدین ترتیب قلعه الموت را به تصرف خویش درآورد.

پس از تصرف قلعه حسن صباح دستور داد در اطراف استحکامات بنا کنند و برج و بارو و دیده بان برپا سازند و بعلاوه در سایر نقاط ایران مانند طبرستان، قهستان و دیلمان نیز قلعه ها بنا نهاد که کم و بیش الگوی قلعه الموت بود.

دامنه نفوذ حسن صباح به مرحله ای رسید که ملکشاه سلجوقی را هراسناک ساخت. وزیر ملکشاه، خواجه نظام الملک در سنین جوانی از دوستان حسن صباح به شمار می رفت. در تاریخ از "سه یار دبستانی"، نظام الملک، عمر خیام و حسن صباح یاد شده. این سه تن سوگند وفاداری یاد کرده متحد و متفق و متعهد شده بودند که هریک به مقامی رسید دیگری را یاری کند. وقتی نظام الملک به وزارت ملکشاه سلجوقی نائل آمد عهد و پیمان دوران جوانی را فراموش کرد و شاید سرسختی حسن صباح، خواجه را بر آن داشت پایه کینه توزی و دشمنی را با صباحیان بنا نهد.

ذبیح الله صفا داستان سه یار دبستانی را نا درست دانسته در شرح حال حکیم عمر خیام چنین می نویسد:

". . . فیلسوف، ریاضی دان، منجم، پزشک، شاعر و نویسنده بزرگ ایران در اواخر قرن پنجم و اوائل قرن ششم هجری (قرن یازدهم و دوازدهم میلادی) است. ولادتش در نیشابور اتفاق افتاد و اینکه نوشته اند با خواجه نظام الملک طوسی و حسن صباح داعی معروف اسماعیلیه همدرس بود باطل است." [۲۰] - [۲۱]

سرانجام این دشمنی به بهای جان نظام الملک تمام شد و فدائیان خواجه و پسران اورا (احمد را در بغداد و فخرالملک را در نیشابور) با دشنه از پا در آوردند.

حسن صباح به نماینده ملکشاه گفت:

---

۲۰ - روزنامه قیام ایران. پاریس . نهم اردیبهشت ۱۳۶۲. شماره ۶۱ ص ۷

۲۱ – خیام از طرفداران بزرگ حکمت ابن سینا در عهد خود و پزشک و منجم دربار ملکشاه بوده است. در ریاضیات چند اثر معروف دارد که از همه مشهورتر کتابش در جبر و مقابله است. این کتاب را "وپکه" با مقدمه و متن عربی و ترجمه فرانسه در ۱۸۵۱ میلادی طبع کرده است. علاوه بر این خیام در سال ۴۶۷ هجری (۱۰۷۴ میلادی) مأمور اصلاح تقویم ایرانی شد که با وجود غلبه اسلام همچنان در میان ایرانیان معمول بود و نوروز را که درنیمه برج حوت قرار داشت به اول حمل آورد و از این راه تقویم جلالی به وجود آمد. در همین سال خیام به همراهی چند تن از منجمان مأمور ترتیب رصدخانه ای شد که تا سال ۴۸۵ هجری (۱۰۹۲ میلادی) یعنی سال فوت ملکشاه دائر بود. و خیام کتابی در نثر فارسی بنام نوروزنامه نسبت داده می شود که با انشائی ساده و شیوا در بیان اسباب پیدایش جشن نوروز و کشف حقیقت آن و اینکه کدام یک از پادشاهان واضع آن بود و آئین آن جشن و آداب پادشاهان ساسانی در این باب و امثال این مطالب نوشته شده است.
وفات خیام را در سال ۵۰۹ هجری (۱۱۱۵) و ۵۱۷ (۱۱۲۳ میلادی) نوشته اند و گویا سال ۵۲۷ صحیح باشد. روی سنگ آرامگاه او ۵۱۷ ذکر شده است. شهرت خیام در ایام زندگی و دوران قریب به آن بیشتر در حکمت، طب، نجوم و ریاضیات بود لیکن امروز اورا در جهان بیشتر به سبب رباعیات فلسفی لطیفش می شناسند. این رباعی ها بسیار ساده و بی آرایش و دور از تصنع و تکلف و با این حال مقرون به کمال فصاحت و بلاغت و شامل معانی عالی و جزیل در الفاظ موجز و استوار است.

"آنچه در اینجا دیده ای نمونه ی کوچکی است از اعتقادات صدها بلکه هزاران پیروان من که برای خاطر من خویشتن را فدا می کنند."

نظام الملک در حوالی نهاوند، در التزام ملکشاه که عازم بغداد بود بـه دست فدائیان کشته شد و ملکشاه نیز مدت کوتاهی پس از قتل نظـام الملـک (کـه نوشته شده چهل روز) درگذشت. "امیر معزی" ملک الشعرای دربار مرثیه ای در مرگ ملکشاه و نظام الملک سروده است:

رفت در یک مه به فردوس برین دستور پیر | شاه بـرنا در پی او رفت در ماه دگر

ای دریغـا آنچنان شاه و وزیـری ایـن چنین | قهر یزدانی ببین و عجز سلطانی نگر

ملکشاه سلجوقی در سال ۱۰۹۲ میلادی (۴۸۵ هجری) درگذشت و با مرگ او بین مدعیان سلطنت نفاق و اختلاف افتاد. حسن صباح از ایـن اختلاف نهایت حسن استفاده را بعمل آورد و قلعه "گردکوه" و "لم سر" را در رودبار الموت به تصرف درآورد.

در سـال ۱۱۱۷ میـلادی (۵۱۱ هـجری) سـلطان مـحمد احـمد بن عبدالملک عطاش معروف به "شیر گیر"، "اتابک نوشتکین" را برای مقابله با صباحیان به الموت اعزام داشت اما موقعیت قلعه و مقاومت دلیرانه حسن صباح مانع شد توفیق حاصل کند و عقب نشینی کرد.

سلطان سنجر نیز سعی کرد از راه تهدید و تطمیع حسن صباح را مجذوب و سپس منکوب سازد اما حسن به وی پیام فرستاد که ". . .اگر سلطان مایل نیست که به سرنوشت نظام الملک دچار گردد بهتر است از مخالفت با وی دست بردارد" و متعاقباً یکی از فدائیان را مأمور ساخت خنجر خویش را در کنار بستر سلطان سنجر قرار دهد و روی پوست آهو یادداشتی نوشته به خنجر آویخت:

". . . آنکس که کارد بر زمین سخت فرو کند بر سینه نرم سلطان نیز تواند کرد. . ."

پس از این واقعه سلطان سنجر صباحیان را به حال خود رها کرد اما نتیجه ای که حاصل شد جسارت بیش از پیش حسن صباح بود که سراسر منطقه را تیول خود کرد. پیروان او از مسافران باج می گرفتند و آنچه میتوانستند میان آنان تبلیغ کرده سعی داشتند بر تعداد پیروان خویش بیافزایند.

غریب هشت سال قدرت نمائی صباحیان ادامه داشت و کسی را با آنان یارای مخالفت نبود تا چهارشنبه شب ۲۶ ربیع الاخر سال ۵۱۸ هجری برابر با نهم فوریه ۱۱۲۴ میلادی حسن صباح در قلعه الموت درگذشت و زندگی یکی از جالبترین چهره های تاریخ ایران به پایان رسید.

اما با مرگ حسن صباح دامنه فعالیت صباحیان خاتمه نیافت بطوریکه در جنگ های صلیبی اسماعیلیان در کلیسای مسیحیت رخنه کرده و بسیاری از کشیشان مسیحی را تحت تسلط و نفوذ معنوی خود درآورده بودند.

دلیل واقعی بروز جنگ های صلیبی مسئله اورشلیم (بیت المقدس) بود که مسیحیان اعتقاد داشتند آن سرزمین مقدس که زادگاه مسیح است باید در تصرف آنان قرار گیرد.

پس از انقراض امپراطوری روم که منجر به نابودی کامل قبایل وحشی "ژرمن" شد مسیحیت در قاره اروپا جان تازه ای گرفت و بتدریج که دامنه نفوذ معنوی کشیشان مسیحی میان مردم اروپا وسعت می یافت مسئله اورشلیم، زادگاه مسیح از عطف و توجه بیشتری برخوردار گردید. قرن ها بود که اورشلیم در تصرف مسلمان ها بود و اکنون که کلیسا از قدرت و اتحاد بیشتری برخوردار بود بر اثر تحریکات کشیشهای کاتولیک و

پروتستان که برای رهائی اورشلیم فعالیت میکردند سلسله جنگ هائی بین مسلمان ها و مسیحیان برپا گردید. این سلسله جنگ ها بنام "جنگ های صلیبی" مشهور گردید.

پس از اختتام جنگ های صلیبی که منجر به شکست مسلمان ها گردید شهر اورشلیم بدست مسیحیان گشوده شد لیکن مسلمان ها به مسیحیان حمله کرده جان و مال آنان را مورد تهاجم و تعرض قرار میدادند. برای پایان دادن به نفوذ مسلمین که طی سالها در نواحی اورشلیم و انطاکیه ایجاد شده بود جمعی از کشیشان مسیحی گردهم آمدند و گروهی بنام "جمعیت پاسداران معبد" (Templars) تشکیل دادند. مؤسسین جمعیت پاسداران معبد چهار نفر بنام "برگ" و "دوبایان" و "فروا" و "مور" بودند. بر اثر فعالیت آنان جمعیت پاسداران معبد بوسیله پاپ اعظم به رسمیت شناخته شد و در سال ۱۱۲۸ میلادی در این مورد فرمانی از واتیکان انتشار یافت که به موجب آن اعضای جمعیت از حرص و آز و اندوختن مال و منال دنیا به حذر شده بودند. شاید علت واقعی صدور این فرمان سابقه غارت و کشت و کشتاری بود که مسلمان ها در کشورهای مغلوب معمول می داشتند و پاپ اعظم با صدور این فرمان در نظر داشت تفاوت بین مسیحیت و اسلام را به ثبوت برساند.

لیکن هنوز چندی نگذشته بود که طبع متمایل به حرص و آز بشری در کشیشان مسیحی رخنه کرد و جمعیت پاسداران معبد فرمان پاپ اعظم را نادیده گرفتند و به جمع آوری ثروت پرداختند. ثروت همیشه قدرت را در پی دارد و به همین علت جمعیت پاسداران به تدریج دامنه فعالیت خودرا از اورشلیم به اروپا توسعه داد و شعبات جمعیت در اغلب شهرهای عمده اروپائی تأسیس گردید. قابل توجه اینکه بسیاری از سران جمعیت پاسداران

بر اثر موانست و مجالست با مبلغین "صباحیه" و "فاطمیان" و در نتیجه تبلیغ آنان در زمره اعضای مؤثر فرقه های فوق در آمدند و بدین ترتیب جمعیت پاسداران معبد که بر اساس اعتقادات مذهبی مسیحیت بوجود آمده بود بصورت جمعیتی سرّی تجلی نمود. همکاری جمعیت پاسداران و صباحیان و باطنیان به مرحله ای رسید که موجبات شکست قوای "کوتواد سوم" و فتح دمشق توسط مسیحیان گردید.

دامنه فعالیت و نفوذ فرقه اسماعیلیه در جمعیت پاسداران معبد به میزانی رسید که "واتیکان" را دچار وحشت ساخت بطوریکه "کلمانس" پاپ اعظم به موجب فرمانی در سال ۱۳۰۵ میلادی دستور داد اموال و ثروت های جمعیت پاسداران معبد را مصادره کنند و بیش از شصت تن از سرجنبانان جمعیت را به محاکمه کشند. اتهام آنها عبارت بود از نفی مسیح، همکاری با فرقه صباحیان و باطنیان، تبعیت از افکار مزدکیان و مانویان، نشر اکاذیب، اهانت به صلیب مقدس، عدم قبول اینکه حضرت مریم "باکره" بوده، لواط، بت پرستی، مداخله در امور کلیسا، پرستش شیطان که بصورت گربه در می آمده، کشتن نوزادان و سوزاندن و خوردن خاکستر آنها و عبادت در تاریکی.

متهمان را به شدت شکنجه کردند تا از آنها اعتراف بگیرند. در محوطه کلیسای "سنت آنتوان" متجاوز از پنجاه نفر سران جمعیت پاسداران را زنده در آتش سوزانیدند و رهبر جمعیت "جمیز دو مو له" را مستقیماً از زندان به محوطه کلیسا منتقل کرده و دور و بر اورا با آتش ذغال افروختند و زنده وی را سوزاندند. بسیاری از سران قوم را در سرداب هائی محبوس و سپس مدخل سردآب ها را با سنگ تیغه کردند. در انگلیس، فرانسه، آلمان، اسپانیا و قبرس نیز به همین ترتیب عمل کرده اعضای پاسداران را به قتل

رسانیدند. قابل توجه اینکه حتی یک نفر از اعضای جمعیت اقرار نکرد و شاید اگر اقرار کرده بودند بخشیده می شدند. پس از این قتل عام فجیع پاپ اعظم دستور داد کلیه دارائی جمعیت پاسداران معبد را مصادره کنند و بساط آنها را برچینند. در چنین شرایطی صباحیان و باطنیان نیز متفرق شدند و نفوذ آنان در کلیسای مسیحیت تقریباً پایان یافت.

در سال ۱۲۵۶ میلادی "هلاکو خان" به ایران حمله کرد و نخستین هدف وی از بین برداشتن صباحیان بود. برای انجام این امر به الموت حمله برد و "رکن الدین" رئیس و شیخ جبل فرقه اسماعیله را بقتل رسانید و قلعه الموت را مسخر ساخت. چهار سال بعد در سال ۱۲۶۰ میلادی "مملوک سلطان" سلطان مصر مغول ها را شکست داد و در قبال دریافت خراج دوباره قلعه الموت را به اسماعیلیان سپرد.

در سال ۱۲۷۰ میلادی "صارم" شیخ جبل فرقه اسماعلیه از دادن خراج به مصریان سر باز زد و علیه مملوک سلطان قیام کرد اما شکست خورد. ابن بطوطه می نویسد. . . "با اینکه سلطان مصر پیروز شد صباحیان را نابود نکرد بلکه مانند تیر و کمانی آنها را علیه دشمنان خویش به کار گرفت".

"سر آرتور دارموند" که در مقام کنسولی سفارت انگلیس در "حلب" خدمت می کرده در مورد اعقاب صباحیان می نویسد:

"بعضی از مورخین معتقدند که در قرن سیزدهم میلادی آنها (صباحیان) بوسیله تاتارها بکلی معدوم شده اند اما برای من که در این منطقه، در این جهنم

زندگی کرده ام مسلم است که هنوز اعقاب آنها در همین کوهستانهائی که مارا احاطه کرده زندگی می کنند. . ."[22]

"روزیو" کنسول فرانسه در حلب که در سال ۱۸۱۰ میلادی گذری بر نواحی الموت داشته می گوید:

" . . . در دهکده ای بین تهران و اصفهان بنام کهک مردی زندگی میکند که وی را شاه خلیل الله می نامند. اطرافیان وی اورا مانند خدا میدانند و معتقدند از برکت وجود او معجزه بر می خیزد."

فریزر سیاح اروپائی نیز می نویسد:

". . . هنگامی که شاه خلیل الله ناخن های خودرا می گیرد پیروان او هجوم برده بعنوان تبرک در جمع آوری خرده ناخن بر یکدیگر سبقت می جویند و آبی که شاه خلیل الله در آن استحمام می کند از نظر پیروانش مقدس است".

بیشتر پیروان حسن صباح بتدریج به هندوستان کوچ کردند و در آنجا زیر نفوذ انگلستان قرار گرفتند. بطور مثال در سال ۱۸۶۶ میلادی آقا خان محلاتی رئیس فرقه اسماعیلیه نماینده ای به بمبئی فرستاد تا از گروهی از بـازرگانان هندی به نام "خودجـا" که گویا از اسماعیلیه بوده اند ده هزار لیره استرلینگ خراج مطالبه کند. بازرگانان هندی از پرداخت خراج خودداری نمودند. آقا خان به دادگاه انگلیسی به ریاست "سر ژزف آرنالد" شکایت برد. دادگاه اعلام داشت که آقا خان محلاتی چهارمین نسل از آخرین شیخ جبل الموت است و بعلاوه "خودجا" را نیز از اعقاب صباحیان

---

۲۲ – مسافرت در نقاط مختلف آسیا. کتابخانه سلطنتی. لندن.. سال ۱۷۵٤ میلادی. ص ۲۱۷

اعلام و رأی داد که بازرگانان هندی مادام العمر سالیانه مبلغ بیست هزار لیره استرلینگ به آقا خان محلاتی به پردازند.

فرقه اسماعیلیه منشعباتی نیز دارد که از آن جمله فرقه "روشنیه" را میتوان نام برد. مؤسس فرقه روشنیه بایزید ابن عبدالله انصاری است.

عبدالله پدر بایزید از علمای ایل "ورمود" در افغانستان بود و با اینکه میل داشت فرزندش در طریق مذهب قدم گذارد بایزید تجارت را بر دیانت ترجیح داد و به سیر و سفر پرداخت. . . و ضمن یکی از این سفرها بود که با یکی از "ملاحده" (جمعیتی که منکر خدا بوده اند) آشنائی حاصل کرد و به سختی تحت تأثیر افکار وی قرار گرفت. پس از بازگشت به ورمود سعی نمود افکار افراطی ملاحده را ترویج دهد لیکن از وی استقبال نشد. ناچار به "نگین شهر" یکی از توابع افغانستان پناه برد اما دیری نپائید که از نگین شهر نیز رانده شد و به پیشاور کوچ نمود. در آنجا تعدادی به وی گرویدند.

اصول عقاید بایزید به هشت درجه تقسیم شده بود که هر درجه با ذکر مخصوص شروع می شد. کلاسهای مربوط به فرقه را "خلوت" مینامیدند و تدریس در هر کلاس به سه زبان انجام می شده. . . اردو، هندی و فارسی.

سبک نوشتنی بایزید در زبانهای فوق بسیار ممتاز و رسا بود و از شاهکارهای فرهنگ و ادب زمان خود محسوب می گردید.

پس از اینکه مریدان با یزید به دریافت درجه هشتم نائل میآمدند به مرحله "تکامل" نایل شده و قوانین اجتماعی بطور کلی در نظر آنها فاقد هرگونه ارزش می شد.

بایزید در مدتی کوتاه به گردآوری مریدان بسیاری توفیق یافت و با جمعیتی متجاوز از دو هزار نفر به میان کوهستان های صعب العبور

"پیشاور" حرکت و در آنجا سکنی گزید. امرار معاش او از محل غارت بازرگانانی که از جنوب شرقی آسیا و چین به ایران و سایر نقاط آسیا رفت و آمد داشتند تأمین می شد و با زور شمشیر به تبلیغ مرام و مسلک خویش مشغول بود.

در تاریخ آمده که روابط آزاد جنسی میان فرقه رواج کامل داشته و بسیاری از زنها را وا می داشته اند به فریفتن و جذب مردان قبایل افغانی به پردازند. برای این منظور نخست زن و مرد را در جوار یکدیگر اما مجزا از هم سکنی می داده اند و بتدریج که به درک "روشنائی و حقیقت" توفیق می یافتند محدودیت در معاشرت را حذف و به آنان اجازه می داده اند بطور دستجمعی با یکدیگر اختلاط جنسی و شهوانی حاصل کنند.

به موازات پیشرفت فرقه روشنیه بایزید اعلام داشت که فسلفه اعتقاد به آینده فلسفه ای موهوم است و پیروان او باید بدون احساس هیچگونه وسواس که ناشی از ترس و هراس از روز رستاخیز است از لذات دنیوی کمال استفاده را بنمایند. بعلاوه مال و جان کسانی را که به فرقه روشنیه بستگی نداشتند به مریدان خود حلال کرد.

دامنه نفوذ و فعالیت بایزید از پیشاور به منطقه "هشت نگار" که نخستین مکان پیدایش قوم افغان بود توسعه یافت. روشنیه به رهبری بایزید به هشت نگار کوچ کرده در آنجا شهری بنا نهادند. در آن شهر بود که بایزید لقب "پیر روشن" را برای خود برگزید و پیروان خویش را روشنیه نامید.

"محسن خان غازی" فرماندار کابل از توسعه نفوذ بایزید و فعالیت مبلغین روشنیه به وحشت افتاد و با حمله ناگهانی به منطقه هشت نگار بایزید را دستگیر کرده به کابل انتقال داد و در آنجا دستور داد نیمی از موی

سر و نیمی از ریش بایزید را تراشیدند و وی را در انظار عام به معرض نمایش قرار دادند. شب هنگام بایزید محافظ خودرا تطمیع و با رشوه، وعده و وعید موفق شد به کوهستان های صعب العبور "تیراه" فرار کند. در آنجا با تبلیغ مرام خویش بسیار از افغان ها را دور و بر خود جمع کرد و سپس به عزم فتح هندوستان و خراسان از پناهگاه خویش خارج شد اما محسن خان غازی فرماندار کابل کشیک اورا میکشید تا وی را برای همیشه به دام افکند. جنگ و گریز سهمناکی به پا شد. بایزید شکست خورد و با پیروان خویش به کوهستان های اطراف گریخت اما خستگی اورا از پا درآورد و پس از چند روز در دهکده ای واقع در دامنه کوه تیراه درگذشت. پس از درگذشت بایزید فرزند ارشد او "عمر" رهبری فرقه را در دست گرفت اما او نیز بدست "یوسف ضیا" رئیس ایل افغان کشته شد. سپس "جلال الدین" آخرین فرزند بایزید قد علم کرد اما او نیز بدست قبایل "هزاره" مقتول گردید. احمد فرزند جلال الدین نیز نتوانست کاری از پیش برد و در سال ۱۶۵۰ میلادی به دست مغول کشته شد و فرقه روشنیه در سرآشیب سقوط و نابودی قرار گرفت.

۷

قـــرامطه

مؤسس فرقه "قرامطه" سه تن بودند. "ابوسعید جنابی" اهل بندر جنابه (گناوه)، "حمدان قرمط" و "زکرویه" که هر سه شعوبی بودند. قرامطه از جناح روشنفکر فرقه اسماعیلیه منشعب شده بود.

برخی از پژوهشگران واژه "قرمط" را از کلمه "قرمیس" به معنای کشاورز دانسته اند لیکن بدون هیچگونه تردید واژه قرمط و قرمطی از نام حمدان قرمط مؤسس فرقه "قرمطیان" گرفته شده است. (قرمط نوعی ماهی در خلیج فارس است).

"... قرامطه مسلکی نزدیک به مسلک اباحتیان یا اشتراکیون داشتند که شاید از مزدکیان پیروی کرده باشند و شاید همان مزدکیان بوده باشند که از دوره ساسانیان در خفا در این نواحی زیسته و اینک بنام دیگری دوباره سر برآورده اند."[۲۳]

"... میان مذهب قرامطه و سبک اجتماعی مزدک و بابک ارتباطی استوار بود و علمای اسلام در مسلک قرمطی آثار هجوم مجوسان (زرتشتیان) و مزدکیان و مانویان را برای انهدام ارکان اسلام آشکارا می دیدند".[۲۴]

۲۳ – تاریخ بیهقی. ابوالفضل محمدبن حسین کاتب بیهقی. تصحیح سعید نفیسی. جلد ۲ ص ۸٤۷
۲٤ – تاریخ فلسفه در جهان اسلام. حناالفاخوری و خلیل الحجر. عبدال المحمد آیتی زمان.ص ۱۸۷ و ۱۸۸

چهره درخشان فرقه قرامطه، ابوسعید جنابی بود که بطور مدام به تبلیغ اصول و عقاید قرمطیان اشتغال داشت و به همین سبب مورد بی مهری حکومت بغداد قرار گرفت و به بحرین فرار کرد. ابوسعید جنابی شعبده باز بود و در بحرین گروه انبوهی طرفدار پیدا کرد و قشونی فراهم ساخت. پس از تصرف شهرهای قطیف و بحرین، ابوسعید جمهوری غیر مذهبی در بحرین اعلام داشت و دستور داد هرچه قرآن و تورات و انجیل بود از بین بردند و یا در بیابان آتش زدند. سپس اعلام داشت که سه نفر باعث گمراهی بشریت بوده اند. . . اول موسی پیغمبر یهود که شبان بود، دوم عیسی پیغمبر مسیحیان که پزشک بود و سوم محمد پیغمبر اسلام که شتربان بود.

برخی از مورّخین قرامطه را پیرو اخوان الصفا می دانند که ظاهراً خودرا شیعه معرفی می کرده اند اما در حقیقت تشکیلاتی کاملاً سیاسی و پنهانی بود. آنها اعتقاد داشتند که فلسفه بر دین برتری دارد و مکاتب عقلانی بالاتر از مکاتب مذهبی است.

قرامطه به روز رستاخیز و آتش دوزخ و حدیث بهشت موعود نه تنها هیچگونه اعتقادی نداشتند بلکه آنرا به باد مسخره می گرفتند. بعلاوه معجزه پیغمبران مورد قبول آنها نبود.

عقاید اخوان الصفا و قرمطیان از وجه تشابه بسیار برخوردار بود زیرا هردو به فلسفه ادیان اعتقاد نداشتند.

مورخین اسلامی از قبیل "ابن اثیر" و "طبری" قرمطیان را با خداوند دشمن دانسته و نوشته اند که . . . آنان خودرا شیعه می دانستند تا بواسطه آن بتوانند کار خودرا انجام دهند و عامه مردم را بسوی خود جلب نمایند.

تشکیلات مخفی قرمطیان بسیاری از مردم روشنفکر آنزمان را مجذوب و فریفته ساخت که از آن جمله "حسین بن منصور حلاج" است

که مخفیانه خط رمز قرمطیان را بکار گرفته با آنان مکاتبه کرده رهبران قرامطه را از اوضاع داخلی دربار بغداد آگاه ساخته و روشنفکران آنزمان را علیه حکومت عباسیان به قیام پارتیزانی دعوت می نمود.

قرمطیان طرفدار مساوات اجتماعی و اقتصادی بودند و حمدان قرمط رهبر قرامطه مالکیت خصوصی را ملغی ساخت و دارائی پیروان خویش را بصورت اشتراکی در اختیار همه قرار داد.

". . . سازمان قرمطیان تقریباً جنبه اشتراکی و سوسیالیستی داشت و مالیاتی که جمع می شد به نسبت احتیاج میان افراد جامعه تقسیم می شد. . ." [۲۵]

". . . کار قرمطیان به انجا کشید که همه دارائی خودرا بصورت مشاع در اختیار جمع قرار دادند بطوریکه دیگر غنی و فقیری میان ایشان نماند و کسی جز شمشیر و سلاحش مالک چیزی نبود. . ." [۲۶]

قرمطیان زیاده بر یکصد پنجاه سال حکومت کردند و چون دارای هدف معین و طرفدار مساوات و عدالت اجتماعی و تقسیم عادلانه ثروت بودند حکومت آنان مورد استقبال و حمایت مردم قرار گرفت.

". . . حمدان قرمط بر اساس جهان بینی خود یک جامعه سوسیالیستی را بنیاد نهاد، زمین را متعلق به همگان خواند و مالکیت ارضی را ملغی ساخت و چنین استدلال کرد که چون ما به اصل مالکیت فردی اعتقاد نداریم و زمین را از آن توده می دانیم پس مالکیت همگانی را جانشین مالکیت فردی می کنیم و همه مردم حق استفاده و بهره برداری از اراضی زیر کشت را خواهند داشت. . ."

---

۲۵ – سلسله های اسلامی. ک. ا. بوسورث. فریدون بدره ای. بنیاد فرهنگ. ص ۱۱۷

۲۶- انقلاب های اسلامی. دکتر حربوطلی. غلامحسین دانشی و عبدالحسین یادگاری . انتشارات سعدی . تهران. ص ۱۳۶

". . . از نظر سیاسی قرامطه به استقرار حکومت جمهوری اعتقاد داشتند و به امامت (خلافت) موروثی و بلا انقطاع معتقد نبودند. این امر دلیل دیگری است بر اینکه فلسفه سیاسی قرمطیان اساساً با تمایلات سلطنت طلبانه و حکومت موروثی شیعیان تضاد داشت.[۲۷]

". . . در سال ۲۹۴ هجری قرمطیان به شهر مکه حمله کردند و حجاج را به قتل رساندند و یازده روز در مکه ماندند و حجرالاسود و محتویات درون کعبه (از قبیل جواهرات و اشیاع قیمتی را با خود به بحرین بردند). . ."[۲۸]

". . . مورخین در اینباره می نویسند: قرمطیان حجرالاسود را از (خانه) جدا کردند و بربام کعبه شدند و ناودان زرین کعبه را کندند و می گفتند چون خدای شما به آسمان شود و (خانه) را بر زمین ضایع گذارد (خانه) اش را غارت و ویران می کنند. . . پس جامه از خانه باز کردند و پاره پاره به غارت بردند و به استهزا می گفتند: و من دخله کان آمنا و آمنهم من خوف – یعنی وقتی که خانه کعبه رفتید چرا از شمشیرها امان نیافتید؟"[۲۹]

". . . و اگر خدائی بود شما را ایمن می کرد از بیم شمشیرها. . .[۳۰]

---

۲۷ - حلاج. علی میرفطروس. انتشارات کار. چاپ پنجم ص ٦٦

۲۸ – کامل. تاریخ بزرگ اسلام و ایران. عزالدین ابن اثیر. عباس خلیلی. انتشارات علمی ص۶۵

۲۹- اشاره به سوره آل عمران. آیه ۹۷. هرکه در خانه کعبه داخل شود ایمن گردد.

۳۰ – سیاست نامه. خواجه نظام الملک. به احتمام هیوبرت دارک. بنگاه ترجمه و نشر کتاب ص ۳۰۸

حمله قرمطیان به مکه از طرف آزاد مردان و روشنفکران اسلام (که عده آنها در آن عصر قابل توجه بود) با شادی و تحسین استقبال شد.[۳۱]

". . . قرمطیان در ایران نیز دارای پایگاه عظیم توده ای و روستائی بودند بطوریکه در زمان نوح دوم سامانی این نهضت با همدستی دولت های فئودال و روحانیون وابسطه به آنها به شدت سرکوب گردید. در زمان سلطان محمود غزنوی نیز شکار و سرکوبی قرمطیان شدیداً ادامه داشت. گردیزی می نویسد: . . . و محمود بیشتر ایشان (قرمطیان) را بگرفت بعضی را دست برید و نکال (شکنجه) کرد و بعضی را به قلعه بازداشت تا هم در آنجاها بمردند.[۳۲]

". . . آثار و اشعار شاعران متملق دربار غزنوی از سرکوبی و کشتار عظیم قرمطیان حکایت می کند. فرخی سیستانی می گوید:

قرمطی چندان کشی کز خونشان تا چند سال

چشمه های خون شود در بادیه ریگ مسیل

و عنصری برای آنکه از صف مداحان و دریوزگان عقب نماند در مدح سلطان محمود غزنوی میسراید:

نه قلعه ماند که نگشاد و نه سپه که نزد

نه قرمطی که نکشت و نه گبر و نه کافر[۳۳]

---

۳۱ – زندگی مسلمانان در قرون وسطی. مرتضی مظاهری، راوندی. سپهر. ص ۱۲۷

۳۲ - حلاج. علی میرفطروس. انتشارات کاوه. چاپ پنجم. ص ۶۷

۳۳ – حلاج. علی میرفطروس. انتشارات کار. چاپ پنجم. ص ٦۸ و ۶۹

۸

سلیمان

فراماسون ها معتقدند که پیدایش فراماسونری در زمان حضرت سلیمان بوده و نخستین لژ را سلیمان بنا نهاده و نخستین استاد فراماسون نیز حضرت سلیمان بوده و ساختمان معبد سلیمان در اورشلیم نیز با فراماسونری ارتباط داشته. . . اما شاید این افسانه ای بیش نباشد.

". . . حقیقت اینست که در فراماسونری کلیه اوهام مربوط به معبد سلیمان تنها جنبه اعتقادی داشته و در حالیکه نشانه های مربوط به بنیانگذاری یک معبد بزرگ احساس می شود (در تشریح معبد) به جنبه عرفانی و تفهیم و صحت اصول معماری و ریزه کاری ها و حتی حقایق تاریخی هیچگونه توجهی نشده است. [۳۴]

". . . هرکس اندکی راجع به آن (راجع به فراماسونری) میداند آگاه است که مبداء سال ۹۲۶ (قبل از میلاد مسیح) افسانه ای خالص بیش نیست و کوشش در پیگیری تاریخ راجع به تشکیلات سلیمان و اینکه او بعنوان استاد عالی اعظم (نخستین استاد فراماسونری) بوده توهینی به این طبقه است. اگر قرار باشد که در سه هزار سال قبل استاد اعظم داشته باشیم بگذارید لا اقل شخصی باشد که

---

۳٤ – فراماسونری و بت پرستی یکی است. ادموند روینن. اذرا. اندسکوک. شیکاگو سال ۱۹٤۸ میلادی. ص ۲۰۲

از اخلاقیات و پاکیزگی سهمی داشته نه سلیمان. . . سلیمان نه تنها برای ملت خود ننگ آمیز بلکه برای احساسات و اخلاق دنیا نیز خفت آور بود. [۳۵]

در اینجا سؤالی که پیش می آید اینست که ایا واقعاً حضرت سلیمان نخستین استاد فراماسونری بوده؟ چنین به نظر می رسد که چون فراماسونری با علائم و حرکات مذهبی در آمیخته است و در هر مرحله چه در داخل و چه در خارج لژها هر عملی که انجام می شود و هـر نامی که بـر زبان جاری می گردد کـم و بیش جنبه عرفانی و "سنت های" فراماسونری داشته اوهام مربوط به معبد سلیمان، بصورت صوری در قلوب فراماسون ها همانند نام سلیمان که علامت قدرت، بزرگی، ثروت و عقل است نفوذ کرده است.

". . . نه آدم نه نوح نه نمرود نه موسی نه جاشوا نه داود نه سلیمان نه جان بپتیست نه جان آوانجلیست با تمام اعتقاداتی که داشتند به فراماسونری تعلق نداشتند. در رویدادهای تاریخی فرضیات کاری بی معنا است. هچگونه مدرک که مارا متقاعد کند حضرات فوق فراماسون بوده اند وجود ندارد. [۳۶]

با این حال نام حضرت سلیمان را فراماسون ها مقدس می شناسند و معتقدند که فراماسونری در زمان حضرت سلیمان پیدا شده است.

من سالها قبل که به اسرائیل رفته بودم محل معبد سلیمان را که هنوز چند ستون مخروبه از آن باقی مانده بازدید کردم. علامت ستاره داود در پایگاه ستون ها کنده کاری شده و دیده می شد اما هیچگونه علامتی که

---

۳۵ - صدای فراماسونری. کورنیس مور. ص ۱۸۸ سال ۱۸۷۸ میلادی . سینسیناتی.

۳٦ – کتاب آهیمان رزون. دکتر دالکو. ص ۳٦۲ سال ۱۸۲۲ میلادی. کارولاینا

دلالت بر این باشد که فراماسونری از آن نواحی شروع شده و یا علائمی از فراماسونری در آنجا ندیدم. با این حال چون قرن ها است افسانه سلیمان زبانزد همه شده بی مناسبت نیست چند سطری از دفتر خاطرات خود به رشته نگارش در آورم.

شنیده و خوانده ایم که حدود سال ۱۴۰۰ ق م [۳۷] یعنی در همان سالی که بنی اسرائیل از خاک مصر رانده شد، در ماه "زیو" دومین ماه از چهارمین سال سلطنت سلیمان ساختمان معبد "سلیمان" در شهر بیت المقدس آغاز گردید. بنایان بسیاری از اطراف و اکناف جهان در بیت المقدس گردهم آمدند تا حاصل هنر و تخصص خویش را به سلیمان عرضه دارند و در بنای معبد مقدس سهیم گردند.

در رأس سازندگان معبد سلیمان نخست حضرت سلیمان و سپس دو نفر بنای کارآزموده بنام "هیرام شهریار" و "هیرام آبیف" قرار داشتند. افرادی که برای ساختمان معبد انتخاب شده بودند به سه طبقه تقسیم میشدند:

۱- کارآموزها ۲- بناها ۳- استاد بناها

افسانه پردازان تاریخ بخصوص نویسندگان کاتولیک به تدریج بر افسانه سلیمان شاخ و برگ تازه ای افزوده و در عالم تخیل در زمینه معبد سلیمان مطالبی نبشته اند که توجه به آن خالی از سرگرمی نیست از جمله چنین آمده:

---

۳۷ – تاریخ ورود و خروج دقیقاً معلوم نیست. برای اطلاع بیشتر به کتاب قوم من، تاریخ بنی اسرائیل اباآبان. ص ۱۹ مراجعه شود.

". . . حضرت سلیمان مقرر داشت همه کارگرانی که در ساختمان معبد دست داشتند زیر نظارت هیرام آبیف قرار گیرند. هیرام ابیف معمار کارکشته ای بود که پادشاه صور برای بنای معبد به سلیمان هدیه داده بود.

هیرام آبیف سرآمد معماران جهان بود. در حرفه خویش استادی بی همتا بشمار می رفت و او بود که معبد را بنا نهاد و تاج طلائی سلیمان را طراحی کرد. تمام زوایای تاریک کاخ سلیمان از پرتو دانش و هنر او منوَر گردید و تمام اسرار و واژه های مربوط به ورود به معبد در لوح سینه او محفوظ. . . گوشه ای از معبد نبود که بر او مجهول بوده و نقطه ای وجود نداشت که از پرگار و گونیای او بهره ور نشده باشد. واژه عبور به معبد را با زنجیر طلائی بر گردن داشت و هیچگاه از خویش دور نمی داشت. قلب او مخزن اسرار سلیمان بود.

دانش و هنر هیرام آبیف و نبوغ او حس حسادت بسیاری از هنرمندان و بنایانی را که در بنای معبد سلیمان سهیم بودند برانگیخت و حتی سلیمان نیز بر وی رشک می برد.

آوازه عظمت معبد سلیمان و شاهکارهای هیرام آبیف به اطراف و اکناف عالم رسید و بلقیس (ملکه سبا) را بر آن داشت عزم بیت المقدس کند تا آن همه مکنت و جاه و جلال و جبروت را از نزدیک رویت نماید. سلیمان در حالیکه بر تخت سلطنت جلوس کرده مجسمه ای از طلای ناب و عصائی از عاج در دست داشت مقدم ملکه سبا را گرامی داشت. . . و سپس اورا به معبد رهنمون شد تا از نزدیک عظمت، ثروت و قدرت سلیمان را مشاهده کند. . . و در آنجا سلیمان بازوی خویش را گشود و این علامت علاقه وی به همسری با ملکه بود.

ملکه سبا به حدی مفتون زر و زیور معبد شده بود که از سلیمان خواست تا معماری را که مسئول پیدایش آنهمه عجایب بوده احضار کند. سلیمان در انجام تقاضای ملکه سبا مدت زمانی طفره رفت اما سرانجام تسلیم شد و هیرام آبیف را به حضور ملکه آورد.

دیدگان نافذ و شخصیت و جمال هیرام آبیف کار خودرا کرد و ملکه سبا نه یک دل بلکه صد دل عاشق او شد و از وی خواست جمله هنرمندانی را

که در بنای آن کاخ رویائی شریک بوده اند به حضور پذیرد. سلیمان مخالفت کرد اما هیرام آبیف در فضا با دست خود علائمی ترسیم کرد و به رمز ندا داد و کلیه هنرمندان را فرا خواند.

سلیمان کینه هیرام آبیف را در دل گرفت و دستور داد سه تن از کارگران بنام های فانور که اهل سوریه و بنا بود، آمرو که فینیقی و نجار بود و موتسل که یهودی و شاگرد بنا بود کمر به قتل هیرام آبیف ببندند و به بهانه اینکه هیرام از تسلیم نمودن اسرار ورود به معبد به آنان خوداری نموده مصمم شدند اورا بکشند.

روز بعد ملکه سبا برای تفرج به خارج شهر بیت المقدس رفت. . . ناگهان هیرام آبیف بر وی ظاهر شد و هر دو به عشق خویش اعتراف کردند و در اینحال مرغ هُدهُد به پرواز در آمد و بر شانه راست هیرام آبیف نشست. . . و بدین ترتیب بر اساس رسوم همسر آینده ملکه سبا برگزیده شد.

حضرت سلیمان از ماجرا آگاه شد و همینکه هیرام آبیف به معبد بازگشت فانور و آمرو و موتسل حمله کرده و اورا کشتند اما نتوانستند واژه عبور را بدست آورند زیرا هیرام آبیف زنجیر طلائی را که بر گردن داشت به چاهی در آن نزدیکی افکند.

جسد هیرام را در کیسه ای نهاده به خارج شهر بیت المقدس برده مدفون ساختند و برای شناسائی قبر شاخه ای از درخت اقاقیا بر آن نهادند و به شهر بیت المقدس مراجعت کردند.

هفت روز گذشت و از هیرام خبری نبود. . . امور معبد به حال توقف و بنایان و استاد بنایان و کارگران و شاگردان متحیر (سیلمان در نظر داشت ساختمان معبد را هرگز متوقف نسازد و تا روز رستاخیز ادامه دهد) اما بر اثر بی تابی ملکه سبا. . . سلیمان ناچار شد سه تن از استاد بنایان را به جستجو فرستد و آنان پس از مدتی تفحص جسد هیرام آبیف را در خارج شهر یافتند. آنرا به شهر بیت المقدس آوردند و به خاک سپردند.

فراماسون ها تا به امروز معتقدند که این سه نفر سعی کردند شاید بتوانند هیرام آبیف را زنده کنند لیکن موفق نشدند. تشریفات و لغاتی که برای این منظور به کار بردند اسرار درجه سوم فراماسونری است.[۳۸]

قابل توجه است که هنوز تا به امروز تشریفات ذکر شده در لژهای فراماسونری رعایت می گردد.

"کتاب اول پادشاهان در "باب اول تا باب هفتم" داستان پیدایش معبد سلیمان را چنین توصیف می کند. . .

قبل از پایان ساختمان معبد سلیمان تعداد پانزده نفر از استادان معمار که شاید از علاقه حضرت سلیمان به هیرام آبیف غبطه میخوردند با یکدیگر متفق شده علیه هیرام توطئه ای ترتیب دادند تا به هر طریقی اسرار ورود به معبد را بدست آورند. دوازده نفر از ایشان میان راه وحشت زده شدند و از همکاری سر باز زدند. سه نفر باقی مانده هیرام آبیف را بدام افکنده وی را به خارج شهر بیت المقدس بردند و بنای شکنجه را گذاشتند اما هیرام از اقرار خودداری نمود و زیر شکنجه جان خودرا از دست داد. جنازه اورا در کوه "مریاح" نزدیک بیت المقدس به خاک سپردند و به شهر مراجعت کردند.

سلیمان از غیبت طولانی هیرام مطلع شد دستور داد پانزده نفر از محارم به جستجو برخیزند. سرانجام جنازه هیرام را در کوه مریاح یافتند و بنا به دستور سلیمان جنازه را به شهر آورده سوگواری ها کردند و آنرا مدفون ساختند. . ."

در تاریخ آمده که دختر "فرعون" همسر سلیمان بود و شاید بنا به تمایل فرعون در صدد ایجاد معبد برآمد. ساختن معبد سلیمان هفت سال

---

۳۸ – اقتباس از چند کتاب انگلیسی که در مورد اسرار معبد سلیمان نوشته شده.

طول کشید. در مشرق زمین شماره هفت شماره ای خوش یمن است. در دنیای عرب هفت ستاره یا مجموعه ای از کواکب به دب اکبر معروف است و بعلاوه عدد هفت بین ستاره شناسان در محاسبات به کار می رود و شاید به همین دلیل است که هفته به هفت روز تقسیم شده است. میان فراماسون ها نیز عدد هفت مقدس است و در تمام تشریفات فراماسونری این عدد بکرات به چشم می آید.

معبد سلیمان سی و سه ذرع ارتفاع، بیست و دو ذرع عرض و شصت و شش ذرع طول داشت و در ساختمام معبد هیچگونه آلات و ابزار فلزی بکار نبرده بودند.

بعضی از لژهای فراماسونری در آمریکا پس از تشریفات ورود نسخه ای از "تورات" را به تازه وارد اهداء می کنند که در مقدمه آن به تفضیل راجع به معبد حضرت سلیمان سخن آمده است. . .

". . . بر دیوار خانه به هر طرفش طبقات بنا گردید و بر هر جانب آن هم بر "هیکل"[۳۹] و هم بر محراب و هم به هر طرف آن طبقاتی بنا شد. طبقه زیرین پنج ذرع و طبقه میانه شش ذرع و طبقه بالا هفت ذرع ارتفاع داشت. معبد از سنگ معدن ساخته شد و غرفه های میانه طرف راست معبد بود که بوسیله پله های مارپیچ به طبقه وسطی مربوط می شد. . . و او خانه را بنا نهاد و خانه با تیرهائی از چوب سرو آزاد پوشانیده شد و بر تمامی خانه طبقه ها بنا گردید که ارتفاع هریک پنج ذرع بود. . . پس سلیمان خانه را بنا نهاد و تمام کرد و اندرون دیوارها را با چوب سرو آزاد یعنی از زمین خانه تا دیوار متصل به سقف را با چوب سرو پوشانید و سطح داخلی خانه را با چوب صنوبر مفروش ساخت. . . و از پس خانه هشت ذرع با چوب سرو آزاد از زمین تا بالای دیوار بنا نهاد و آنها را

۳۹ – معبد حضرت سلیمان را "هیکل" نیز نامیده اند.

در جهت محراب قدس الاقداس بنا کـرد و در اندرون خانه چوب سرو به شکل منبت کاری و دسته های گل بود و هیچ سنگ پیدا نبود. . . و محراب را ساخت تا تابوت عهد خداوند را در آن جای دهد. . . و اما داخل محراب بیست ذرع طول بیست ذرع عرض و بیست ذرع ارتفاع داشت و آنرا با زر خالص آرایش نمود. . . و پیش روی محراب زنجیرهائی طلائی آراست و سراسر خانه را با طلا پوشانید تا خانه ساخته شد و در محراب دو کروبی از چوب زیتون ساخت که قد هریک ده ذرع بود و هردو یک شکل و یک اندازه بود. . . و همچنین کروبی های دیگر در درون خانه ساخت و بال های همه پهن بود بطوریکه بال هریک به دیوار می رسید و در داخل خانه بال های کروبیان با یکدیگر تماس داشت و همه را با طلا پوشانید. . . و به همه دیوارها به هر سو نقش ها تراشید از کروبیان و درختان خرما و بسته های گل در بیرون و اندرون دیده می شد. . . و در ماه زیو از سال چهارم بنیاد خانه نهاده شد و در سال یازدهم در ماه تول که ماه تقسیم باشد خانه با تمام متعلقات آن بر وفق مراد تمام قانون هایش اتمام پذیرفت. . . پس آنرا در هفت سال بنا نمود.. . "[۴۰]

معبد سلیمان در زمان خود یکی از شاهکارهای هنر معماری و بنائی به شمار می رفته است. ساختمان معبد در کنار دریاچه خارج شهر بیت المقدس قـرار داشته و هنوز اثراتی از آن بـه چشم می خـورد. ستون های سنگی که پایه های کاخ سلیمان بوده بر اثر مرور زمان و در نتیجه عـوامل طبیعی مـانند بـاران و بوران تقریباً از بین رفته است. ستاره هائی که در ستون ها حکاکی شده و علائم و رموز بنایان آزاد هنوز باقی مانده است.

لژهای فراماسونری امروزی از نظر تزئینات داخلی و علائم و اشارات و حتی نقشه ساختمان شباهت کامل به معبد حضرت سلیمان دارد.

---

۴۰ – فریمسیونری اند با بیل. اچ، ال، هیوارد. کولینز کلیر تایپ پرس. لندن.

در بعضی از تواریخ آمده که لژهای فراماسونری امروز الگوئی از معـابد "مانوی ها" است و از نـظر تزئینات داخلی مـانند معـابد، "مهری ها" و تا اندزه ای شبیه کلیساها و سایر پرستشگاه های عیسوی است. لژ از طالار بزرگی به شکل مربع مستطیل تشکیل شده و دیوارها با مخمل قرمز و گاهی آبی رنگ مزین گردیده است. سطح زمین لژ از کاشی هائی مربع به ابعاد متساوی برنگ سفید و سیاه مانند صفحه شطرنج مفروش شده است. از مغرب لژ وارد می شوند و تنها در ورودی نیز در مغرب لژ قرار دارد. لژ پنجره ندارد و بطور کلی از سادگی بسیار برخوردار است. شمال معبد همیشه تاریک است لیکن شرق همیشه روشن و به انوار حقیقت منوّر است. در مدخل لژ دو ستون رفیع که علامت استقامت و پایداری است به چشم میخورد که در بالای آن مانند معبد سلیمان علائم و رموزی دیده می شود که تنها نزد فراماسونها شناخته شده است. روی دیوار شرقی نقاشی بزرگی دیده می شود که مقدس ترین علائم فراماسونری را عرضه می دارد. . . گونیا و پرگار. گونیا معرف حقیقت و پرگار معرف دقت است که این هردو بین فراماسون های واقعی کاملاً رعایت می گردد. میان گونیا و پرگار حرف " G " که معرف خداوند (God) است دیده می شود. فراماسون ها این علائم را گرامی می دارند و همیشه زیر سایه خداوند که نزد آنها به "معمار بزرگ جهان" شناخته شده فعالیت ماسونی خویش را آغاز و یا پایان می دهند. هیچ یک از لژهای جهان بدون علامت گونیا و پرگار و همچنین "فرمان لژ اعظم تابعه" مجاز نیستند به کار بپردازند. تنها لژهائی که بدون علامت گونیا و پرگار گشایش یافته و یا بسته می شوند یکی دو لژ شناخته نشده است که توسط لژهای شناخته شده دائر نه تنها بدون ارزش است بلکه فراماسون ها نباید در چنان محافلی شرکت کنند.

گرچه لژهای فراماسونری دارای ابعاد معین و مشخص است لیکن فراماسون ها برای معابد خود طول و عرض قائل نیستند زیرا اعتقاد دارند معبد واقعی فراماسونری سراسر جهان است و ابعاد لژها از شرق تا غرب و از شمال تا جنوب کره زمین گسترد ه است. شاید به همین دلیل است که اغلب سقف های لژها به رنگ آبی که معرف آسمان است رنگ آمیزی شده و ستاره هائی نورانی بر آن منقوش گردیده است. هریک از این ستاره ها معرف مشخصات شناخته شده بوده و تنها فراماسون هائی که در این مورد دارای مطالعائی هستند قادرند آنها را شناسائی کنند. مجموعه ستاره هائی که در سقف لژهای فراماسونری ترسیم گردیده شماره معین دارند و هریک علامت رموزی است که فراماسون ها طی قرن ها ابداع کرده و به خاطر سپرده اند. هر سال در ماه دی شبها این ستاره ها از مشرق ظاهر می شوند و با فرا رسیدن روز و درخشش خورشید از نظرها ناپدید می گردند.

روی دیوار شرقی لژ پرده نقاشی بسیار جالبی آویزان است که در آن دو ستون دیده می شود. بالای ستون دست راست حرف لاتین G و روی ستون دست چپ حرف لاتین B که حرف اول رمز ماسونی است نقاشی شده است. در مرتفع ترین نقطه ستون G یک طراز بنائی و در مرتفع ترین نقطه ستون B یک شاقول دیده می شود. پائین ستون G تخت سنگی مکعب مستطیل قرار داده شده و در مجاورت آن یک قلم سنگ تراشی و یک چکش و یک پنجره مشبک دیده می شود. در بالای این پرده نقاشی خورشید بطور کامل ترسیم گردیده و در طرف چپ آن صورت آدمی به چشم می خورد که از میان ابر و مه در حالیکه هلال ماه در پشت او دیده میشود تجلی می کند. دورا دور این پرده نقاشی طنابی کشیده شده و هفت مرتبه به فواصل معین گره خورده است. این گره ها علامت اتحاد است.

در شرق لژ محلی به ارتفاع ۵۱ سانتیمتر که سه پله ۱۷ سانتیمتری جلوی آن ساخته شده دیده می شود. این محل شباهت کامل به سن تأترهای قرن هجدهم میلادی داشته و بـه عرض پنج متر از مشرق تـا مغرب

مقدس‌ترین علامت در فراماسونری

کتاب آسمانی ـ گونیا و پرگار
انوار سه گانهٔ فراماسونری

کرسی استاد لژ
نشانهٔ قدرت و پایداری

سه ستون اصلی فراماسونری معرف عقل (سلیمان نبی) ـ قدرت (هیرام شهریار) و زیبائی (هیرام آبیف)

محوطه داخلی لژ را پوشانیده است. در صدر این محوطه استاد لژ قرار دارد. در طرف راست او پرچم مخصوص لژ که معرف عضویت در "لژ بزرگ تابعه" است قرار داده شده و در دو طرف او جایگاه های ویژه ای برای استادان قبلی در نظر گرفته اند. مقابل جایگاه استاد "محراب" لژ قرار دارد که مخصوص ادای سوگند است. طرف راست محراب قطعه سنگی به ابعاد ۲۵ x ۲۵ سانتیمتر دیده می شود که در شمال شرقی لژ قرار داده شده است. طی قرون گذشته بنّا های حرفه ای اولین سنگ بنا را در گوشه شمال شرقی نصب می کرده اند و حتی تا به امروز این رسم باستانی در ساختمان ها بخصوص در مشرق زمین رعایت می شود.

روی میز استاد لژ یک چکش چوبی و یک گونیا و یک پرگار قرار دارد و این تشریفات عیناً در مقابل تازه وارد در "محراب" تکرار شده است با این تفاوت که کتاب آسمانی مذاهب مختلف نیز روی میزی که به شکل مثلث است روبروی تازه وارد قرار داده شده تا هنگام ادای سوگند مورد استفاده قرار گیرد.

این علائم معرف درجات مختلف در فراماسونری است و یکایک آن بین فراماسون های سراسر جهان دارای خصوصیات و احترام فوق العاده می باشد.

فراماسون ها در داخل لژ پیشبند مخصوصی که علامت گونیا و پرگار روی آن منقوش است می پوشند و بدون این پیشبند که معمولاً از پوست آهو می باشد هیچ فراماسونی حق ندارد به لژ وارد شود. طرز پوشیدن پیشبند در درجات مختلف فراماسونری تفاوت دارد. بطور مثال فراماسونی که درجه یکم خودرا دریافت داشته از طرز پوشیدن پیشبند در درجات دوم و سوم اطلاعی ندارد مگر اینکه به آن درجات نائل آید.

نمونه‌ای از یک پیشبند قدیمی فراماسونری

خورشید ـ نشانهٔ نور و زندگی
گونیا ـ نشانهٔ صداقت
شمشیر ـ نشانهٔ دادگستری وعدالت
خوشهٔ گندم ـ نشانهٔ برکت
جمجمهٔ مرده ـ نشانهٔ مرگ
ستاره ـ نشانهٔ سرنوشت
پرگار ـ نشانهٔ دقت
شاقول ـ نشانهٔ راستی و پاکی
مارکبری ـ نشانهٔ حزم و احتیاط
کندوی زنبورعسل ـ نشانه شیرینی زندگی

اهرام ثلاثه ـ نشانهٔ استقامت
مالهٔ بنائی ـ نشانهٔ صافی
چکش ـ نشانهٔ قدرت
ماه ـ نشانهٔ زیبائی

معمولاً نگهبان خارجی لژ مسئول نگهداری و حفاظت اموال لژ است و او با کمک "پرده دار" قبل از تشکیل لژ پرچم و کتاب آسمانی و گونیا و پرگار و تابلو و فرمان لژ را به داخل لژ برده در نقاط معین جا میدهند.

در اغلب محافل فراماسون ها سه شمع سوز که قبل از تشکیل لژ توسط رئیس تشریفات روشن می شود قرار داده شده که معرف سه درجه اول و دوم و سوم است. هنگام اعطای درجات مختلف این شمع ها به ترتیب خاصی روشن یا خاموش می شود و این تشریفات نیز به رموز و علامات باستانی که در معبد سلیمان رعایت می شده ارتباط دارد. فراماسون ها این شمع ها را "ستاره های لژ" می نامند و برای آنها احترام خاصی قائل هستند.

در داخل لژ دو ردیف نیمکت و یا صندلی هائی قرار داده شده که ردیف اول را "ردیف جنوبی" و ردیف دوم را "ردیف شمالی" مینامند.

افسران لژ های شناخته شده و دائر که برای مدت یکسال با در نظر گرفتن سلسله مراتب انتخاب و تنصیب می شوند به قرار ذیل است:[۴۱]

۱- استاد ارجمند
۲- استاد ارجمند پیشین
۳- قائم مقام استاد
۴- معاون استاد
۵- سرپرست ارجمند اول
۶- سرپرست ارجمند دوم
۷- دبیر لژ
۸- معاون دبیر
۹- خزانه دار
۱۰- امین خیریه
۱۱- خطیب
۱۲- راهنمای اول
۱۳- راهنمای دوم
۱۴- مدیر تشریفات
۱۵- زیور دار و کارپرداز
۱۶- کتاب بر
۱۷- نگهبان داخلی
۱۸- نگهبان خارجی

---

٤١ – لژ اعظم اسکاتلند. دعوت نامه لژ تهران شماره ١٥٤١. انتصاب افسران. ١٩٦٧

در کتاب "فراموشخانه و فراماسونری در ایران" (بدون ذکر مأخذ) مقامات لژهای فرماسونری به قرار ذیل ذکر شده است:

۱- تخت معمار بزرگ (ونرابل)

۲- مقام مبصر اول

۳- مقام مبصر دوم

۴- مقام خطیب

۵- مقام منشی و دفتر دار

۶- مقام خزانه دار

۷- مقام مهماندار

۸- مقام رئیس تشریفات

۹- مقام برادر وحشتناک یا ممتحن بزرگ (به نظر می رسد ترجمه صحیح نباشد)

۱۰-مقام ممتحنین

۱۱-مقام برادر ستار یا حافظ معبد[۴۲]

---

۴۲ – فراموشخانه و فراماسونری در ایران. اسماعیل رائین. جلد اول. ص ۲۱۵ تهران.

۹

فراماسون

در زبان انگلیسی و فرانسوی واژه "فراماسون" به افرادی اطلاق میشود که عملاً به عضویت لژهای دائر و قبول شده فراماسونری درآمده باشند.

در کشور ایران واژه فراماسون به اشکال و معانی مختلف ظاهر شده و فراماسون های اولیه ایرانی هریک طبق میل و سلیقه خود واژه ای را که به زبان فارسی منطبق و یا نزدیک بوده مورد استفاده قرار داده اند.

میرزا محمد صالح شیرازی که یکی از فراماسون های اولیه ایرانی بوده در سفرنامه خود واژه "فراماشان" را در معرفی فراماسون ها بکار گرفته است.

میرزا حسین خان آجودان باشی یکی دیگر از فراماسون های اولیه ایرانی از کلمه "فراموشخانه" استفاده کرده است.

رضا قلی میرزا نایب الایاله از مجمع "فرامیسیان" یا "خانه فرامیسیان" یاد کرده است.

عظمت تشکیلات فراماسونری بحدی است که شاید تا حال بیش از یکصد هزار جلد کتاب درباره آن نوشته شده و بعلاوه فراماسون ها دارای "فرهنگنامه" های مخصوص به خود هستند. این فرهنگنامه ها به اغلب زبان های زنده دنیا ترجمه شده و در بیشتر لژهای فراماسونری در سراسر جهان موجود است.

"پال ندن" نویسنده فرانسوی تعداد کتاب های منتشر شده درباره فراماسونری را شصت هزار جلد نوشته و طبق تحقیقی که از طرف مؤلف بعمل آمده و با توجه به آمار گرفته شده از کتابخانه کنگره کشورهای متحده آمریکا تا کنون بیش از نود هزار کتاب در مورد این جمعیت جهانی به رشته تحریر در آمده است.[۴۳]

تاریخ پیدایش فراماسونری را میتوان به دو دوره متمایز تقسیم کرد:

۱- *دوره باستان یا ما قبل سال ۱۷۱۷ میلادی که با افسانه سرائی و داستان سازی قرین است.*

۲- *دوره نوین که سال ۱۷۱۷ میلادی سرآغاز آنست و فراماسون ها بخصوص فراماسون های مغرب زمین این دوره را "فراماسونری مدرن" می نامند.*

۱ - دوره باستان - تاریخ پیدایش فراماسونری قدیمی بوده و بدوران سلطنت سلیمان نبی می رسد. طبق روایات قرآن، دیوی انگشتر سلیمان را دزدید و بـه صورت او درآمـد. دیو به اسم سلیمان تعالیم گمراه کننده ای به مردم داد و آنگاه که فتنه دیو آشکار شد مردم فهمیدند که دیو سلیمان نما شیطانی است که خلق را گمراه می کند. تعالیمی که دیو سلیمان نما به مردم می داد امروز به نام فریمشن ظهور کرده است و سبب گمراهی و ضلالت جهانیان شده. مفهوم قرآن کریم این است که مسلمانان به تعالیم فـراماسونری که دیـو سلیمان نمـــا به مردم داده پشت پا بزنند و فریب

---

۴۳ - برای اطلاع بیشتر Encylopedia of Freemasonary & its Kindred seience مراجعه شود.

گفته های دیوان نشوند. هرکس تعالیم دیو سلیمان نما یا فراماسونری امروز را بپذیرد بلافاصله ایمانش را از دست می دهد و همانطور که در تفسیر فتح العزیز آمده است که زنی بر سر چاه بابل رفت و به اصرار زیاد از هاروت و ماروت اسرار دیو سلیمان نما را خواست. وقتی زن اسرار دیو سلیمان نما را دانست ایمانش را از دست داده و بصورت سوار مسلحی درآمده به آسمان رفت. . . به همین دلیل است که بین زنان، ساحره ها و جادوگران بیش از مردانند.

نظیر این داستان را درباره مردی نقل می کنند. مرد موصوف بر سر چاه بابل رفت تا اسرار را فرا گیرد. به او گفتند بشرطی اسرار دیو سلیمان نما را به تو می دهیم که هرگز نام خدا را برزبان نیاوری. آن مرد ابتدا پذیرفت ولی پس از چندی بی اختیار نام خدا را برزبان آورد و ایمان از دست رفته اش با همین یک کلمه به جا بازگشت ولی اسراری که آموخته بود فراموش کرد و سحرها باطل شد. پس از این قضیه فریمشن ها برای اینکه کسی اسرارشان را فاش نکند به او دیوی میگمارند و اورا تهدید به مرگ می کنند تا خدا ناشناسی آنها فاش نشود. من خود مرد وارسته و بسیار دین دار و مومنی را می شناسم که به خیال دانستن اسرار فریمشنری رفته فریمشن شد. پس از اینکه تمام ایمانش را زایل کردند اسرار را به او آموختند و اورا تا درجه دوم رساندند. ناگهان مشیت الهی به سراغش آمد و کلمه خدا را به زبان آورد. همان دم همه تعالیم فریمشنری را به دور ریخت و تلاش استاد برای اعاده شاگرد به حال سابق بی ثمر ماند تا جائی که شبی از محفل گریخت. در مجلسی که خود من هم بودم می گفت:

سبحانک لا علم لنا الا ما علمتنا انک انت العلیم الحکیم

افشای اسرار فریمیشن

مطبع منشی نول کشور مقام لکهنؤ مین چهاپا گیا

افشای اسرار " فریمیشن " نام نخستین کتابی است که در سال ۱۸۷۴ میلادی
در هندوستان به خط نویسی شخصی بنام " جواد علی " بچاپ رسیده
ناشر کتاب شخصی بنام " میان داد خان سیاح " بوده که از قرار معلوم . . .

اول اینکه از آنجا بیرون آمدم و هرچه می دانستم فراموش کردم و دوم اینکه در آنجا عجایبی دیـدم کـه نظایر آن میان مـردم به هیچوجه دیده نمی شود.[۴۴]

افشای اسرار فریمشن نام نخستین کتابی است که در سال ۱۸۷۴ میلادی در شهر "لکنهور" واقع در هندوستان به خط نویسی شخصی بنام "جواد علی" بچاپ رسیده است. ناشر کتاب شخصی بنام "میان دادخان سیاح" بوده که از قرار معلوم با فراماسون ها عداوت مخصوص داشته و چنین به نظر می رسد که تحت تأثیر احساسات مذهبی و زیر نفوذ افکاری از قبیل "کفر" و "الحاد" و "زندقه" و سایر تعصبات قشری مذهبی قرار داشته است.

میان دادخان رساله ای نیز در نکوهش فراماسونری منتشر کرده که ضمن آن به خیال خویش اسراری از فریمشن را فاش ساخته است. . توجه به این "رساله" خالی از تفریح نیست.

". . . در درجه اول هنگام پذیرفتن شاگرد در محل لژ مقدار کفش کهنه و پوسیده و کثیف جا بجا و پراکنده دیده می شود. در این محل ترسناک همینکه کسی پا بدانجا بگذارد به او می گویند از بردن نام خدا و عقیده خداپرستی و هرگونه تصور درباره خدای نادیده که عقیده حمقا است بپرهیزد. صرف نظر از تأکیدی که استادان لژ می کنند آنان به محض اینکه به چنین محلی پا میگذارند خود به خود خدا را فراموش می کنند و بعید نیست که این حالت در اثر سحر و جاود باشد و به همین دلیل نام این مکان را جادوگر خانه گذاشته اند.

---

۴۴ – مجله اوده اخبار. میان دادخان. شماره ۱۶ جلد سوم. هندوستان ص ۲. ۱۶ آوریل ۱۸۶۲ میلادی

دردرجه دوم استخوان های پوسیده مردگان را در اطاقی پراکنده می کنند که وحشتناکتر از درجه اول است و هرچه عقیده نسبت به خدا و ایمانی از درجه اول باقی مانده باشد زایل می شود و طبیعت ماسون جدید بیشتر به گمراهی متمایل می گردد و کسی که معتقد به خدا و خدا پرستی باشد احمق تر میناممند.
درجه سوم که در آن کثافات و ویرانگی و آوازهای مهیب بیشتر است. در وسط محل تشکیل اعطای درجه استادی چوکی (مرغ حق - مؤلف) کثیف نشسته است. به تازه وارد می گویند اگر بر روی آن پا گذاری فراماسون می شوی و به همه اسرار واقف. . .

"جواد علی" خط نویس رساله "میان دادخان" نیز که ادعا می کند هیجده سال به محفل فراماسون ها راه داشته در مورد رساله چنین مینویسد:

". . . در اولین روزی که به لژ رفتم تمام اداب و تشریفات لازم که برای حضور در محفل لازم بود به جا آوردم. مکان وحشت انگیزی بود که هر آدم با جرأتی را به ترس و وحشت می انداخت. قرآنی دیدم که روی میز بود. پرسیدم این قرآن چیست؟ گفتند برای قسم دادن مسلمانان است، در درجه دوم فراماسون ها را به انجیل قسم می دهند و در درجه سوم به مقررات و قانون اساسی فراماسونری و از آنچه لازم دارند پیمان و تعهد میگیرند.
مبادی ماسونی سه چیز است:

۱- سحر و طلسمات که محسوس نیست و به ترتیب جزء تشریفات شده است.
۲- امور ماورا الطبیعه و شرکت در این موارد عملیاتی شبیه اجنه و کارهای اجنه می شود.
۳- احضار ارواح به کمک اجنه و شیاطین صورت می کیرد. یکی از روسای فراماسون ها در لژ به من گفت که در اینجا میتوانیم ارواح پیامبران از جمله داود، سلیمان و موسی را احضار کنیم و آنها مکلف به قبول دعوت ما هستند. پرسیدم به چه زبانی صحبت می کنید؟ گفت به همه زبان های دنیا ولی چون همه اعضاء انگلیسی می دانند لذا تمام تشریفات به انگلیسی

انجام می شود. تمام سخنانی که آنها گفتند نشانه کفر، الحاد و زندقه مطلق بود.

در مورد عبادت خداوند فراماسون ها اعتقاد دارند که ما چون ملقب به لقب آزاد هستیم دیگر از قید عبادت هم آزادیم و به همین دلیل خدا هم به عبادت ما احتیاج ندارد. چون خداوند از عبادت ما بی نیاز است ما هم از قید تکلیف عبادت آزادیم. پرسیدم چرا حضرت عیسی را احضار نمیکنند؟ جواب دادند: چون در اینجا کسی آن اندازه لیاقت ندارد که حضور عیسی را درک کند از این لحاظ احضار او صورت نمی گیرد ولی این امر غیر ممکن نیست چنانکه در لژ ژرمنی (آلمانی) که افراد کمالات بیشتری دارند عیسی هم حاضر می شود. در لژ مقدار بسیاری صندلی و ظروف شکسته دیدم پرسیدم این ها چیست؟ گفتند از کثرت آمد و رفت مهمانان خرد شده. . . من تعجب کردم پیش خود گفتم چه مهمانان محترم و پاکیزه ای به اینجا می آیند که ثمر آمدنشان شکستن صندلی ها و نشیمن گاه ها است.

در این فرقه زنها و هنود را نمی پذیرند زیرا این ها به دنبال دین دارهائی میگردند که شکارهای فربه تری باشند تا با از بین بردن مبانی اعتقاد و ایمانشان بتوانند عقیده خودرا بهتر و محکم تر در دل تازه واردین فراماسون رسوخ دهند ولی هنود که خود به خود مبانی دینی ندارند عقاید ماسونی را نیز به سستی میپذیرند. دلیل اختفای اسرارشان اینست که اگر مردم به عقاید آنها آگاه شوند خواهی نخواهی به پوچی و بی مایگی این عقاید پی برده و در صدد مسخره کردن و آبرو ریزی آنها بر می آیند و این جاست که علاوه بر اینکه پیش خدا آبروئی ندارند در پیش خلق هم بی آبرو خواهند بود و به همین دلیل است که اسرارشان را مخفی میدارند.

یکی از فصول کتاب "افشای اسرار فریمشن" را شخصی بنام "دبیر الانشاء" که گویا منشی "محمد ظهیر الدین خان بهادر بل گرامی" بوده به

رشته تحریر درآورده و ضمن آن داستانی را راجع به جادوگرخانه کابل نقل می کند که واقعاً خواندنی است. . .

". . . هنگامی که قوای انگلیس در شهر کابل مستقر شدند در آنجا یک محفل فراماسونری بوسیله افسران و سربازان فراماسون انگلیس تشکیل گردید. شجاع الملک فرماندار کابل به امید دریافتن اسرار فراماسونی به قشون انگلیس اجازه می دهد که بنائی برای محفل ماسونی بسازند و نام آنجا را جادوگرخانه بگذارند. شجاع الملک یکی از افراد قابل اعتماد خودرا داخل تشکیلات فراماسونری کابل کرد تا پس از اطلاع از همه اسرار اورا در جریان بگذارد. چند ماه بعد که مأمور شجاع الملک از همه اسرار مطلع گردید شجاع الملک به او گفت تا همه دانستنی ها را بنویسد ولی او حاضر نشد دستورات فرماندار را انجام دهد. پس از مدتی چند نفر دیگر حاضر شدند داخل در محفل ماسون های کابل شده تا اسرار درون را فاش کنند ولی داوطلبان بعدی نیز بعد از اینکه ماسون شدند لب بربستند و سری فاش نکردند. پس از سه سال که فرمانده انگلیسی و سربازان و افسران فراماسون انگلیسی از کابل رفتند و جادوگرخانه تعطیل شد ناگهان همه فراماسون های افغانی که شجاع الملک آنها را به داخل محفل فرستاده بود و تا آنزمان سکوت کرده بودند شروع به گفتن اسرار کرده تا جائی که اگر سرشان از تنشان با شمشیر جدا می شد چیزی از اسرار را مخفی نمیکردند. از جمله اولین مأموری که شجاع الملک به محفل فراماسون فرستاده بود مشاهدات خودرا به تفصیل بیان کرده و گفت:

در فراماسونری سه درجه است. . .

۱- درجه اول، در میان آنهائی که نه آنها را می شناختم و نه آنها با من صحبت می کردند با ناراحتی به سر می بردم.

۲- درجه دوم، از درجه اول مهیب تر و کثیف تر بود. در اینجا یک مرده مهیب و کریه المنظر بر زمین افتاده بود. کسی که همراهم بود دعائی بر آب خواند و بر روی مرده پاشید. مرده زنده شد از جا برخاست و با شمشیر

برهنه با من به راه افتاد. هرجا می رفتم او از من جدا نمیشد همیشه مرده همراه من بود.

۳- درجه سوم، در این درجه قفلی به دهانم زدند که از آن پس نتوانستم حرفی بزنم. هرجا که می رفتم و به هر حالی که بودم مرده شمشیر بدست همزاد و همراهم بود. از ترس او جرأت افشای اسرار نداشتم و می ترسیدم کشته شوم تا حرفی بزنم. اگر یک ماسون بین هزار نفر می دیدم بر سر همه آنها مرده های شمشیر بدست می دیدم و از دور همه ماسون ها را میشناختم. از روزیکه ماسون شدم تمام عبادات شرعی را بازی می پنداشتم و فقط برای حفظ ظاهر عبادت می کردم. از وقتی که جادوگرخانه کابل تعطیل شد و استاد فراماسونری از آنجا رفت ناگهان هیولای شمشیر بدست هم ناپدید شد از آن ببعد حس کردم که از کسی نمی ترسم و قفل دهانم باز شد. . . تنها راه پی بردن به اسرار فراماسونری شکستن قفلهائی است که به دهان ماسون ها میزنند. برای شکستن قفلها و پی بردن به اسرار ماسون ها تنها راه خراب کردن مراکز و محافل ماسونی است.. "

". . . اصول فراماسونری واجد تمام سجایای اخلاقی است مگر ایمان به خدا و این سجایا را فقط برای حفظ ظاهر از خود بروز می دهند و بدان تظاهر می کنند. کسی که فراماسون می شود عقاید دینی اش را از دست می دهد و عقاید دینی از قبیل رستاخیز، بهشت، دوزخ، حساب و کتاب، کتب آسمانی، فرشتگان، پیامبران و گفتار پیامبران را پندارهائی احمقانه و سفیهانه و بیهوده و باطل میدانند و می گویند که این حرف ها برای ترسانیدن احمق ها ساخته شده است. آنها می گویند عبادت ما و صدقه دادن و روزه گرفتن و حج به چه کار خدا می خورد. او از همه این ها بی نیاز است بنا براین ما با انجام دادن کارهای مذکور خودمان را گول میزنیم."

۲ - دوره نوین – یا فراماسونری مدرن – در سال ۱۷۳۰ میلادی فراماسونری مدرن از اروپا به آسیا رخنه کرد و نخستین لژ تابع لژ اعظم انگلیس در شهر کلکته بنیان گذاری و سپس به سرعت در بسیاری از شهرهای هندوستان گسترش یافت.

بعضی از ایرانیان که از هندوستان دیدار و یا از آن کشور عبور میکردند به عضویت لژهای هندی درآمدند و در بازگشت به ایران بخصوص در استان هـای فارس و اصفهان زمینه را برای گسترش اندیشه های فراماسونری فراهم آوردند. میان ایرانیان ملا و آخوند نیز یافت می شد که برای تبلیغ مذهب اسلام اعم از شیعه و سنی و سایر مذاهب وابسته به هند رفته بودند و بطور پنهانی در سلک فراماسون ها درآمدند.

در اوایل قرن سیزدهم هجری قمری "عبداللطیف شوشتری جزایری" که گویا به عضویت لژ کلکته مفتخر شده بود کتابی در این باره نوشته و اشاره می کند که:

". . . از جمله قوانین مشهوره فرنگ خاصه فرانسیسان، فرامیسن است و فری میسن نیز گویند. . . هندیان و فارسی زبانان هند آن جماعت را فراموش گویند و این هم خالی از مناسبتی نیست چه هرچه از آنها بپرسند در جواب گویند به یاد نیست. منافاتی با هیچ مذهب ندارد و هرکس به هر مذهبی که باشد و بخواهد داخل در این فرقه گردد باکی ندارد. . . بسیاری از مسلمانان در کلکته داخل در این زمره شده اند."[۴۵]

---

۴۵ – تحفه العالم. عبداللطیف شوشتری جزایری. ص ۲۹۲

محمود محمود که نسبت به فراماسون ها بی مهری خاصی داشته در مورد پیدایش فراماسونری در ایران می نویسد:

". . . ایرانیانی که از آغاز پادشاهی فتحعلی شاه به فرانسه و پس از آن به انگلستان به نمایندگی سیاسی و یا آموزش دانش های نوین فرستاده شدند و یا خود رفتند و یا ناچار به رخت کشیدن از خاک ایران شدند مانند (پسران حسین علی میرزا فرمانفرما) بیشترینه با آموزش های ماسونی آشنائی یافتند. از آغاز صده نوزدهم پای هر ایرانی که به اروپا و به ویژه به انگلستان رسید اورا به انجمن ماسونی خواندند و بردند برادر و برابرش نامیدند و راز مگو را به گوشش فرو خواندند و دهانش را مهر کردند و دوختند. . ."[٤٦]

در این رهگذر "سعید نفیسی" نیز می نویسد:

". . . گروهی دیگر از ایرانیان و بیشتر مردم آذربایگان که برای بازرگانی و جز آن به خاک عثمانی و مصر می رفتند در آنجا ها با فراماسون های فرانسوی آشنا می شدند و در قاهره و اسلامبول با آموزش هائی که به آنها می دادند به ایران باز می گشتند و آوازه گر فراماسونری می شدند.
فراماسون های دسته فرانسوی، چنانکه نوشته اند، نخست از یکی از لژهای اسلامبول الهام گرفتند. . ."[٤٧]

---

[٤٦] – تاریخ روابط ایران و انگلیس. محمود محمود. جلد هفتم. ص ١٨١١ تهران

٤٧ – نیمه راه بهشت. سعید نفیسی. ص ٤٣ و ٤٤ تهران

۱۰

عسکرخان

نخستین ایرانی که در فرانسه به عضویت لژ فراماسونری نائل آمد "عسکرخان افشار ارومی" است که بعنوان سفیر فوق العاده فتحعلی شاه قاجار به دربار ناپلئون اعزام و در تاریخ بیست و چهار نوامبر ۱۸۰۸ میلادی در لژ "اوردر- اف – پاریس" تابع نخستین لژ تأسیس شده توسط لژ اعظم اسکاتلند (در فرانسه) پذیرفته شده است.

". . . دائره المعارف فراماسونری – تاریخ مفصل فراماسونری گاولد[۴۸] و پنج تاریخ معتبر دیگر فراماسونری همه متفق القول اند که وی اولین ایرانی است که به عضویت فراماسونری جهانی درآمده است.
قبل از او ایرانیانی که به هندوستان سفر کرده بودند عضو لژهای فراماسونری هند بوده اند ولی چون در سازمان های دولتی و دربار ایران دارای مقام و منزلت نبودند نام آنها در ردیف فراماسون های اولیه و برجسته ایرانی ذکر نشده است.
عضویت میرزا عسکرخان ارومی در لژ وابسته به انگلستان از آن جهت مهم و قابل توجه است که وی هنگامی به عضویت فراماسونی درآمد که از طرف فتحعلی شاه بزرگترین مأموریت سیاسی به او محول شده بود.[۴۹]

عسکرخان در اواسط سال ۱۸۰۶ میلادی به پاریس وارد شد و مورد استقبال گرم مقامات فرانسوی و افسران ارتش ناپلئون قرار گرفت.

---

۴۸ – فرهنگنامه فراماسونری و تاریخ فراماسونری نوشته گاولد.جلد ششم.

۴۹ – فراموشخانه و فراماسونری در ایران. اسماعیل رائین. جلد اول. ص ۳۰٦

عسکرخان افشار ارومی خدمات خودرا در دستگاه عباس میرزا نایب السلطنه در تبریز آغاز نمود و از سرکردگان قشون بود. در سال ۱۸۰۸ میلادی (۱۲۲۲ قـمری) بـه نمایندگی دولت ایران با هدیه و پیشکش و نامه ای از طرف فتحعلی شاه قاجار به دربار ناپلئون اعزام گردید. فتحعلی شاه در نامه خود به امپراتور فرانسه، عسکرخان را چنین معرفی می کند: "عالیجاه عمده الخوانین الکبار عسکر خان افشار"...[۵۰]

"عباس میرزا" نویسنده کتاب روابط ناپلئون و ایران.[51] عسکرخان را می ستاید و اورا بعنوان مردی با شخصیت و سیاس معرفی می کند و "گاسپارد – در وویل" نویسنده فرانسوی که مقارن همان ایام در ایران میزیسته در دیباچه کتاب خود از مساعدت و کمک عسکرخان یاد کرده مینویسد:

"... نزدیک به شش ماه در خانه عسکرخان مهمان بودم و رفتار او با من مانند رفتار فرنگیان بود. مرا به حرمسرای خویش راه داد و نهایت محبت و بزرگواری را درباره من انجام داد..."

نویسنده فرانسوی "در وویل" در سفرنامه خود جریان ورود عسکرخان را به لژ "اوردر-اف-پاریس" چنین نقل می کند:[۵۲]

---

۵۰ - تاریخ سیاسی و اجتماعی ایران در دوره معاصر. سعید نفیسی. جلد ۱. ص ۱٦٤

۵۱ – کسانی مانند "سعید نفیسی" و "خانبابا مشار" اشتباهاً نویسنده کتاب روابط ناپلئون و ایران را عباس میرزا ولیعهد می دانند زیرا روی جلد کتاب نوشته شده به قلم عباس میرزا اما این مطلب درست نیست. عباس میرزا ترکی و فرانسه می دانسته اما نه به اندازه ای که بتواند کتاب بنویسد و یا ترجمه کند.

۵۲ – این شرح بدون ذکر مأخذ به قلم علی مشیری از لندن ارسال و در شماره ۹۵ سال ۲٤ مجله خواندنیها منتشر شده لیکن در اصل به قلم "دروویل" است.

". . . فی الفور شمشیر جواهرنشان خودراکه دارای تیغه ای از فولاد آبدار (گویا منظور آبدیده باشد. مؤلف) دمشقی بود از کمر درآورد و روی میز استاد لژ گذاشت و این بیانات را اظهار نمود:

برادران، سروران و یاران. . . دوستی و رفاقت و وظیفه شناسی و امانت، فضایل اخلاقی و درایت، نوع پرستی و وفاواری به مقام سلطنت همه اینها وظایفی است که در مغز من جای گرفت و قسم یاد کردم ولی اجازه میخواهم شمشیری را که در بیست و هفت جنگ در راه وطن برای من خدمت نموده است برای گروگان تقدیم یاران و برادران بنمایم تا هرگاه روزی قرار باشد در این راه مقدس مفتخر به انجام خدمتی بگردم با همین شمشیر که برای خاطر وطن و شاه والاتبارم جنگ نموده ام آماده ستیز باشم.

این سفیر که بی اندازه تحت تأثیر این جمع واقع گردید در تمام مدت اقامت خود در فرانسه علاقه بسیاری به فراماسونی نشان داد و پس از اینکه با استادان و بزرگان قوم مشورت نمود در صدد برآمد که لژی در اصفهان تشکیل دهد. این اولین اثری است که درباره قبول آئین فراماسونری توسط یک فرد برجسته ایرانی در تاریخ ثبت شده است. . .

استاد بزرگ و مورخ معروف توری که این بیانات را در یادداشت های روزانه خود ثبت کرده است بعداً راجع به تشکیل لژ رسمی در ایران در تاریخ چیزی ننوشته است و این تنها شرحی بود که در میان یادداشت های او دیده شده است. معذالک احتمال می رود که سفیر نامبرده پس از مراجعت به ایران سخنانی درباره فراماسونری و وجود چنین طریقت نوع خواهانه و بشر دوستی را به بعضی از دوستان خود گفته و یک عده از ایرانیان را از آن با خبر کرده باشد. . .[۵۳]

---

۵۳ ــ سفرنامه دروویل. ترجمه جواد محبی. تهران. ص ۱٦۵

مجله "آکتالاتاموروم" ناشر افکار فراماسون های فرانسوی سخنرانی میرزا عسکرخان (این مجله همه جا اورا عسکری نوشته – مؤلف) را چنین نقل می کند.

"... آقایان من در نزد شما دوستی و وفاداری و احترام خودرا تعهد میکنم. از قراری که شنیده ام و شک ندارم فراماسون ها نیکو خصال و شفیق اند و به پادشاهان بی نهایت علاقمند می باشند. خواهش دارم این هدیه را که شایسته یک فراماسون حقیقی است از من قبول فرمائید. این شمشیر را که در بیست و هفت جنگ به کمر داشته ام به شما تقدیم میکنم و امیدوارم این مراسم تحلیف شما را به درجه صمیمیت من نسبت به آئین فراماسونری و خوشبختی که از عضویت این آئین برایم حاصل شده است متقاعد سازد...[۵۴]

پس از ورود به لژ "اوردر – اف – پاریس" عسکرخان اظهار تمایل می کند که لژی در اصفهان تشکیل دهد. مجله "اکتالاتاموروم" تشریفات دعوت استاد لژ فرانسوی را به منزل سفیر فوق العاده ایران چنین می نویسد:

"... سفیر کبیر ایران در این روز کالسکه سفارت را توسط منشی و طبیبش به مرکز لژ فرستاد. بوسیله فرستاده مخصوص خود از رئیس لژ تقاضا کرد تا به منزلشان برود و خود با تمام تشریفات از رئیس لژ پذیرائی نمود و در ضمن راجع به اینکه خیال دارد در تهران یک لژ دائر کند مذاکره کرد... و سپس با همان کالسکه سفارت رئیس لژ را به اتفاق منشی و طبیب خود مراجعت داد.."

"تاریخ فراماسونری جهان" در این مورد می نویسد:

---

٥٤ – مجله خواندنیها. سال ٢٤. ص ٩٥. مقاله بقلم علی مشیری، عسکرخان را شاهزاده نوشته که درست نیست و چون شاهزاده نبوده نمی تواند عسکر میرزا باشد.

". . . عسکرخان که در ۲۴ نوامبر ۱۸۰۸ میلادی به عضویت فراماسونری درآمده با برادران فرانسوی خود به مشورت پرداخت تا به تأسیس لژ در اصفهـان مبادرت ورزد ولی نمی توان قبول کـرد کـه چنـین تصمیمی و نقشه ای عملی باشد. . . " [۵۵]

علی مشیری در مجله خواندنیها راجع به تشکیل لژ فراماسونری در ایران و اقدام عسکرخان در این مورد مینویسد:

". . . این سفیر که بی اندازه تحت تأثیر این جمع واقع گردید در تمام مدت اقامت خود در فرانسه علاقه بسیاری به فراماسونری نشان داد و پس از اینکه با استادان و بزرگان قوم مشورت نمود در صدد برآمد که لژی در اصفهان تشکیل بدهد. این اولین اثری است که درباره قبول آئین فـراماسـونری بـه وسیله یک فرد برجسته ایرانی در تاریخ ثبت شده است. . " [۵۶]

". . . در پانزدهم دسامبر عسکرخان به رتبه استادی نایل آمد. . . و آرشیو عمومی آئین (گویا منظور اساسنامه لژ فیلو سوفیک فرانسه است) در اختیارش گذارده شد. مشارالیه با دقت و علاقه مخصوص آنرا مطالعه کرد و یک جعبه مرصع از جواهرات گرانبها به لژ تقدیم داشت. در همان روز لژ مادر که مایل بود نسبت به آقای روبلو استاد تنصیب کننده که هنگام پذیرش سفیر کبیر خطابه جالبی ایراد کرده بود ابراز حقشناسی نماید. مدال به وی تقدیم داشت که یک طرف آن صورت استاد اعظم و طرف دیگر آن خدمات آقای روبلو بعنوان خطیب و خادم لژ و نویسنده با تاریخ سال ۱۸۰۸ میلادی حک شده بود. [۵۷]

---

۵۵ ـ تاریخ فراماسونی جهان. رابرت فریک گاولد. جلد ششم. کتابخانه مجلس. ص ۳۳۸

٥٦ ـ مجله خواندینها. سال ٢٤. ص ٩٥ مقاله علی مشیری. لندن. تهران

٥٧ ـ مجله "آکتالاماتا روم". ناشر افکار فراماسونری فرانسه.. ٢٣٧

مقدمات ایجاد روابط نزدیک با دولت فرانسه که منجر به اعزام عسکرخان به دربار ناپلئون گردید مرهون اقدامات سفیر فرانسه در اسلامبول بود.

فتحعلی شاه قاجار که از سازش روس و انگلیس در ایران هراسناک بود به وسیله سفیر فرانسه در اسلامبول به ناپلئون پیام فرستاد و تمایل خویش را برای ایجاد روابط حسنه بین دو کشور ابراز داشت. ناپلئون منشی مخصوص دربار "ژوبر" را به ایران روانه ساخت و متعاقباً آجودان مخصوص خود "رومیو" را نیز به دربار ایران اعزام نمود. اقدامات هیئت فوق الذکر منجر به اعزام هیئت سیاسی و نظامی فرانسه به ریاست "ژنرال گاردان" به تهران گردید. ایران به پیمان "فینکن اشتاین" (این پیمان بر اثر ابتکار ناپلئون برای مقابله با روس و انگلیس بین متحدین فرانسه به امضاء رسیده بود) پیوست و بعلاوه ژنرال فرانسوی طی نامه ای به اطلاع دولت ایران رسانید که:

". . . امپراتور فرانسه مایل است که هرنوع تجارت بین ایران و انگلیس منقطع گردد و تمام عمال و کارگزاران انگلیس از جمیع بلاد ایران ترد شوند و مراسلاتی که بین انگلیس و هندوستان از راه ایران بعمل می آید توسط اولیای امور ایران ضبط و مفتوح شود. . ." [۵۸]

دولت ایران با پیشنهاد فرانسه موافقت کرد و نه تنها اتباع انگلیس را از ایران اخراج نمود بلکه روابط سیاسی و اقتصادی ایران را با انگلیس قطع و بعلاوه قرارداد مودت با دولت فرانسه منعقد نمود.

---

۵۸ – سیاست ناپلئون در ایران. نامه گاردان به فتحعلی شاه. ص ۶۱ – ۱۱ اوت ۱۸۰۸

". . . در ششم ماه می سال ۱۸۰۶ میلادی فتحعلی شاه سفیر فرانسه را به حضور پذیرفت و متعاقباً ایران و فرانسه در حمله به هند متحد شدند. ژنرال گاردان به اتفاق هفتاد نفر افسر فرانسوی برای تربیت ارتش قاجار به ایران وارد شدند. منظور فتحعلی شاه این بود که شاید پس از حمله ناپلئون به هند به روسیه حمله کرده ایالت گرجستان را که روس ها اشغال کرده بودند مسترد دارد. اما پس از یکسال ناپلئون از حمله به هند منصرف شد و طبعاً نقشه فتحعلی شاه نیز منتفی گردید. . ."[۵۹]

بدین ترتیب مأموریت عسکرخان افشار ارومی سفیر فوق العاده فتحعلی شاه قاجار در دربار ناپلئون به پایان رسید و پس از دو سال اقامت در فرانسه در حالیکه حامل نامه ای از امپراتور فرانسه برای پادشاه قاجار بود به ایران بازگشت.

". . . اعلیحضرتا – قدرقدرتا – چون مدت مأموریت موقتی سفیر فوق العاده شما عسکرخان افشار در دربار ما به انجام رسیده است بنا بر تصمیمات اخیر آن اعلیحضرت در باب فرستادگان لازم بود که اورا بیش از این پیش خود نگاه نداریم. اگر چه عزیمت او بر ما ناگوار خواهد بود رفتار او همیشه مورد ستایش ما بود. سفیر مزبور غالباً در مدت مأموریت خود مراتب لطف آن اعلیحضرت را به ما گوشزد می کرده. . . میل قلبی ما اینست که احساسات مودتی که همیشه بین الاثنین وجود داشته پیوسته برقرار بماند و آن

---

۵۹ – چهره هائی در تاریخ ایران. امیر نجات. جلد اول. ص ۱۳ فروردین ۱۳۶۰ شمسی. چاپ دوم کالیفرنیا شماره کتابخانه کنگره ۸۰۵۵۳-۸۱

اعلیحضرت در اختیار دوستی ما و دشمنان همیشه جانب ما را رعایت کنند و در این مشورت ما با کمال صفا بنا به اعتمادی که آن اعلیحضرت نسبت به ما ابراز داشته اند مسئول ایشان را اجابت خواهیم کرد. اعلیحضرتا – قدرقدرتا - در خاتمه از خدای متعال می خواهیم که روز به روز بر عظمت شما بیافزاید و ایام را با عظمت و عافیت بگذرانند.

مهر امپراتور فرانسه – ناپلئون

وزیر دولت دوک دوباسانو

وزیرروابط خارجه دوک دوکادور [۶۰]

---

۶۰ – مجلّه وزارت امور خارجه. شماره ۴۵. ص ۳۰ تهران

۱۱

ایلچی

دومین فراماسون ایرانی "میرزا ابوالحسن خان ایلچی" فرزند محمد علی خان شیرازی و برادر زاده حاج ابراهیم کلانتر شیرازی است.[۶۱]

"فریزر"[۶۲] که خود نیز فراماسون بوده در مورد میرزا ابوالحسن خان ایلچی چنین مینویسد:

". . . از اعقاب خانواده ای منحط و پوسیده است که گاهی در شیراز ساکن بوده و زمانی دگر در اصفهان میزیسته. در سنین جوانی معیشت خویش را از طرق نا صواب تأمین میکرده و بقراری که معروف است در عنفوان شباب دارای رنگ و روئی پسندیده بوده و خانواده وی بحال خویش رهایش ساخته. مشتریان حُسن روی او در آن زمان اغلب بزرگان شهر بوده اند و ابوالحسن در لباس و آرایش دخترها برای آنها میرقصیده است. . . میان رجال درباری کسی بی شأن تر و نا محترم تر از میرزا ابوالحسن خان وجود ندارد. این مرد در تمام معاملاتی که با مردم انجام میدهد بقدری پست و نادرست است که هیچیک از هموطنان او تا آنجا که بتوانند از معاشرت با وی پرهیز می کنند.

---

۶۱ - حاج ابراهمیم در اصل یهودی بود که به وزارت لطفعلی خان زند رسید. برای اطلاع بیشتر به چهره هائی در تاریخ ایران تألیف امیر نجات ص ۵ جلد اول رجوع شود.

٦٢ - "فریزر" در سالهای ۱۸۳۳-۱۸۳٤ میلادی در ایران زندگی کرده و سفرنامه ای نیز از خود باقی گذاشته که ضمن آن مینویسد که "هیچکدام از تأسیسات و ابداعات اروپائی نتوانسته به میزان فراماسونری حس کنجکاوی ایرانیان را تحریک کند. . ."

تقلب او چنان ضرب المثل است که کسی کلمه ای از سخنانش را باور نمیکند اخلاق رذالت آمیز و عادات ایام جوانی را حتی امروز که به نیمه راه حیات رسیده تا آن میزان حفظ کرده که چون نام او برده میشود تمام رجال دربار با تحقیر و اشمئزاز از وی یاد میکنند."[٦٣]

میرزا ابوالحسن خان ایلچی دوبار یکبار از سال ۱۸۲۳ تا ۱۸۳۴ و بار دگر از سال ۱۸۳۸ تا ۱۸۴۵ میلادی به وزارت خارجه ایران منصوب شد.[۶۴]

میرزا ابوالحسن خان ایلچی در سال ۱۸۰۹ میلادی (قبل از تصدی وزارت خارجه) به عنوان ایلچی مخصوص به اتفاق جیمز موریه منشی سفارت انگلیس از راه گرجستان و ارمنستان به بندر قسطنطنیه و از آنجا با کشتی متعلق به نیروی دریائی انگلیس به لندن عزیمت نمود. یکبار نیز در سال ۱۸۲۰ میلادی به عنوان سفیر مخصوص دربار ایران به انگلستان رفت.

". . . از وقتی که میرزا ابوالحسن خان به انگلستان رسید از طرف وزرای پادشاه انگلستان کوشش بسیار معمول گردید تا فرستاده شاه ایران اوقات خوشی را در لندن بگذراند. دولت انگلیس سر گور اوزلی را که مقارن همان تاریخ به سفارت انگلیس در تهران منصوب شده بود معین کرد که به عنوان مهماندار از وی پذیرائی نماید.

---

٦٣ - راهنمای کتاب. سال دهم. شماره چهارم. آبانماه ١٣٤٦ ص ٣٤٨ و ٣٤٩

٦٤ – برای اطلاع بیشتر رجوع شود به: تاریخ روابط سیاسی ایران و انگلیس تألیف محمود محمود جلد اول ص ٢٤٩ – نامه های سیاسی سفیر بریتانیا ترجمه احمد توکلی – ماهنامه یغما شماره ٦ ص ١٦. راهنمای کتاب سال دهم شماره ٤- حکومت خانواده ها در ایران تألیف ابوالفضل قاسمی – مجله خواندنیها مقاله علی مشیری شماره ٩٥ ص ٢٤ – اسناد وزارت خارجه انگلستان جلد ١١٨ /٦٠ - مجله فراماسون ها و آینه ماسونیک شماره ماه ژانویه ١٨٨٤ و همچنین مجله اروپا و مرور اخبار لندن، شماره ژوئن ١٨١٠ میلادی.

میرزا از پذیرائی ها و احتراماتی که برایش قائل شده بودند به کرات اظهار رضایت نمود. عالیجناب با اینکه مسلمان متعهد بود ولی هرگز از امتیاز مسلمانان که تعّدد زوجات باشد استفاده ننمود و تنها یک همسر انتخاب کرد که از وی دارای یک پسر گردید.

مسأله ای که باعث حیرت شده اینست که نامبرده ظرف چند هفته یا یکی دو ماه با کمال روانی زبان انگلیسی را فرا گرفته و به این زبان تکلم کند.

سفیر ایران دارای قامتی بلند و هیکلی درشت و ورزیده و دیدگانی نافذ با دندانهائی سفید و ریش انبوه سیاه رنگی است. . .[۶۵]

لیکن قابل توجه است که مجله وزارت خارجه ایران درباره میرزا ابوالحسن به طریق دیگری قضاوت کرده مینویسد:

" . . . به علت آشنا نبودن به اداب فرنگی از میرزا ابوالحسن خان طی این مسافرت حرکات و اطواری که پیش فرنگیان مضحک جلوه می کرد ناشی شده است که در آن تاریخ جالب نظر بوده و جیمز موریه که غالب ایرانیان از بد نفسی و از دست زبان او در عذاب بودند این حرکات سفیر ایران را بهانه قرار داده و کتاب مشهور خود یعنی داستان حاجی بابا افغانی[۶۶] و حاجی بابا در لندن را نوشته است. این دو کتاب سراپا غرض آلود و برای ایرانیان موهن است. . . "

سفیر ایـران عاشق پیشه نیز بوده و بنا به آنچه که خود در سفرنامه اش (حیرت نامه) نوشته در اولین سفر به انگلستان بکلی دلباخته دختر وزیر خارجه انگلیس شده بـا سوز و گـداز عـاشقی و از عشق دختـرک شعر می خوانده و گریه و زاری می کرده است.

٦٥- مجله اروپا و مرور اخبار لندن. شماره ژوئن ۱۸۱۰ میلادی. لندن .

۶۶- منظور گویا حاجی بابا اصفهانی است.

نشریات فراماسونری میرزا ابوالحسن خان ایلچی را می ستایند و از وی بعنوان "شخصیت بزرگ مشرق زمین" و "حضرت اجل اکرم" یاد میکنند. سفیر ایران در دربار انگلیس در تاریخ ۱۴ ژوئن ۱۸۱۰ میلادی با تشریفات خاص و با حضور "لرد موآیرا" استاد اعظم وابسته به لژ اعظم انگلند و بسیاری دیگر از رؤسای فراماسونری انگلستان به لژ لندن وارد شده است. از جزئیات ورود او اطلاعات زیادی در دست نیست.

میرزا ابوالحسن مدت نه ماه در لندن اقامت داشت و سپس در سال ۱۸۱۱ میلادی همراه سیاستمدار برجسته انگلیسی "سر گوراوزلی" که بعنوان سفیر انگلیس در دربار فتحعلی شاه برگزیده شده بود از راه هندوستان به ایران مراجعت نمود.

علاقه فتحعلی شاه به میرزا ابوالحسن ایلچی به میزانی بود که وقتی میرزا از سفر فرنگ مراجعت کرد با حضور سفرای خارجی و شاهزادگان درباری و شاید بعنوان خیر مقدم ضمن سخنانی خطاب به وی چنین اظهار داشت:

". . . آفرین آفرین ابوالحسن. . . تو روی مرا در مملکت بیگانه سفید کردی، من هم روی ترا سفید خواهم کرد. تو از نجیب ترین خانواده های مملکت من هستی. به حول الهی من ترا به مقام های بلند اجداد تو خواهم رسانید. ."

میرزا ابوالحسن خان ایلچی بنا به توصیه دولت انگلیس از شرکت هند شرقی (که پس از اعزام برادران خوشگل شرلی به دربار منحرف صفویه در سراسر منطقه صاحب نفوذ بسیار بوده) مقرری دریافت میداشته است. . .

". . . بر اثر خدمتی که از جناب میرزا ابوالحسن خان در خصوص توسعه اتحاد بین ایران و انگلیس نسبت به کمپانی (شرکت هند شرقی – مؤلف) به ظهور رسیده به سرگور اوزلی اختیار داده شده است وجه مذکور را در حق وی مقرر داشته و این نظر ما را به میرزا ابوالحسن خان ابلاغ نماید. ضمناً این مطلب را باید بدانند یکهزار روپیه مقرری تا وقتی پرداخته می شود که سفیر انگلستان در تهران از رویه میرزا ابوالحسن خان رضایت داشته باشد.
نظر به اینکه مخارج میرزا ابوالحسن خان در مدت اقامتش در لندن از خزانه دولت انگلستان پرداخت شده و مدتی هم که در بمبئی بوده کمپانی هند مخارج وی را تقبل نموده لازم می شود یکهزار روپیه مزبور از وقتی در حق وی منظور گردد که بمبئی را ترک نموده باشد. . ."[٦٧]

پس از موافقت شرکت هند شرقی در مورد پرداخت مقرری به وزیر خارجه ایران شرکت مزبور نامه ای به میرزا ابوالحسن نوشته مراتب را به اطلاع وی میرساند:

". . . ما مراتب رضایت مندی خودرا از روشی که عالیجناب اتخاذ نموده اید به استحضار فرمانفرمای کل هندوستان رسانیده از ایشان خواستیم بعنوان نشانه ای از دوستی ما نسبت به عالیجناب ماهیانه یکهزار روپیه در حق آن عالیجناب منظور دارند و امیدواریم شاهنشاه و ولینعمت شما اجازه قبول این مقرری را تا وقتی که عالیجناب از کمک به سفیر انگلیس در تهران برای حفظ روابط دوستانه ایران و انگلیس مضایقه ننموده اید خواهند داد. . ."

از وقایع قابل ذکر این دوران انعقاد پیمان "ترکمانچای"[٦٨] *و عهدنامه گلستان است که گفته شده میرزا ابوالحسن خان ایلچی و سرگور اوزلی هردو در تنظیم مفاد*

---

٦٧ – وزارت هندوستان. اسناد جدید الانتشار وزارت خارجه انگلیس. بایگانی ٦٠١١٨

٦٨ - پیمان ترکمان چای در تاریخ ٢١ فوریه ١٨٢٨ میلادی در دهکده ترکمانچای به امضای عباس میرزا ولیعهد فرمانده قوای ایران و پاسکه ویچ نماینده روسیه رسید. برای اطلاع بیشتر نگاه شود به "چهره هائی در تاریخ ایران" تألیف امیر نجات ص ١٥

قرارداد دست داشته اند. وزیر خارجه انگلیس "لرد کرزن" که گویا از فراماسون های نامدار بوده در مورد نفوذ مأموران انگلیسی در دربار قاجاریه چنین می نویسد:

". . . در آن ایام سه نفر از مأموران سیاسی انگلیس در سیاست کشور خود نسبت به ایران دخالت کامل داشتند. اولی سر گور اوزلی و دومی جمیز مو آیرا و سومی جمیز فریزر بودند. . . "

میرزا ابوالحسن خان ایلچی را میتوان یکی از بنیانگذاران جمعیت فراماسونری در ایران محسوب داشت. به محض اینکه از فرنگ بازگشت میان شاهزادگان دربار فتحعلی شاه به تبلیغ فراماسونری پرداخت و بسیاری از آنان را به این طریقت رهنمون شد.

بسیاری از نشریات فراماسونری و بخصوص مجلاتی که در آن زمان و یا بعد از آن انتشار یافته نفوذ فراماسونری را در دربار فتحعلی شاه مورد بحث قرار داده اند. مورخین فراماسونری نیز ذکر کرده اند که فعالیت مأموران و نمایندگان سیاسی انگلیس در دربار قاجاریه در اشاعه مرام فراماسونری به میزانی بوده که حتی بسیاری از شاهزادگان درباری به طریقت فراماسونری گرویده و به عضویت این جمعیت درآمده بوده اند.

میرزا ابوالحسن خان ایلچی در تاریخ چهارم ماه اوت ۱۸۴۸ میلادی و پس از قریب سی و پنج سال فعالیت و یکه تازی در میدان سیاست ایران دار فانی را وداع گفت. وی با دولت انگلستان روابط بسیار دوستانه و صمیمانه داشت.

«یکی از فراماسونهای نخستین لژ لندن»

پیکرهٔ میرزا ابوالحسن ایلچی سفیر ایران در لندن ۱۸۰۹-م

IRANIAN AMBASSADOR-STATUE
OF ABOLHASAN ILCHI-LONDON.
JUNE 14, 1910-Lodge of (1809)
ENGLAND

۱۲

میرزا صالح

بموجب مدارک و اسناد فراماسونری و بخصوص اسناد موجود در لژ اعظم انگلند سومین فراماسون ایرانی که در سال ۱۸۱۵ میلادی به این طریقت وارد شده "میرزا صالح شیرازی کازرونی" است.

برخی از محققین ایـرانی از قبیل "مـلک الشعرای بهـار" گفته و نوشته اند که میرزا صالح شیرازی نخستین ایرانی بوده که به فراماسونری داخل شده است. نسخه اصلی سفرنامه میرزا صالح در اختیار ملک الشعرا بود و شاید استناد او نیز بهمان نسخه باشد اما من نتوانستم در سفرنامه میرزا صالح مطلبی پیدا کنم که دال بر این باشد که وی نخستین فراماسون ایرانی بوده است.

ملک الشعرا در پاسخ مقاله ای که بقلم "عرفان" در شماره یازده مجله یغما سال دوم منتشر شده، در این مورد چنین می نویسد:

". . . در مقاله آقای عرفان خواندم که گویا قدیمی ترین ایرانی که داخل فراماسون شده است رضا قلی میرزا پسر حسینعلی میرزای فرمانفرما بوده است. میرزا صالح شیرازی از جمله شش تن شاگردانی که به امر نایب السلطنه عباس میرزا به انگلستان رفته اند (بوده) و به خط خود سفرنامه ای نوشته است که از روز حرکت کردن از تبریز به همراه کلنل خان (میجردارسی) به سوی روسیه و از آنجا به انگلستان تا روز ورود به اسلامبول و بازگشت به ایران را روز به روز

یاداشت کرده. . . میرزا صالح مذکور در ضمن داستان خود بوسیله بعضی رجال خیر اندیش وارد در انجمن فراماسون ها می شود. . . و خود در جای دیگر سفرنامه خود که به خط اوست به این موضوع تصریح کرده. . . و همچنین در سبک شناسی خویش می نویسد شاید مختصر پیشرفتی که در مدت توقف لندن با آنهمه مخالفت ها برای ایشان رخ داده به مساعدت یاران ماسونی بوده است و ظاهراً نخستین ایرانی که وارد فراماسون شده او بوده است. . ."

میرزا صالح در سفرنـامه خود شرح ورود به لژ فراماسونری را چنین می نویسد:[69]

". . . چون مدتها بود که خواهش دخول به مجمع فراموشان را داشته فرصتی دست نمیداد تا اینکه مستر پارسی استاد اول فراموشان را دیدم که داخل به محفل آنها شده باشم و قرار داد روزی را نمودند که در آنجا روم در روز پنجشنبه بیستم رجب ۱۲۳۲ (۱۸۱۷ میلادی) مطابق چهارده می به همراه مستر پارسی و کلنل دارسی داخل به فراموشخانه گردیده، شام خورده در ساعت یازده مراجعت کردم. زیاده از این در این باب نگارش آن جایز نیست. . ."

در جای دیگر سفرنامه میرزا صالح جریان مراسم تدفین همسر پادشاه انگلیس را که در کلیسای کاخ سلطنتی "ویند زر" بعمل آمده شرح داده و در مورد درجه استادی خویش چنین می نویسد:

". . . در صحن کلیسا مستر هریس نامی را که بزرگ خانه فراموشان بود و بنده را به دو مرتبه از مراتب مزبور رسانید مرا دیده، مذکور ساخت که یک هفته دیگر عازم ایران هستید و فردا فراموشخانه باز است، اگر فردا شب خودرا به

---

۶۹ – کتابخانه وزارت خارجه. سفرنامه میرزا صالح شیرازی کازرونی. ص ۱۶۸

آنجا رساندی مرتبه استادی را به تو میدهم وگرنه ناقص به ایران می روی. خواستم زیاده در مورد رفتن صحبت کنم فرصت نشد. . . روز پنجشنبه چهارم نوامبر هنگام صبح از مهمانخانه مزبور سوار شده دو ساعت از ظهر گذشته وارد به لندن گردیدم و چون روزی بود که بنده بایست داخل به فراموشخانه شود یک ساعت بعد از آنکه سه ساعت از ظهر گذشته باشد داخل به فراموشخانه شده و هفت ساعت از ظهر گذشته بعد از شام از فراموشخانه بیرون رفتم. . ."[۷۰]

با اینکه میرزا صالح از "کلنل خان" (لقبی است که ایرانی ها به کلنل دارسی داده اند) به زشتی یاد کرده در سفرنامه خود دارسی را بدکردار، دژرفتار و نیرنگ باز خطاب می کند با این حال وسیله ورود میرزا صالح را به لژ فراماسونری کلنل دارسی فراهم کرده و اورا در این مورد راهنمائی نموده است.

در سال ۱۸۱۵ میلادی (۱۲۰۳ هجری) کلنل دارسی افسر توپخانه که در قشون ایران زیر دست عباس میرزا نایب السلطنه خدمت می کرد به انگلستان رفت بنا به دستور عباس میرزا پنج نفر از جوانان ایرانی نیز برای تحصیل در رشته های مهندسی، طب، توپخانه، ریاضیات و زبان های خارجی از راه روسیه به انگلیس عزیمت کردند. نایب السلطنه هزینه رفت و آمد و اقامت آنها را تقبل و قبلاً به کلنل دارسی پرداخت نمود. این پنج نفر عبارت بودند از میرزا صالح شیرازی، میرزا جعفر طبیب، میرزا رضا مترجم (که پس از بازگشت به ایران تاریخ ناپلئون را از انگلیسی به فارسی ترجمه کرد)، محمد علی قورخانه و میرزا جعفرخان مهندس که بعدها به لقب

---

۷۰ – وقایع سوم نوامبر. سفرنامه میرزا صالح شیرازی کازرونی. سال ۱۸۱۸ میلادی

"مشیرالدوله" مفتخر شد و به سفارت ایران در دربار عثمانی و ریاست شورای دولتی رسید.[۷۱]

میرزا صالح شیرازی زبان فرانسوی، انگلیسی، لاتین، تاریخ و علوم طبیعی، فن چاپ و ساختن مرکب را در انگلستان فرا گرفت و پس از بازگشت به ایران نخست یک شماره بنام طلیعه کاغذ اخبار و سپس ماهنامه ای بنام "کاغذ اخبار" در تاریخ دوازده نوامبر ۱۸۳۷ میلادی (۲۵ محرم ۱۲۵۳ هجری) منتشر ساخت. میرزا صالح در سفرنامه خود درباره انگیزه ای که برای فراگرفتن فن چاپ در سفر انگلیس داشته چنین می نویسد:

"... با خود اندیشه نمودم بجز تحصیل اگر توانم چیزی از این ولایت به ایران برم که بکار دولت علیه آید شاید خوب باشد و مدتها بود که خیال بردن چاپ و صنعت باسمه در سر من افتاده بود. چند روز بعد از آن به لندن رفته کلنل خان (کلنل دارسی) را دیده کیفیت را به او حالی کردم. این مطلب را پسندیده و بعد از آن مستر "دانس" نامی که استاد چاپ ساز است یعنی مختص به آنست که انجیل را در زبان فارسی و هندی و سریانی و عربی و سایر زبان های غریبه چاپ می زند دیده که هـر روزه بنده دو ساعت در کارخانـه او رفته، مِن اولاً الی آخر چاپ را آموزد و بعد از آن همه روزه لباس انگریزی در بر کرده به منزل استاد چاپ زن رفته الی چهار ساعت و نیم از ظهر گذشته در کارخانه چاپ سازی مانده..."[۷۲]

---

۷۱ – برای اطلاع بیشتر به مجله یادگار شماره ۲ و ٤ سال اول و همچنین مجله یغما شماره ۵ تا ۸، سال ششم مراجعه شود.

۷۲ – کتابخانه وزارت خارجه. سفرنامه میرزا صالح شیرازی کازرونی. ص ۱۵۱

"... او بود که نخستین بار در ایران روزنامه چاپی فارسی با چاپ سنگی بنیاد نهاد. این روزنامه ماهی یکبار چاپ می شد. نخستین شماره آن بنام طلیعه به تاریخ بیست و پنجم محرم سال ۱۲۵۳ (هجری) برابر با یکم مه ۱۸۳۷ میلادی (بنظر می رسد تاریخ روز و ماه اشتباه باشد و تاریخ ۱۲ نوامبر ۱۸۳۷ میلادی صحیح است) و بیش از یک چند شماره به چاپ نرسید..."[۷۳]

میرزا صالح شیرازی دو جلد سفرنامه به خط خود نیز نوشته که یکی در کتابخانه شادروان ملک الشعرای بهار و دیگری در موزه بریتانیا (بریتیش میوزیوم لندن) تحت شماره ۱ - د - د ۲۴۰۳۴ نگهداری می شود. در نسخه موزه بریتانیا میرزا صالح مقدمه ای نوشته و سفرنامه را به "جرج ولک" نماینده انگلیس در دربار فتحعلی شاه اهداء نموده...

"... مؤلف این صفحات را به خدمت صاحب مکرم عالیجاه بمّعلی جایگاه و لک صاحب ایلچی دولت علیه انگلیس عرض می کند که اولین روزی که این نسخه را به عالی شأن اخوی ام میرزا اسماعیل داد که به جهت خود صحیح کند گفت. . بعضی عبارات و جمل های بی مصرف آنرا بیرون کند و بعد از اینکه از سفر گیلان مراجعت نمود و نسخه مذکور را دید معلوم شد که بسیاری از آنرا در نسخه خود بنده انداخته است و این نسخه را از روی آن نوشته اند که در معنی هم این نسخه و هم نسخه دیگری که به جهت بنده نوشته اند نه به طریقی که شایست و بایست است نوشته، تقصیر هم بکسی لازم نمی آید بعلت اینکه اول بایست نسخه اول را صحیح کرد و بعد از روی آن نسخه نوشت لذا در این اوقات در صدد تصحیح دیگر بود و این نسخه از دست افتاد و با تفضیل عالیجاه جارج ولک صاحب مطالبه نمودند که به جهت معزی اله همین نسخه را فرستاد

---

۷۳ - فراماسونری در ایران. محمد کتیرائی. ص ۱۷ چاپ اقبال. تهران ۱۳۴۷

انشاءالله اگر حیات باشد و نسخه بنده که به خط میرزا اسماعیل است صحیح شد این نسخه هم صحیح خواهد شد. . .[۷۴]

در این سفر نامه خواندنی از بد رفتاری و بدخواهی قولونل (کرنل خان، کلنل خان، میجر دارسی، کلنل دارسی) نالیده و دل آزردگی خویشتن باز نموده از گزارش سفرش بر میآید که آدمی ساده دل و پاک اندیش و تیزهوش و تیزیاب بوده است؛ در سفر خویش تنها به پوسته فرهنگ اروپائی در ننگریسته به مغز و درون و گوهر این فرهنگ نیز چشم دل گشوده و شیفته آن شده است؛ شیفته آزادی راستینی شده است که در پرتو آن هیچکس، اگر هم شاه انگلیس باشد، یارائی زورگوئی به پیشه ور بی چیزی را هم ندارد. آزادی و بسامانی و دادگستری و آبادانی انگلستان در میرزا صالح سخت و ژرف کارگر افتاده آئین و کردار انگلیسیان را میستاید و با تیز هوشی ابن الوقت بودن آنان را نیز گوشزد می کند.[۷۵]

با وجودیکه میرزا صالح فراماسونی بسیار با سواد و اهل علم و ادب و صاحب افکار آزادیخواهی بود و در سطور سفرنامه اش همیشه درباره حکومت پارلمانی انگلیس و قوانین و تأسیسات اجتماعی آن مملکت و ولایت آزادی داد سخن داده و فن چاپ و روزنامه نگاری نیز میدانست مع الوصف معلوم نیست چرا مثل میرزا ابوالحسن خان (ایلچی) و یا مشیرالدوله صاحب مقام های عالی نشده و در دستگاه دربار و سلطنت و دولت وارد نگردیده است. تنها یکبار مأمور شد که بعنوان سفیر فوق العاده (بنا به امر نایب السلطنه) به دربار انگلستان برود. یکبار نیز همراه خسرو میرزا [۷۶] در سال ۱۲۴۵ هجری (۱۸۲۹ میلادی) بـه دربار روسیه سفر کرد. . .[۷۷]

---

۷۴ – سفرنامه میرزا صالح شیرازی کازرونی. نسخه خطی موزه بریتانیا. شماره ۲۴۰۳۴

۷۵ – فراماسونری در ایران. محمود کتیرائی. ص ۱۶ و ۱۷ چاپ اقبال. تهران ۱۳۴۷

۷۶ – برای اطلاع بیشتر به "چهره هائی در تاریخ ایران" تألیف امیر نجات. ص ۲۳

۷۷ - فراموشخانه و فراماسونری در ایران. اسماعیل رائین. جلد اول. ص ۳۳۹ و ۳۴۰

۱۳

فراماسونهای مشهور

ابوطالب امین الدوله کاشی

ابوطالب امین الدوله ملقب به فرخ خان یکی از فراماسون های نامور ایرانی است که در سال ۱۸۱۴ میلادی تولد یافت و در سال ۱۸۷۱ میلادی در سن ۵۷ دارفانی را وداع گفت. در کودکی زیبا منظر و خوش کلام بود و بهمین جهت مورد توجه مخصوص فتحعلی شاه قرار گرفت و شاه لقب "فرخ خان" را به وی ارزانی داشت.

"خان ملک ساسانی" محقق و مورخ ایرانی قطعه ای را به میرزا ابوالقاسم قائم مقام فراهانی نسبت داده که بعضی از مؤلفین ایرانی نیز به آن استناد کرده اند. این قطعه مورد تأیید نیست و شاید دیگری که معروفیت نداشته آنرا تنظیم کرده باشد اما چون خالی از سرگرمی نیست به نقل آن مبادرت می شود:

". . . معقول کاری روزگاری داشتیم، هروقت که از خدمات دولتی خسته میشدیم در سالاریه سرگرم بازی شطرنج بودیم و چون از حرکات فیل و فرزین و رخ ملال حاصل شدی به غنج و دلال فرخ واصل شدمی چه فرخ لبی رنگین تر از لاله، دلی سنگین تر از مرمر بهشت نعیم، ید و بیضای کلیم، کلاله مو، لاله رو، ابرو کمند، بالا بلند، تذرو خرام، شیرین کلام، گل بدن، جادو سخن، نازک میان، سهام مژگان، قندین لب، ماه غبغب، روشن ضمیر، خرما کیر، پرمایه و فندق خایه بودی.

نهاده زلف خودرا در دکانی　　　به هر موئی نهاده نرخ جانی

بلا و فتنه چـاوشـان راهش　　　اجل فرمانده چشم سیاهش

فتحعلی شاه دلبستگی خاص به فرخ خان داشت و اجازه داده بود روزهای سلام کنار تخت شاه قاجار ایستاده و پس از پایان مراسم پیمانه شاه را لبریز و برای شاه قلیان چاق کند.

یکبار نیز فتحعلی شاه برای اظهار مرحمت به عباس میرزا، فرخ خان را به تبریز روانه کرد و طی نامه ای به نایب السلطنه نوشت:

". . . فرخ خان ساقی خودمان را که ریشش درآمده برای پیشخدمتی شما فرستادیم. . .

عباس میرزا که "بالای رخش ز هوشمندی　می دید ستاره بلندی" پس از چندی فرخ خان را به درجه سرهنگی مفتخر ساخت و همراه محمد میرزا ولیعهد برای فتح هرات به افغانستان فرستاد. فرخ خان لیاقت و شجاعت بسیار از خود بروز داد و مورد اعتماد کامل عباس میرزا قرار گرفت بطوریکه ولیعهد قاجار کلیه امور مالی قشون ایران را به وی واگذار و اورا به سمت صندوق دار کل منصوب نمود.

چندی نیز به حکومت گیلان و اصفهان رسید و در ماه می ۱۸۵۶ میلادی به لقب "امین الملک" مفتخر گردید و نشان الماس گرفت. سپس برای انعقاد قرارداد صلح که منجر به انتزاع هرات و افغانستان از خاک ایران گردید به پاریس اعزام و در همین سفر بود که به لژ فراماسونری فرانسه پذیرفته شد. . .

به موجب نشریه "شورای عالی لژ گراند اوریان فرانسه" فرخ خان و شش نفر اعضای هیئت اعزامی ایران به پاریس، دستجمعی، در شب دهم دسامبر ۱۸۵۷ میلادی به لژ "سینسیر آمیته" پاریس وارد شده اند. در نشریه فوق چنین آمده است:

". . . به خوبی روشن است که حضرت والا فرخ خان در زمره رهبران سیاسی کشور خود محسوب است و او یکی از سیاستمدارانی است که شاه ایران اعتماد فراوانی به او دارد. این فکر منطقی است که بانی و اصول فکری فراماسونری در اندیشه و اراده شاه که عاری از مصالح و منافع آینده سرزمین خود نیست بی تأثیر نبوده است. سرزمینی که در آنزمان بعلت هیجانات روحی و غلیان انقلابی فرانسه آبستن حیات تازه ای بود. . .[۷۸]

پس از مراجعت به ایران فرخ خان به ترتیب به مقام وزارت حضور، مهردار سلطنتی، ریاست عمله خلوت (گویا رئیس تشریفات باشد) منصوب گردید و به دریافت گل کمر مرصع و جبه ترمه دو زنجیره ای که از نشان ها و افتخارات عالی عهد فتحعلی شاه بود نایل آمد. . . و پس از سه سال به لقب "امین الدوله"مفتخر شد.

" . . . مقرر شد که عرایض و مطالب علما و شاهزادگان عظام را او معروض دارد و عزل و نصب حکام ولایات هم به مشاورت و صواب دید او انجام بگیرد.[۷۹]

۷۸– نقل از بولتن لژ گراند اوریان. بیستم اوت ۱۸٦۰ میلادی. پاریس

۷۹-- مخزن الوقایع. حسین عبداله سرابی. ص ۱۰

فرخ خان مدتی نیز وزیر داخله و مخاطب سلام شاه و همچنین حکمران کاشان و اصفهان و فارس و رئیس گمرک خانه شد و قبل از اینکه بمیرد در ماه مه ۱۸۷۱ میلادی (۸ صفر ۱۲۸۸ هجری) به وزارت دربار منصوب گردید.

میرزا فتحعلی آخوند اف

دیگر ایرانی که بین سالهای ۱۲۲۷ - ۱۲۹۵ هجری در روسیه میزیسته و راجع به فراماسونری تحقیق و تبلیغ کرده میرزا فتحعلی آخوند اف است. آخوند اف یکی از ایرانیان دانشمند و پاکنهاد و مترقی و آزادیخواه بود که بیشتر دوران زندگی خویش را در قفقاز گذرانید. میرزا فتحعلی توسط بازرگانان ایرانی که به آن نواحی رفت و آمد داشتند با راه و روش و اهداف و اندیشه های فراماسونری آشنائی حاصل کرد بطوریکه تنها علاج دردهای بشر را از طریق ایمان و اعتقاد به اصول فراماسونری می دانست.[۸۰] در سال ۱۸۶۰ میلادی به مردم ایران چنین پیام می فرستد:

". . . ای اهل ایران. . . اگر تو از نشاء آزادیت و حقوق انسانیت خبردار میبودی به اینگونه عبودیت و به اینگونه رذالت متحمل نمی گشتی. طالب علم شده فراموشخانه ها گشادی. مجمع ها بنا نمودی. وسایل اتفاق را دریافت می کردی. تو در عدد و استطاعت به مراتب از دیسپوت زیادتری. برای تو فقط یکدلی و یک جهتی لازم است. اگر این حالت یعنی اتفاق به تو میسر میشد برای خود فکر می کردی و خود را از قیود و عقاید پوچ و از ظلم و دیسپوت نجات میدادی. .[۸۱]

---

۸۰ – نیمه راه بهشت. سعید نفیسی. تهران ص ۴۳ و ۴۴

۸۱ – سه مکتوب. مکتوب یکم. میرزا فتحعلی آخوند اف. کتابخانه ملی. تهران

آخونداف به میرزا ملکم سفیر ایران در انگلیس علاقمند بوده و اورا "روح القدس" می نامیده و ملکم نیز هنگام عبور از تفلیس اوقات خودرا بیشتر با وی صرف می کرده است.

"یوسف حمزه لو" محقق آذربایجانی که در باکو اقامت داشت در این مورد می نویسد:

فتحعلی آخوند اف قبل از سال ۱۲۸۰ هجری (۱۸۶۳ میلادی) با فراموشخانه آشنائی داشته اما این آشنائی از کجا و چگونه بوده؟ معلوم نیست. در آرشیو دانشمندان باکو گفتگوئی بین میرزا فتحعلی با ملکم (درباره ملکم به تفضیل خواهم نوشت – مؤلف). در باره فراموشخانه منعکس است که در ۱۸۷۲ میلادی (۱۲۸۸ هجری) و هنگام عبور ملکم از تفلیس بین این دو نفر انجام گرفته و میرزا فتحعلی اورا بنام روح القدس معرفی می کند. . . آخوند اف در این باره مینویسد:

سؤال – ظاهراً این مطلب از مطالب فراموشخانه بوده باشد؟

جواب روح القدس (ملکم) – بلی. . . در اثنای مواعظ فراموشخانه گاه گاه از این اصول مذاکره می شود ولی مطالب فراموشخانه خیلی زیاده است و ماوراء این اصول است. . .

آنچه را که فتحعلی آخوند اف به نقل از گفتگو با ملکم عنوان می کند و آنرا از تکالیف نوع بشر و اصول فراموشخانه و فراماسونیسم میداند اینست که اگر نوع بشر:

. . . بعض آنها را بعمل بیآورد و بعضیش را محمل بگذارد آدم ناقص است و اگر هیچیک از آن تکالیف هفتگانه را بعمل نیآورد از دایره بشریت خارج و در دایره حیوانات صِرف سالک است. . .

تکلیف اول اینست که آدم باید از بدی اجتناب کند.

تکلیف دوم اینست که آدم باید به نیکی کردن اقدام کند.

تکلیف سیم اینست که آدم باید به دفع ظلم بکوشد.

تکلیف چهارم اینست که آدم باید با جماعات هم نوع خود متفقانه تعیش کند.

تکلیف پنجم اینست که آدم باید طالب علم باشد.

تکلیف ششم اینست که آدم باید به ترویج علم ساعی باشد.

تکلیف هفتم اینست که آدم باید بـه قدر قوه و استطاعت خود به حفظ ترتیب فی مابین جماعت متفقه هموطنان و هم مشربان خود مجاهد باشد.

هریک از تکالیف هفتگانه شرح و بسط زیاد دارد و هریک به اقسام بیانات و تفصیلات محتاج است که هـمه را در کتاب آدمیت بـرشته تحریر کشیده ام مقام مقتضی تحریر آنها نیست و این تکالیف هفتگانه اصول مضمون کتاب آدمیت است. [۸۲]

آخوند اف با اغلب رجال فراماسون ایرانی که در تهران مشغول فعالیت در این زمینه بوده اند بطور منظم ارتباط داشته و بین او و شاهزادگان قاجار نیز مکاتباتی صورت گرفته است.[۸۳]

گرچه درباره عضویت آخوند اف در لژ فراماسونری مدرکی یافت نمیشود لیکن از مراوده و مجالست وی با فراماسون های شناخته شده و با توجه به مکاتبات و مراسلاتی که بطور منظم با لژهای فراماسونری. . و همچنین ارتباط بسیار نـزدیکی که بـا میرزا ملکم خان و شاهزاده جلال الدین میرزا (فرزند فتحعلی شاه و از بنیانگذاران فراماسونری در ایران) داشته تردیدی باقی نیست که در لژفراماسونری عضویت داشته است.

۸۲ – الفبای جدید و مکتوبات. میرزا فتحعلی آخوند اف. حمید محمد زاده. ص ۲۹۷

۸۳ – برای اطلاع بیشتر به مجله یغما سال ۱۳٤٥ شمسی. ص ۳٥٦ مراجعه شود.

میرزا سید جعفر مهندس مشیر الدوله

در سال ۱۸۱۵ میلادی (۱۲۰۳ هجری) بنا به دستور عباس میرزا نایب السلطنه فرزند فتحعلی شاه قاجار پنج نفر از جوانان ایرانی برای ادامه تحصیل به انگلستان اعزام شدند. نایب السلطنه مردی متجدد بود و آرزو میکرد فرهنگ و تمدن اروپا را به ایران بیآورد سرپرستی محصلین اعزامی به اروپا را کلنل دارسی افسر انگلیسی توپخانه قشون قاجار بر عهده گرفت و عباس میرزا کلیه هزینه های رفت و برگشت و اقامت تحصیل محصلین اعزامی را تقبل و قبلاً به دارسی پرداخت نمود.

یکی از محصلین ایرانی میرزا سید جعفر فرزند میرزا تقی وزیر بود که قریب چهار سال در لندن به تحصیل مهندسی و علوم پرداخت و در همان جا نیز به لژ فراماسونری پیوست.

میرزا سید جعفر خان مهندس مردی پاکنهاد و میهن پرست و صادق بود و تاریخ دیپلماسی ایران به نیکی از وی یاد می کند.

میرزا جعفر خان در تبریز متولد شده بود و شاید بهمین جهت بعضی از مورخین اورا از رجال آذربایجان به حساب آورده اند. اما این مطلب درست نیست و ممکن است این سوء تعبیرمربوط به این باشد که میرزا سید جعفرخان پس از ورود به ایران مأموریت یافت که قسمتی از قلعه عباس آباد در کنار رودخانه ارس و قلعه خوی را طراحی و در ساختمان آن اقدام کند.

پس از درگذشت محمد شاه قاجار و تاج گذاری ناصرالدین شاه میرزا جعفر خان مورد توجه خاص امیرکبیر میرزا تقی خان امیر نظام قرار گرفت و مأمور شد برای تعیین خطوط مرزی و نشانه گذاری سرحدات ایران و عثمانی به مرز دو کشور عزیمت کند. بر اثر نقشه برداری و مساحی میرزا جعفر خان

مهندس از سلسله جبال آرارات تا کرانه های خلیج فارس زیر پوشش قرار گرفت و شاید برای نخستین بار تعیین خطوط مرزی شمال غربی ایران بر اساس اصول صحیح مهندسی و نقشه برداری انجام یافت. . .

پس از این مأموریت مهندس جعفرخان نردبان ترقی را بسرعت پیمود. او مورد توجه مخصوص صدراعظم ایران قرار گرفته بود و پس از مراجعت از آذربایجان امیر کبیر اورا به سفارت ایران در دربار عثمانی منصوب نمود و بطور محرمانه از وی خواست گزارش جامعی از اوضاع سیاسی و اجتماعی اروپا تهیه کند. بنا به پیشنهاد امیر کبیر میرزا جعفر خان مهندس به امر شاه قاجار به لقب مشیرالدوله مفتخر شد و به عثمانی عزیمت کرد.

متأسفانه مشیرالدوله هنگامی به تهیه و تقدیم گزارش توفیق یافت که بر اثر سعایت مهد علیا مادر ناصرالدین شاه، امیر کبیر به کاشان تبعید شده بود و جانشین او نتوانست و یا نخواست از آن گزارش که به خوبی میتوانست کلید موفقیت دیپلماسی ایران در عثمانی و اروپا باشد بهره برداری کند.

در گزارش میرزا جعفر خان مشیرالدوله قسمتی نیز درباره فعالیتهای لژهای فراماسونری اختصاص داده شده بود. ناصرالدین شاه که تازه به ایجاد فراموشخانه توسط میرزا ملکم خان پی برده و بعلاوه اورا از این پدیده جدید اروپائی ترسانیده بودند دستور انحلال فراموشخانه را صادر نمود. (در این مورد به تفضیل در فصول آینده نوشته خواهد شد).

از طرف دیگر گزارش مهندس جعفرخان مشیرالدوله بقدری در روحیه شاه قاجار مؤثر افتاد که دستور داد "شورای دولتی" تشکیل و مشیرالدوله را به ریاست آن شورا منصوب نمود. شورای دولتی مأموریت داشت در تشکیلات دولتی و اداری ایران تجدید نظر کند و تشکیلات جدید را بر اساس تشکیلات دولت های اروپائی طراحی و پایه گذاری نماید.

نخستین اقدام شورای دولتی ایجاد وزارتخانه های علوم و جنگ و داخله و مالیه بود که بنا به پیشنهاد مشیرالدوله و تصویب شاه قاجار تشکیل گردید.

مشیرالدوله میرزا سید جعفرخان مهندس چهار سال در رأس شورای دولتی قرار داشت اما بعلت مداخله شاه و میرزا آقا خان صدراعظم نتوانست کار عمده ای انجام دهد.

میرزا حسین خان مشیرالدوله سپهسالار

میرزا حسین خان مشیرالدوله سپهسالار یکی از فراماسون های نامدار ایرانی است که از او هم به نیکی و هم به بدی یاد شده است. هنگامی که سفیر ایران در عثمانی بود به عضویت لژ استانبول تابع گرانداوریان فرانسه نایل آمد و سپس بعضویت افتخاری لژ شماره ۱۷۵ وابسته به لژ اعظم "انگلند" نیز پذیرفته شد. میرزا حسین خان مشیرالدوله با صدراعظم عثمانی "عالی پاشا" و با وزیر خارجه عثمانی "فواد پاشا" روابط نزدیک دوستانه داشت و هر سه نفر در لژ استانبول عضویت داشتند.

میرزا حسین خان مشیرالدوله طرفدار سیاست انگلیس بود و با رجال آن دولت از هر لحاظ همکاری داشت. روابط دوستی او با رجال انگلیس به میزانی بود که وقتی در سال ۱۸۷۲ میلادی شاه قاجار امتیاز ساختن و بهره برداری از خطوط آهن سراسری (شمالی – جنوبی) ایران و به انضمام ایجاد تراموا و امتیاز استخراج معادن و احداث مجاری آبیاری و آبرسانی را به

"بارون جولییس دورویتر" واگذار نمود.[۸۴] وزیر خارجه انگلیس لرد کرزن چنین نوشت:

"... شوق و شعف ایران برای دوستی با انگلستان و وفاداری به این دولت هرگز تا میزانی که در زمان صدارت میرزا حسین خان سپهسالار پدیدار گشته ترقی نکرده است..."

در سال ۱۸۷۲ میلادی دولت ایران امتیازات فوق العاده ای به "رویتر" (مؤسس خبرگزاری رویتر) واگذار نمود که به موجب آن و به مدت هفتاد سال حق بهره برداری انحصاری از معادن و آبیاری و آبیابی و اکتشاف و استفاده از جنگل های ایران و ساختن راه آهن و تراموا و حقوق انحصاری گمرکات و حق تقدم در کلیه قراردادهای آینده ایران با کشورهای خارجی به آقای رویتر تعلق یافت. رویتر مبلغ چهل هزار پوند استرلینگ تضمین نامه بانکی بدولت ایران تسلیم می نمود که اگر ظرف مدت پانزده ماه ساختمان راه آهن را آغاز ننماید ضمانت فوق به سود ایران ضبط گردد. سهم شاه از پروژه راه آهن بیست در صد و از سایر پروژه ها ده در صد در نظر گرفته شده بود. این قرارداد بعلت مخالفت مردم که بیشتر به قیام شباهت داشت لغو شد و بجای آن قرارداد دیگری به مدت شصت سال شامل امور بانکی و معادن بین ایران و انگلیس انعقاد یافت... "سر هانری راویلینسون" نویسنده کتاب انگلستان و روسیه در شرق در این مورد چنین می نویسد:

---

۸٤ – چهره هائی در تاریخ ایران. امیر نجات. سازمان فرهنگی شرق. ص ٤٧ و ٤٨

". . . در انتخاب این آدم به مقام صدارت چند موضوع کوچک و مختصر در میان بود که باید بین دولتهای انگلیس و ایران حل و فصل گردد. در تمام موارد و مسائل مداخله و نفوذ صدراعظم شخصاً بسیار اثر دارد. در برنامه میرزا حسین خان صدراعظم که برای اصلاحات اساسی مملکت ایران مطرح شده بود صدراعظم مایل بود که منافع ایران و انگلستان را باهم تلفیق کند. در آن برنامه دو موضوع اساسی مطرح بود که یکی قرارداد رویتر و دیگری عزیمت شاه ایران به انگلستان بود. بنا به توصیه و تأکید صدراعظم دولت ایران برای مدت هفتاد سال تمام منابع ثروت ملی خودرا به بارون رویتر واگذار نمود. . .

وقتی این امتیاز چاپ شد و در سراسر جهان انتشار یافت ملاحظه شد که مزایای فوق العاده ای دارد و چگونه تمام منابع صنعتی و ثروت و کشاورزی سراسر ایران به انگلستان واگذار شده است و پیش بینی این که روزی چنین پیمانی به انگلستان واگذار شود بسی دشوار بود. . . "

"لرد کرزن"وزیر خارجه انگلیس نیز در این مورد می نویسد:

". . . چنین امتیاز بزرگ و بی سابقه ای در واقع حکم بخشش نامه ای داشت که از جانب مملکت ایران به انگلستان واگذار می شد و در واقع اگر بریتانیا توانسته بود این نقش را به پایان برساند نه تنها شاه ایران در بازی شطرنج مات شده بود بلکه تزار روسیه نیز در جای خود بدون حرکت باقی می ماند. . . "

مشیرالدوله مورد علاقه خاص ناصرالدین شاه قاجار قرار داشت و شاه نهایت اعتماد را نسبت به وی ابراز می داشت و بارها رضایت خودرا از خدمات صدراعظم کتباً و شفاهاً اعلام داشته بود. مشیرالدوله میترسید که بدخواهان ذهن شاه را نسبت به او مشوب نمایند و بهمین علت هرگاه فرصت می یافت نامه به شاه می نوشت و اظهار نگرانی می کرد. در ذیل یکی از

نامه ها ناصرالدین شاه که بنظر می رسید از شکوه و شکایت مشیرالدوله ناراحت است چنین نوشت:

". . . از خـدمات شما آنقدر راضی و خشنود هستیم که به وصف نمی آید و انشاء الله چنانچه مکرر نوشته و وعده داده بودم تلافی خدمات شما با التفات های گوناگون خواهم نمود. . . از کاردانی و عقل شما بعید میدانم که این نوع خیالات بکنید. من نوکر خوب را که واقعاً و ظاهراً و باطناً نوکر باشد و بکار خدمت امروز دولت بخورد از همه چیز دنیا بهتر میدانم و چهار دستی اورا نگاه میدارم. میدانید که در ایران نوکر نمانده است. یکی دو تا هم مثل شما پیدا میشود، به حرف مردمان پوچ و بی معنی چگونه می شود در حق او بی التفاتی بشود. اولاً هروقت مثل تو نوکری پیدا شد حرف او اثر دارد. یقین است که شما در نوکری خود حقیقتاً مثل ندارید. تا امروز احدی جرئت سعایت از شما پیش ما ندارد و بخدا قسم نشنیده ام. . ."

اما مشیرالدوله باطناً دلخوشی از شاه قاجار نداشت و اغلب ناصرالدین شاه را مورد انتقاد قرار میداد. عباس میرزا ملک آراء برادر نـاصرالدین شاه که هنگام بـازگشت شـاه از اروپـا (عباس میرزا مورد بی مهری شاه قرار داشته و در حال تبعید حاکم زنجان بوده است) به استقبال رفته بوده در کتاب شرح حال خویش در این مورد می نویسد:

". . . در عرض راه پیاده ایستادم. شاه در کالسکه بودند. اظهار التفات نموده حکم به سواری فرمودند. سوار شده نزدیک کالسکه قدری راه رفتیم. بعضی فرمایشات متفرقه فرمودند. بعد رفته در کالسکه میرزا حسین خان سپهسالار (مشیرالدوله) دخول کردم و این کالسکه از کالسکه شاه تقریباً صد قدم عقب تر می رفت وعلی الاتصال میرزا حسین خان به شاه فحش میداد و هر قدر صحبت متفرقه به میان می آوردم ترجیع بند همه کلمات فحش به شاه بود. هرچه میگفتم حالا خوب نیست آخر ما نان و نمک این مرد را می خوریم، می گفت تو

نمی دانی این چقدر حرامزاده است. یک صفت از شاه مرحوم را ندارد و یک کلمه حرف راست نمی گوید و با هیچکس خوب نیست و روی هیچکس را سرخ نمی تواند ببیند. غالباً میلش به اشخاص رذل و سفله و نانجیب است. از آدم معقول بدش می آید. هیچکاری را منظم نمی خواهد مگر قرق شکارگاه و امر خوراک خودش را که کباب را خوب می پزند و نارنگی و پرتقال حاضر باشد. قدر خدمت احدی را هم منظور ندارد و آخرالامر من و هرکس که قاعده دان باشد یا نیکی در فطرت او باشد خواهد کشت یا تمام و کالمعدوم خواهد نمود و در اطراف غیر از چند نفر جوان نانجیب رذل ، دنی باقی نخواهد گذاشت و ساعت به ساعت نگاه به کالسکه شاه کرده و می گفت گور به گور بیفتد قاسم خان سگ، گور قاسم خان آتش بگیرد. این پسر محمد شاه نیست نمیدانم از کدام قراول در اندرون و یا از کدام شاگرد بزاز با کله پز این را به عمل آورده اند. . .[۸۵]

شیخ محسن خان مشیرالدوله (معین الملک)

شیخ محسن خان معین الملک که بعدها به "مشیرالدوله" نیز ملقب گردید در سال ۱۸۱۸ میلادی در تبریز متولد شد. پدرش حاج شیخ کاظم رشتی از دوستان نزدیک میرزا تقی خان امیرکبیر بود و شاید بهمین علت شیخ محسن خان مدارج ترقی را بسرعت پیمود. شیخ محسن خان مشیرالدوله یکی از رجال خوشنام و خدمتگذار ایران محسوب میگردد.

شیخ محسن خان غریب هیجده سال در مقام سفیر ایران در دربار عثمانی قدم های مؤثری در حسن روابط بین ایران و عثمانی برداشت و توانست در محافل سیاسی استانبول و در دربار عثمانی مقام شامخی احراز کند.

---

۸۵ – شرح حال شاهزاده عباس میرزا ملک آراء. اتو بیوگرافی. کتابخانه مجلس شورای ملی. تهران . سال ۱۸۷۸ میلادی (۱۲۹۵ هجری)

سفیر ایران در لژ "سرّ"(به معنای راز) تابع گرانداوریانت فرانسه شعبه استانبول عضویت داشت و یکبار نیز به استادی این لژ انتخاب گردید. مشیرالدوله شیخ محسن خان معین الملک مردی ادیب و هنرمند بود. خط زیبائی داشت. شعر می سرود. اهل موسیقی بود. سه تار به خوبی مینواخت و با نوای سه تار خود نیز زمزمه می کرد.

شیخ محسن خان با دختر یکی از خانواده های وابسته به دربار عثمانی ازدواج کرد و این امر باعث شد که روابط بسیار نزدیکی بین او و سلطان عبدالحمید خلیفه عثمانی به وجود آید اما هرگز به دوستی عبدالحمید که ظاهراً نسبت به ایران ابراز می داشت اعتماد نداشت. سفیر ایران در محافل اجتماعی و کلوپ ها و بخصوص در دربار عثمانی نفوذ داشت و شخصیت و برازندگی وی مکان بخصوصی در آن اجتماعات برای او بوجود آورده بود.

برخی از محققین فراماسونری شیخ محسن خان مشیرالدوله را بانی فراماسونری نوین در ایران میدانند اما این مطلب درست نیست زیرا تشکیل لژهای فراماسونری در ایران محصول فعالیت فرد بخصوصی نبوده و عده ای در این امر دخیل بوده اند. با اینحال مشیرالدوله پس از هجده سال که بعنوان شیخ السفرا در دربار عثمانی خدمت کرد بنا به امر ناصرالدین شاه به تهران فراخوانده شد و پس از ورود به تهران در تأسیس لژ و تبلیغ مکتب فراماسونری فعالیت داشت.

وزیر مختار انگلیس در تهران "سر آرتور هاردینگ" در گزارشی که به مناسبت انحلال فراموشخانه و بگیر بگیر و دستگیری عمومی که به امر ناصرالدین شاه انجام گرفت به وزارت خارجه انگلیس فرستاده اظهار نظر کرده که میرزا محسن خان مشیرالدوله بانی و مؤسس فراماسونری در ایران بوده است:

". . . بعقیده این گزارش دهنده اتخاذ همبستگی با لژ فراماسونری از طرف مرحوم محسن خان مشیرالدوله سفیر ایران در قسطنطنیه که بعد وزیر خارجه شد پایه گذاری گردید. محسن خان هنگام اقامت در قسطنطنیه ریاست لژ مسلمین را عهده دار بود.
با شیخ جمال الدین (گویا منظور سید جمال الدین اسدآبادی است) نیز مناسبات حسنه داشت. علت این دوستی عضویت شیخ در لژ فراماسونری بود زیرا چون سلطان عثمانی زیر نفوذ جمال الدین بود محسن خان خواست بدان وسیله محبت سلطان را جلب نماید. حلقه برادری فراماسونری و لژ که توسط شیخ محسن خان (مشیرالدوله) در ایران بوجود آمد بیشتر به منظور تمایلات شخصی و سیاسی او بود. در این تشکیلات حکیم الملک، قوام الدوله، نصرالملک هدایت که جملگی مخالف رئیس الوزرا (امین السلطان) هستند و همچنین مشیرالدوله، میرزا نصراله خان مخبرالملک و مخبرالدوله عضویت داشته اند. گرچه پس از درگذشت مشیرالدوله تا کنون لژ در ایران فعالیت نداشته با اینحال در میان اعضای باقیمانده لژ مذکور افرادی وجود دارند که وابستگی خودرا به لژ فراماسونری اعلام داشته و از این راه سوء استفاده می نمایند. [۸۶]

از طرف دیگر "حامد الگار" مورخ و شرق شناس نیمه انگلیسی نظریه هاردینگ را مردود دانسته در این زمینه می نویسد:

". . . با وجود ابراز اطمینانی که هاردینگ نسبت به منبع خبری خود کرده است با این حال به احتمال قوی هنگامیکه تأسیس لژ فراماسونری را به مشیرالدوله نسبت می دهد دچار اشتباه می باشد. لژی که مورد شناسائی لژهای جهانی بوده و با لـژهای اروپائی ارتباط داشته در ایـران تأسیس نشده بلکه بیشتر احتمال

---

۸۶ – گزارش سر آرتور هاردینگ به وزارت خارجه انگلیس. ششم سپتامبر ۱۹۰۱-۲۳٦

می رود که گروهی از ایرانیان که جملگی در خارج از ایران به عضویت فراماسونری درآمده اند علاقه مشترکی به تأسیس لژ داشته اند و میراز محسن خان بر این گروه سرپرستی داشته است.[۸۷]

اما تردید نیست که "مشیرالدوله" در زمینه تأسیس لژ فراماسونری فعالیت داشته و از هاردینگ درخواست نموده وسائل و ارتباط لازم را در این مورد فراهم آورد. . .

". . . مرا برای اینکه وسائل ارتباط آنها را با لژ بزرگ خودمان فراهم آورم دعوت کردند و من نیز برای آنها از(لژ بزرگ انگلیس) اقدام کردم. . . پاسخی که رسید در واقع یأس آور بود زیرا بعلت دوری راه و اشکال در نظارت لژی جوان و تازه تأسیس بخصوص در کشوری که تازه با فراماسونری آشنائی یافته امکان پذیر نبود و ممکن بود از آن سوء استفاده هائی بعمل آید. بهمین دلیل فراماسونری انگلیس به این نتیجه رسید که بهتر است مسئولیتی در این مورد در ایران تقبل نکنند. [۸۸]

با اینکه هاردینگ مخالفت خودرا با تأسیس لژ فراماسونری در ایران ابراز داشته ولی باطناً از رقابت "گراند اوریان" فرانسه بیمناک بوده و برای ارتباط فراماسون های ایرانی با لژ اعظم انگلیس بسیار کوشیده و کوشش وی در این راه تا سال ۱۹۰۸ میلادی که "لژ بیداری ایران" تشکیل گردید ادامه داشته است.

---

۸۷ – مقاله فراماسونری در ایران. حامد الگار. ص ۲۸. ترجمه. لندن

۸۸ – یک دیپلمات در شرق. سر آرتور هاردینگ. لندن. ص ۷۷ و ۷۸

میرزا نصرالله خان نائینی مشیرالدوله

میرزا نصرالله خان نائینی مشیر الدوله مؤسس مدرسه سیاسی تهران (بعدها دانشکده حقوق ایران شد) یکی از فراماسون های ایرانی است که در استانبول به لژ "مسلمین" تابع گراند اوریان فرانسه پیوست. تأسیس مدرسه علوم سیاسی بدون تردید یکی از خدمات برجسته میرزا نصراله خان و فرزندش میرزا حسن خان محسوب می گردد. هنگام افتتاح مدرسه علوم سیاسی میرزا حسن خان ضمن سخنانی چنین اظهار داشت:

". . . هدف مدرسه اینست که از میان خانواده های نجیب و اصیل ایرانی شاگرد بپذیرد و آنها را برای آینده ایران و دیپلمات های عالم وطن پرست تربیت کند تا آنکه مأموران وزارت خارجه لیاقت همدوشی با سایر دیپلمات های دنیا را داشته باشند. . ."

"خان ملک ساسانی" که نسبت به فراماسونری نظر خوبی نداشته و فراماسون های ایرانی را مورد بی مهری خاص قرار داده تشکیل مدرسه سیاسی را با تردید تلقی کرده و چنین می نویسد:

". . . مقارن اعطای امیتاز نفت جنوب میرزا نصرالله خان مشیرالدوله وزیر خارجه که مدت سی سال ظاهراً روس مآب محسوب می شد و باطناً از خدمت گزاران صمیمی دولت انگلیس بود تحت نظر فرزند ارشدش میرزا حسن خان مشیرالملک مدرسه علوم سیاسی را تأسیس کرد. بدواً مدرسه مزبور در خیابان ارباب جمشید در خانه نصرالله خان سپهسالار دایر شد و جزء ادارات تابعه وزارت امور خارجه محسوب می گردید. . . این مدرسه از ابتدای تأسیس تا وقتی که در سال ۱۳۱۳ شمسی ضمیمه دانشکده حقوق گردید سی و پنج سال

طول کشید. مدیران و معلمین مدرسه اکثراً فراماسون و از یک قماش بودند و قرائن و امارات بسیار شهادت میدهند که این اشخاص را یک دست پنهانی انتخاب می کرد. مدیران آن عبارت بودند از : عبدالله خان محقق الدوله، میرزا محمد حسین ذکاءالملک، حکیم اعظم (معاون و وزیر معارف)، وحید الملک شیبانی (وزیر معارف)، میرزا محمدعلی خان فروغی، میرزا حسین خان موتمن الملک، سید ولی الله خان نصر و میرزا علی اکبر خان دهخدا. . . معلمین مدرسه علوم سیاسی عبارت بودند از محمد حسین فروغی معلم ادبیات فارسی، اردشیر جی زرتشتی معلم تاریخ باستان، میرزا حسن خان مشیرالملک معلم حقوق، محمد علی فروغی معلم تاریخ، محمد خان صدیق حضرت معلم تشریح، مسیو ویزیوز معلم فرانسه، دکتر نصرالله خان معلم فرانسه، سید علی خان نصر معلم فرانسه، ادیب السلطنه سمیعی معلم ادبیات فارسی، میرزا ابواحسن خان فروغی معلم تاریخ، منصور السلطنه عدل معلم حقوق، رجبعلی منصور الملک معلم تاریخ معاصر، سید ابوالقاسم انتظام الملک معلم تاریخ یونان، ابوالقاسم نجم معلم تاریخ اروپا، باقر کاظمی معلم تاریخ سیاسی، مجید آهی معلم استاتیک و مسیو عباسقلی خان غریب معلم فرانسه. . [۸۹]

میرزا نصراله خان مشیرالدوله در سن سیزده یا چهارده از نائین به تهران آمد. مدتی نزدیک مسجد شاه تهران می نشست و در قبال دریافت مـزد ناچیزی نامه نویسی می کرد. ابـراهیم بـاستانی پاریزی در این مورد می نویسد:

---

۸۹ – خان ملک ساسانی خود محصل مدرسه سیاسی بود و مدت کمی در آن مدرسه به تحصیل اشتغال داشت. سپس به سوئیس عزیمت کردو پس از سه سال به ایران مراجعت و به خدمت وزارت خارجه در آمد اما در کادر دیپلماتیک ایران ترقی چشم گیری نکرد.آخرین سمت او کنسول ایران در تـرکیه بود کـه چون وقت کافی داشت آثاری کـه خـالی از غرض ورزی نیست ازخود باقی گذاشت.

"... نصراله خان در اوایل عمر از نائین جلای وطن کرده و با سه سرمایه بزرگ به تهران آمد؛ سرمایه او از پشتکار و همت مردم یزد، زرنگی و هوش اهل اصفهان و قناعت و بردباری و حوصله مردم خور و بیابانک مایه میگرفت. نائین در میان این سه ناحیه معروف ایران واقع است. می گویند مدتی به کتابت تحصیل معاش می کرد بعد در اداره میرزا عبدالوهاب خان نصیرالدوله (آصف الدوله)[۹۰] نوکری پیدا کرد که تقریباً ماهی به دو سه تومان مواجب خدمت می کرد تا زمانی که میرزا سعید خان موتمن الملک وزیر خارجه می شود. میرزا نصرالله خان هم آن اوقات داخل وزارت امور خارجه شد."[۹۱]

میرزا نصرالله خان مدتی نیز به معاونت کارگزاری آذربایجان منصوب گردید. وقتی میرزا یحیی خان مشیرالدوله وزیر خارجه شد لقب "مصباح الملک" را از شاه برای میرزا نصرالله خان گرفت و اورا به معاونت وزارت خارجه منصوب نمود... و در این مقام بود که مورد توجه خاص اتابک اعظم میرزا علی اصغرخان قرار گرفت از این پس با سرعت نردبان ترقی را پیمود. شاه اورا به لقب "مشیرالملک" مفتخر ساخت و در سال ۱۸۹۵ میلادی (۱۳۱۳ هجری) با پشتیبانی تام و تمام اتابک به ترتیب نخست به وزارت خارجه و سپس پس از یکسال به وزارت لشگر منصوب شد.

پس از اینکه میرزا علی اصغرخان اتابک اعظم مغضوب شد و به امر مظفرالدین شاه به قم تبعید گردید. میرزا نصرالله خان نیز کنار رفت و خانه نشین شد. اما در سال ۱۸۹۸ میلادی (۱۳۱۶ هجری) که دوباره اتابک با

---

۹۰ - شرح حال اصف الدوله برای اینجانب پوشیده است و منابعی که بتوان این رجل عصر قاجار را به خوانندگان شناساند در دسترس نیست.

۹۱ – تلاش آزادی. ابراهیم باستانی پاریزی. کتابخانه ملی. تهران ۱۳۵٤ ص ۱۸

ساز و دهل به قدرت بازگشت دوباره میرزا نصرالله خان مشیرالملک را به وزارت خارجه منصوب نمود این بار شاه به وی لقب مشیرالدوله اعطا نمود.

". . . گرچه او در این مقام (وزارت خارجه) اختیار و اراده اش بدست اتابک بود ولی به هر حال مجری عمل یا بقول تقی زاده (آلت فعل) بود و از ثمره آن فـعل ملت متضرر و دولتیـان و دربـاریان مظفرالدین شاه علی قدر مراتبهم بهره مند شدند. . .

بیشتر قرضه هائی که در دوران سلطنت مظفرالدین شاه از خارج گرفته میشد در زمان وزارت خارجه میرزا نصرالله خان مشیرالدوله اخذ شده است. در اولین استقراض از روس ها نه تنها توازن سیاسی و اقتصادی مملکت از بین رفت بلکه روس ها عملاً بر قسمتی از خاک ایران نوعی حق حاکمیت بدست آوردند. . .

ظاهراً این مبلغ (استقراض دوم دوازده میلیون تومان بود). برای بهبود وضع اقتصادی کشور بود ولی عملاً قسمتی از آنرا بزرگان دولت و دربار بعناوین مختلف خوردند و قسمتی هم به مصرف بعضی از کارهای اداری و دولتی رسید و یک سوم آن برای مسافرت اروپای شاه تخصیص داده شد تا رجال دلسوز با این پول که با گرو گذاشتن مملکت بدست آمده بود تفریحی هم بکنند."[۹۲]

یکی از وقایع مهم دورانی که میرزا نصرالله خان مشیرالدوله وزیر خارجه ایران بود واگذاری امتیاز استخراج و بهره برداری از منابع نفت جنوب به ویلیام ناکس دارسی است. برخی از مورخین نوشته اند که در قبال واگذاری این امتیاز اتابک و میرزا نصرالله خان و چند تن دیگر کمسیون دریافت داشته اند و گویا واسطه امر مسیو کتابچی خان و شخصی انگلیسی بنام "ماریوت" بوده اند. حتی مصطفی فاتح که گوشت و پوستش از انگلیس

---

۹۲ – رهبران مشروطه. ابراهیم صفائی. جزوه چهاردهم ص ۱۱ و جزوه چهارم ص ۱۲

ها بوده و سالها ریاست شرکت نفت ایران و انگلیس را بر عهده داشته و پنجاه سال نوکری انگلیس را می کرده در این مورد می نویسد:

". . . امتیاز نامه دارسی دارای صحه شاه و امضاء و مهر اتابک و میرزا نصرالله خان مشیرالدوله و مهندس الممالک (نظام الدین غفاری) است و در دفاتر دیوانی به ثبت و ضبط رسیده است. به موجب فصول هشتم و نهم و شانزدهم امتیازنامه دارسی تعهد کرده بود که ظرف مدت دو سال پس از عقد قرارداد شرکتی برای بهره برداری از آن تشکیل دهد و پس از تشکیل شرکت مبلغ بیست هزار لیره نقد و معادل بیست هزار لیره سهام پرداخت شده این شرکت را به دولت ایران تسلیم کند. البته ذکری از سایر وجوهی که نماینده دارسی هنگام مذاکرات در تهران خرج کرده و علاوه بر آنها مواعیدی داده بود در جائی منتشر نشده است فقط آنچه بعدها محقق و معلوم شد این بود که کتابچی خان حق دلالی خوبی از این معامله برد و توانست برای خود و اولادش زندگی مرفهی در اروپا تهیه نماید و به قراریکه جراید صدر مشروطیت به کرات ذکر کرده اند نماینده دارسی حدود ده هزار لیره به اتابک و مشیرالدوله و مهندس الممالک (غفاری) نقداً پرداخت کرد و شاید مخارج دیگری هم کرده باشد که اطلاع دقیقی از آنها در دست نیست.[۹۳] و [۹۴]

میرزا حسن خان مشیرالدوله

میرزا حسن خان مشیرالدوله هنگام تحصیل در پاریس به لژ گراند اوریان فرانسه پیوست و پس از مراجعت به ایران به لژ بیداری ایران وارد شد. میرزا حسن خان در کابینه "ناصرالملک قرا گوزلو" به وزارت خارجه

---

۹۳ – پنجاه سال نفت. مصطفی فاتح. کتابخانه ملی. تهران . ص ۲٥٤

۹٤ – برای اطلاع بیشتر در این زمینه مراجعه شود به چهره هائی در تاریخ ایران. امیر نجات. فصل ۲۵ از صفحه ۳۱۰ تا ۳۲۱ و همچنین خاطرات ثریا اسفندیاری ترجمه امیر نجات. ص ۲۵

ایران منصوب گردید وی مردی پاکدامن و میهن پرست و سیاستمداری واقع بین بود.

از بخت بد او تصدی وزارت خارجه میرزا حسن خان مشیرالدوله با انعقاد قرارداد ۱۹۰۷ میلادی (۱۳۲۴ هجری) مصادف گردید به موجب این قرارداد دولتین روس و انگلیس ایران را به دو منطقه نفوذ تقسیم کرده بودند. بطور کلی ایرانیان غالباً با شتابزدگی و ساده لوحی نسبت به رجال خوشنام و میهن پرست و صدیق ایرانی قضاوت کرده و چه بسا آنها را لجن مال می کنند. در این مورد نیز ملایمت میرزا حسن خان مشیرالدوله و روشی که در مخالفت با قرارداد ۱۹۰۷ از خود نشان داد باعث شد که مردم اورا به سیاست انگلیس منسوب کنند.

اسماعیل رائین در این مورد مینویسد:

". . . لیکن اشتباهات سیاسی که چندین بار مرتکب گردید سبب شد که اورا متهم به طرفداری از انگلیس و روس سازند و این اتهامی است که بعده کثیری وارد شده است. بزرگترین اشتباه او رویه ملایمی بود که هنگام تصدی وزارت امور خارجه در برابر قرارداد معروف ۱۹۰۷ نشان داد. اسناد وزارت خارجه انگلیس حاکی است که او هنگام اقامت در لندن که هنوز لقب مشیرالملک نیز نداشته از مفاد قرارداد ۱۹۰۷ و تقسیم ایران به دو منطقه نفوذ به خوبی مطلع بوده است. علاوه بر این او بارها با "سرادواردگری" وزیر خارجه وقت انگلستان و بزرگترین دشمن استقلال ایران درباره قرارداد ۱۹۰۷ ملاقات کرده و کم و کیف این ملاقات ها معلوم نشده است. . .[۹۵]

۹۵- فراموشخانه و فراماسونری در ایران. اسماعیل رائین. جلد اول. ص ٤٥٦

اما واقعیت اینست که مشیرالدوله بارها مخالفت ایران را به مقامات انگلیسی بخصوص به سر ادوارد گری وزیر خارجه انگلیس ابراز داشته و هنگام اقامت در لندن به وزارت خارجه انگلستان در این مورد اعتراض کرده است. در این زمینه در مقام وزیر خارجه ایران در پاسخ نامه وزرای مختار روس و انگلیس نامه ای نیز به نمایندگان دول مزبور نوشته و رسماً مخالفت ایران را ابراز داشته است:

"... مراسله محترمه جناب جلالتماب وزیر مختار مورخه پانزده شعبان ۱۳۲۵ و بیست و هشت سپتامبر ۱۹۰۷ که متضمن سواد یک قسمت قرارداد منعقده فی مابین دولتین قوی شوکتین انگلیس و روس راجع به ایران و دارای یک مقدمه و پنج فصل بود واصل گردید. اینک در جواب زحمت افزا می شود چنانچه خاطر نصفت مظاهر آن جناب تصدیق خواهد کرد قرارداد مزبور فی مابین دولتین قوی شوکتین انگلیس و روس منعقد شده بنا بر این مفاد آنهم راجع به دولتین مرقومتین که قرارداد مزبور را امضاء کرده اند خواهد بود و دولت علیه ایران نظر به استقلالی که به فضل خداوند متعال به خودی خود داراست کلیه حقوق و اختیاراتی را که از استقلال تام این دولت علیه حاصل است از اثر نفوذ هر قراردادی که مابین دو یا چند دولت خارجه در باب ایران منعقد شده یا می شود اصولاً و حتماً مصون و محفوظ می دارد. [۹۶]

---

۹۶ – وحید مازندرانی. قرارداد ۱۹۰۷ ص ۲۹. کتابخانه وزارت خارجه

۱۴

شاهــزاده ها

پس از درگذشت فتحعلی شاه قاجار یکی از پنجاه و هفت فرزند ذکور او "حسینعلی میرزا" فرمانفرما فرماندار فارس با کمک فرزند دیگر فتحعلی شاه "حسنعلی میرزا" مدعی تاج و تخت ایران شد اما هردو برادر از سپاه اعزامی حکومت مرکزی به فارس شکست خورده دستگیر و به تهران اعزام شدند.

حسینعلی میرزا سه فرزند داشت که هر سه پس از دستگیری پدرشان هراسناک شده از راه بوشهر به بصره و بغداد و دمشق و از آنجا به قاهره رفتند. سفیر انگلیس در قاهره مقدمات عزیمت شاهزادگان ایرانی را به لندن فراهم آورد و آنها بلافاصله پس از ورود به انگلستان تقاضای پناهندگی سیاسی کردند.

مهماندار شاهزادگان فراری ایرانی جیمز فریزر معروف بود که سالها از شرکت هند شرقی حقوق می گرفت و در سیاست ایران مداخله داشت.

شاهزادگان ایرانی سفرنامه ای نیز از خود باقی گذاشته اند که طبق آن از محبت و مهمان نوازی انگلیس ها داد سخن داده در مورد اوقات خوشی که در لندن گذرانده اند قلم فرسائی کرده اند. . . "فریزر همه جای لندن از باغ وحش گرفته تا پارلمان و راه آهن و کارخانجات کشتی سازی و مراکز مالی شهر را به آنها نشان داده است".

شاهزادگان ایرانی که به‌انگلستان فرار کردند و درآنجا فراماسون شدند

در سفرنامه فریزر شرح ورود شاهزادگان قاجار به لژ فراماسونری لندن چنین آمده است:

". . . کمتر سازمان اروپائی را میتوان نام برد که کنجکاوی شرقی ها را بقدر فراماسونری به خود جلب کرده باشد. جنبه تشریفات سری و اسرار آمیز آن تخیل شرقی ها و بخصوص عده بیشماری از ایرانیان را که به تصوف و آزاد اندیشی مذهبی اعتقاد دارند به خود مجذوب می کند. تصویری که آنها از فراماسونری اروپا در ذهن دارند اغراق آمیز و شاید چیز دیگری جز فراماسونری باشد. آنها می پندارند که پیوستن به این سازمان برادری، دانش مافوق الطبیعه و عرفانی به آنها عرضه می کند و آنانی که به عضویت فراماسونری در نیامده اند از این دانش عرفانی بی نصیب و بدون بهره اند. من کمتر ایرانی را دیده ام که به این دلیل خواهان عضویت در فراماسونری نباشد.

شاهزادگان ایرانی نیز پنداری جز این نداشتند. دوست و هموطن آنها میرزا ابراهیم که خود نیز فراماسون بود بر حسب تقاضای آنان مقدمات امر را فراهم آورد و امروز روزی بود که باید مراسم ورود انجام پذیرد.

شاهزادگان هیجان زده بودند. برادر بزرگتر رضاقلی میرزا خیلی خجول بودو از هرگونه رفاقت و خصوصیت که عاری از تشریفات معمولی بود احتراز می جست. بنظر می آمد برای ورود به لژ مردد و مشکوک است. شاید به شوخی به او گفته بودند که نسبت به تازه وارد اعمال ناشایسته و تجاوز اجرا خواهد شد. از این رو به من گفت فریزر صاحب، اگر نسبت به من کار بی قاعده و ناشایسته ای انجام دهند و یا رفتاری که حاصل آن مشکوک باشد از خود بروز دهند با مشت و خنجر من روبرو خواهند شد. لیکن خوشبختانه مراسم عضویت شاهزادگان قاجار با کمال سادگی و به نحوی دلخواه انجام گرفت. . .

بدین ترتیب سه تن شاهزادگان قاجار، رضاقلی میرزا، نجفقلی میرزا و تیمور میرزا در تاریخ چهارم ژوئیه ۱۸۳۷ میلادی به لژ لندن تابع لژ اعظم انگلند پذیرفته شدند. رضاقلی میرزا در سفرنامه خود بطور مختصر و مبهم شرح ورود شاهزادگان ایرانی را به لژ فراماسونری ذکر کرده اما برادرش نجفقلی میرزا در سفرنامه خود ما وقع را چنین شرح میدهد:

"... تا یوم پنجشنبه بیستم ربیع الاول را (۱۲۵۱ هجری) هر روز جمعی از امراء و اعیان مملکت به خدمت شاهزاده مشرف گشته از هر قسم محبت و کمال الفت را به جای آوردند و هم در آن روز از مجمع فریمیسیان احضاریه رسید که در خانه فریمیسیان قدم گذارم. چون قبل از اینکه شاهزادگان وارد لندن شوند از خانه فریمیسیان اذن دخول خواسته بودم لهذا در آن روز بری اولین مرتبه رفتن به آنجا حاصل گشته به اتفاق میرزا ابراهیم شیرازی داخل آن خانه شدم و آن مطالبی که سال های سال عقده و ملال بر دل داشتم منبسط گردید اگر چه هیچ جزئی از اجزا مشاهدات و ملاقات آن خانه را گفتن و نوشتن محال است و به اشارات و عقود و قرینه ممکن نیست که احدی تواند رمزی از رموز آن خانه را بیان نماید ولیکن طریقه و رسومات قبل از دخول بدان خانه را با قوانینی که خارج از آنجا رعایت می شود فی الجمله به جهت استحضار بعضی از دوستان در این اوقات ثبت می گردد، چنان باشد که لفظ فریمیسین لفظی است لاتینی و فری به معنی آزاد و آزاده باشد و میسین بنا و بانی امر آمده است و مرکباً یعنی آزاده و آزاد بنائی این امر است.

این امر خطیر در چهارهزار و دویست و بیست و سه سال قبل از این در اوان حضرت سلیمان ابن داود علیه السلام بوده است و از آن عهد تا بحال هر فرقه از فرق مختلفه عالم که بدان خانه رفته اند و خوارق عادات آنجا را مشاهده نموده اند احدی از احاد ناس رمزی از رموز مشاهدات و واردات آنجا را نگفته و نائل به ابراز آن مرحله نگشته و در قدرت نداشته است. علی الحال فریمیسیان مجمعی از خواص و فرقه خاص بوده باشند و ایشان را عمارتی بس عالی و

قصوری رفیع البنیان بوده باشد که آن جماعت در هر ماه یکروز در آن عمارت مجتمع شوند و شرط آنست که آنروز پنجشنبه بوده باشد و هرگاه کسی که به آن خانه درآید و آن مجمع را ملاحظه کند چهار شرط در دخول بدان خانه از جمله لوازم است که اگر یکی از شرایط اربعه مفقود باشد اورا داخل آن خانه ننمایند.

اول آنکه آدمی مرد باشد و زن نباشد و مخنث در حکم زن بوده باشد.

دوم آنکه عمرش اقلاً به بیست و دو سال رسیده باشد.

سیم آنکه مجنون و ضعیف العقل نباشد.

چهارم آنکه بنده نباشد و آزاد باشد.

بعد از آنکه شرایط اربعه در انسان جمع باشد و بخواهد در آن خانه رود ابتدا مکتوبی به رئیس و پیشوای فریمیسن نویسد که مرا تمنای استفاضه فیوضات خانه فریمیسین است و شرایط لازم در من جمع باشد و در آن باب اذن خواهد. بعد از وصول مکتوبش زیاده از یکماه طول نخواهد کشید که جواب نوشته وی خواهد رسید و اورا احضار کنند و مقرر دارند که در چه ساعت بدرب خانه فریمیسن حاضر گردد و اگر موعد اجتماع ایشان در آن مجمع قریب باشد احتمال رود که زیاده از یکی دو روزه را تعطیل نکنند و احضارش کنند. چون در ساعت معینه به در خانه فریمیسن حاضر شود پولی معین باید داده از در آن خانه داخل شود و اقل آن تنخواه بیست و پنج اشرفی با جغلی باشد. اکابر و اعیان زیاده نیز دهند و چون درون رود حجاب و نگهبانان آن خانه شخص را در گوشه برده تجربه کنند و امتحان نمایند که مبادا از شرایط اربعه شرطی از او مفقود بوده باشد. بعد از اینکه اطمینان بهم رسید اورا به محلی که لازم است خواهند برد و به درجاتی که باید برسانند خواهند رسانید و فریمسن را چهار درجه باشد. درجه اول و دوم را یکماه فاصله لازم است به همین قسم دوم را با سیم یکماه ولیکن سوم را با چهارم را یکسال و نیم لازم است که مباینت بهم رسد و در هر مرحله که بدان خانه رود علامت و نشانی تشخیص دهد و علامات درجات فوق هریک اعلا تر از دیگری باشد. چنانچه نشان مرحله چهارم را مرصع به جواهرات دهند و اهل فریمیسن یکدیگر را از دور و نزدیک به تکلم

تشخیص دهند و بشناسند اگرچه مسافت و مباینت در میان ایشان بوده باشد هرکه را مرتبه و درجه فوق دیگری بوده باشد وی از مرحله خود نتواند سخن گفت مگر از مرحله مخاطب که نازل تر از درجه وی بوده باشد. . .

و ایشان از درجات فریمیسیان با یکدیگر سخن ها گویند و صحبت ها دارند و عشرت ها و اگر یکی از فرمیسیان فاقه و تهی دستی دهد اغنیاء آن فرقه اورا با خود شریک کنند و از اموال خود نصیب دهند و اگر در معارک و غزوات با یکدیگر تلاقی کنند تیغ بر روی هم نکشند و بگذرند و اگر به چنگ دشمن افتد یکدیگر را به قدر مقدور مستخلص و در دفع آزار کوشند و دریافت مدارج مذکوره با هیچ ملت و مذهبی منافات ندارد بلکه باعث استقامت و استحکام هر مذهب خواهد بود و چون اشخاص را به مجمع فریمیسیان درآورند اگر صد نفر بوده باشند تن به تن داخل شوند و دو نفر در یک مرحله به اتفاق نیآورند و پیشوایان آن مجمع اشخاصی باشند که بـه ریاضت و مجاهـده به آن درجـه رسیده انـد و قابل آن مرحله گشته اند و در آن اوان که شاهزادگان بدان خانه رفتند و مقتدای آن جمع برادر پادشاه آن مملکت بود که عمرش به نود و پنج سال رسیده، مرد کهن و جهاندیده بود و در بعضی از ممالک و سواد اعظم فرنگستان خانه فریمیسیان برپای باشد و خصوصیت این معنی بسته به مکان و آن عمارت نیست بلکه بواسطه آن جماعت باشد که مجتمع در آن عمارت شوند و اسباب آن مهم را فراهم آورند و چنان است که اگر هفت تن یا زیاده از اهالی فریمیسین که همگی درجه چهار را ادراک نموده باشند و بخواهند که مبلغی خطیر خرج کرده عمارتی عظیم بسازند و اوضاع آن کار را برپای کنند توانند و شرط آنست که از مقتدا و پیشوای عصر ماذون باشند در صور مطوره نیز مکانی از امکنه و ممالک عالم که بخواهند بنیاد توانند نمود. . .

باری خلاصه حالت و حکایت اینست که احدی از مخلوقات و موجودات که داخـل در آن خانه شده اند و ایشان پـر از فرق مختلفه و گروه متفاوته بوده اند هیچکس ارتکاب به ابراز این راز ننموده و شمه ای از آن راز را لب نگشاده. . .

چنان گویند که قبل از اینکه در ممالک روسیه خانه فریمیسین بنیاد شود پادشاه را هوای ادراک مدارج و اسرار فریمیسین به سر افتاد اراده نمود که به بلاد

فرانسه رود و از اسرار آگاه گردد و بعلت مشاغل سلطنت رفتن سلطان به نفسه متعذر می بود، یکی از وزرای دولت که کمال مخالصت را که به خدمت سلطان داشته معروض نمود که احتیاج به احتجاج حضرت سلطان فی نفسه در این باب نیست مرا مرخص فرموده که بدان بلاد رفته و به خانه فریمیسین در آیم و بر اسرار آن جماعت مطلع گردم و در مراجعت جمیع مشاهدات و مقدمات را بعرض سلطان رسانم.

سلطان روس در این باب محضری از وزیر گرفته اورا مرخص نمود که بلاد فرانسه رود، وزیر بدان مملکت شتافت و به خانه فریمیسین رفته دیدنی ها را دیده و شنیدنی ها را شنید و مراجعت نمود.

چون سلطان از وی سؤال مقصود را نمود وزیر امتناع کرد سلطان برحسب قرار اول و انکار در آخر وزیر را به سیاست و کشتن تهدید نمود وزیر چون دید که با ابراز اسرار مهالک جز فراز دار شقی در کار نیست تن به هلاک خویش در داده و به سلطان گفت که انسان در حیات خویش قدرت بیان این راز ندارد، اکنون که رأی سلطان به انکشاف این راز مقرر گشته است عمده مطالب را در چیزی نویسم و در زیر زبان من بعد از قتل من خواهند یافت سلطان بدین راز همداستان گشته وزیر چیزی در زیر زبان نهاد و به فرموده سلطان سر وزیر را از بدن جدا ساخته و نوشته را از دهانش برآوردند، چنین ثبت نموده بود:

هرکه به خانه فریمیسین برود. . . سَر دهد ولی سِر ندهد. . .

زپرده پوشی رندان پاک طینت بود　　　که ماند سِر خرابات تا ابد مستور

لهذا پادشاه روس از فعل خویش پشیمان گشته و خود به فرانسه شتافته و بعداز ادراک مدارج فریمیسین دریافت نمود که حق با وزیر مقتول بود ولیکن پس از ندامت اندوه و ملال چه سود خواهد بود.

چون پادشاه روس فوائد فریمیسن را دانسته مصارفی فزون از قیاس نمود و در پایتخت خویش که آن معموره را پطرس برک خوانند خانه فریمیسین بنا نهاد، از آن روز تا بحال رسم فریمیسیان و عمارت ایشان در پطرس برگ بر قرار باشد. بالجمله از این قبیل حکایات بسیار وقوع یافته و در اغلب بلاد فرنگستان رسم فریمیسیان شیوع دارد. . .

خانه فریمیسیان در بلاد فرانسه انتشار و اشتهارش زائد بر سایر بلاد است.[۹۷]

بعضی از مورخین نوشته اند که شاهزادگان ایرانی بدرجات مختلف فراماسونری از درجه یک تا درجه سوم و چهارم نایل آمده اند ولی من نتوانسته ام مدرک یا دلیلی بیابم که آنان از نیل به درجه یک پا فراتر نهاده باشند. "فریزر" در این مورد تنها اشاره می کند که پس از پیوستن شاهزادگان ایرانی به لژ لندن آنان ". . .چند بار به لژ رفته اند". و اگر چنین باشد قطعاً نتوانسته اند به درجات عالی تری نایل گردند. در این مورد علی مشیری مقاله ای در شماره ۹۵ سال ۲۴ مجله خواندنیها منتشر کرده و او نیز معتقد است که شاهزادگان ایرانی تنها به دریافت "درجه یک" نائل آمده اند.

پس از درگذشت محمد شاه و مقارن با سلطنت ناصرالدین شاه قاجار شاهزادگان فراری که در بغداد به سر می بردند به تدریج به ایران بازگشتند و در تبلیغ فراماسونری کوشا شدند. جالب اینکه فریزر نیز همراه آنان به ایران آمد.

"ادوارد میتفورد" که از دوستان فریزر بوده و سفرنامه ای نیز نوشته بنا به راهنمائی فریزر برای ملاقات با شاهزادگان ایرانی به بغداد می رود:

". . . ما با شاهزادگان ایرانی که اخیراً در انگلستان بودند یعنی تیمور میرزا، والی میرزا (نجفقلی میرزا) و رضاقلی میرزا آشنا شدیم. اینها مدعی سلطنت ایران می باشند و هریک سالی دو هزار لیره از دولت انگلیس مقرری میگیرند.[۹۸]

---

۹۷ – سفرنامه نجفقلی میرزا. رموز السیاحه. کتابخانه ملی. تهران

۹۸ – سفرنامه ادوارد میتفورد. جلد اول. ص ۳۱۵ واشنگتن. کتابخانه کنگره

۱۵

سید جمال الدین

یکی از چهره های درخشان تاریخ فراماسونری ایران سید جمال الدین اسدآبادی است که به سال ۱۲۵۴ هجری (۱۸۳۷ میلادی) تولد یافت و به سال ۱۳۱۴ هجری (۱۸۹۶ میلادی) درگذشت.

شاید بتوان گفت که تا بحال راجع به هیچیک از رجال ایران به این میزان کتاب و رساله و مقاله که درباره سید جمال الدین نوشته اند نوشته نشده و هیچکدام از معاریف ایران به اندازه او مورد بحث و گفتگو نبوده اند.

مجله دانشگاه تهران در شماره ۸۴۱ شانزده نام مختلف به قرار ذیل به سید جمال الدین منتسب نموده است:

جمال – جمال الدین – جمال الدین الاستنبولی – جمال الدین اسدآبادی – جمال الدین الحسینی – جمال الدین الحسینی عبدالله بن عبدالله – جمال الدین الحسینی الاستیبولی – جمال الدین الافغانی الکابلی – جمال الدین الحسینی الافغانی – جمال الدین الحسینی رومی – جمال الدن الحسینی طوسی – جمال الدین الحسینی الکابلی – جمال الدین السعد آبادی – شیخ افغان – جمال الدین افندی – رومی (تخلص او بوده).

". . . سید جمال الدین اسدآبادی در سال ۱۲۵۴ قمری زاده شد و در سال ۱۳۱۴ قمری درگذشت و یا بروایتی به قتل رسید. زندگی او بیشتر در سفر گذشت و به روسیه و هندوستان و مصر و لبنان و بیشتر ممالک اروپا و شاید

آمریکا سفر کرد. سید جمال الدین از رؤسای مؤثر لژهای فراماسونری بود و در دوران شصت سال زندگی خود بیست و یک نام مختلف در کشورهای مختلف برای خود برگزید. در نه لژ مختلف عضویت داشت و در کشور مصر به بالاترین مقامات فراماسونری نایل آمد. در ایران خودرا متولد اسدآباد همدان، در عراق عرب و عثمانی خودرا اهل ترمذ و در افغانستان خودرا اهل کابل معرفی نموده است. . . درباره زندگی پر ماجرای او شاید تا بحال متجاوز از پنجاه کتاب و رساله و مقاله منتشر شده که دارای مطالب ضد و نقیضی است.[۹۹]

"شیخ محمد عبده" که از دوستان و نزدیکان سید جمال الدین بوده محل تولد اورا "اسعدآباد" واقع در بلوک کابل در افغانستان ذکر نموده ولی سید به دوستان خود می گفته که واژه افغانی که اغلب نام اورا دنبال میکند تخلص او بوده است.[۱۰۰]

اسماعیل رائین علاوه بر شانزده نام فوق پنج نام دیگر نیز به سید داده که کم و بیش از همان شانزده نام ذکر شده اقتباس کرده است. بعلاوه سید جمال الدین در مقالاتی که در مجله ماهنامه "عروه الوثقی" و "ضیاء الخالقین" می نوشته از نام مستعار "السید الحسینی" استفاده کرده است.

در سال ۱۳۱۰ شمسی "صفات الدین اسدآبادی" که خواهر زاده سید جمال بوده رشته مقالاتی در مجله ارمغان نوشته و جزئیات زندگی پر ماجرای سید را مشروحاً بیان داشته است:

". . . سید در سال ۱۲۶۴ هجری به اتفاق پدرش به قزوین رفت و دو سال در خدمت پدرش تحصیل می کرد. در اواخر سال ۱۲۶۶ هجری به تهران می رود

---

۹۹ – از یادداشت های محمد نجات. مهرماه ۱۳۰۲ شمسی. ص ٤٦. تهران.
۱۰۰ – شیخ محمد عبده. الرد علی الدهرین (سَروَر دو دنیا). قاهره.

و با مرحوم آقا سید صادق آشنا میشود و او به دست خود عمامه به سر سید میگذارد. . .[۱۰۱]

از قرار معلوم پس از اینکه سید جمال الدین تهران را ترک میگوید از راه بروجرد به عراق عرب رفته در کربلا در محضر شیخ مرتضی انصاری علوم دینی و فقه و اصول را آموخته و سپس با کسب اجازه از شیخ مرتضی به هندوستان و از آنجا به مکه و عتبات عزیمت کرده در آن نواحی مدتی به سیاحت پرداخته است.

در سال ۱۸۶۲ میلادی سید جمال از راه بوشهر به تهران رفته در منزل حاج محمد حسین امین الضرب (اولین مؤسس کارخانه برق در تهران) اقامت کرده و چند گاهی نیز برای دیدار خویشاوندان خود به اسدآباد میرود. در همین سفر میرزا علی اصغر خان اتابک اعظم را ملاقات می کند و صدراعظم ایران به نمایندگی ناصرالدین شاه مبلغ یکهزار تومان وجه نقد و یک قوطی انفیه دان مزین به الماس و یک انگشتر به سید جمال الدین هدیه داده از طرف شاه قاجار از سید میخواهد که ایران را ترک گوید. سید جمال الدین چندی طفره می رود تا بالاخره ایران را ترک می گوید و به روسیه عزیمت می کند.

درباره فضل و دانش و دامنه اطلاعات و نفوذ کلام سیدجمال الدین اسدآبادی مطالب بسیاری نوشته شده که شاید تا اندازه ای اغراق آمیز است. . .

". . . چون به سن هشت سالگی رسید پدرش تربیت اورا بعهده گرفت. در مدت ده سال پی در پی بیشتر علوم اسلامی، عرفان، منطق فلسفه علمی و نظری، متا فیزیک، ریاضیات، نجوم و طب و تشریح را فرا گرفت.[۱۰۲]

---

۱۰۱ – صفات الله اسدآبادی . مجله ارمغان. شماره ۹ سال ۱۳۱۰ شمسی. تهران. ص ۵۹

"... بلاغت زبان و فصاحت قلم و حافظه بسیار فوق العاده و علم و فضل و اطلاع وسیع برعلوم اسلامی از معقول و منقول و تاریخ تسلط عظیم او در زبان عربی و شیرین سخنی وی مـــوجب مجذوب ساختن مستمعین بیانات و اصحاب او میشد...[۱۰۳]

"... سید در فلسفه اسلام و تاریخ و تمدن اسلام و اوضاع و احوال اسلام و مسلمانان متبحر بود و با آشنائی به زبان های افغانی، هندی، فارسی، عربی، ترکی و فرانسه را هم خوب میدانست و اندکی نیز از روسی و انگلیسی اطلاع داشت. زیاد مطالعه می کرد و هیچ کتاب مهمی در ادبیات ملل و فلسفه اخلاق نبود که آنرا مطالعه نکرده باشد...[۱۰۴]

"... و عالم به اغلب علوم و السنه بود. زبان فارسی خصوصاً عربی، حجازی، ترکی، هندی، فرانسه، انگلیسی و روسی را تمام میدانست. هرقومی را بزبان و لغت خود معلم و استاد بود...[۱۰۵]

"... سید خیلی مرد با علم و معتبری است. دو سه زبان می داند. در نوشتن اول شخص است. باشد که وجود این شخص اسباب فتنه بزرگی در ایران بشود که هیچ فایده بحال دولت نداشته باشد...[۱۰۶]

در این رهگذر اشخاص دیگری نیز بوده اند که اوصاف سید و دامنه فضل و کمال وی را قبول نداشته اند و بطور دیگری قضاوت میکنند:

"... در حکمت عملی و امور سیاسی تبحر نداشت. از دیگر فنون و فضائل هم بهره و نصیب کامل نبرده، معلوماتش محدود بود و به قوت حافظه و لافظه آنچه

---

۱۰۲ ــ انقلاب ایران. براون. ترجمه احمد پژوه. تهران. ص ۳ و ٤

۱۰۳ ــ مردان خود ساخته. مقاله. سید حسن تقی زاده. ص ٤٥

۱۰٤ ــ سید جمال الدین افغانی. مدرسی چهاردهی. جلد اول. تهران. ص ۸٦

۱۰٥ ــ سید جمال الدین. میرزا لطف الله خان اسدآبادی. تبریز. ص ۷٦ همچنین چهره هایئ در تاریخ ایران. امیر نجات. میشیگان. ص ٦۳ جلد اول.

۱۰٦ ــ مجله دانشگاه. یادداشت های اعتماد السلطنه. شماره ۸٤۱. ص ۱٥۰

را که از افواه رجال و اوراق روزنامه ذخیره خاطر کرده بود به طرز خوش میگفت و موقع و محل نمی شناخت.

از باب وطن و ناموس و حقوق به افسردگان خام و عوام کالانعام قصه ها میخواند، از ضرورت قانون و معرفت حقوق و حریت فکر و قلم و امنیت جان و مال سخن می راند. . .

سید جمال الدین را پایه و مایه علمی و عملی بسی کوتاه بود اما در ایران که معارف و معلومات به اعلا درجه مخفی و معدوم و فضایل و علوم به آموختن لغات و الفاظ عربی منحصر است و دانستن اشعار و امثال و قدری تاریخ غلط و ناقص را برای مجلس آرائی کافی مید انند، چراغ دانش سیدجمال الدین که از خرمن های عالم خوشه چیده بود جلوه خورشیدی می توانست (گرفت). علی الخصوص که استیلای دونان بعد اصل و غفلت پادشاه از حـال رعیت همه را در عین بی خبری و مدهوشی خسته کرده بود. .[۱۰۷]

". . . آقا سید جمال الدین مرد حکیم فیلسوفی بود و مرحوم پدرم در باره او عقاید دینی فوق العاده ای داشت ولی عقیده بنده نه چنین است و هر چند مشارالیه از کمین دهر و افاضل عالم و از جمله مشاهیر است اما بنده شخصاً تردستی ایشان را زیادتر از مراتب کمالات ایشان می دانم.. .[۱۰۸]

عضویت سید جمال الدین اسدآبادی در لژ فراماسونری برای اولین بار در مصر بوده و او در سال ۱۲۹۲ هجری (۱۸۷۵ میلادی) به محفل ماسونی "کوکب شرق" تابع گراند لژ مصر در قاهره به لژ وارد شده است. قبل از تشکیل گراند لژ مصر لژ کوکب شرق تابع لژ اعظم فرانسه بوده اما عملاً انگلیس ها در آن نفوذ داشته اند.

---

۱۰۷ – خاطرات سیاسی. میرزا علی خان امین الدوله. کتابخانه مجلس. ص ۱۳۰

۱۰۸ – مجموعه اسناد و مدارک چاپ نشده درباره سید جمال الدین. دانشگاه تهران سال ۱۳۴۳ شمسی. ص ۱۴۳ – گردآوری مهدوی افشار.

شخصیت و نفوذ کلام و قدرت بیان و احاطه سید در زبان عرب باعث شد که وی بتواند مدارج فراماسونری را به سرعت پیموده و در مدتی کمتر از چهار سال به استادی لژ کوکب شرق انتخاب گردد. دعوت نامه مربوط به انتصاب سید جمال الدین در کرسی استاد ارجمند لژ به امضای منشی "لژ کوکب شرق"سالها در خانه "حاج امین ضرب" واقع در سه راه امین حضور در تهران نگهداری می شده و در سال ۱۳۴۲ شمسی منتشر گردیده است.

"... لژ کوکب شرق شماره ۱۳۵۵ - قاهره – مصر – ۷ ژوئن ۱۸۷۸

برادر محترم جمال الدین به استحضار میرساند که در جلسه ۲۸ ماه قبل به اکثریت آراء به ریاست این لژ برای سال جاری انتخاب شده اید. این فیض عظیم را به جنابعالی و همچنین به خودم تبریک می گویم و بنا بر دستور استاد ارجمند برادران را دعوت نموده ام که روز جمعه آتی یازدهم ماه جاری ساعت ۲ بعد از غروب در محفل این لژ حضور بهم رسانید تا بعد از انجام آئین انتصاب زمام امور لژ را متقبل گردید. نظر به اینکه روز پنجشنبه دهم ماه جاری ساعت شش فرنگی مراسم انتصاب استاد محترم لژ کونکوردیه نیز برگزار خواهد شد لذا خواهشمند است در روز مذکور برای انجام مراسم شرکت فرمائید. واضح است که در هردو مراسم لباس رسمی مشکی با پاپیون و دستکش سفید خواهد بود. درود برادرانه مارا بپذیرید.

منشی – سر نغول سکروج

تقاضای عضویت سید جمال الدین اسدآبادی به لژ فراماسونری کوکب شرق...

سید جمال الدین به زبان عربی احاطه ی کامل داشته و این تقاضا به خط و انشاء او است.(۱)

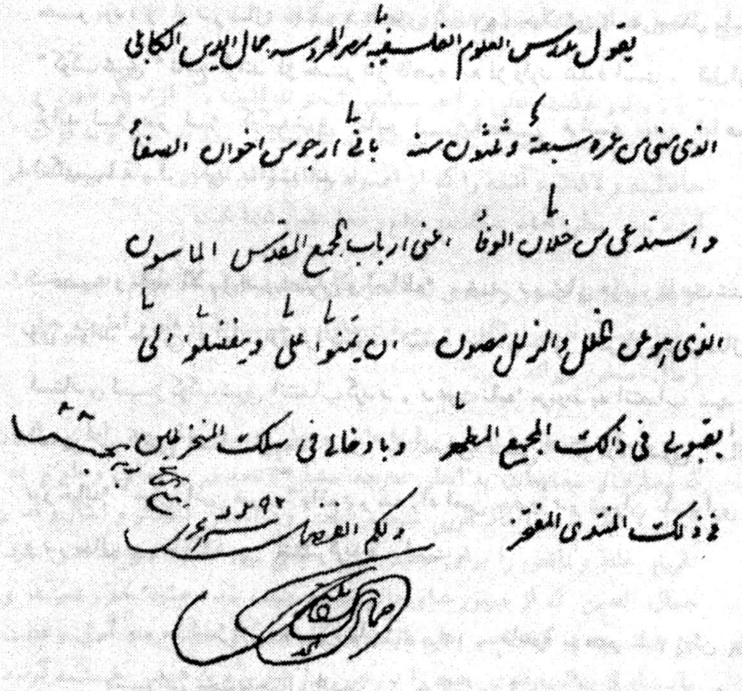
یقول مدرس العلوم الفلسفیة بمصر المحروسة جمال الدین الکابلی

الذی مضی من عمره سبعة وثلثون سنة بانی ارجو من اخوان الصفا

واستدعی من خلان الوفا اعنی ارباب المجمع المقدس الماسون

الذی هو عن الخلل والزلل مصون ان یمنوا علی ویتفضلوا الی

بقبولی فی ذلک المجمع المطهر وبادخالی فی سلک المنخرطین

فی ذلک المنتدی المفتخر ولکم الفضل

۱ـ اصل سند در کتابخانه‌ی سلطنتی ـ لندن .
این سند از کتاب «مجموعه» اسناد چاپ نشده درباره» سید جمال الدین» فتوکپی شده است .

پس از انتصاب سید جمال الدین در کرسی استاد ارجمند لژ کوکب شرق قاهره آنگونه که بین فراماسون ها مرسوم است پس از صرف شام "سید" سخنرانی کرده و مدرسی چهاردهی بدون ذکر مأخذ سخنان وی را چنین نقل می کند:

". . . نمی توانم تصور کنم که اوهام در استوان های انجمن های فراماسون راه دارد چه هر تشکیلات آزادی از او است و آلات و ادوات بنایان را در دست دارد تا برای نابودی اساس کهنه و بنیاد آزادی حقیقی برادری و مساوات و از بین بردن ستمکاران و جور و ستم اقدام می کند. به مصداق کلوخ انداز را پاداش سنگ است هرگاه آزادیخواهان در راه آزادی کوتاهی روا دارند هرگز نمی توانند بنیاد زاویه قائمه (از اشارات فراماسونری است) را در جهان استوار سازند.

گفته اند انسان حیوان ناطق است و برای اینکه تعریف مطلوب بر انسان تطبیق کند که با بعضی از جانوران اشتباه نگردد اورا به صفات دیگری تعریف کرده و گفته اند انسان می میرد و ذاتاً خندان است. پس از تعریف صفات مزبور چهره مخصوصی از او در ذهن نقش بسته و شناخته می شود که او انسان است. . .

نخستین چیزی که مرا تشویق کرد تا در جرگه بنایان آزاد شرکت کنم همان عنوان بزرگ آزادی، مساوات و برادری است که هدفش بهره مند شدن جمعیت بشری و جهان آدمیت است که در پشت سر آن برای نابود کردن ستم کاران کوشش می نمایند تا بنیاد عدالت حقیقی را استوار سازند. با این وصف همت به کار و عزت نفس و اخلاق پاک و کوچک شمردن مرگ را در برابر ستمکاران فراماسون به من نشان می دهد و این تعریف فراماسون مرا راضی ساخت که در جرگه بنایان آزاد وارد شوم.

ای برادران. . . سید جمال الدن ریاست را برای خود منکر است و هرگز ریاست نمی خواهد. فراماسون شریف تر از آنست که ایجاد قدرت برای رئیس آن کند

و یا اغراض شخصی یا بهره های مادی و ادبی را بکار برد. مرا دعوت می کنید که فراماسون پاک و بی آلایش و از زشتی دور باشم. باید به آبرو و شرف خود علاقمند باشم. [۱۰۹]

گرچه "مدرسی چهاردهی" ایراد این نطق را به تشریفات انتصاب سید جمال الدین در کرسی استادی لژ ارتباط می دهد اما از محتوای سخنرانی چنین استنباط می شود که سید سخنان فوق را پس از تشریفات درجه یک و عضویت در لژ کوکب شرق ایراد کرده باشد.

سید جمال الدین اسدآبادی قریب چهار سال در مصر اقامت داشت و در این مدت دقیقه ای از مبارزه با انگلیس غافل نبود. هرجا می رفت علیه سیاست انگلیس داد سخن می داد و هرچه می نوشت ضد انگلیس بود. بنا به گفته سید حسن تقی زاده سید جمال الدین بسیاری از آزادیخواهان و انقلابیون مصری از قبیل "محمد احمد سودانی" - "ادیب اسحق" - "احمد اعرابی پاشا" - "سعد زغلول پاشا" - (بانی انقلاب ۱۹۱۸ مصر)، شیخ محمد عبده رئیس "جامع الازهر" و جرجی زیدان را به سوی خود جلب کرد.

فعالیت سید علیه انگلستان به جائی رسید که منافع امپراتوری را کاملاً مورد تهدید قرار داد و سخنان سید که بدون پروا اظهار می داشت و از حکومت قانون و آزادی و مساوات دم میزد مقامات انگلیسی را برانگیخت که به خدیو مصر فشار آورند وسایل اخراج سید را از لژ کوکب شرق فراهم آورد. متعاقباً سید جمال الدین لژ "محفل الوطنی" را که گفته شده وابسته

---

۱۰۹ – زندگی سید جمال الدین افغانی. مدرسی چهاردهی. ص ۲۸ تا ۳۲

به گراند اوریان فرانسه بود تشکیل داد[۱۱۰] و اعلام داشت که هدف لژ "محفل الوطنی" ایجاد اتفاق و اتحاد بین ملل اسلامی بوده و طرفدار محدود کردن نفوذ علمای اسلام که با سود جوئی و اعمال ناشایست خود موجبات خفت و خواری ملل مسلمان جهان را فراهم آورده اند می باشد.

". . . اعضای آن مجلس هم قسم شدند که دامنه کار خودرا بگیرند و به نتیجه قطعی که همانا عملی نمودن نقشه سید بود برسند تاشاید بدان وسیله سیاست دول اجنبی را در مصر زمین زده مسلمین شرق را از ذلت و خواری نجات دهند. . ."[۱۱۱]

با تشکیل لژ "محفل الوطنی" سید جمال الدین دنبال این بود که در ارتش مصر نفوذ خودرا برقرار سازد زیرا او و دوستان مصری او در نظر داشتند علیه انگلیس اعلام جهاد کنند و برای این منظور شبکه "نظارت بر جهاد" را که سازمانی بود در داخل قشون مصر تشکیل داد. منظور اصلی شبکه نظارت بر جهاد ایجاد تفرقه بین لشگریان مصری در سودان بود. شبکه های دیگری نیز وابسته به لژ محفل الوطنی تشکیل شد که در امور قضائی و مالی و بهداشتی و غیره فعالیت داشت.

". . . هر شعبه با کمال دقت و درستی برای تأمین عدالت اجتماعی کارها را به بهترین وجهی انجام میداد و از طرف محفل بنایان آزاد با بیان و اسلوب خردمندانه ای از کارهای ناشایست هیئت حاکمه انتقاد می شد و همه مردم مصر از رفتار و کردار برادران در شگفت شدند و از جرأت و شهامت و

---

۱۱۰ – بنا به نوشته تقی زاده = مدرسی چهاردهی – صفائی – مشیری و خان ملک ساسانی این لژ تابع گراند اوریان فرانسه بوده ولی از بعضی محققان نوشته اند که لژ محفل الوطنی مستقلاً توسط سید جمال الدین تأسیس شده و بجائی بستگی نداشته.

۱۱۱- مردان نامی شرق. غلامحسین نراقی فرخزاد. ص ۲٤٦ (چاپ بیروت)

پاکدامنی و گذشت آنان که زیر نظر سید جمال الدین کار می کردند تقدیس نمودند.[۱۱۲]

چون فعالیت سید جمال الدین در جهت تأمین استقلال و آزادی و احیاء احساسات ملی مردم مصر و مبارزه با قشون انگلیس که مصر را در تصرف داشت تجلی می کرد مصری ها از وی خواستند قانون انتخابات مجلس ملی مصر را تدوین کند اما سید زیر بار نرفت و ضمن نطقی مخالفت خودرا اعلام داشت.

مدرسی چهاردهی مدلول سخنرانی سید جمال الدین را چنین نقل میکند:

". . . ای برادران - مجلس شورای ملی قدرت حقیقی خودرا هنگامی تحصیل می کند که از روح ملت تشکیل شده باشد و هر مجلس شورائی را که پاشا و امیر یا قدرت بیگانه ای آنرا تشکیل دهد و بکار وا دارد بدانید که قدرت موهومی خواهد بود و تشکیل اینگونه مجلس ها با اراده کسی است که آنرا ایجاد ساخته است. سیر ملت ها پیرو شوکت و قدرتی است که آنرا حرکت میدهد ولی به هدف نمی رساند خصوصاً هنگامی که با اراده گرداننده اش برخورد کند. تاریخ به ما نشان می دهد که هر شهریار و امیری که قدرت را در دست دارد هرگز راضی نخواهد شد که اسم بی مسمائی باشد تا ملتش قدرت را در دست گرفته و تمام شئون کشور را اداره کند و تمام امور در دست ملت قرار گیرد. . .

خواهید دید که مجلس شورای ملی مصر قریباً تشکیل خواهد شد و از حیث شکل و ظاهر شبیه به یکی از پارلمان های اروپا خواهد بود و احزابی را دارا خواهد شد، مانند حزب شمال، حزب دست راست و دست چپ و خواهید دید

---

۱۱۲ – زندگی سید جمال الدین افغانی. مرتضی مدرسی چهاردهی. تهران. ص ۳۰

که حزب شمال اثری در مجلس نخواهد داشت و کوچکترین راهش معارضه با دولت خواهد بود و نمی تواند کوچکترین کاری را انجام دهد و حزب دست راست هم طرفدار او خواهد بود. . . و امروز از گفتار من تعجب می کنید چه در یک امر تصوری که هنوز وجود خارجی پیدا نکرده است صحبت می کنیم و خواهید دید که مجلس شورای موهومی در مصر تشکیل می شود و هریک از اعضای آن مانند اینکه از شیری ترسناک باشند از آن فرار می کنند. حزب شمال معارض دولت است و بطرف حزب دست راست دوستدار دولت خواهند شتافت و آنگاه می گوئید سید جمال الدین راست می گفت. . . آری درست میگویم و این هم از فراست من نیست و بقول دانشمندان علم منطق در تصور تصدیقی کوچکترین فضیلتی نخواهد بود و هرگاه درست دقیق شویم خواهیم دید که مقدمات درست همان نتیجه های درست را خواهد داد.

مقدمات مجلس شورای ملی با ایجاد کننده آنست و از محیط ملت دور خواهد بود و آنکس که آنرا شناخته است قوه ای است که از قدرت ملت و مجلس بیرون است تا بتواند با آن معارضه نماید. در اینجا منافع متضاد میشود و دارای هدف های مختلف هستند. این گونه مجلس ها ارزشی ندارند و بدیهی است دوام زیادی هم نخواهد داشت و ملت هم از آن بی نیاز نخواهد شد. خواهید دید که نماینده ملت دردها را نخواهد گفت و از زشتی ها و بدبختی سخنی در پارلمان نمی گویند و چونکه تمام آزادی را از او سلب می نمایند، بلکه این مجلس آلت گنگ و خاموشی است که در دست همان قدرتی است که برای بدست آوردن کشور در دست دارد. . . و هرگاه اندکی فکر کنید این حقایق را درک می نمائید و می خواهید برای شما این گونه مجلس ها را تعریف نمایم تا بشناسید که نماینده شما در آینده مانند همان هیأت مصری زمان امروز است و همان متولی با هر وسیله ای که ممکن است تمام ثروت کشاورزان را تصاحب می کند. . .[۱۱۳]

---

۱۱۳ – زندگی سید جمال الدین افغانی. مرتضی مدرسی چهاردهی. تهران. ص ۳۰۲

متعاقباً "سید جمال الدین" با انتشار بیانیه ها و مقالاتی مردم مصر را به شورش علیه انگلیس و رهائی از قید و بند استبداد فرا خواند و مصری ها را به اعتصاب علیه "لرد کرومر" مستشار مالیه مصر و مأمور سیاسی انگلستان تشویق نمود.

اخبار مربوط به مداخله لژ محفل الوطنی و اعتصابات مصر به لندن رسید. "گلادستون" رئیس الوزرای انگلیس که خود فراماسون بود اما از سید جمال دلخوشی نداشت از نماینده انگلیس در قاهره بازخواست کرد. . . لرد کرومر در پاسخ رئیس الوزرای انگلیس و فعالیت ضد اانگلیسی سید جمال الدین اسدآبادی در مصر چنین پاسخ داد.

". . . در زمینه بروز این وقایع تأسف آور از طرف مأموران دولت قوی شوکت بریتانیا هرگز عملی خلاف سیاست و ضد منافع آن دولت به ظهور نرسیده و در این قضایا احدی از مأموران سیاسی انگلستان را نمی توان مسئول دانست زیرا باعث و مسبب واقعی اعتصاب هشتاد نفر از کارمندان جدی زبردست مصری در ادارات دولتی و خسارت به منافع اقتصادی انگلستان در این کشور تأسیس انجمن "حزب الوطنی" (محفل الوطنی) بوده و اگر یک سال مجمع فوق در قاهره باقی بماند و مرد صاحب نفوذ و تاریخی و قائد مسلمانان آسیای غربی و مرکزی و افریقای شمالی یعنی درویش ایرانی سید جمال الدین اسد آبادی در این مملکت بماند صرفنظر از اینکه تجارت و سیاست بریتانیا در قاره آفریقا و سایر نقاط شرق بالمره معدوم می شود بلکه بیم آن میرود که سرتاسر قاره اروپا از عملیات و ترقیات غیر منتظره این جمعیت بی نظیر به جنبش درآید. . .

گلادستون رئیس الوزرای انگلیس به "لرد سالیسبوری" وزیر خارجه خود دستور میدهد اطلاعات بیشتری در مورد فعالیت های سید جمال الدین کسب و در اختیار وی قراردهد که منجر به گزارش

محرمانه ای می شود که "سر فرنک راسل" کنسول انگلیس در قاهره به وزارت خارجه بریتانیا ارسال میدارد:

". . . به قراریکه توفیق پاشا خدیو مصر به من اطلاع داده چندی است فعالیت های یک فرد افغانی بنام جمال الدین مورد توجه وی قرار گرفته و سید جمال الدین مردم را به شورش و انقلاب تحریک کرده افکاری پوچ انتشار می دهد. جمال الدین برخلاف اخطار پلیس قاهره سعی دارد جلسات سری تشکیل دهد و با نطق و خطابه افکار مخرب خویش را بین مردم شایع سازد. با توجه به این وضع خدیو پاشا ناچار به وی (به سید جمال الدین) بیست و چهار ساعت وقت داده که خاک مصر را ترک گوید.

جمال الدین دارای ذوق و قریحه سرشار و صاحب قدرت فوق العاده در نطق و بیان می باشد بطوریکه در مدتی قلیل توفیق یافته عده زیادی را زیر تسلط کلام خود قرار دهد. سال قبل نیز احساسات مردم را علیه اروپائیان بخصوص نسبت به انگلیس ها که کینه و تنفر شدیدی از آنها در قلب خویش احساس می کند برانگیخت و بلوائی برپا ساخت. . ."[۱۱۴]

". . . در همان ایام "ویویان" نماینده سیاسی انگلیس مقیم قاهره شنید که در یکی از مجالس فراماسونی مصر بر ضد مصالح دولت بریتانیا حرف زده لذا با دولت متبوع خود وارد مذاکره شده و عمال بریتانیا که از عملیات انقلابی وی قبلاً مسبوق شده بودند بقایش را در مصر صلاح ندیدند. . . عاقبت خدیو را از نتیجه عملیات سید بترسانید و به کار او خاتمه داد. . ."[۱۱۵]

". . . علاوه بر اقدام کنسول انگلیس برای اخراج او جمعی از مردم نیز به انجمن او حمله بـرده لانه فراماسونی اورا زیر و رو نموده بلوائی در قاهره برپا ساختند."[۱۱۶]

---

۱۱٤ – بایگانی عمومی. لندن. شماره ٤۹۸. مورخه ۱۳ اوت ۱۸۷۸ میلادی.
۱۱٥ – مردان نامی شرق. غلامحسین نراقی فرخزاد. بیروت. ص ۲۰٤
۱۱٦ – رهبران مشروطه. ابراهیم صفائی. تهران. ص ۲۸

". . . در مصر شنیده شد که او در محفل فراماسون داخل بوده و در آنجا در موقعی بر ضد انگلیس ها نطق کرده بود. . ."[117] [118]

بنا به امر "توفیق پاشا" خدیو مصر در یکی از روزهای گرم تابستان سال ۱۸۷۸ میلادی (مرداد ۱۲۹۶) سید جمال الدین و نوکر او ابوتراب را که در همه سفرهای سید با وی بود سوار کشتی کردند و به هندوستان فرستادند.

سید جمال الدین سه سال در هند (حیدر آباد) اقامت داشت و در آنجا به درخواست "نظام حیدر آباد" رساله ای در رد طبیعیون نوشت و گفته و نوشته شده که مبالغ هنگفتی به عنوان حق تألیف از نظام حیدرآباد دریافت نمود. سپس به جده و از آنجا به مکه رفت و مورد استقبال تام و تمام بسیاری از شخصیت های اسلامی قرار گرفت.

در اوایل سال ۱۸۸۰ میلادی (۱۲۹۷ هجری) سید جمال الدین دوباره به هند و از آنجا به حیدرآباد دکن رفت و با "سالار جنگ" رئیس دولت حیدر آباد مصاحبه ای بعمل آورد و ضمن آن به شدت سیاست انگلستان را در هند مورد تنقید قرار داد. بعلاوه رساله معروف خودرا موسوم به "نیچریه یا دهریه" در ابطلال آئین "دهریین" و بیان مفاسد آن فرقه و بحث در اینکه "دین مدنی است" و کفر "باعث فساد عمران" است به رشته تحریر درآورده و منتشر نمود. این رساله کاملاً جنبه مذهبی و اسلامی داشت و به نظر می رسد سید جمال الدین سعی داشته درباره مذهب اسلام در شبه قاره هند تبلیغ کند.

در کلکته نیز رشته سخنرانی هائی مذهبی و شاید تبلیغاتی در مدارس و مجالس ایراد نمود که جنبه ضد انگلیس و ضد استعمار داشت.

---

[117] - میان لژهائی که سید جمال الدین به عنوان مهمان بازدید کرده میتوان لژ نیل – لژ مازینی تابع گراند لژ ایتالیا – لژ یونانی قاهره – لز فیث (ایمان) – لژ لوتوشه دو ریته را نام برد که ظاهراً در بعضی از آنها عضو شده است. مؤلف.

[118] - مردان خود ساخته. مقاله. سید حسن تقی زاده. تهران. ص ۴۵

اثر دیگری نیز سید جمال الدین از خود باقی گذارده که تحت عنوان "حقیقت مذهب نیچری و مبانی حال نیچریان" در سال ۱۸۸۰ میلادی منتشر شده است. کتابچه فوق الذکر که مورد مطالعه و تحقیق نویسندگانی مانند میرزا لطف الله خان اسد آبادی و مدرسی چهاردهی و محمود محمود قرار گرفته محتوی بسیاری لغات غیر مأنوس و آلوده به واژه های عربی، ترکی و هندی است و سبک آخوندی و مسجدی دارد: مثلاً می نویسد:

". . . پس این اعتقاد بزرگترین رادعی است انسان را از اینکه زیست کند در جهان چون خران وحشی و گاوان دشتی و تفتیش نماید در این عالم چون بهائم بیابان ها و راضی گردد به زندگی انعام و چهارپایان که قدرت بر دفع مضار و آلام و اسقام ندارد و طرق حفظ حیات خودرا چنانکه باید نداند و همه عمر را به وحشت و دهشت و خوف گذراند و سترک ترین اجری افراد انسانیه را از اینکه یکی دیگری را چون اسود اکاسره و ذئاب ضاربه و کلاب عقوره پاره پاره نماید.

و یا در جای دیگر همین کتابچه که می نویسد:

". . . مخفی نماند بابی هائی که در این زمان اخیر در ایران یافت شدند و هزاران خون عباد الله را به ناحق ریختن کوچک ابدال های الموت و چیله ها یعنی کوچول بر دارهای همان طبیعییون گرد کوه می باشند و تعلیمات آنها نمونه تعلیمات باطنیه است. پس باید منتظر شد که فیما بعد چه تأثیرهای دیگر از اقوال آنها در امت ایرانیه یافت خواهد شد.

سید جمال الدین در حیدر آباد به تأسیس جمعیت سری "عروه" اقدام نمود و بعلاوه شعباتی از این جمعیت که بوی فراماسونری میداد در تونس و مصر و حتی گفته شده در فرانسه تشکیل داد. [۱۱۹]

"شیخ محمد عبده" که از دوستان سید جمال بوده در نامه ای که در تاریخ بیست و چهار دسامبر ۱۸۸۴ میلادی از تونس به پاریس برای سید جمال الدین نوشته اهداف سید را در تشکیل جمعیت سری عروه چنین مینویسد:

". . . من در اینجا به علماء و امرای تونس برخوردم و آنها را شناختم و شما را به ایشان شناساندم و گفتم عروه نام جریده ای نیست بلکه نام جمعیتی است که سید در حیدرآباد هند تأسیس کرد و شعبی در دیگر ممالک دارد اما هیچ شعبه، شعبه دیگر را نمی شناسد و فقط رئیس از آن آگاه است. اینک ما میخواهیم یک شعبه در اینجا تأسیس کنیم. آنها پذیرفتند و من از امروز کوشش می کنم که این جمعیت را تشکیل دهم . . . جمعیت وقتی تشکیل شد و من به شما اطلاع دادم شما دیگر در فرستادن نامه تأخیر نکنید چه جمعیت به نام شما تأسیس می شود. به گمان من پیشرفت میکنیم و ترسی در اینجا نیست. آنها غیرت دارند و دفاع می کنند و در نهان از جمعیت دفاع خواهند کرد اگر بدانید که چقدر مردم به من اقبال کرده اند خوشحال می شوید. آنها معتقدند که خزائنی در دست ماست و از غیب به ما روزی میرسد. من از همین اعتقاد آنها بسیار خوشحالم تا از خودمان. . . محمد. [۱۲۰]

۱۱۹ ـ سید جمال الدین اسد آبادی هنگام اقامت در پاریس روزنامه ای بنام "عروه الوثقی" منتشر میکرده و شاید علت اینکه بعضی نوشته اند شعبه جمعیت عروه در پاریس نیز دایر شده به همین علت باشد.

۱۲۰ ـ کتابخانه مجلس شورای ملی. مجموعه اسناد خطی. سیدجمال الدین اسدآبادی

سید جمال الدین اسد آبادی در اوایل سال ۱۸۸۲ از هند به لندن رفت و در آنجا بعضویت لژ فیث (ایمان) در آمد. پس از چند ماه بنا به دعوت مسیو لنگاسه استاد اعظم لژ گراند اوریان که از دوستان "بلنت" مستشرق انگلیسی و شاید دعوت از سید جمال بنا به توصیه وی انجام یافته بود، سید به پاریس عزیمت کرد. در اول جمادی الثانی ۱۳۰۱ هجری (۲۷ مارس ۱۸۸۴ میلادی) تقاضای سید جمال الدین اسدآبادی به تصویب لژ گراند اوریان فرانسه رسید و به عضویت آن لژ پذیرفته شد.

"... در تمام مدتی که سید جمال الدین در پاریس اقامت داشت در لژ گراند اوریان که پابند مذهب و خدا نبود فعالیت می نمود. همینکه بلنت شرق شناس انگلیسی به پاریس آمد و اورا برای تکمیل نقشه های شیطانی خود به لندن برد سید لژ آزاد و بدون قید و شرط گراند اوریان را رها کرده و بار دیگر به لژهای انگلیسی روی آورد..."[۱۲۱]

در سال ۱۸۸۸ میلادی که ناصرالدین شاه قاجار به اتریش رفته بود سید جمال که در روسیه به سر می برد خودرا به وین پایتخت اتریش میرساند و با شاه قاجار ملاقات می کند. ناصرالدین شاه که شاید میخواسته روابط خودرا با روس ها گسترش دهد و از ملاقاتهای سید با رجال روسیه مطلع بوده سید جمال الدین را دعوت می کند به ایران مراجعت کند. پس از چند ماه سید به تهران می رود و در منزل حاج محمد حسن امین ضرب اقامت می کند اما سید جمال که دارای صراحت لهجه بود علیه شاه قاجار و اتلاف خزانه ملت و مخارج اروپای ناصرالدین شاه اعتراض می کند و به دربار قاجار اهانت بسیار روا میدارد. سید را از ایران اخراج می کنند.

---

۱۲۱ – فراموشخانه و فراماسونری در ایران. اسماعیل رائین. جلد اول. ص ۳۸۷

اما هنوز یکسال سپری نشده سید جمال در مونیخ آفتابی می شود و از امین السلطان صدراعظم ایران که در رکاب ناصرالدین شاه بوده تقاضا میکند شاه قاجار را ملاقات کند.

امین السلطان که میدانست سید جمال الدین هنگام اقامت خود در روسیه با معاریف و رجال آن کشور ملاقات کرده و با "زینوف" وزیر خارجه روسیه روابطی ایجاد نموده و بعلاوه گویا با ملکه روس نیز مذاکراتی بعمل آورده مراتب را به اطلاع ناصرالدین شاه میرساند. شاه به امید اینکه بلکه بتواند بوسیله سید جمال روابط ایران را با روسیه بهبود بخشد و رنجش روس ها را بر سر نزدیکی ایران با انگلیس برطرف نماید سید را به حضور می پذیرد و سید جمال الدین سخنانی به مضمون ذیل ایراد می نماید:

". . . میتوانم برخود ببالم که شهریار ایران از این خواب گران بیدار و به فکر آبادی مملکت و ترقی ملت افتاد و مرا شناخته اید. . . بلی من ایرانی و اسدآبادی هستم و بحمد الله تمام علوم در سینه من درج است. به تنهائی و خردی من ننگرید زیرا که میتوانم با این مشت کوچک خود کوه دماوند را به این بزرگی در قعر زمین فرو ببرم. در هر کجا بوده ام و باشم قصدم ترقی و عظمت مسلمین و حفظ بیضه اسلام و استقلال مملکت آنان بوده و هست."[۱۲۲]

پس از این ملاقات سید جمال الدین دوباره به روسیه رفت و دو ماه بعنوان نماینده غیر رسمی ایران با روس ها مذاکراتی انجام داد. در اواسط سال ۱۸۹۰ میلادی (۱۳۰۷ هجری) سید جمال از راه باکو به تهران رفت و در منزل حاج محمد حسین امین الضرب اقامت نمود اما به عللی که روشن نیست شاه و امین السلطان هیچ یک روی خوش به وی نشان ندادند. این

---

۱۲۲ – در یکی دو جا آمده که سید این نطق را در اولین ملاقات با شاه قاجار ایراد کرده است.

مطلب موجب کدورت سید جمال می شود و در مجالس علناً به ناصرالدین شاه اهانت روا داشته و با اخذ وام از روسها مخالفت کرده به چاپ شبنامه و پخش آن (گویا به وسیله موقرالسلطنه داماد شاه که بعدها اعدام شد شبنامه پخش می کرده است) می پردازد.

"... آقا سید جمال شخص معروفی بود. همه برای ملاقاتش می آمدند و او هم داد سخن می داد. از ترقیات اروپا و اختراعات محیر العقول و خرابی اوضاع ایران و زورگوئی های دولت روس و انگلیس که ناشی از عدم لیاقت اولیای امور می خواند صحبت می داشت. بازار سخن گوئی آقا گرم شده بود و هر روز به ازدیاد اهالی در مجلسش افزوده می شد و از گفته های آقا یک پیرایه هائی گفته می شد و نقل مجالس و محافل گشته بود...

در مجالس علناً از شاه انتقاد نموده و میگفت شاه صدراعظم را دوست دارد و ملت را فدای اغراض و خوشگذرانی های خود نموده است. مملکت یک مریضخانه ندارد. تنها دواخانه ای که دارد شروین است که با فروش داروهای گران قیمت جیب ملت را خالی می کند. در مملکت مدرسه نیست. مردم نمی توانند تحصیلات عادی بکنند تا چه رسد به علوم متداوله اروپا. شاه خواست جلوی مجالس و آمد و رفت اورا بگیرد. رئیس نظمیه عده ای را مأمور کرده بود که جلوی اقامتگاه او باشند و اسامی واردین را یادداشت کرده تا بدین وسیله از ورود اشخاص به خانه سید جلوگیری شود. ولی از این کار هم نتیجه نگرفتند.

ناصرالدین شاه دستور دستگیری و تبعید سید را داد ولی یک مرکز پنهانی ماجرا را قبلاً به سید اطلاع داد و حاج امین الضرب هم خانه ای برای او در نزدیکی صحن حضرت عبدالعظیم تهیه کرده و به میرزا رضای کرمانی گماشته سید دستور مراقبت از او را میدهد.[۱۲۳]

---

۱۲۳ – خاطرات هدایت الله خان گیلانشاه. عضو دربار قاجار. ص ۸۱ و ۸۲ تهران

" کندی " وزیر مختار انگلیس در مورد دستگیری و تبعید سید جمال الدین طی گزارش محرمانه به وزارت خارجه انگلیس چنین می نویسد:

"... بازگشت به نامه شماره ۳۴ محرمانه مورخه سوم مارس ۱۸۹۰ جنابعالی و پیرو نامه شماره ۱۴۶ مورخه ۲۴ آوریل ۱۸۹۰ جناب دوروماند ولف اینک احتراماً یادآور می شود که چند روز پیش شاه یک نامه سرگشاده که بدون امضاء بوده دریافت نموده که در آن شدیداً شاه را بعلت سوء اداره ایران و مداخله انگلستان در امور داخلی ایران مورد انتقاد قرار داده و به اعلیحضرت توهین کرده اند. برای شاه مسلم شد که این نامه به تحریک جمال الدین معروف نوشته شده لذا دستور داد وی را فوراً از ایران اخراج کنند و در این مورد به تذکر و توصیه امین السلطان توجهی نکردند. نظر صدراعظم بر این بود که اخراج و تبعید وی باید با نهایت آرامی و سکوت انجام گیرد. در غیر اینصورت ممکن است دولت با گرفتاری هائی روبرو بشود بخصوص که سید در صحن حضرت عبدالعظیم حوالی تهران متحصن شده به آن مکان پناهنده شده است. لیکن سید در باغ مجاور حرم دستگیر شد. گرچه با آن مکان مقدس کمی فاصله داشت اما چون در حدود محوطه حرم بود مکان تحصن بشمار میرفت.

وقتی سید را دستگیر کردند مختصری مقاومت از خود بروز داد و همچنین عده ای که از وی حمایت می کردند مختصر مقاومت بروز دادند ولی پس از زد و خورد مختصری مأموران سید را بر اسب سوار کرده همراه سی نفر سرباز به کرمانشاه بردند و قرار است اورا به ترکیه تبعید نمایند. سید نامه هائی در اختیار داشت که همدستی و مشارکت عده ای از رجال مهم ایران را در توطئه علیه دولت ثابت می نماید. برجسته ترین آنها امین الدوله وزیر پست و رئیس دارالشورای سلطنتی است که از رقبای سرسخت امین السلطان محسوب میگردد.

در نامه سید جمال – شاه و امین سلطان و سایر وزراء مورد حمله و مسخره قرار گرفته اند. . . با احترامات. کندی.[۱۲۴]

در همین مورد ابراهیم صفائی می نویسد :

". . . عجیب اینجاست که با آنهمه نفوذ کلام سید کسی به داد او نرسید و بعلت مقاومت اورا از ته بازار حضرت عبدالعظیم تا جلوی بازار کشان کشان بردند و چون نزد مردم متهم بود که بی دین است و سید نیست در بازار شهر ری شلوار اورا پاره کردند تا ببینند مختون (ختنه شده) هست یا نه و اورا مکشوف و العوره سوار اسب کردند.[۱۲۵]

محمد نجات در خاطرات خود می نویسد:

". . . سید را در باغ مجاور حرم دستگیر کرده به اعتراض او وقعی نگذاشتند. بسیاری از دوستان سید جمال الدین حتی از طبقه روحانی آدمی مانند سید محمد طباطبائی و یا از طبقه رجال مردی چون مشیرالدوله وساطت سید را کردند اما شاه بدون اعتناء به توصیه آقایان دستور داد شبانه سید را به بین النهرین برده رهایش سازند. [۱۲۶]

در باغ مجاور حرم در حالیکه عده ای از مریدان سید نیز حضور داشتند چند نفر قزاق با نهایت خشونت بدون اینکه به اعتراض اطرافیان سید جمال وقعی بگذارند، سید اولاد پیغمبر را دستگیر کرده با طرز زننده و موهنی در حالیکه مقاومت و اعتراض می کرد وی را به نزدیک در ورودی

---

۱۲٤ – گزارش کندی وزیر مختار انگلیس به وزارت خارجه انگلیس. مورخه ۱۲ ژانویه ۱۸۹۱
۱۲۵ – رهبران مشروطه. ابراهیم صفائی. جلد اول. تهران. ص ۱۸
۱۲٦ – از یادداشت های محمد نجات. مهرماه ۱۳۰۲ شمسی. ص ۷۳. تهران

صحن برده سوار قاطر نموده تا اول بازار بردند و سپس بدون اینکه اجازه بدهند مختصر اثاثیه خودرا جمع و جور کند مستقیماً به مرز عراق عرب حرکت دادند و از ایران اخراج نمودند.

سید جمال الدین مدتی در بصره و بغداد به سر برد و با اینکه در آنزمان عراق تحت حمایت انگلیس بود علمای کربلا و نجف از سید استقبال کردنـد. سید پس از غریب دو مـاه بلندن عزیمت کـرد و در آنجا بـا "میرزا ملکم" که تازگی از شغل سفیر ایران در انگلیس معزول شده بود علیه ناصرالدین شاه متحد و متفق شد.

گفته و نوشته شده که در این سفر میرزا ملکم خان موجبات آشنائی و نزدیکی سید جمال الدین را با رجال انگلیس از قبیل "چرچیل" (پدر وینستون چرچیل) و "بلنت" مشهور و "وولف" و "براون" (مستشرق انگلیسی) فراهم آورد. . .

". . . سید جمال الدین هنگام اقامت خود در لندن با کمک و همراهی میرزا ملکم خان که بعلت گرفتن چهل هزار لیره رشوه از سفارت ایران در لندن معزول شده بود آنچه توانست در تخفیف مقام ناصرالدین شاه کرد و در مـلاقات هائی که بـا سیاستمداران، سرمـایه داران، روزنامـه نگاران و مستعمره چیان بعمل آورده درباره اوضاع خراب ایران و خلع ناصرالدین شاه تحریکاتی نمود و با وسائلی که در ایران داشت اوراق و نوشته ها و شبنامه ها و اعلامیه های سری و علنی را برای شاه قاجار فرستاد. ."[۱۲۷]

سید حسن تقی زاده نظریه فوق را مردود دانسته در این مورد چنین می نویسد:

---

۱۲۷ – فراموشخانه و فراماسونری در ایران. اسماعیل رائین. جلد اول. ص ۴۰۸

". . . از همه ارباب سلطه و جابر و جائر داخلی و خارجی وی تمام عمر را بیشتر باعلی درجه و شدیدترین وجهی بر ضد انگلیس مجاهدت کرد و تعصبی فوق العاده در این باب داشت که گاهی حتی آثار افراط هم شاید در آن غیرت و حمیت طبیعی و معقول دیده می شد.[۱۲۸]

"علی مشیری" مورخ معاصر ایرانی مقیم لندن که خود فراماسون است نیز درباره روابط سید جمال الدین با انگلیس چنین اظهار نظر می کند:

". . . از مجموع مطالعاتی که بعمل آمده است چنین معلوم می شود، پس از اینکه رجال انگلستان از نزدیک به روحیه و افکار سید جمال الدین آشنا میشوند نظرشان کاملاً نسبت به او عوض می شود و نیز در اثر روابط میرزا ملکم خان با سیاستمداران انگلیس هرگونه سوء تفاهمی که در سابق بین او و بعضی از رجال انگلستان وجود داشته بکلی مرتفع می گردد.[۱۲۹]

در لندن سید جمال الدین با همکاری میرزا ملکم خان به انتشار مجله ضیاء الخافقین دست زد. ابراهیم صفائی معتقد است که قسمت انگلیسی این مجله را میرزا ملکم و براون تنظیم می کردند و دولت انگلیس را به خلع ناصرالدین شاه ترغیب می نمودند. . .[۱۳۰] حال خلع ناصرالدین شاه چه ارتباطی به انگلیس داشته و ظاهراً چه نقشی انگلیس ها در خلع پادشاه ایران داشته اند کاملاً روشن نیست.

---

۱۲۸ - سید حسن تقی زاده. مردان خودساخته. ص ۵۲

۱۲۹ – مجله خواندیها. سال ۲۵. شماره ششم. مقاله. علی مشیری

۱۳۰ – رهبران مشروطه. ابراهیم صفائی. تهران ص. ۲۰

مجله "ضیاء الخافقین" از طریق عراق عرب و عثمانی میان روشنفکران و مشروطه خواهان بخصوص در تهران و تبریز پخش می شده و مرکز پخش آن در هر دو شهر کتابخانه تربیت بوده است.

ناصرالدین شاه از توسعه مخالفت های سید جمال الدین به سختی برآشفته و ناراحت بوده و طی یادداشت هائی از امین السلطان می خواهد که مشی سیاست انگلیس را در ایران روشن نماید. . . اگر انگلیس ها سید را مجازات نکنند ما باید از دوستی با آنها صرفنظر کنیم. . . در این تردیدی نیست که این شخص شرور و متقلب باید به موجب مقررات قانون تنبیه شود و معنی ندارد که او در لندن نشسته و این مزخرفات را علناً بر علیه ما و مقام سلطنت ما در همه جای دنیا انتشار دهد و نیز در مجله ای که براه انداخته است مردم را به اختلال و شورش تحریک نماید. ما هرگز نمی توانیم این مطلب را قبول کنیم که دولت انگلستان دوست ما می باشد یا حامی مقام سلطنت ما است یا اینکه هیچ کاری را نمی خواهند صورت بدهند به این شخص اجازه می دهند اینهمه مزخرفات بنویسد بازهم ادعا می کنند انگلستان کشور آزادی است. . .

امین السلطان نامه ای به سفارت انگلیس در تهران ارسال داشته تشویش ناصرالدین شاه را از اقدامات خصمانه سید جمال الدین تشریح مینماید. سفیر انگلیس مراتب را به اطلاع لرد سالیسبوری وزیر خارجه انگلستان می رساند:

". . . من به امین السلطان گفته ام که این نامه ها را برای ملاحظه شما ارسال خواهم داشت ولی ضمناً به صدراعظم یادآوری کردم که برای دولت امپراتوری انگلستان غیر ممکن خواهد بود علیه شخصی

که در لندن زندگی می کند قدمی بردارد مگر بحکم مقررات قانون. . .[131]

با رد و بدل کردن این مکاتبات سید جمال جری تر شده دامنه فعالیت خودرا به مجامع و کلوپ های انگلیس می کشاند و با همکاری ملکم خان علیه شاه قاجار به ایراد سخنرانی می پردازد. تشویش ناصرالدین شاه را از تحریکات سید جمال الدین و میرزا ملکم خان می توان از سخنانی که به "حاج سیاح"(پدر حمید سیاح) هنگام عزیمت یا بهتر بگوئیم تبعید داوطلبانه حاجی به هندوستان (حاج سیاح از همکاران ملکم بوده و در انتشار شبنامه علیه شاه دست داشته است). اظهار داشته بخوبی درک نمود:

" . . سیاح من سه سفر به اروپا کرده ام. در هرجا هر چیز تازه بود با تشریفات مرا برده نمایش دادند. شهرهای زیبا دیدم. . . مریضخانه های بزرگ دیدم که هریک در ماه بقدر درآمد مملکت ما خرج برمیداشت. برخلاف جاده های تنگ و وحشتناک مملکت ما که هنوز زنگ دلیجان به گو.ش میرسد دیدم ترن از شکاف کوه ها عبور می کند. ترن دیدم که ما را از کوهی در پیچ و خم به قله مرتفع برد و سپس به همین طریق سرازیر نمود. بقدری کارخانجات دیدم که به حساب نمی آید. باغات ملی مشاهده کردم. به سینماها و تماشاخانه های مجلل رفتم همه جا و در همه حال مملکت خودرا در نظر می آورم که بجز شهر خـراب و ویران و مردمانش سخت و پریشان غوطه ور در کثافات هستند. میتوانی تصور کنی آرزو نمی کردم ملتم را ترقی و تربیت کنم تا پادشاهی خوشنام شده در تواریخ نام مرا به خوبی ثابت کنند؟

این سید بیچاره (سید جمال الدین) چون مردمان عادی در بعضی از شهرهای اروپا رفته از سیاست و جهت و اوضاع و احوال این دول بزرگ بی خبر است. . . می گوید من روس و انگلیس را بزانو درآورده و شما را پادشاه مشرق زمین

---

۱۳۱ – اسناد بایگانی عمومی وزارت خارجه انگلستان. لندن. مارس ۱۸۹۰ میلادی

میکنم. این عبارت او جز بی خبری و عدم اطلاع از سیاست جهان چیز دیگر نیست. چه می داند ما در چه وضعی گرفتاریم. البته نمی داند زیرا او وارد نیست. به میرزای شیرازی می نویسد (که شاه) مالیات با فشار از مردم میگیرم و با بوالهوسی خرج می کنم و یا به عبارت دیگر معلوم نیست کدام مالیات. دو میلیون نیم ملت مالیات می دهد در مقابل یک دنیا مخارج را منتظر است بعمل آید. با این درآمد و جیب خالی ملت و سیاست دانی های همسایه ها میخواهد این مملکت مارا اروپا کند. . .

این سید (سید جمال الدین) مردم را دعوت به مشروطیت می نماید. تو و امثال تو هم به این عبارت های تو خالی دامن میزنید در حالیکه خودتان هم پی به معنی آن نمی برید. ملت ما که عبارت از عشایر وحشی است سراسر خاک ما را فراگرفته که هنوز خانه به کول هستند و می گویند شاه کسی است که ریش اورا با عسل تر کرده و با تیغ الماس می تراشند. می خواهید افسار از سر این وحشی ها بردارید؟ مملکت را منقلب کنید تا بهانه به دست دشمنان دین و مملکت ما بدهید؟

سالدات روس به ایران آمد. ناموس این ملت بدست آنها افتاد. سیاح قدر این سلطنت و آزادی را نمی دانید. برو به هندوستان مشاهده کن این گاوهای سه من شیر بده انگلیس ها را که تحت چه فشاری زندگی می کنند و استقلالشان را از دست داده اند. . .

برو نزد صدراعظم تا قرار خرجی ترا بدهد (ناصرالدین شاه پانصد تومان سکّه طلا به حاج سیاح میدهد و بعلاوه ماهی پنجاه تومان برای خانواده وی مقرری معین می کند.) در راه اگر پولت تمام شد تلگراف کن تا داده شود. از محلهای تاریخی عکس برداری کن و برای ما بیاور. .[۱۳۲]

بطـور کلی بـه نظر می رسد که بعضی از پژوهشگران ایرانی در نوشته ها و قضاوت خود نسبت سید جمال الدین اسدآبادی جانب بی طرفی و

۱۳۲ ـ یادداشت های هدایت الله خان رشتی. کتابخانه ملک. تهران. ص ۹۶

انصاف را رعایت نکرده شاید روی اغراض شخصی و عداوتی که نسبت به فراماسون ها داشته اند سید جمال را مورد بی مهری قرار داده اند. بدون تردید سید جمال الدین اسد آبادی یکی از شخصیت های برجسته و مبارز و متهور صدر مشروطیت است. تلاش او نیز در سراسر دوران حیات خویش مصروف به مبارزه با انگلیس و ریشه کن کردن نفوذ خارجی و کسب استقلال و حق حاکمیت کشورهای مشرق زمین بود. شاید بتوان نسبت به روشی که وی در پیشبرد مقاصد خویش بکار برده خرده گیری کرد اما هرگز نمیتوان منکر نبوغ و شهامت و استقامت او شد و به سهمی که سید جمال در برافروختن شعله های آزادیخواهی و بخصوص در مشروطیت داشته خط بطلان کشید.

سید جمال الدین در نوشته های خود (تاریخ افغان به زبان عربی) انگلستان را به "کفتار پیر" تشبیه نموده و می نویسد که این کفتار پیر که دویست میلیون مردم هند را بلعیده و از نوشیدن آب رودخانه سند و گنگ سیر نشده اکنون برای بلعیدن مابقی دنیا دهان گشوده و می خواهد آب نیل و جیحون را نیز بیاشامد. . . "انگلیسها بنا به گفته فیلسوف خودشان داروین از نسل میمون هستند و به آدمی کمتر شباهت دارند:

ناصرالدین شاه قاجار پنجاه سال با نهایت قدرت بر ایران سلطنت کرد. متاسفانه مانند غالب شاهان ایران تحمل هیچگونه مخالفت و انتقاد را نداشت. یا نتوانست و یا بر اثر تلقین اطرافیان خویش نخواست از نفوذ معنوی و موقعیت بین المللی سید در جهت منافع خود و ایران استفاده و بهره برداری کند. تک روی از خصوصیات مخصوص پادشاهان ایران بوده است.

سید جمال الدین هرگز نتوانست اهانتی را که بر اثر دستور شاه قاجار نسبت به وی روا داشته و با آن افتضاح وی را از ایران اخراج کرده بودند

فراموش کند و شاید نقشه ترور ناصرالدین شاه را ماهها قبل هنگام اقامت در عراق عرب قبل از ورود به لندن در سر می پرورانده و منتظر فرصت مناسب بوده است. در یکی دو جا خواندم که نقشه عزیمت سید جمال به عثمانی و تهیه نمودن وسائل نزدیکی بیشتر از پیش وی را با سلطان عبدالحمید دوستان ایرانی و انگلیسی او طرح ریزی کرده همه جا دنبال وی بوده اند.

سید حسن تقی زاده در این مورد می نویسد:

"... در سنه ۱۳۰۲ هجری بلنت سابق الذکر سید را به لندن دعوت کرده و سه ماه در خانه وی ماند و ترتیبی داده شد که سید جمال الدین با سر درومونددولف که نماینده انگلیس در مصر شده بود و قبل از عزیمتش به آنجا به قصد جلب دوستی عثمانی به دوستی و حتی اتحاد آن دولت و سایر دول اسلامی با انگلیس به استانبول سفری می کرد به استانبول برود. وجود سید را بعلت نفوذ وی در دربار عثمانی و خود سلطان برای پیشبرد مقصود خود مفید می شمردند. [۱۳۳]

در این مورد ابراهیم صفائی پا فراتر نهاده معتقد است که:

"... در همین اوقات بود که فکر قتل ناصرالدین شاه در لندن بین سید و براون خاور شناس معروف و مشکوک وزارت خارجه انگلیس مطرح شد... [۱۳۴]

هدف نهائی سید جمال الدین اسد آبادی ایجاد اتفاق و یگانگی بین مسلمانان و تشکیل دولت اسلامی و مرکزیت آن زیر لوای خلافت مسلمین و

---

۱۳۳ – مردان خود ساخته. سید حسن تقی زاده. تهران. ص ۵۱
۱۳۴ – رهبران مشروطه. ابراهیم صفائی. جلد اول. تهران. ص ۱۹

یا به قول فرنگی ها "پان اسلامیسم" بود. چون در ایران بعلت خودخواهی ناصرالدین شاه به این هدف نرسید به عثمانی روی آورد.

". . . یکی از آن نیرنگ های سیاسی غرب که اسباب خرابی ممالک اسلامی شد همین کلمه اتحاد اسلام بود که در هر یک از ممالک اسلامی تولید اختلاف نمود. ظاهراً حرف بسیار فریبنده ای است. آیا در انجام آن هم فکری شده بود و یا در نتیجه آن که مقصود عمده سیاسیون لندن بود غور کرده بودند. یک اتحاد اسلامی که خواهان آن دولت انگلیس باشد و شالوده آن در انگلستان ریخته شده باشد و فکر هم فکر لرد سالزبوری، چرچیل و ولف باشد یک چنین اتحادی باید خیلی اتحاد مهم و جامع باشد. . .[۱۳۵]

". . . فکر پان اسلامیک یا اتحاد اسلام بزرگترین آمال و آرزوی او بود. . .[۱۳۶] *سید در تمام دوران زندگی خود به اصول توصیه و حقایق اسلام معتقد بود و تنها خدای یگانه و تجدید عظمت اسلامی را در نظر می گرفت و از اختلاف و فرقه بازی گریزان بود و در تمام گفتار و کردار خود جز خدا و حقیقت اسلام چیزی دیگر در نظر نداشت. هنگامی که سید نام خدا و اسلام را برزبان جاری میساخت گوئی نیروی کهربائی آن لرزه بر اندام شنوندگان می افکند. .*[۱۳۷]

". . . بزرگترین آمال جمال الدین نهضت اسلامی و اتحاد اسلام بر اساس ترقی و نجات از تسلط اروپا بود و رفتن سید به استانبول بنا به دعوت سلطان عثمانی و اقامت او به اعزاز در آنجا نزدیک قصر سلطان با مقرری ماهانه هفتاد و پنج لیره عثمانی و برای خلافت سلطان عثمانی بود.[۱۳۸]

بعضی از پژوهش گران نسبت به اعتقاد سید جمال الدین به اسلام و حتی ایمان وی به خدا شک آورده اند.

---

۱۳۵ – تاریخ روابط ایران و انگلیس در قرن نوزدهم. محمود محمود. جلد ٥ ص ۱۲۲٦

۱۳٦ – فرهنگنامه اسلامی. گلد زیهر. برلن. سال ۱۹۳٦ میلادی.

۱۳۷ – زندگی و فلسفه اجتماعی سید جمال الدین. مدرسی چهاردهی. تهران. ص ۳٤

۱۳۸ – مردان خود ساخته. سید حسن تقی زاده . تهران. ص ٥۲

"... شخص دیگری به اینجانب روایت کرد که وی با حاج امین الضرب از راه حاج طرخان به مسکو رفت و چون به مسکو رسید مشاهده شد که امین الضرب که خیلی مرید و شیفته او بود نسبت به او کم اعتقاد شده چه میگفت که در عرض راه دیده است که سید نماز نمی خواند.[۱۳۹]

"... اخیراً از لژ فراماسون ها که در آنجا عضو بوده بعلت اینکه علناً منکر خدا بوده اخراج شده است...[۱۴۰]

"... این مرد با اینکه از دین بیگانه است و خودرا برای پیشرفت پاره ای مقاصد نامشروعه داخل مسلک علمای اعلام کرده است هنگام ورود به آن شهر (استانبول) مینو بهر که پایتخت بزرک اسلام است نام شیخ افغانی برخود بست و در مطبعه تعلیم و تدریس نشست و در ظرف اندک مدتی بسیاری از طالبان علم در حلقه درسش جای گرفتند. چون بازار خودرا گرم دیدی آنگاه خبث باطنش در هیجان آمد و علی رؤس الشهاد اظهار زندقه و الحاد (منکر وجود خدا و کفر) نموده حاشا و ثم حاشا نبوت را بعنوان صفت یاد نمود ولی حکومت سفید عثمانی از راه باریک بینی اورا را مجال نداد تا به اضلال مردم بپردازد و اورا نفی بلد کرد و از دارالخلافه بیرون نمود...[۱۴۱]

"... سید در علم الادیان تحقیق کرد و سرانجام ملحد شد و قائل به قدم عالم گردید و معتقد شـد که اعتقاد بـــه وجود محرک اول و حکیم موهوم است..[۱۴۲]

سید جمال الدین اسدآبادی در ۲۵ رجب سال ۱۳۱۴ هجری (نوزده اکتبر ۱۸۹۶ میلادی) در استانبول درگذشت. وقتی آدمی مثل سید جمال با آن شهرت جهانی میمیرد داستان ها از علل مرگ او دهان به دهان میگردد و حکایت ها اختراع می شود. در مورد مرگ سید جمال الدین نیز حکایات

---

۱۳۹ ـ مردان خود ساخته. سید حسن تقی زاده. تهران. ص ۵۲

۱٤۰ ـ گزارش فرنک لاسیل نماینده انگلیس. قاهره.شماره ٤۹۸ مورخ ۳۰ اوت ۱۸۷۹

۱٤۱ ـ مجموعه اسناد و مدارک چاپ نشده درباره سید جمال الدین. دانشگاه تهران ۱۳٤۲ شمسی. ص ۱٤٤ گردی آوری مهدوی افشار.

۱٤۲ ـ زعماء الاصلاح فی العصر الحدیث. احمد امین. قاهره. ص ۱۱۰

بسیار است. . . بعضی می گویند سلطان عبدالحمید که نمی خواست اسرار قتل ناصرالدین شاه فاش گردد و نقش اورا در ماجرا آفتابی کند بوسیله پزشک مخصوص خود با آمپول سید را به دیار عدم فرستاد. دیگری معتقد است با سوزن آلوده به میکرب سرطان (با اینکه مرض سرطان مسری نیست) قال اورا کندند. حتی در جائی خواندم که از تهران آدم فرستادند اورا شبانه خفه کردند.

خان ملک ساسانی که سالها سر کنسول ایران در عثمانی بوده و به اسناد سفارت راجع به مرگ سید جمال دسترسی داشته در کتاب روابط ایران و عثمانی در این مورد می نویسد:

". . . یکی از مریدان وفادار سید موسوم به عبدالحسین همدانی که از ایران همراه سید به استانبول رفته بود و تا روز آخر با او بود و در هنگام توقف من در استانبول دلالی قالی می کرد گفت که سید جمال الدین تا روز آخر صحیح و سلامت بود و شب آخر عمرش درد دندان گرفت و صبح به من گفت که یک طبیب دندان برایش بیآورم. یکی از نوکرها که از سرای سلطان مأمور خدمتش بود دوید و رفت و جمیل پاشا طبیب مخصوص سلطان را خبر کرد. جمیل پاشا که وارد شد سید همان طرف دندانش را که درد می کرد با دست گرفته در اطاق راه میرفت. جمیل پاشا نشست و سید از درد دندان شکایت کرد. جمیل پاشا از نوکر خویش کیف دوا خواست و او هم بلافاصله آنرا آورد آنوقت دوائی در آورد و به دندان سید زد. هنوز جمیل پاشا از در خانه بیرون نرفته بود که فریاد سید بلند شد و لختی نگذشت که دهان و حلق سید بقدری ورم کرد که خفه شد و با وجود اینکه پیش از ظهر وفات کرد جنازه اش را شب شستند و دو نفر لالای سیاه از سرای آمدند و تابوتش را برداشته در مزار تربت یحیی افندی که وصل به باغ ییلدیز است به خاک سپردند.

در مقدمه دیوان فرصت الدوله شیرازی نوشته شده که:

. . . در این هنگام دولت ایران برای استرداد سید فشارهائی به دولت عثمانی وارد آورد ولی سلطان عبدالحمید که می ترسید با تحویل سید جمال الدین حقیقت قتل ناصرالدین شاه برملا شود دستور قتل اورا صادر کرد. . .

". . . کارکنان سفارت ایران با شخصی که مخصوصاً برای قتل او از ایران به اسلامبول رفته بود همدست شدند و به کمک ابو الهدی دشمن دیرینه سید بوسیله خلال دندانی که آلوده به میکرب سرطان بود اورا مسموم کردند. در هر حال راجع به کسالت او و مبتلا شدنش به سرطان جای تردید نیست. . ."[۱۴۳]

". . . جمال به طور خیلی بدی که میتوان از او قطع امید کرد گرفتار ناخوشی سرطان شده جراح و اطباء یک طرف چانه اورا با دندان هایش بریده و همین روزها خواهد مرد. باطن شاهنشاه شهید اناء الله برهانه اورا گرفت و سزای عمل خودرا دید.[۱۴۴]

---

۱٤۳ – مردان نامی شرق. علامحسین نراقی فرخزاد. بیروت. ص ۳۳۷

۱٤٤ – آرشیو سفارت ایران در استانبول. شماره ۷۷. ۲۵ رجب ۱۳۱٤ هجری

۱۶

میرزا رضا

وقتی سید جمال الدین اسدآبادی بنا به دستور ناصرالدین شاه از ایران تبعید شد طبعاً در اجتماع آنزمان ایران اثر نیکوئی نداشت. تبعید سیدجمال نه تنها به اهمیت افکار و مکتب مذهبی و سیاسی سید که همان اتحاد اسلام و پان اسلامیسم و "حکومت مذهبی خلفا" بود بیش از پیش افزود بلکه سید اولاد پیغمبر را بصورت آدمی مظلوم و بی پناه که مورد ظلم و ستم پادشاهی خودخواه قرار گرفته در انظار جلوه گر ساخت.

اما آنها که دستشان در کار سیاست بود و سید لجباز و یکدنده را میشناختند و به روحیه او آشنائی داشتند از عواقب کار بشدت هراسناک شدند زیرا بخوبی می دانستند سید جمال آدمی نیست که به آسانی دست از مخالفت با شاه قاجار برداشته و برود در گوشه ای از دنیا بقیه عمر را با عبادت به درگاه احدیت بسر آورد.

سید جمال هنوز پایش به لندن نرسیده بود که بنای مخالفت و مبارزه را با ناصرالدین شاه آغاز نمود اما این دفعه تصمیم داشت کار را تمام کند. میرزا ملکم خان و مأموران سیاسی انگلیس نیز بر آتش دامن می زدند زیرا انگلیس ها به این نتیجه رسیده بودند که شاه قاجار و اتابک با نزدیکی به روسیه منافع امپراتوری بریتانیا را به خطر انداخته اند. در واقع رنجش انگلیسها از مسئله لغو امتیاز تنباکو شروع شده بود.

"... در سال ۱۲۶۹ شمسی (۱۸۹۰ میلادی) که مخالفت عامه مردم و طبقه روحانی با سلطنت استبدادی جنبه صریح و آشکار به خود گرفت مردمی که به هیجان آمده بودند بر اثر تشویق میرزا ملکم خان و سید جمال الدین دو پایه اصلی و اساسی فراماسونری در ایران و به بهانه لغو امتیاز تنباکو بنای مخالفت با استبداد را گذاشتند و اظهار نمودند که تفویض امتیازات به خارجیها موجب تهدید دنیای اسلام و استقلال ایران است.[۱۴۵]

بطور کلی عدم توجه ناصرالدین شاه به خواسته های مردم از یکطرف و فعـالیت آزادیخواهان در داخـل ایـران توأم و همآهنگ با تلاش سید جمال الدین و میرزا ملکم خان در لندن که منجر به عزیمت سید جمال به استانبول شد از طرف دیگر همه و همه علامات و آثاری بود که بر تغییر اوضاع در ایران حکایت می کرد.

سید جمال الدین مورد استقبال تام و تمام سلطان عثمانی قرار گرفت و عبدالحمید مقرر داشت ماهیانه دویست لیره ترک و کالسکه سلطنتی به اضافه یکی از قصور استانبول را در اختیار سید جمال قرار دهند.

در این هنگام شیعیان طرفدار میرزای شیرازی در سامره که در تصرف عثمانی بود قیام کرده بسیاری از مأموران عثمانی را مضروب یا به قتل رسانیده و یا از شهر اخراج کردند. سید جمال این مسئله را پیراهن عثمان کرده بگوش عبدالحمید خواند که شاه ایران خودرا سلطان شیعه میداند و در تحریک شیعیان سامره دست داشته است.

---

۱٤٥ ــ فراموشخانه و فراماسونری در ایران. اسماعیل رائین. جلد ۲ ص ۲۲۵ و ۲۲٦

"... بدین ترتیب نقشه قتل ناصرالدین شاه که قبلاً در لندن بین سید و براون و ملکم و بلنت از یک طرف و محفل فراماسونری در وزارت خارجه و وزارت هندوستان از طرف دیگر مطرح شده بود با زمینه مساعدی که سفیر انگلیس در دربار عثمانی به نفع سید فراهم آورد و بعد از مذاکره سلطان عبدالحمید و سید قطعی شد...[۱۴۶]

اسماعیل رائین در این مورد می نویسد:

"... اولیای وزارت خارجه انگلیس از اینکه سلطان عبدالحمید و سید جمال الدین مأمور قتل شاه شده اند راضی بودند زیرا که آنها می خواستند پس از مرگ شاه مقتدر ایران نفوذ روسیه را بهر ترتیبی که ممکن باشد و برای همیشه از دربار ایران قطع کنند. اگر انگلیس ها بوسیله عوامل خود در ایران راساً اقدام به قتل شاه می کردند بعدها نمی توانستند از جانشین ضعیف النفس او استفاده سیاسی و اقتصادی ببرند. بنا بر این بهترین راه انتخاب سید جمال الدین و پشتیبانی سلطان عبدالحمید از او بود که در این کار هم موفق شدند.[۱۴۷]

"... بهمین مناسبت مقدم سید را که مردی خطرناک و مخالف سرسخت پادشاه ایران بود و در لندن هم بدین نیت سوء تحریک شده و برای جاه طلبی به هر کاری دست می زد گرامی داشته و بالاخره روزی اورا بطور خصوصی در قصر یلدز به صرف نهار دعوت کرده پس از صرف نهار در کشتی بخار روی دریاچه قصر یلدز به گردش پرداخته و در آنجا (سلطان عبدالحمید) مکنونات قلبی خودرا برای از میان برداشتن ناصرالدین شاه اظهار کرد. سید کینه توز و جاه طلب و تحریک شده که در افغان و مصر و ایران بعلت شتابزدگی و بی پروائی و دوروئی نتوانسته بود به اوج قدرت و دوره حکومت برسد سلطان

---

۱٤٦ – اسناد بایگانی عمومی انگلیس اف – او ۱۷۲-۸٦ گزارش سفیر انگلیس در دربار عثمانی. نقل از فراموشخانه و فراماسونری در ایران. اسماعیل رائین. جلد اول ص٤۱۱ که هردو شرح باید با تردید تلقی شود.

۱٤۷ – اسناد بایگانی عمومی انگلیس اف – او ۱۷۲- ۸٦ گزارش سفیر انگلیس در دربار عثمانی. نقل از فراموشخانه و فراماسونری در ایران. اسماعیم رائین. جلد اول ص ٤۱۱ که هر دو شرح باید با تردید تلقی شود.

عبدالحمید را با بیانات مؤثر و گیرای خود نرم کرده قول و قراری با هم گذاشتند که ناصرالدین شاه را از میان بردارند و سید با نفوذ خود تمام ممالک اسلامی را متحد کند و سلطان عبدالحمید امیر المونین کل مسلمین بشود و ناچار سید هم پاشا یا اعلم کل ممالک اسلامی می شد. . .[۱۴۸]

در قتل ناصرالدین شاه علاوه بر سید جمال الدین اسدآبادی میرزا آقاخان کرمانی و شیخ احمد روحی که هردو از مریدان سید بودند نیز دست داشتند و هرسه نفر در آنزمان در استانبول بسر می بردند و با امین الضرب و دولت آبادی در تهران ارتباط داشتند. همین دو نفر بودند که خرج سفر میرزا رضا را به استانبول از جیب خود پرداختند.

میرزا رضای کرمانی فرزند ملا حسین عقدائی کرمانی بود. میرزا محمد اسماعیل خان وکیل الملک مختصر ملک اورا به زور از وی می گیرد و میرزا رضا برای تظلم به تهران می رود و مدتی در آن شهر سرگردان میشود. ناچار برای امرار معاش به دستفروشی و عرضه کردن شال و اجناس دست باف یزد و کرمان و اصفهان می پردازد و گویا مبلغی معادل یکهزار یا یکهزار و پانصد تومان که در آنزمان مبلغ قابل توجهی بوده به نایب السلطنه جنس می فروشد. نایب السلطنه در پرداخت تمام وجه به میرزا کوتاهی کرده طفره می رود و هروقت میرزا رضا مطالبه طلب خودرا می کرده با خشونت به وی پاسخ داده جواب سربالا می شنیده است.

پس از چندی واقعه تنباکو پیش می آید و نایب السلطنه که شنیده بود میرزا رضا با مخالفان سلطنت تماس دارد بوسیله وکیل الدوله دوباره میرزا را احضار می کند و میرزا رضا به امید اینکه طلب خودرا از نایب السطنه وصول کند با اکراه نزد شاهزاده قاجار میرود. در آنجا طبق نقشه قبلی وکیل الدوله

---

۱٤۸ ـ رهبران مشروطه. ابراهیم صفائی. جلد اول. تهران. ص ۳۰

به او می گوید نامه ای بدون امضاء به شاه بنویس و نسبت به قرارداد تنباکو تنقید کن و نارضائی مردم را به گوش اعلیحضرت برسان. میرزا رضا اول زیر بار نمی رود و میگوید در این گونه اعمال مداخله نمیکند. وکیل الدوله سوگند یاد می کند که هرگز مزاحمت اورا فراهم نخواهند آورد بلکه به شاه خواهند گفت شکوه نامه را در مسجد یافته و نمیدانند نویسنده کیست. میرزا رضا راضی شده به خط خود نامه ای به شاه می نویسد ولی همینکه نامه را از وی می گیرند اورا به اطاق مجاور برده تهدید می کنند که نام همدست های خود مشروطه خواه ها و مخالفان شاه را بگوید. هرچه میرزا رضا تکذیب میکند آنها بر فشار خود میافزایند و به شکنجه متوسل می شوند تا از وی اقرار بگیرند. میرزا ناگهان دست برده قیچی شکنجه را برمیدارد و به شکم خود فرو می کند. کار بالا میگیرد. اورا به مریضخانه برده تا اندازه ای معالجه می کنند و سپس بجای اینکه مرخص کنند وی را به زندان قزوین و از آنجا به زندان قم و تهران روانه می سازند. میرزا رضا قریب شش سال در زندان بسر می برد و شاید در همانجا کمر به قتل سلطان جابر و ظالم قاجار می بندد.[۱۴۹]

در بعضی از نوشته ها آمده که میرزا رضا کرمانی با فراماسون ها محشور بـوده و به تحریک لژهای فراماسونری به استانبول رفته با سید جمال الدین اسدآبادی ملاقات کرده و سپس به تهران آمده ناصرالدین شاه را مقتول ساخته است اما هیچگونه مدرکی یافت نمی شود که این مطلب را اثبات کند.[۱۵۰]

---

۱۴۹ – تا آنجا که حافظه یاری می کند این شرح را که سالها قبل از شادروان سرلشگر اسماعیل خان شفائی شنیده ام نقل کردم. مؤلف.

۱۵۰ – گویا میرزا رضا کرمانی با میرزا آقا خان کرمانی که از دانشمندان آنزمان و عضو لژ استانبول بوده اشتباه شده است.

". . . هنگامی که همه مقدمات قتل ناصرالدین شاه فراهم شد دو نفر از رؤسای فراماسونری ایران که یکی از آنها در لباس روحانیت بود (گویا منظور شیخ هادی نجم آبادی است) به اشاره لژ و استاد اعظم ملکم خان (ملکم خان هیچگاه به درجه استادی اعظم نرسید زیرا در آنزمان در ایران لژ اعظم وجود نداشت که استاد اعظم داشته باشد. مؤلف) میرزا رضای کرمانی را که از فدائیان سید بود و از مظالم دولت می نالید به عثمانی حرکت داد میرزا که قبلاً به تهمت قتل خواهر خود از کرمان فرار کرده بود و در تهران فعالیت سیاسی داشت و مدتی را در زندان به سر برده بود وقتی با کمک خرج آقا شیخ هادی نجم آبادی به استانبول رسید و شرح بد بختی های خودرا به سید گفت سید جمال به او جواب داد. . . تو غیرت نداری. ظالم را باید کشت. سپس اورا به بیمارستان فرانسوی ها فرستاد تا معالجه شود و پس از معالجه روزها اورا در کالسکه خویش می نشانید و شهر را به او نشان میداد. سرانجام میرزا رضا به ایران آمد و روز هفدهم ذیقعده ۱۳۱۳ (۱۸۹۶ میلادی) ناصرالدین شاه را به ضرب گلوله به قتل رسانید.[۱۵۱]

". . . روزی که سید جمال الدین دستور قتل ناصرالدین شاه را در استانبول صادر کرد و میرزا رضا کرمانی را به تهران فرستاد به موجب اظهار معاون الوزراء که در آن تاریخ رئیس واردات پست خارجه بود پاکت سفارشی به تهران میرسد که در آن خبر حرکت میرزا رضا کرمانی و فرمان قتل شاه داده شده بود ولی بعللی این پاکت باز نشد.. .[۱۵۲]

". . . سید جمال الدین از این اقدام خود دو نتیجه مهم گرفت. یکی از میان بردن پادشاه مستبدی که سد راه اعمال و اقدامات فراماسون ها بود و دیگر راضی و خشنود ساختن عبدالحمید پادشاه عثمانی زیرا به موجب اظهارات میرزا رضا کرمانی وقتی فتنه سامره برپا شد و میان شیعیان اتباع میرزای شیرازی و اهل سامره گفتگو و جنگ به میان آمد سلطان عبدالحمید همه تحریکات و جنگ های بین شیعیان و سنی ها را از تحریکات ناصرالدین شاه دانسته و به

---

۱۵۱ – رهبران مشروطه. ابراهیم صفائی. جلد اول. ص ۳۰ تهران

۱۵۲ – تاریخ روابط سیاسی ایران و انگلیس. محمود محمود. جلد پنجم. تهران. ص ۱۸۳۵

سید گفته بود در حق ناصرالدین شاه هرچه از دستت می آید بکن و خاطر جمع باش.[153]

". . . میراز رضا کرمانی در تحقیقاتی که در نظمیه از او بعمل آمده به تفصیل شرح مصیبت ها و بلایائی که از طرف حکام، درباریان و صاحبان قدرت و زور به او وارد آمده بود ذکر کرد و صریحاً گفت که از جانب سید (سید جمال الدین) و به دستور شخص او مأمور قتل ناصرالدین شاه و نایب السلطنه شده است و اظهار داشت: وقتی مصیبت ها صدمه ها و حبس ها وعذاب های خودرا (به سید جمال الدین) می گفتم به من گفت تو چقدر بی غیرت بودی و حب حیات داشتی ظالم را باید کشت. چرا نکشتی ؟ و ظالم در این میان غیر از شاه و نایب السطنه کس دیگر نبود. اگرچه در خیال نایب السلطنه هم بودم دیگر آنروز خیالم در باره شاه مصمم شد. . . گفتم شجره ظلم را از بیخ باید انداخت و شاخ و برگ بالطبع خشک می شوند.[154]

تاریخ بیداری ایرانیان که نسبتاً با بی طرفی انگیزه میرزا رضا کرمانی را در قتل شاه قاجار مورد بحث قرار داده در مورد کسانی که از پیش مطلع بوده اند به جریان بازپرسی از میرزا رضا کرمانی در نظمیه اشاره کرده است:

". . . شما میدانید وقتی که سید جمال الدین در این شهر آمد تمام مردم از هردسته و هر طبقه چه در تهران چه در حضرت عبدالعظیم به زیارت و ملاقات او رفتند و بیانات اورا شنیدند. چون هرچه می گفت للّه و محض خیر عامه مردم بود همه کس مستفیض و شیفته ملاقات او شدند و تخم این خیالات بلند را در مزارع قلوب پاشید. مردم بیدار بودند، هشیار شدند. حالا همه کس با من هم عقیده است ولی به خدای قادر متعال که خالق سید جمال الدین و همه مردم است قسم از این خیال من و نیت کشتن شاه احدی غیر از خودم و سید اطلاع نداشت. سید هم در استانبول است. . . هرکاری میتوانید با او بکنید. . .[155]

---

۱۵۳ – تاریخ بیداری ایرانیان. ناظم الاسلام کرمانی. چاپ اول. تهران. ص ۱۵۲
۱۵٤ – تاریخ بیداری ایرانیان. ناظم الاسلام کرمانی. چاپ دوم. تهران. ص ۹۵
۱۵۵ – تاریخ بیداری ایرانیان. ناظم الاسلام کرمانی. چاپ اول. تهران. ص ۹۳

در استانبول سید جمال الدین طی مصاحبه ای با خبرنگار روزنامه "تان" مداخله خودرا در قتل ناصرالدین شاه سراپا تکذیب کرد. خبرنگار روزنامه از وی پرسید: درباره ترور ناصرالدین شاه و اینکه مردم این عمل را زیر سر شما میدانند چه می گوئید؟

سید با خشونت و خشم پاسخ داد: "من تا این درجه تنزل نکرده ام که دست خودرا بکارهای چنین ملتی آلوده کنم. . . تفو بر چنین قومی و بر پادشاه چنین قومی. . ."

اسماعیل رائین لژهای فراماسونری اروپا را طراح اصلی در قتل ناصرالدین شاه دانسته ضمن اینکه تلویحاً لزوم کشتن شاه قاجار را تأیید میکند در این باره چنین می نویسد:

". . . قتل ناصرالدین شاه نخستین گامی بود که برای تغییر رژیم استبداد برداشته شد. در مدت پنجاه سالی که سلطنت می کرد هیچ قدرتی در مقابل او وجود نداشت و فرمان او با ضربات چماقداران شاهی و سرنیزه قزاقها و شلاق فراشان بدون اندک مقاومتی اجرا می شد. تلاش هائی که در بیست سال آخر حکومت ظالمانه و مطلقه ناصرالدین شاه به وسیله عناصر آزادیخواه و اروپا رفته و بالاخره دسته فراماسون ها و از همه مهمتر دیپلماسی انگلستان و عوامل بومی انتلیجنت سرویس می شد همه با قتل و شکنجه و تبعید و تاراج پایان میبافت. فراماسون هائی که در ربع دوم سلطنت ناصرالدین شاه از اروپا به ایران آمدند به فرمان لژهائی که در آنجا عضویت داشتند همه برای تغییر رژیم و خروج نفوذ روسیه از دربار تلاش می کردند. در آن ایام شوم و تاریک ناصرالدین شاه و درباریانش طرفدار روسیه تزاری بودند و به هیچ وجه حاضر نمی شدند کوچکترین امتیازی به طبقات محروم و حتی به متجددین و آزادیخواهان بدهند

فراماسون ها از این عدم رضایت عمومی استفاده کرده ابتدا دسته متشکلی به وجود آوردند و سپس نخستین راه علاج را در قتل وی دانستند. .[۱۵۶]

ناصرالدین شاه روز هفدهم ذیقعده ۱۳۱۳ قمری، برابر ۱۹ آوریل ۱۸۹۶ میلادی در صحن حرم حضرت عبدالعظیم بدست میرزا رضا کرمانی به ضرب یک گلوله از پا در آمد. محاکمه میرزا رضا تا بیست و پنجم صفر ۱۳۱۴ هجری به طول انجامید. به اعدام محکوم و در تاریخ سوم ربیع الاول ۱۳۱۴ هجری به دار آویخته شد.

---

۱۵۶ ـ فراموشخانه و فراماسونری در ایران. اسماعیل رائین. جلد دوم. ص ۱٦٤

۱۷

میرزا ملکم

میرزا ملکم خان ملقب به ناظم الدوله فرزند میرزا یعقوب خان ارمنی[۱۵۷] در سال ۱۲۴۹ هجری (۱۸۳۳ میلادی) در محله ارمنی نشین جلفا در شهر اصفهان تولد یافت. در سن ده سالگی پدرش اورا به پاریس فرستاد. تحصیلات ابتدائی و متوسطه را در یکی از مدارس ارمنی زبان فرانسه به پایان رسانید و سپس به دانشگاه معروف "پلی تکنیک" پاریس وارد شد و در رشته فیزیک به تحصیل پرداخت.

میرزا یعقوب خان پدر ملکم خان در دستگاه میرزا تقی خان امیرنظام (امیر کبیر) رفت و آمد داشت و مورد توجه صدراعظم ایران بود. بنابر توصیه امیرکبیر میرزا ملکم خان رشته تحصیل خودرا از علوم طبیعی به علوم سیاسی تغییر داد و پس از خاتمه تحصیل در سال ۱۲۶۷ هجری (۱۸۵۰ میلادی) در سن هیجده سالگی به ایران بازگشت. . . و بنا به امر صدراعظم در مدرسه تازه تأسیس دارالفنون با حقوق ماهیانه ۱۵ تومان به سمت مترجم استخدام شد و پس از چند ماه به تدریس زبان فرانسوی پرداخت.

میرزا ملکم خان با اطلاعاتی که در فیزیک داشت نخست به ایجاد خط تلگراف مستقیم بین مدرسه دارالفنون و قصر نیاوران اقدام نمود و سپس خط تلگراف بین ایران و اروپا را برقرار ساخت. ناصرالدین شاه برای قدر

۱۵۷ – میرزا یعقوب بعدها مسلمان شد و اورا مختوم کردند اما مسلمان پر و پا قرصی نبود

دانی از خدمات ملکم اورا به سمت "مترجم مخصوص دربار" برگزید و لقب ناظم الدوله را بـه وی ارزانی داشت. از ایـن تـاریخ به بعد میرزا ملکم خان نردبان ترقی را به سرعت پیمود. در دهم دسامبر ۱۸۵۶ میلادی همراه فرخ خان امین الدوله به اتفاق هیئتی که برای مذاکره درباره اختلاف بین ایران و انگلیس به اروپا میرفتند رهسپار پاریس شد. . . و در معاهده صلح پاریس خدمات شایانی به نفع ایران انجام داد.

بموجب نشریه شورای عالی گرانداوریان فرانسه شش نفر از اعضای هیئت نمایندگی ایران که ملکم خان نیز از آنها بود در شب دهم دسامبر ۱۸۵۷ میلادی به لژ "سینسر آمیته" پاریس وارد شده اند.

میرزا ملکم خان نخستین ایرانی است که بر اساس قواعد لژهای فراماسونری اروپا انجمنی بنام "فراموشخانه" در تهران تأسیس کرد. اما برخلاف آنچه که تصور می شود میرزا ملکم خان اولین کسی نبود که واژه فراموشخانه را بکار برد.

در تواریخ آمده که در زمان شاپور دوم پادشاه ساسانی در خوزستان زندانی وجود داشته بنام قلعه فراموشی یا فراموشخانه. . . آرتور کریستنسن مورخ دانمارکی در کتاب "ایران در زمان ساسانیان" از این زندان بنام "اندمیشن" که شاید همان اندیمشک باشد نام برده است. در زمان اشکانیان این زندان را "انوشبرد" یا "قلعه فراموشی" نیز می نامیده اند و منظورشان این بوده که اولاً مردم باید نام این زندان را فراموش کنند و ثانیاً آنها که زندانی شده اند باید زندگی در دنیای خارج را از یاد ببرند.

". . . مجرمین سیاسی و افرادی از طبقه ممتاز که مرتکب جرمی می شدند معمولاً به قلعه مستحکمی در خوزستان بنام فراموشخانه گسیل می شدند و کسی حق نداشت حتی نام این زندان و محل آنرا برزبان راند. [۱۵۸]

در همین زندان بود که "آرشاک" پادشاه ارمنستان مرده یا کشته شد و شاید به همین مناسبت میرزا ملکم خان که خود ارمنی بوده واژه فراموشخانه را برای لژ فراماسونی خود انتخاب کرده و تآکیدی است به فراماسون ها برای فراموش کردن آنچه که در لژ می شنوند و می بینند و میخوانند.

واژه فراموشخانه در سفرنامه "میرزا محمد صالح شیرازی" و سفرنامه "حسین خان آجودان باشی" که در سال ۱۲۵۴ هجری از طرف محمد شاه قاجار برای دفاع از حقوق ایران در مسئله هرات و افغانستان و شکایت از انگلیس به دربار اطریش و فرانسه رهسپار شد نیز ذکر شده است. در این سفرنامه به قلم "عبدالفتاح گرمرودی" منشی حسین خان آجوان باشی نوشته شده چنین می خوانیم:

". . . اما فراموشخانه فرنگستان اگر چه تا این زمان از کسانیکه به آنجا رفته و اوضاع آنرا به تمامه دیده و تماشا کرده اند هرچه استفسار و تحقیق شده است از تکذیب و تصدیق به کلمه ای نشده آنقدر می گویند که اوضاع آنجا گفتنی نیست. پس در این خصوص هرچه گفته و نوشته شده خرق اجماع (بمعنی گمراهی مردم. مؤلف) و خلاف جمهور خواهد بود. . . [۱۵۹]

---

۱۵۸ – تاریخ اجتماعی ایران. مرتضی راوندی. تهران. ص ۵۱۰

۱۵۹ – سفرنامه حسین خان آجودان باشی. روزنامه پیکان. بقلم محمود محمود. تهران

دکتر مهدی ملکزاده درباره انتخاب نام فراموشخانه توسط میرزا ملکم خان نظر دیگری ارائه می دهد:

". . . حزب فراماسون هم در ایران با تفال از حافظ پدید آمد. در میان رجال دوره استبداد میرزا ملکم خان بیش از هرکس در آشنا کردن مردم به دستگاه تمدن جهان و منافع قانون و مزایای حکومت ملی سعی و کوشش کرد و تأثیر افکار او در روشن کردن ضمیر مردم و پیدایش مشروطیت بسیار گرانبها بود. حزب فراماسون را او در ایران بنیاد نهاد و از این راه افکار نوین را تا آنجا که مقتضیات اجازه می داد در میان ایرانیان انتشار داد. او هنگامی که می خواست این حزب را تشکیل دهد از جور امناء دولت بیم داشت و ماه ها با تردید به سر برده با رنج و عذاب در آغوش بود تا اینکه روزی هنگام مطالعه به یاد دیوان حافظ افتاد و با خود گفت: بهتر است برای درک آینده اینکار تفالی زنم. دیوان خواجه را کنار گرفت و به این غزل ضمیر پریشان را جمعیت روی داد و ایمنی خاطر حاصل گردید.

خیز و در کاسه زر آب تربناک انداز — پیش تر زانکه شود کاسه سرخاک انداز
عاقبت منزل مـا وادی خـاموشانست — حالیا غـلغـله در گنبد افـلاک انـداز [۱۶۰]

ممکن است حکایت دکتر ملک زاده مبنی به تفال حافظ با حقیقت قرین باشد اما قطعاً نمی تواند به تنهائی ملاک انتخاب نام فراموشخانه توسط میرزا ملکم خان تلقی گردد. از طرف دیگر بی تردید در انتخاب نام فراموشخانه تنها میرزا ملکم خان سهیم نبوده و شاید بسیاری از رجال فراماسون آنروز در این کار دست داشته اند.

تاریخ دقیق تأسیس فراموشخانه کاملاً روشن نیست. امین السلطان که از دشمنان میرزا ملکم خان بوده و شاید اورا رقیب سرسخت خود میدانسته

۱۶۰ ـ دکتر مهدی ملک زاده. تاریخ مشروطیت ایران. جلد ۱ ص ۱۱۹ تهران

در رجب سال ۱۳۰۹ هجری نامه ای به میرزا حسن خان شیرازی نوشته که میتوان از مدلول آن تا اندازه ای به تاریخ تأسیس فراموشخانه پی برد:

". . . و در هرموقع خیانت فکری از او (از ملکم) شایع می شده که عرض تمام آن موجب زحمت است. از جمله در سی و دو سال قبل که از فرنگستان به ایران مراجعت کرد برای اجرای نیات خبیثه خود به انواع حیله و تدلیس مخفیانه در تهران اسباب فراموشخانه ایجاد و تأسیس نمود. [۱۶۱]

در این نامه امین السلطان به سی و دو سال قبل اشاره می کند و اگر این نامه را مبنی محاسبه قرار دهیم فراموشخانه باید در اواخر سال ۱۲۷۶ یا اوایل سال ۱۲۷۷ هجری برپا شده باشد.

خان ملک ساسانی در کتاب "سیاست گران دوران قاجار" به نقل از ابراهیم خان بدایع نگار که عضو فراموشخانه بوده و رساله ای تحت عنوان "عبرت الناظرین و عبرت الحاضرین" تألیف کرده درباره تاریخ تأسیس فراموشخانه می نویسد:

". . . در سال ۱۲۷۴ هجری قمری در سال آخر صدارت میرزا آقا خان نوری در تهران فراموشخانه ای که آنرا فرامیسن می نامیدند دایر کرده و مردم را به آزادی و جمهوری طلبی دعوت می کرده است.

کسانیکه در باره زندگی و افکار میرزا ملکم خان تحقیق کرده اند هریک با یکی دو سال اختلاف تاریخ تشکیل فراموشخانه را ذکر می کنند.

---

۱۶۱ ـ اسناد سیاسی دوران قاجاریه. ابراهیم صفائی. تهران. ص ۳۱٤

شاهزاده ظل السلطان نویسنده تاریخ مسعودی و ابراهیم حکیمی نخست وزیر فقید و اسبق ایران و میرزا فتحعلی خان آخوند اف که با ملکم خان محشور بوده هر سه نفر تاریخ پیدایش فراموشخانه را به سال ۱۲۷۴ هجری میدانند.

محیط طباطبائی و فریدون آدمیت که هردو تحقیقات وسیعی درباره میرزا ملکم خان کرده اند تاریخ تأسیس فراموشخانه را به سال ۱۲۷۵ هجری ذکر کرده اند.

خانم "لمبتن" ایران دوست انگلیسی که سالها در ایران میزیسته و فارسی را بخوبی میدانسته و با بسیاری از رجال آشنائی داشته در کتاب انجمن های سری در انقلاب مشروطیت ایران تشکیل فراموشخانه را به سال ۱۲۷۸ هجری می داند. اما تا آنجا که من بررسی کرده ام تاریخ تأسیس فراموشخانه در اواخر زمستان سال ۱۲۷۶ هجری بوده است.[۱۶۲]

تأسیس فراموشخانه با موافقت و شاید بدستور ناصرالدین شاه بود. "گوبینو" در کتاب "مذاهب و فلسفه های آسیای میانه" می نویسد:

". . . دو سالی است که دوباره دولت ایران در گیر نگرانی بزرگی از سوی نوآوران شده است و اندیشه های اروپائی موجد این نگرانی است. میان ایرانیانی که چند صباحی در اروپا بسر برده اند یک تن که بسیار زیرک و هوشمند و دانا و پیرو اندیشه های نوین و در پی آن بود که چنان اندیشه هائی را تقدیم نماید از فراماسونری نیز ستایش می کرد.

---

۱۶۲ – برای اطلاع بیشتر به تاریخ روابط سیاسی ایران و انگلیس تألیف محمود محمود – زنده رود تألیف علی جواهر کلام – حقایق تألیف محمد مهدی شاهرخ – میرزا ملکم خان (دوره رهبران مشروطه) تألیف ابراهیم صفائی – سیاست گران دوره قاجار تألیف خان ملک ساسانی – فکر آزادی تألیف فریدون آدمیت مراجعه شود.

شرقی ها به انجمن هائی چون فراماسونری دلبستگی خاص دارند و این دلبستگی شاید با علاقه ما (اروپائیان) به موسیقی آسیا قابل مقایسه باشد زیرا ما از موسیقی شرق آهنگ هائی را می پسندیم که با موسیقی اروپا نزدیک باشد.

این ایرانی (میرزا ملکم خان) به شاه گفت که موسم زور و پشتیبانی به سپاه به سر آمده و شاه باید پایگاهی متکی به مردم کشور نیز بدست آورد. برای این منظور اگر وی لژی در تهران تأسیس کند و خودرا استاد بزرگ آن لژ بخواند میتواند با اتکاء به اعضای لژ و جلب وفاداری آنها بهتر حکومت کند زیرا اعضای لژ با سوگندی که هرگز زیر پا نخواهند گذاشت نسبت به شاه وفادار خواهند بود. و اگر شاه افراد سرشناس و مهم را به عضویت آن لژ درآورد با روشی زیرکانه اتکاء به نیروهای ملی را بدست آورده و هیچ نیروئی نخواهد توانست چنان اتکائی را از بین بردارد. شاه این پیشنهاد را پذیرفت و امر داد فراموشخانه تشکیل گردد و به رجال نیز سفارش می کرد که به فراموشخانه رفته به عضویت درآیند.

فراموشخانه "خانه فراموشی" معنا دارد و با واژه انگلیسی "فریمیسن" نزدیک است. بهمین علت ایرانیانی که به فراموشخانه پیوستند هرچه دیدند و یا شنیدند به فراموشی سپردند و لب فروبستند. هرگاه شاه از یکی از نزدیکانش می پرسید در آنجا چه دیدی؟ چه به تو نشان دادند؟ چه یاد گرفتی؟ تنها پاسخی که می شنید این بود: فلان سخنرانی را گوش کردیم که در باره تمدن و آدمیت به ما توصیه می کرد. . . قلیان کشیدیم و چای خوردیم. شاه بد گمان شد و این بد گمانی را به کسانی از نزدیکان به زبان آورد. برخی به شاه گفتند در پس این پرده سرگرمی ها مطالب دیگر نهفته است و بعضی دیگر اظهار داشتند که بابی ها در آنجا گرد هم آیند.

مدتی سپری شد. شاه امر داد جملگی از فراموشخانه خارج شوند و به اعضای مؤسس و غیر مؤسس فرمان داد فراموشخانه را ترک گویند. و آنکس که بانی

فراموشخانه بود به خارج ایران تبعید شد و حتی تا به امروز آنان که به فراموشخانه پیوسته اند مطلب را پنهان می دارند. . .[۱۶۳]

فراموشخانه در خانه شاهزاده جلال الدین میرزا جوانترین فرزند فتحعلی شاه قاجار در محله مسجد حوض تهران واقع در آخر خیابان بوذرجمهری تشکیل می شد و بنا به تمایل میرزا ملکم خان سرپرستی آن به شاهزاده که مردی ادیب و درویش و وارسته بود واگذار شده بود. کتاب نامه خسروان که در نظر پارسی زبانان اثر پر ارزشی است از آثار شاهزاده جلال الدین میرزا است. شادروان علی اصغر حکمت در شرح حال شاهزاده می نویسد:

". . . زیبا دلی دانا با دانایان و خردمندان و سخن سرایان پیوسته همنشینی گزید و در آموزشگاه دارالفنون به دانش پژوهی پرداخت.
در فرهنگ زبان فارسی دستی توانا و زبانی گویا یافت. پس زبان فرانسه بیاموخت و در شمار ترجمانان و پیوستگان دربار شهریار قاجار جای گرفت مگر اورا دامنه اندیشه پهن گشت اندک اندک از مرز دانسته ها و نبشته های زمان پا فراتر نهاد و در بن و نهاد و دین و آئین باریک بینی و آهو گیری آغاز نمود (آهو به معنای عیب و نقص. مؤلف). از این رو بخی بیغاره کژدینی بر او نهادند (بیغاره بمعنای سرزنش و ملامت. مؤلف) تا آنجا که به هنگام دستوری میرزا محمد خان قاجار که گروهی را به گناه بی دینی گرفتند اورا نیز بازخواستند و وی پیش از آنکه گرفتار شود گریخته به آستانه شاه عبدالعظیم به ری پناه برد. نیک خواهان و بزرگان بدرگاه شاه ورفانی کردند و شاه به پاس خویش و نزدیکی از سر گناه او بگذشت.

---

۱۶۳ – Religions et Philosophie dans L Asie centrale. P. 273 – 274. گوبینو. مذاهب و فلسفه های آسیای میانه. پاریس ۱۹۵۷ میلادی.

شاهزاده چون همواره در پژوهش چیزهای نوین فرنگستان بود به پیروی و همکاری ملکم خان ارمنی در تهران برای نخستین بار فراموشخانه (فرامیسن) بنیاد کردند و نخستین نشست فراموشخانه در خانه او بوده است و گویا این خود انگیزه بی مهری ناصرالدین شاه درباره او شده است.
. . . در دست نوشت (فن خط نویسی) شکسته را درست می نوشت و سروادهای نغز میسروده – دیوان قا آنی را گردآورد که در سال ۱۳۰۲ در تهران به چاپ رسید و برخی از سروادهای اورا نیز در پایان نگاشته اند.
در سال ۱۲۶۹ هجری فرمانداری لرستان را داشته و از این پس روزگاری در دربار بسر آورده. . . سرانجام به سال ۱۲۸۹ هجری در تهران در چهل و هفت سالگی بمرد.[۱۶۴]

محیط طباطبائی نیز ضمن اشاره به رهبری "فراموشخانه" از شاهزاده جلال الدوله یاد می کند:

". . . در صورت ظاهر رهبری این نهضت (نهضت فراموشخانه) را گویا پدر ملکم میرزا یعقوب خان عهده دار گشته که وقتی معلم فرانسه ظل السلطان و انیس و ندیم برخی از شاهزادگان بوده و مرجع صوری این نهضت همانا یکی از شاهزادگان روشن فکر و تحصیل کرده دارالفنون بنام جلال الدین میرزا پسر کوچک فتحعلی شاه بوده. . . او که مؤلف نامه خسروان به فارسی خالص و دوست میرزا فتحعلی خان آخوند زاده بوده شاید سودای سروری و تاجوری داشته است. (گویا منظور آخوند اف است)[۱۶۵]

---

۱٦٤ – پارسی نغز. علی اصغر حکمت. تهران. از ص ٤۱۱ تا ٤۳٤
۱٦٥ – مجموعه آثار میرزا ملکم. محیط طبا طبائی کتابخانه دانش. تهران

مؤسسین فراموشخانه که با تأیید و نظارت میرزا ملکم خان برگزیده می شدند در مجموعـه خطی "دریای معرفت" بقلم میرزا یوسف خان رفعت الملک بشرح ذیل ذکر شده اند:

جلال الدین میرزا رئیس فراموشخانه – ذوالفقار بیک مدیر و ناظم – میرزا ملکم خان ناظم الدوله – رضاقلی خان للـه باشی هدایت (پدر مخبرالدوله) – میرزا محمد تقی لسان الملک – محمد قاسم خان – بدایع نگار – آقا مهدی شمیرانی – حاج میرزا جبارخان – ملک الکتاب – آقا سید حسن روضه خوان شیرازی – محمود خان ملک الشعرا – میرزا هدایت الله خان سپهر – میرزا هدایت الله وزیر دفتر – میرزا محمد خان مجد الملک – میرزا محمدعلی خان شیرازی.

کسانیکه عملاً در اداره فراموشخانه دست داشته اند و نام آنان به ناصرالدین شاه داده شده بود این ها بودند:

شاهزاده جلال الدین میرزا – میر سید زین العابدین (اولین روحانی شیعه که بـه فـراماسونری پیوست) امـام جمعه تهران – سلطان حسین میرزا پسر ظل السلطان – شاهزاده اویس میرزا – میرزا حسین خان سپهسالار – میرزا جعفر خان حکیم الـهی – میرزا عباسقلی خـان آدمیت – میرزا علیمحمد بنی آدم – امیر نظام گروسی – حاجی سیاح – محسن خان مشیرالدوله – میرزای جلوه – محمد تقی لسان الملک سپهر – ذکاء الملک – آقا شیخ هـادی نجم آبادی – غلامحسین خان صاحب اختیار – میرزا رضا خان صدیق الدوله.

بعلاوه میرزا ملکم خان توانسته بود موافقت اشخاصی مانند آقا سید صادق سنگلجی و سید اسماعیل بهبهانی را که هر دو نفر از مجتهدین طراز اول تشیع یودند جلب نموده توسط آقایان اطمینان ناصرالدین شاه را نسبت

به اهداف فراموشخانه بدست آورده بطوریکه آنها به عرض شاه رسانیدند که:

"... آنچه ما فهمیده ایم تشکیل و تأسیس فراماسیون در ایران با ترتیبات فعلی مضر به دین اسلام و مخالف تاج وتخت و مقام سلطنت نیست.

درباره اهداف ملکم خان در تأسیس فراموشخانه محیط طباطبائی در کتاب آثار میرزا ملکم خان می نویسد:

"... در اینکه ملکم خان پیشاهنگ اصلاح طلبی و ارائه طریق برای بهبود اوضاع کشور ایران بوده و بسیاری از صنایع و بدایع عصر جدید را به اعتراف مخالفینش، او در سفر اول و دوم خویش از اروپا به ایران ارمغان آورده است شکی نیست و به شهادت کسانیکه با او ارتباط داشته اند منظورش از تشکیل فراموشخانه همانا تربیت یک طبقه روشنفکر و لایق انجام خدمات اجتماعی در دستگاه دولت بوده است.

توسعه روزافزون فراموشخانه در گرد آمدن گروهی از طبقه ممتاز و آزادیخواه و روشن فکر اجتماع در یک محل واحد زیر پرچم هدف مشترک که همانا اصلاح امور ایران بود، بد اندیشان و کهنه پرستان را برانگیخت تا بنای سعایت و بدگوئی را بنیان نهاده ذهن ناصرالدین شاه را راجع به فراموشخانه مشوب سازند.

مأموران سیاسی خارجی، روس ها و انگلیس ها نیز از اقدام سریع میرزا ملکم خان در تأسیس فراموشخانه (که ظاهراً بدون موافقت لژهای فراماسونری اروپا برپا شده بود) مکدر شده بر آتش خشم ناصرالدین شاه دامن می زدند.

"بلونه" وزیر مختار فرانسه در دربار ایران طی گزارشی به وزارت خارجه فرانسه پس از شرح مبسوطی راجع به شخص میرزا ملکم خان چنین می نویسد:

". . . نخستین قدم اصلاح طلبانه وی (ملکم) مبارزه در بر انداختن فساد اخلاقی و تباهی افزون از حد و دزدی آشکاری است که دستگاه دولتی ایران را فلج خواهد کرد. افکار عمومی علیه میرزا ملکم خان است که در صدد نجات شاه بود اما اکنون از شاه کناره گرفته و به مردم متکی شده است و تأسیس فراموشخانه نیز بهمین منظور است. امروز آنان که به اصول شرافت و درستی پایبند هستند به این مکتب گرویده و حتی امام جمعه (تهران) که پیشوای مذهبی است در این راه پیشقدم شده است. (منظور میرزا زین العابدین امام جمعه تهران است)
با درنظر گرفتن خصوصیات (اخلاقی) مردم آسیا جنابعالی به خوبی توجه خواهید داشت که پیوستن امام جمعه تهران به فراموشخانه چه وسیله خطرناکی است در دست آدمی کاردان و زیرک (مانند ملکم) و همچنین توجه خواهید داشت که شاه تا چه میزان حق دارد به این پدیده بد گمان و مظنون باشد. .[۱۶۶]

میرزا یحیی دولت آبادی در کتاب "حیات یحیی" شرح حال زندگی خویش می نویسد:

". . . ملکم خان صاحب کلیات که یکی از بیداران با حرارت است مدتها در سفارت های بزرگ از طرف دولت مأمور بود در نشر افکار تازه در ایران کوتاهی نمی کند. این ایام به تهران احضار شده بیشتر اوقات با امین الدوله است. مجمع سری تشکیل داده بنام فراموشخانه می خواهد آنجا را محل آزادی

---

۱٦٦ – گزارش بلونه وزیر مختار فرانسه در تهران به وزارت خارجه فرانسه. اول ربیع الاول ۱۲۷۸ هجری

افکار و مـرکز تولید احساسات جدید قـرار دهد. از همـه قسم مـردم وارد شده اند. . . می شنوم یکی از روحانیون بزرگ طماع از طرف شاه تطمیع و برای اکتشاف حقیقت امر به تزویر وارد شده شاه را از عاقبت کار وحشتناک نموده است. البته دست رجال دولت آنها که بر ضد امین الدوله و ملکم و بر ضد اینگونه خیالات هستند نیز در این تدبیر هست. تا عاقبت به کجا انجامد.[۱۶۷]

در گزارش دیگری که از تقسیم ایران حکایت می کند و توسط وزیرمختار فرانسه بلونه به وزارت خارجه فرانسه ارسال شده چنین میخوانیم:

". . . بعید نیست که دو قدرت آسیائی به بهانه دفاع از طرفداران خود ایالاتی را که لازم میدانند تصرف کنند و سرنوشتی که نصیب ناصرالدین شاه شده به عنوان جنگ مسلحانه بین روس و انگلیس تلقی نگردد. اکنون پدیده جدیدی که همان انجمن های سری است به سایر گرفتاری های شاه اضافه شده است. میرزا ملکم خان فراماسونری را به این نواحی معرفی کرد و در مدت کوتاهی بسیاری از ناراضی ها و بخصوص ملاها و سیدها به آن گرویدند. در بدو امر شاه با نظری جدی این تشکیلات را تلقی نمی کرد اما اکنون نگران است. شاه از دکتر تولوزان راجع به فراماسون ها پرسش کرد و سپس وزیر خارجه را احضار و اورا بشدت برای عضویت در فراماسونری مورد توبیخ قرار داد.[۱۶۸]

عالیجناب شاید میرزا ملکم خان را که همراه هیئت نمایندگی ایران در کنفرانس صلح انگلستان همراه فرخ خان به انگلستان اعزام شده بود به خاطر دارند. ملکم خان تربیت شده فرانسه و در آن کشور نشو و نما کرده و اطلاعات دامنه دار و کامل از تشکیلات ما در ایران دارد. وی در اقتصاد مطلعات وسیعی داشته و بخوبی می داند برای احیای مملکت خویش چه باید بکند. . .

---

۱۶۷ – حیات یحیی. میرزا یحیی دولت آبادی. جلد اول. ص ٤٦

۱٦۸ – دکتر تولوزان فرانسوی پزشک مخصوص شاه با سفارت فرانسه در تماس بوده و بعید نیست گزارشات سفیر فرانسه را به اطلاع ناصرالدین شاه میرسانیده است.

در شرایطی که ذهن ناصرالدین شاه را از اهداف فراموشخانه کاملاً مشوب کرده بودند مخالفان میرزا ملکم شایع ساختند که "بابی" ها در فراموشخانه نفوذ داشته اند و در آنجا از آزادی و مبارزه با دولت صحبت میکنند و در لژهای خود فساد اخلاق را بجائی رسانیده اند که دیگر انجام امر ازدواج بر اساس دین مبین بی معنی شده است.

سرانجام بدگوئی از فراموشخانه کار خودرا کرد و ناصرالدین شاه دستور داد شاهزادگان قاجار ترک آن محل گویند و دولت اعلان در بستن فراموشخانه صادر نماید. در دوازدهم ربیع الثانی ۱۲۷۸ هجری اعلانی در شماره ۵۰۱ روزنامه دولتی "وقایع اتفاقیه" به شرح ذیل انتشار یافت:

"... در این روزها به عرض رسید که بعضی از اجامر و اوباش شهر گفتگو و صحبت از وضع و ترتیب فراموشخانه های یوروپ می کنند و به ترتیب آن اظهار میل می نمایند. لهذا صریح حکم همایون شد که اگر بعد از این عبارت و لفظ فراموشخانه از دهن کسی بیرون بیاید تا چه رسد به ترتیب آن مورد کمال سیاست و غضب دولت خواهد شد. البته این لفظ را ترک کرده پیرامون این مزخرفات نروند که یقیناً مواخذه کلی خواهند شد.

فراموشخانه بسته شد. میرزا یعقوب پدر ملکم خان به استانبول گریخت. جعفر حکیم الهی[۱۶۹] و شمس الادبا دو کارگردان اصلی فراموشخانه توسط چماقداران شاهی با فضاحت دستگیر شدند و از همه مهمتر جلال الدوله شاهزاده ادیب و تحصیل کرده و آزادمنش و ترقیخواه قاجار در شاه عبدالعظیم تحصن اختیار کرد. شاه دستور قتل حکیم الهی و شمس را صادر

---

۱۶۹ – حکیم الهی در سن بیست و چهار به درجه اشتهاد رسید و در دربار فتعلی شاه مجتهد الهی بود. وی به عنوان مجتهد الهی زیر قرارداد ترکمن چای را مهر کرده است.

نمره ۵۰۱

هو

اعلان نامهٔ دولتی

در این روزها بعرض رسید که بعضی از اجامر و اوباش

شهر گفتگو و صحبت از وضع و ترتیب فراموشخانه‌های

یوروپ میکنند و بترتیب آن اظهار میل مینمایند لهذا حکم

همایون شد که اگر بعد از این عبارت لفظ فراموشخانه از دهن

کسی بیرون بیاید تا چه رسد بترتیب آن مورد کمال سیاست و غضب

دولت خواهد شد البته این لفظ را ترک کرده پیرامون این مزخرفات

نروند که یقیناً مواخذهٔ کلی خواهند دید

روزنامهٔ دولتی وقایع اتفاقیه مورخهٔ دوازدهم ربیع الثانی ۱۲۷۸ قمری

کرد و از تقصیر آن دو نگذشت تا مادر شاه "مهدعلیا" شفاعت کرد اما بازهم ناصرالدین شاه قبول نکرد تا اینکه دو روز به اجرای حکم اعدام مانده مهد علیا شاه را تهدید کرد که اگر فوراً دستور خلاصی آنها را ندهد "خود را برهنه کرده وارونه سوار الاغ شده در شهر خواهد گشت" این تهدید کار خودرا کرد و شاه قاجار از سر تقصیر حکیم و شمس درگذشت.

اسماعیل رائین در این مورد می نویسد:

"... ولی ناصرالدین شاه به سخن مادر گوش نکرد و دستور قتل شمس الادبا را لغو ننمود. مهد علیا شش ساعت قبل از اجرای قتل سید محمد رضا بار دیگر با فرزند خویش ملاقات کرد و ضمن دادن التیماتوم به سختی به او اظهار داشت که اگر دستور قتل را ملغی نکنی برهنه سوار الاغ شده در شهر میگردم. آنگاه پادشاه قاجار در اثر سماجت مادرش دستور آزادی سید محمد رضا را صادر نمود و دربار نیز نامه ای به میراز جعفر حکیم الهی نوشت که آزاد است و میتواند به تهران بیاید و یا به هر جا که می خواهد برود. پس از رسیدن این نامه میرزا جعفر عریضه ای به شاه نوشت و این بیت را که خود ناصرالدین شاه سروده بود در بالای آن آورد... (شعر از حافظ است. رائین در اشتباه است. مؤلف)

قتل این خسته به شمشیر تو تقدیر نبود   ور نه هیچ از دل بی رحم تو تقصیر نبود[۱۷۰]

ظل السلطان شاهزاده قاجار که عضو فراموشخانه بوده درباره علت تعطیل فراموشخانه در "تاریخ مسعودی" تألیف خویش می نویسد که: .. "میرزا آقا خان صدراعظم که عزل شد بنای فراماسیان نیز برهم خورد".

---

۱۷۰ – فراموشخانه و فراماسونری در ایران. اسماعیل رائین. جلد اول. تهران. ص ۵۱۷

سعید نفیسی مطلب فوق را تأیید کرده ضمناً درباره سرنوشت میرزا ملکم پس از برهم خوردن فراموشخانه می نویسد:

". . . میرزا آقا خان که عزل شد پته فراماسانی روی آب افتاد. در ربیع الثانی ۱۲۷۸ هجری ناصرالدین شاه سخت آنها را دنبال کرد بدرجه ای که مؤسس فراموشخانه ملکم شبانه با پای پیاده از تهران گریخت و به بغداد رفت و چند سال در آنجا متواری بود. گروهی از این فراماسون های سرشناس مغضوب و حتی چند تن زندانی شدند. میرزا محمد علی خان معین الوزرا پدر حسن و حسین اعلا در میان این جمع نرمی و مهارت قابل انعطاف داشتند. . . چون ظاهراً وی ساده دل بود و خوب می توانست در موقع لزوم خودر را ساده دل نشان دهد و همیشه از خطر برهد و بهمین جهت این کارهای غلاظ و شداد ناصرالدین شاه به او زیانی نزد. . . [۱۷۱]

پس از تعطیل فراموشخانه ناصرالدین شاه دستور داد بهر ترتیبی شده به داخل فراموشخانه نفوذ کنند و گزارشی برای او تهیه نمایند. متعاقباً کتابچه ای تحت عنوان "شخصی که دو درجه از فراموشخانه را طی کرده است" تهیه شد و بعرض ناصرالدین شاه رسید. این کتابچه که سبکی آخوندی دارد و شاید بقلم یکی از آخوندهای پادو در دربار ناصری است و با شدت از فراموشخانه تنقید کرده بیشتر حاوی مطالب نادرست و مغرضانه و "شاه پسندانه" در مورد فراماسونری است. متأسفانه بعللی دوازده صفحه از این گزارش بیشتر باقی نمانده و شاید امضای تهیه کننده گزارش در پایان بوده است. متن کامل گزارش مربوط به فراموشخانه در پایان این فصل نقل شده است.

---

۱۷۱ – نیمه راه بهشت. سعید نفیسی. تهران. ص ۱۵۲

بر اساس گزارش فوق ناصرالدین شاه سرگرمی جدیدی برای خود بوجود آورد. مخالفان میرزا ملکم خان کریم شیره ای دلقک دربار را وادار کردند که آن گزارش را الگوی کار خود قرار داده در دربار نیز فراموشخانه ایجاد کند.

"... کریم شیره ای را که دلقک دربار بود تشویق و تحریک کردند که او هم فراموشخانه ترتیب دهد. باین شکل که اطاق های تو در توئی درست کرد که چراغ ضعیفی در هر اطاق روشن بود. کسی که میخواست در این فراموشخانه پذیرفته شود شبانه اورا به اطاق اول وارد می کردند و پس از تأملی چند به اطاق دوم برده تا به اطاق آخری که میرسید در آنجا چراغ کم نورتری قرار داده آلات بسیار زشت و قبیحی گذارده بر لوحه ای فحش های رکیک نوشته بودند و حاصل آنها این بود که این فحش ها بر او وارد باشد اگر آنچه را که دیده است به کسی بروز دهد... او با حالت بهت و خجلت و پشیمانی از آنجا خارج میشد.. به این شکل فراموشخانه میرزا ملکم خان را مورد استهزا و گفتگوی اراذل قرار دادند. [۱۷۲]

آقا ابراهیم بدایع نگار نیز با لهجه ای آخوندی که گویا سبک او بوده طلوع و افول ستاره بخت و اقبال میرزا ملکم خان را به طریق ذیل توجیه می کند:

"... در خاطر اقدس همایون نیز به جمال هوش و ذکاء و کمال فطنت و دها جای گرفت و در خانه خلافت طراز نظاره گاه فرامیس کرد و جوقی از اراذل قوم و سفله گان جمع بدو به گرویدند و او در نهان از ایشان یکان یکان بیعت همی ستد و بشرایط ایمان موثق میداشت و عقد موأخات می بست و از لطیفه مساوات و مواسات دقایق بلیغ باز می گفت و هریک را بر حسب حالات و موجب خیالات

---

۱۷۲ – مجله یغما. مقاله. جهانگیر قائم مقامی. ص ۵۰۳ سال دوم شماره ۱۱

او همی ستود و به رجوع مهمی از مهمات و کفایت شغلی از اشغال و زعامت ایالتی از ایالات دل گرمی می داد. شر ذمه ای از رجال دولت و مردم بنام نیز بدان نظارگاه شتافتند و اورا بستودند و با اقاویل سوء و اضالیل محظور و ممنوع او مفتون شدند و او به صورت همی نمود که آئین سلطنت و رویت ملک داری که از دیرگاه رسم معهود و عادت مألوف ایران بوده است و با فرط غلبه و شمول اقتدار در مـال و جان و نـاموس بندگان خدای به واجب و نا واجب حکم میرانده اند و خوض فرموده اند از سنن عادله خارج است و به بدیهه عقل و بر برهان شریعت محظور و همی گفت بر یاساً بیشتر از ممالک اروپ آئین جمهوریت بایست نهاد و آحاد حشم را بر تفاضیل مراتب و تفاوت مناصب در حقوق مملکت و حدود سلطنت مشارکت بایست بود. سرانجام کار او بالا گرفت و فتنه او عظیم گشت و جمعی غفیر و جمعی کثیر بر دولت قاجاریه بیاغالیدند و پادشاه را بر سر این مهم آرام برفت و اندیشه ها فزود و عاقبت به مزاحمتی شدید و مدافعتی سخت اورا و پدرش یعقوب را از خاک ایران ازعاج کردند.[۱۷۳]

تنها مطلب تازه ای که از نوشته فوق استنباط می گردد این است که میرزا ملکم خان جمهوری خواه هم بوده در حالیکه از آثار ملکم و از آنچه درباره وی نوشته شده غیر از یکی دو جا چنین مطلبی استنباط نمی گردد. اما در اینکه می نویسد ملکم مورد مزاحمت قرار گرفت واقعیت سوای اینست. وقتی فراموشخانه برچیده شد ملکم خان مورد مزاحمت قرار نگرفت و به فعالیت خود از راه دیگری ادامه داد و چون مردی ثابت قدم بود دنبال پیشنهادی که ضمن "کتابچه غیبی" برای اصلاحات اساسی در ایران قبلاً به ناصرالدین شاه ارائه داده بود رفت و بطور پنهانی به انتشار رساله و نامه پرداخت و سعی نمود رسالات و نامه ها را به طریقی به شاه برساند. بر اثر

---

۱۷۳ – رساله عبرت الناظرین و عبرت الحاضرین. ابراهیم بدایع نگار. نقل از سیاستگران دوران قاجار. جلد اول. ص ۱٤٦ و ۱٤۷

اینگونه اقدامات ناصرالدین شاه امر داد میرزا ملکم خان را دستگیر کرده با جیب خالی به کرمانشاه برده در مرز ایران وی را رها کنند.

"... این میرزا ملکم خان مترجم و جزء اعظم و نایب اول و مستشار فرخ خان امین الدوله بود. در سفارت کبری پاریس خدمات بزرگی در بستن عهدنامه میان دولت ایران و انگلیس کرده در مراجعت از برای اینکه شاید تخم نفاق و شقاق که در ایران روئیده و به قسمی ریشه دوانیده که ریشه خانواده چهار هزار ساله را کنده از میان بردارد مجلس فراموشخانه قرار داد که شاید مردم برادر و برابر و خیر خواه یکدیگر بشوند. بیچاره ندانسته...

بدبخت اگر مسجد آدینه بسازد　　یا سقف فرود آید و یا قبله کج آید

ایرانی های مبغض (بغض دار) و بدبخت حقیقی این بیچاره پاکباز را به کشتن دادند. خدا نخواست. نوعی به اعلیحضرت شاه خدمت اورا خیانت قلم دادند که مجبوراً وطن عزیزش را که واقعاً دوست میداشت و ولینعمت تاجدارش را زیادتر از وطنش می خواست ترک کرد و وداع گفته به غربت رفت. [۱۷۴]

ملکم خان با مشقت بسیار خودرا به بغداد و سپس به استانبول رسانید و در آنجا به دیدار مشیرالدوله (میرزا حسن خان سفیر ایران در عثمانی) رفت و به او گفت:

"... مجلس فراموشخانه را بنا به امر شاه باز کردم راپرتش را هر روز به حضور همایون می دادم. بعد از مدتی رأیشان به فسخ و لغو مجلس قرار گرفت و امر به حرکت فرمودند. میرزا حسن خان مشیر الدوله حقیقت اظهارات ملکم را از تهران تحقیق کرد. وزارت امور خارجه جواب داد که اعلیحضرت همایونی سر

---

۱۷۴ – تاریخ بیداری ایرانیان. ناظم الاسلام کرمانی. کتابخانه ملی. تهران ص ۲۰۱

سوزنی از ملکم مکدر نیستند. . . معنای این تضاد برای نگارنده حل نشده است. . . اعلیحضرت امر فرمودند کاری به او رجوع شود.[۱۷۵]

بدین ترتیب این بار میرزا ملکم خان بسمت کنسول ایران در مصر منصوب شد و به قاهره عزیمت کرد. ملکم خان تا سال ۱۲۸۸ هجری در خارج از ایران بسر برد و گویا در این مدت دچار کمبود مالی بوده است:

". . . والله و بالله هر یک از تکالیف را که اشاره بفرمائید قبول خواهم کرد. به همه حالت راضی هستم مگر بیکاری، حتی بیکاری را هم قبول خواهم کرد اما به شرطی که اسباب گذران من مهیا باشد. اگر بخواهند هم گرسنه باشم هم بیکار بمانم این نخواهد شد. من اگر فقط حقه بازی بکنم (همان کاری که در فراموشخانه می کردم)[۱۷۶] *سالی هفت هشت هزار تومان آید من می شود اگر فراموشخانه برپا کنم سالی بیست سی هزار تومان مداخل می کنم. اگر روزنامه نویسی بکنم باصطلاح قدیمی ها هرکس را که بخواهم به زانو می اندازم. با وصف این چگونه ممکن است که من خودرا زنده دفن کنم.*[۱۷۷]

در سال ۱۲۸۸ هجری میرزا حسین خان مشیرالدوله از استانبول به تهران احضار شد و به ترتیب به وزارت عدلیه و وزارت امور خارجه و سپهسالاری و بالاخره به مقام صدارت عظمی رسید. میرزا ملکم خان را به تهران فراخواند و اورا به سمت مشاور صدراعظمی منصوب نمود.

---

۱۷۵ – سیاستگران دوران قاجار. خان ملک ساسانی. ص ۱۲۸

۱۷۶ – جمله "همان کاری را که در فراموشخانه می کردم" مجعول است و میرزا ملکم خان چنین چیزی ننوشته با این حال اسماعیل رائین در کتاب فراموشخانه و فراماسونری در ایران – جلد اول. ص ۵۰۱ این جمله را به میل خود اضافه کرده است.

۱۷۷ – ماهنامه یغما. شماره ۹. ص ۴۰۵. مقاله جهانگیر قائمقامی. (مشکوک است)

ملکم خان دو سال در ایران بسر برد و در این مدت بنا به درخواست مشیرالدوله رساله ای تحت عنوان "مجلس تنظیمات حسنه" که در واقع طرح ایجاد "دارالشورای ملی" بود با وجود مخالفت شدید شاهزادگان و درباریان طرفدار روسیه در دربار ایران تهیه و به تصویب ناصرالدین شاه رسانید. شاه اورا به لقب "ناظم الملک" مفتخر و امر نمود شغل شایسته ای به وی رجوع گردد.

به نظر می رسد در این ایام سیاست ایران بتدریج به دوستی با انگلیس متمایل شده زیرا در اواخر سال ۱۲۹۰ هجری میرزا ملکم خان بسمت وزیر مختار ایران در دربار انگلیس منصوب شد. ملکم چهار سال در لندن به سر برد. یکی از خدمات برجسته او هنگام اقامت در انگلیس استرداد ناحیه قطور از دولت عثمانی بود و بهمین سبب ناصرالدین شاه اورا به لقب "جناب اشرف" مفتخر ساخت و مقام اورا به سفیر کبیر ارتقاء داد. بعلاوه ملکم اجازه یافت از عنوان شاهزاده استفاده کند و از آن پس ملکم خان در اروپا به عنوان شاهزاده ترقیخواه و شاهزاده صلح شناخته شد. در همین سفر بود که ملکم خان مقدمات اعطای امتیاز راه آهن و بانک و بهره برداری از منابع ایران و غیره را به "بارون ژولیوس رویتر" (مؤسس خبرگزاری رویتر) فراهم آورد.

پس از درگذشت میرزا حسین خان مشیرالدوله سپهدار اعظم صدراعظم ایران بد خواهان میرزا ملکم خان زیر پای ناصرالدین شاه نشستند و اورا از ملکم بد گمان ساختند. شاه دستور داد تلگرافی ملکم را "برای کسب نظر در امور عمده مملکتی" به تهران احضار کنند. میرزا ملکم خان چنین پاسخ می دهد:

". . . لندن – به تاریخ ششم شوال ۱۲۹۳ هجری پاکت دهم منحصر بر یک نمره.

در باب احضار بنده باز تأکید فرموده بودید به اینکه سفر بندگان اقدس همایون شاهنشاهی روحی فداه در این اوقات از دایره امکان خارج است با اینکه آمدن بنده به تهران هیچ معنی و فایده نخواهد داشت و با اینکه از این قسم دربدری و انعدام من انواع غبن و تأسف را خواهید داشت باز محض اینکه در این خستگی عمر ثابت نمایم که بندگان اقدس شاهنشاهی روحی فداه در وجود بنده چه نوع نوکر داشته و معنی این نوکری را تا به چه درجه ضایع و پایمال کردند پس از وصول پوسته آینده حرکت خواهم کرد.[178]

ناصرالدین شاه از احضار میرزا ملکم منصرف می شود و دستور میدهد تا دستور ثانوی در لندن بماند. دستور ثانوی پنج سال طول می کشد و در سال ۱۲۹۹ هجری شاه دستور میدهد برای قدردانی از خدمات ملکم خان در استرداد قطور از عثمانی وی را به تهران فرا خوانند.

". . . ملکم روز بیست و هشتم ربیع الثانی ۱۲۹۹ هجری وارد تهران شد و روز بعد تقاضای شرفیابی کرد ولی در تهران کسیکه موفق شده بود قسمت بزرگی از خاک از دست رفته کشورش را مجدداً ضمیمه مرزهای ایران کند به جای اینکه تشویق شود مورد استهزاء واقع می شود. . .

در سر شام آقا محمد خواجه (آقا محمد خواجه زشت ترین و بد خوترین خواجه دربار ناصری بوده است. مؤلف) ورود کرد شاه در ضمن تعریف از او میفرمودند: عقل این شخص از میرزا ملکم خان ناظم الملک زیادتر است. . . سبحان الله. عجب اعتباری رجال دولت در حضور همایونی دارند این ناظم الملک را برای

---

۱۷۸ – اسناد راکد. بایگانی وزارت امور خارجه. تهران.

کارهای عمده از لندن به تهران احضار کردند. شاه میفرماید که عقل آقا محمد قیصر که طبیعت در خلقت او تقصیر کرده از (عقل) ناظم الملک بیشتر است. [۱۷۹]

در این هنگام ناصرالدین شاه برای بار سوم به اروپا رفت. در این سفر میرزا ملکم اشتباه سیاسی بزرگی که مقدمه زوال اورا فراهم آورد مرتکب شد و به شاه پیشنهاد کرد که برای تأمین هزینه سفرهای خود به اروپا و ایجاد منبع عایدی جدید امتیاز لاتاری را به یکی از شرکت های انگلیسی واگذار نماید. در اروپا و آمریکا مرسوم بوده و هست که هنگام کسر بودجه به فروش بلیط لاتاری متوسل می گردند و ملکم نیز که تربیت غربی و اروپائی داشت هرگز تصور نمی کرد که دشمنانش با همکاری عوامل مذهبی این مطلب را پیراهن عثمان کرده گور اورا بکنند. اما هنوز مرکب امتیاز لاتاری خشک نشده بود که در تهران کربلا برپا کردند و علمای شیعه با فریاد و اعتراض شاه را ناچار ساختند امتیاز را لغو نماید. ملکم دوباره بلکه سه باره مورد غضب و خشم شاه قرار گرفت. اورا از مقام سفارت عزل کردند. لقب جناب اشرف را از وی گرفتند. . . و همه تصور کردند ایندفعه قال ملکم واقعاً کنده شده است.

اما میرزا ملکم خان "بیدی نبود که از این بادها بلرزد" مبارزه را با انتشار روزنامه قانون از سر گرفت منتها ایندفعه مصمم بود برای همیشه با ناصرالدین شاه تصفیه حساب کند. (برای اطلاع بیشتر به فصل مربوط به سید جمال الدین اسدآبادی در همین کتاب مراجعه شود.)

ناصرالدین شاه در صحن شاه عبدالعظیم بدست میرزا رضا کرمانی به قتل رسید و مظفرالدین شاه فرزند علیل و ضعیف النفس و زنباره، او که تنها

---

۱۷۹ ـ خاطرات اعتماد السلطنه. بیست و سوم رجب ۱۳۰۸ هجری. ص ۱۸۰

اقدام مثبت وی در زمان کوتاه سلطنتش صدور فرمان مشروطیت بود به جای پدر بر اریکه سلطنت تکیه زد. امین السلطان که مدعی سلطنت بود از صدارت عزل شد و امین الدوله رفیق صمیمی و یار ملکم خان در فراموشخانه و فراماسونری به صدارت رسید.

ملکم دوباره در صحنه سیاست ایران هویدا شد و با اینکه مظفرالدین شاه از توطئه قتل پدرش به خوبی آگاهی داشت معهذا ملکم را با محبت پذیرفت و با پیشنهاد امین الدوله مبنی بر اعزام میرزا ملکم خان به عنوان وزیر مختار ایران در رم موافقت نمود.

میرزا ملکم خان در سال ۱۹۰۸ میلادی شاید بصورت تبعید سیاسی به رم عزیمت کرد. . . و در همان سال ناظم الدوله میرزا ملکم خان بانی فراماسونری مدرن در ایران – پدید آورنده تمایلات مشروطه – سیاستمدار متجدد و میهن پرست که جمعاً بیست و یک سال در ایران بسر برد و در این مدت شاید بیش از پنجاه سال مردم ایران را از نظر فکری به پیش راند – در سن ۷۷ در سوئیس به رحمت ایزدی پیوست.

میرزا ملکم خان ناظم الملک مردی آزاده و آگاه و نو اندیش و آشنا به تمدن اروپا و متجدد بود. مردم شناسی تیز هوش و روانشناسی زیرک بود که مردم ایران را از شاه گرفته تا درویش و "از بی ریش تا با ریش" به خوبی شناخته و به روحیه و طرز فکر و آداب و رسوم و نبض اجتماعی ملت ایران بخوبی آگاهی داشت. آثاری که از خود باقی گذاشته بدون شک در پرورش و گسترش آزادی و بیداری مردم ایران از خواب غفلت در دوران سلطنت ناصرالدین شاه قاجار تأثیر و سهم بسزائی داشته است. دکتر مهدی ملک زاده آزادیخواه برجسته صدر مشروطیت در این مورد چنین می نویسد:

". . . در میان رجال دوره استبداد میرزا ملکم خان بیش از هرکس در آشنا کردن مردم به دستگاه تمدن جهان و منافع قانون و مزایای حکومت ملی سعی و کوشش کرد و تأثیر افکار او در روشن کردن ضمیر مردم و پیدایش مشروطیت بسیار گرانبها بود.[۱۸۰]

میرزا ملکم خان ناظم الملک در مورد خود به "ویلفرد بلنت" شرق شناس انگلیسی مؤلف "تاریخ اسرار تصرف مصر" می گوید:

". . . هنوز بیش از بیست و یکسال از سنم نگذشته بود که قدرت و نفوذ زیاد در ایران بدست آوردم. عقب ماندگی و رسوم بد اداره ایران را در تأمین وسایل زندگی مادی برای ایرانیان مشاهده کردم و به فکر اصلاح امور کشور برای کسب علم به اروپا عزیمت کردم. در اروپا به اصول دین و سیاست و اجتماع که با مذهب عیسوی آمیختگی داشت آشنائی حاصل کردم و طریقه تشکیل و تأسیس انجمن های سری و محافل فراماسونی را آموختم و فلسفه سیاست اروپا و حکمت ادیان آسیا را با هم تلفیق کردم. دریافتم که برای نظم اوضاع ایران بکار گرفتن شیوه های متداول در اجتماع اروپائی عملی بیهوده است. بدین دلیل اقدامات خودرا بطوریکه با روحیات مردم ایران سازگار باشد زیر سرپوش دین مخفی کردم. . .[۱۸۱]

پژوهشگران فرنگی اغلب از شخصیت بارز میرزا ملکم خان و فعالیت وی برای معرفی تمدن و آزادی اروپا به ایران سخن بسیار گفته اما برخی از نویسندگان ایرانی بیشتر نکات منفی زندگی میرزا ملکم خان را ملاک قضاوت قرار داده اند.

---

۱۸۰ – تاریخ مشروطیت ایران. دکتر مهدی ملک زاده. جلد اول . ص ۱۱۹

۱۸۱ – ترجمه. اسرار تصرف مصر بدست انگلیس. ویلفرد بلنت. ص ۳۸ لندن

خان ملک ساسانی ملکم را آدمی شارلاتان، بی وطن، طماع، جاه طلب، پول پرست، بیعار و بی ننگ و هوچی و حقه باز. . .[۱۸۲] و محمد قزوینی اورا بامبول زن، طرار و کلاه بردار معرفی می کند.[۱۸۳]

میرزا ملکم خان از جوانی و هنگام اقامت در اروپا شعبده بازی و چشم بندی را آموخته و گاه گاه بدان وسیله موجب سرگرمی دوستانش را فراهم می آورده است اما نویسندگان ایرانی با طبع اغراق پرور خویش در این مـورد مبالغه بسیار کرده داستان پردازی ها نموده اند. مثلاً گفته و نوشته اند که ناصرالدین شاه در سفر پاریس در مراسم سان قشون که از تمام کشورها سربازها بوده اند شرکت می کند اما از سربازان ایرانی خبری نبوده. . . شاه به ملکم می گو.ید "کاری بکن آبروی ما پیش این اجنبی ها حفظ شود". ملکم نیز بلافاصله شعبده کرده یک سرباز ایرانی را شیپور زنان به میدان میفرستد و ناگهان یکهزار سرباز ایرانی با ساز و برگ و تجهیزات وارد میدان می شوند و حضار را غرق در شگفتی می سازند. . .

بعلاوه ملکم آفتاب را غروب می کرده. . . ساعت ها را عقب میکشیده. . . در رستوران وقتی چلو کباب می آوردند وقتی سرپوش بشقاب را بـــرمیداشتند خالی بـوده. . . مخالفـان خـود را بـه عطسه و شکم روش می انداخته. . . یکروز با سفیر فرانسه دست می داده که ناگهان دستش از آرنج جدا می شود و در دست سفیر فرانسه می ماند. . . روزی برای خرید کفش به بازار کفاش ها رفته همینکه کفاش می خواهد چکمه را از پای ملکم خارج کند ناگهان پای ملکم نیز با چکمه در دست کفاش باقی میماند و ملکم غیب می شود. در جای دیگر خواندم که ساعت شخصی را در

---

۱۸۲ – سیاستگران دوران قاجار. خان ملک ساسانی. جلد اول. ص ١٤٤

۱۸۳ – یادداشت های قزوینی. محمد قزوینی. جلد ۷ ص ۱۳۲ - ۱۳٦

مجلس مهمانی در هاون کوبیده و سپس خرده های آنرا در دستمال پیجیده و بعد آنرا بدون عیب از جیب مهمان درآورده است. . .

مجموعه آثار میرزا ملکم خان بصورت مجموعه ای تنظیم و در کتابخانه دانشگاه تهران در سیصد و دو صفحه بشرح ذیل است.

۱- جناب مشیرالدوله یا رویای ملکم و خواب قانون گزاری.

۲- گفتگوی یک وزیر با رفیق خود که بصورت عریضه برای پادشاه نوشته.

۳- تهران نسبت به ترکستان کمال نظم را دارد.

۴- ایران نظم ندارد.

۵- رساله فراموشخانه.

۶- پولیتیک ایران چیست؟

۷- درباب تنظیمات لشگر فرمایش رفته بود و مجلس انتظام و لشگر کشی ناپلئون به مصر و هند.

۸- فرق سُفَهای کج بنیان و انجمن دیوانگان و خواندن اشعار و عبارت پردازی.

۹- در باب مرو و ترکمان.

۱۰- مقدار واردات خزانه مالیه دولت عثمانی.

در مجموعه فوق هشت صفحه نیز "جواب وردی است که یکنفر از اهل تبریز شاید علی المنشی التبریزی به کتابخانه فراموشخانه نوشته. . ." و سوای این هشت صفحه بقیه از خود میرزا ملکم خان است که تاریخ آن در حاشیه جمادی الاولی سال ۱۲۹۵ هجری نوشته شده است.

برخی از رساله های میرزا ملکم خان از جمله رساله "فراموشخانه" و رساله اصول ترقی که در سال ۱۳۰۰ - ۱۳۰۱ هجری نوشته شده و بخط میرزا عباسقلی خان آدمیت است.

علاوه بر کتابچه غیبی که بصورت پیشنهاد برای بهبود وضع ارائه شده رساله مجلس تنظیمات و رساله اصول آدمیت و رساله دفتر حقوق اساسی فرد و اشتهار نامه اولیای آدمیت که پس از کشتن ناصرالدین شاه تنظیم شده نیز دارای ارزش و اهمیت بسیار است زیرا بموجب آن ملکم خان پاسخ آنهائی که اورا جمهوری خواه می دانسته اند داده است:

". . . وجود پادشاه حقیقت پرست سرود حقیقی آدمیان است لهذا به جمیع جوامع آدمیت دستور العمل مؤکد صادر شد که همه اخوان و کل امناء و عموم آدمیان اطاعت و تنظیم آن وجود مبارک را بر ذمت انسانیت خود واجب بدانند. وای بر آن جهال گمراه که نسبت به این پادشاه معصوم (مظفرالدین شاه) که امروز جامع امید های ایران است بقدر ذره ای مصدر خیانت بشوند. . .

معروفترین رساله میرزا ملکم خان رساله فراموشخانه است که در پاسخ یکی از علمای تبریز نوشته و ضمن آن از فراموشخانه دفاع می کند. این رساله و پاسخ به آن در پایان فصل حاضر نقل شده است.

یکی دیگر از تشکیلاتی که تأسیس آنرا به ملکم و یاران وی نسبت می دهند کلوب اعضای فراموشخانه است که در سال ۱۸۹۰ میلادی بوسیله جمعی از شاهزادگان روشنفکر دربار قاجار برهبری کامران میرزا نایب السلطنه و حاکم تهران و با همکاری "کنت دومونت فرت" اطریشی رئیس نظمیه تشکیل شد. "قانونچه کلاب" در چهل و هفت ماده که از روی اساسنامه کلوب لژ سنسر آمیته پاریس ترجمه و اقتباس شده بود بوسیله

یـکی از شاهزادگان قـاجار بطور پنهانی در اطاق شاه گذاشته می شود و نامه ای نیز به آن پیوست می شود و از شاه برای تأسیس باشگاه کسب اجازه مینمایند. ناصرالدین شاه با تشکیل باشگاه مخالفت می کند و در روی صفحه اول اساسنامه باشگاه خطاب به کامران میرزا نایب السلطنه مینویسد:

". . . نایب السلطنه، جوان های معقول بسیار بسیار غلط کرده اند که ایجاد کلاب می خواهند بکنند. اگر همچو کاری بکنند پدرشان را آتش خواهم زد حتی نویسنده این کاغذ باید به اداره پلیس مشخص شده، تنبیه سخت بشود که منبعد از این فضولی ها نکنند. . .

تلاش آزادیخواهان و مشروطه طلبان ایران در واپسین سالهای سلطنت ناصرالدین شاه قاجار با مداخله مستقیم شاه با شکست روبرو شد.

تاریخ بیداری ایرانیان که تنها منبع اطلاع از ماجرا است چنین مینویسد:

". . . چند سال قبل به ناصرالدین شاه راپورت دادند که شبها جمعی در محله سنگلج در یک خانه اجتماع کرده و در امر مملکت و اصلاح مذاکره میکنند. پادشاه جمعی را فرستاد شش هفت نفر از اصلاح خواهان که دور هم نشسته بودند ماخوذ و شبانه آنها را به حضور شاه بردند.

چاهی که در اندرون حفر کرده بودند که برف در آن می ریختند و یا برای همین جور کارها مهیا بود سنگ سر آن چاه را برداشته ماخوذین را در آن چاه انداختند. آنوقت خود پادشاه تفنگ را بدست گرفته متجاوز از سی فشنگ از پی آنان فرستاد که به اعتقاد خود زودتر آنها را به اسفل السافلین رساند و به حاضرین هر کدام یـک اشرفی انعام داد بـــرای شکرانه مـوفقیت در قتـل آنـها. . .[۱۸۴]

---

۱۸۴ – تاریخ بیداری ایرانیان. ناظم الاسلام کرمانی. تهران. ص ۱۷۰

در زمینه فعالیت فراموشخانه ملکم جمعاً سه گزارش به ناصرالدین شاه داده شده است. گزارش اول بوسیله میرزا سید جعفر خان مشیرالدوله و گـزارش دوم را مـیرزا محمدعلی خان علاء السلطنه سفیر ایران در لندن داده اند که از هیچیک از گزارشات فوق اثری در دست نیست. لیکن شماره ثبت هـردو گزارش در اسناد وزارت خارجه - بایگانی راکد که به همت علی اصغر حکمت در زمان سلطنت رضا شاه پهلوی جمع آوری و حفظ شده دیده می شود. سومین گزارش با سبکی آخوندی ضمن تملق از سلطنت و تعریف از مذهب بوسیله شخصی که ادعا کرده داخل لژ فراماسون را دیده کم و بیش در عالم تخیل تهیه و تقدیم شده است.

بســم الله الــرحمن الــرحیم

سپاس بی قیاس معهود به حق و مالک مطلق را سزا است که انتظام دول و ملل را به اقتضای نظم و نسق حکمت تابعه ترتیب داده و جناب ختمی مأب صلوات الله علیه را به جهت اتمام حجت و تبلیغ رسالت بر عموم فرستاده اما بعد بر ارباب بصیرت و دانش مخفی نماند که خداوند جل شانه نظم ظاهر و باطن جمیع موجودات را بقدر ضرورت مقدر فرموده و کفایت احتیاج هر مصنوعی را به طور اکمل مرتب داشته پیروی احکام الهی که لازمه تدین است این شیعه اثنی عشری را کافیست که هیچ احتیاج به قواعد و ملل و ادیان دیگر ندارد آداب تعیش و زندگی و نزدیکی به حقیقت و تحصیل ماحصل هردو نشأت را در کلام مجید مختوم فرموده و احادیث و اخبار که جامع فوائد کلیه باشد بطوریکه مافوق آن متصور نباشد در کتب عدیده و از روایات معتبره در میان مسلمانان شایع گردانیده پس در اینصورت پیروی به قواعد و قوانین الهی نکرده به عقاید دیگران تأسی نمودن کفر محض و محض کفر است. من تشبه به قوم فهمو منهم اگر این دین مبین برحق و خوارج را کافر و مردود میدانیم پس چرا اقوال و افعال آنها را پیشنهاد خود می کنیم و اسم آنرا حقیقت میگذاریم، صاحب

شریعت و ملیت مسلمانی که آداب لباس پوشیدن و حمام رفتن و ریش شانه کردن و خوابیدن و برخواستن (برخاستن) و معاشرت نمودن و به مستراح رفتن را بطوری بیان فرموده که چیزی از آداب زندگی را فرو گذاشت نفرموده، چرا وضع فراموشخانه را از خاطر محو می فرمود؟ اگر حاصل اینکار محبت و اخوت است که جناب مستطاب ختمی مأب می فرماید المومنون اخوه و تحریص و ترغیب در تألیف بین قلوب فرموده اند و کذالک جناب مولای متقیان در اول دیوان مسائل خود می فرماید الناس من جهت التمثال اکفاء ابوهم و آلام هواء، اگر جماعت و جمعیت را می گویند که امر به نماز جماعت فرموده اند، اگر مساوات را می گویند خمس و ذکات و بذل مال در راه خدا را چقدر تمجید و تأکید فرموده اند، اگر هم ظلم تعدی را اسم اختیار گذاشته اند حدودات شرعی و تحدیدات اخروی را باید کافی بدانیم و عمل کنیم، اگر مقصود بعضی مردم بیکار مفسده جوی که خباثت باطن آنها را فرو گرفته و میخواهند منشع بعضی اعمال شنیعه باشند و مرتکب ملاهی (آلت لهو و لعب) و مناهی (آنچه که نهی شده) خداوندی شوند و طالب بعضی مراتب هستند که لیافت آنرا ندارند و خداوند را قادر به ادای مراتب و عزت دنیا نمی دانند باهمدیگر در این حال متفق گشته دین و مذهب و قواعد ملت خودرا گذاشته کسب بعضی اصطلاحات بی معنی کرده اند مقصود آنها از جماعت و جمعیت همراهی نمودن در معاصی است. مثلاً شخص ملائی که در دین تکلیف خودرا امر به معروف نمودن و نهی از منکر کردن می داند اورا آورده چشمش را بسته بطوریکه در آخر تفصیل داده خواهد شد بعضی نامربوط به او گفته از این سوراخ به آن سوراخ برده و چند سنگی برداشته بدر و دیوار زده اورا به اینطور بقول خودبه مقام امتحان آورده ساعت دیگر در پیش او شرب نموده و با زن اجنبی زنا کرده این را جماعت اسم گذارده اند معنی اختیار اینست که چرا ما باید در تحت حکم دیگری باشیم و خود به شخصه هرکاری بخواهیم بتوانیم کرد و این چیزی است محال و منافی اسباب خداوندی، اگر هر فردی از افراد را خداوند سلطنت بدهد و مختار نماید امور دنیا مختل و معطل خواهد ماند، اگر بنای نظم بر این بود از اول خلقت بنای راست و سلطنت مقرر نمی آمد و اگر امتیازات برداشته و مرتفع

می شد و همه منادی بودند هیچ کاری در دنیا پیشرفت نمیکرد و هیچ فردی اطاعت فرد دیگر را نمی نمود. میگویند هرگاه این کار و منافی اصل بود چرا علمای شهر که به قدس و تقوا معروف هستند تمکن اینرا می کردند و از این فقره مردم خیلی دور افتاده اند و جهت اینکار را نفهمیده اند با هر سنخی و صنفی از مردم به یک زمانی برآمده بدام می کشند مثلاً به ملا می گویند که شما همینکه داخل این کار شدید مرجعیت شما زیاد می شود، پنجهزار یا ده هزار خلق که داخل این کار هستند از مرده (مرید) خواهند شد، دکان شما رونق خواهد گرفت، احکام شما قبول عامه پیدا خواهد کرد، اگرچه غیرما انزل الله البته باشد صف جماعت زیاد خواهد شد، ترافع بیشتر خواهد شد این است که مردم عوام محض تقلید که جناب آقا رفته است و دیده است اگر بد بود چرا میرفت ولی نمیداند همین رفتن آقا کار را به اینجا می کشاند، خودرا به مخاطرات بی معنی انداخته فراموشخانه می شوند با فلان وزیر و پیشکار و صاحب درجه و منصب می گویند که شما احتیاج برفعت جاه بیش از این ندارید ولی حفض این مرتبه را که دارید لازم است که فلان معاند برشما استیلا نیابد و همیشه در این درجه و پایه که مایل هستید باقی باشید و اگر سلطان عصر بخواهد در مدارج شما تغییر و تبدیلی نتواند، به فلان شخص کاسب می گویند که تنها شغلتان کسب است چه عیب دارد که ده هزار خلق مایحتاج خودرا از شما خریده و این منافع کلی از برای شما حاصل شود و در مقام ضرورت شما هم با خیال ما همراهی نمائید و همچنین به مردم بیکار می گویند که چرا مثل شما مردم که جوهر قابلیت و استعداد هستید همچو بیکار باشید، وضع ایران و دولت ایران افراط تفریط است چرا باید یکی صد هزار تومان ببرد و شماها نبرید، پس باید تغییر وضع داد و آن بسته به این قاعده است، این مردم را که اینطور جمع نمودند آنوقت بعضی را در جمهور خیالی صاحب درجه و پایه مینمایند و از خواص قرار می دهند و میگویند که بهتر از همه چیزها اینست که ما آزاد باشیم و تحت قاعده متداوله نباشیم، خود قراری در میان خود بگذاریم و اسممان را فراموشخانه بکنیم و این خیالات تفصیلی دارد که ذکر آنرا مناسب نمیداند و قدرت نوشتن ندارد آنوقت صد هزار قسم میدهند که شما متصدی

اینکار هستید و افشای مطلب نکنید مثل اینست که شخص کافری آدم را قسم بدهد که ترا به فلان و فلان قسم میدهم که بیا و کافر بشو یا شخصی آدم را قسم میدهد که خودرا از بام مرتفع بیانداز، یا بایست که من این حربه خودرا بکار ببرم، نمیدانم صاحب شریعت نیز هم چه قسم ها را جزء دین و دینداری فرموده است یا خیر، در فرنگستان که مبنای این کار از آنها است و بقول اهالی این فراموشخانه که می گویند دوهزار سال است باقی مانده است هرگز کاری نکرده اند که بوی شرارت از آنها بیاید، منتها کاری است در تهذیب اخلاق و انسانیت و معقولیت و امتحان غیرت نه مقصود این است که اگر من فلان شرارت را بکنم و آدم بکشم و مال مردم را بدزدم جمعی حمایت خواهند کرد و مرا از مخاطرات رهائی خواهند داد.

اعلیحضرت شاهنشاه کل ممالک ایران کمال اغماض را فرموده اند یا از خیالات نا متناسب این مردم مفصلاً اطلاع ندارند، نویسنده این فقرات که از اهل این کار است و به قبح نتایج این کار برخورده و جمعی رانیز متنبه نمود تبرّی می جوید و استخفار می نماید و هیچ مضایقه ندارد که خودرا ظاهر سازد و بر حقانیت و صدق قول خود دلایل واضحه و براهین کافه اقامه نماید تا بیچاره مردم بدبخت که گرفتار اینگونه مزخرفات شده و خودرا گرفتار مخاطرات نموده از شریعت و حقیقت دور افتاده اند پیروی نکنند و رجعت به عقاید حقه خود نمایند، این کار از دو حال خارج نیست یا منافی شرع است که خدا و پیغمبر خدا لعن کرده اند کسی را که در دین و عقاید شریعه بدعت بگذارد و یا منافی عرف آن نیز بر سلطان عصر لازم می شود که این بدعت مرتفع فرمایند، اگر بجز این دو فقره راه دیگر هست آن چیزی است وجدانی باید به مقام تحقیق برآیند و اثبات حقیقت این معنا را کنند، بیچاره مردم که می خواهند به سهولت و بدون زحمت که محال است این نعمت در دنیا برای کسی ممکن شود گذران نمایند، به حرف های بی معنی از راه راست خارج گشته دست از کار و کسب خود برداشته اند به امید بعضی حرف های دروغ بی اصل که خزینه در فراموشخانه از نفری دوازده تومان پر می شود که به فقرای این کار داده خواهد شد، مجاناً و به اشخاصی که میتوانند ادای دین خودرا بکنند بدون گرو و رهن هرقدر محتاج

شوند داده خواهد شد، اگر در اینصورت احدی روی معطلی را ندیده بی نیاز خواهد بود مردم خام طمع پریشان این اقوال دروغ را عین واقع دانسته و میگویند چه بهتر از این که هرگز معطل نباشیم و این وجه مبلغ خطیری خواهد شد ده هزار نفر نفری دوازده تومان بدهند چقدر خواهد شد، علاوه بر این هر نفری بخواهند در ماه صد دینار از یکنفر دستگیری نمایند رفع احتیاج آن شخص خواهد شد، از این مقوله حرف ها که محض فریب عوام زده مردم را تطمیع می نمایند، دست کدام فقیر بیچاره را گرفته اند، قرض کدام مدیون را داده اندپس معلوم میشود وضع این کار برای آسودگی مردم نیست بلکه اسباب زحمت و مخاطره انداختن است، فلان شخص صاحب کرور است به من و تو چه بیچاره این خصوصیت و آشنائی بی معنی به همه قسم برای آنان ممکن است محض اینکه فلان شخص به من سلام کرد نباید معتقد به یک قانون احداثی بشویم، این مردم در حال خود ظلم کردند، نخواست بیشتر از این بنویسد و از درجات بی معنی دیگر هم حکایت کنند آدم عاقل از این درجه به درجات دیگر پی خواهد برد اگر اعلیحضرت شاهنشاه کل ممالک ایران خلد الله ملکه مقرر فرمایند و اطمینان مرحمت فرمایند که این چند نفر را ظاهر سازند و کما هو حقه عرض نمایند معلوم خواهد شد حاصل این کار بی معنی از عقلا و مردمان با تجربه معمر خیلی قبیح است که به این تفصیل چشم خودرا بسته خودر را واگذار نمایند به جهال که از اینجا به آنجا بکشند و این که مشهور است اهالی این کار را ابراز مطلب نمی کنند از بابت خجلت اعمال شنیعه است که فلان وزیر یا فلان مرد ملا را بیاورند و بطوریکه ذکر خواهد شد اسباب بازیچه نمایند جای کمال تأسف و تأثر است که مردمان معقول بخواهند اغماض از این فقرات نمایند و ملتفت قبح این عمل نشوند، قبل از ملاحظه چندان بحثی وارد نمی آید چیزی است که سالها شهرت کرده انسان به خیال فهمیدن رغبت می نماید اما بعد از ملاحظه هیچ مقتضی نیست که انسان معقول با بعضی جهال که بنای آنها به هرزگی است موافقت نمایند چون بنای کاتب به اسم بردن نیست ولی همسری و اخوت به قول خودشان با بعضی اشخاص که متصف به

صفات مستهجنه هستند نمودن فوق الغایه جای تعجب است محض استحضار خواص و عوام تفصیل این تاریخچه را ذکر مینماید و از این قرار است.

در اول مرحله مقدمات از برای اینکار چیده که حاصل زندگی را اهل ایران تا بحال ندانسته اند که برای چه خلقت شده اند و فایده این هستی چه چیز است، حکمای پیش بعد از غور و تعمق بسیار این کار را فکر کرده اند و حاصل زندگی این کار است، اما شخص که تابع فلان ملا یا مجتهد است هیچ التفات به کلام الهی نمی نماید که فرموده است و ما خلقت الجن و الانس لا یعبدون و تمجید و تعریف می نماید که فی الواقع همین است که میفرماید عجب کار بزرگی است خلاصه قواعدی به قول خود در وصول به آن مراتب قرار داده اند، اولاً بایستی شخص ثالث خودرا مستبعد فنا بکند و وصایای خودرا بر حسب وصیت نامچه بنویسد که اگر در این راه طلف (تلف) شود بر عهده هیچکس نباشد و اینرا چرا میکنند محض اینکه آن شخص چنین تصور نماید که اینکار کار با معنی و بزرگی است و خیلی باعظم متصور شود، در این ضمن تهدیدات می نماید که از این عزیمت برگرد مبادا طاقت ملاحظه این عالم را نداشته باشی، آن بیچاره چنین تصور می نماید که از این عالم به عالم دیگر خواهد رفت این منع باعث رغبت او میشود که فرموده اند الانسان حریص علی ما منع بعد پارچه پوستی آورده چشم های آن شخص را بسته در این بین باز می گویند که خودرا به مخاطره مینداز خیال را منصرف نموده برگرد آن شخص اگر آدم حریص در این کار است رجعت نخواهد کرد و الا از آنجا برخواهد گشت مثل اینکه جمعی برگشتند، بعد چشم اورا که بستند در میان محوطه آن خانه دست اورا گرفته چند دور دور آن حیاط گردانده اگر سوراخ و پله باشد از این سوراخ به آن سوراخ برده از این پله بالا برده از پله دیگر فرود آورده که آن شخص چنین تصور می کند اورا به آسمان یا زمین برده اند بعد نردبانی تعبیه نموده اند که اسم آنرا فلک تحقیق گذارده اند، در وسط نردبان پایه تعبیه کرده که آن شخص را بالای آن می برند همینکه به وسط نردبان رسید پایه نردبان بلند خواهد شد و سر نردبان میل به نشیب مینماید که آن بیچاره چنین تصور میکند که اورا به فلک تحقیق برده اند و به مقام قاب قوسین اوادنا رسیده از آنجا اورا

آورده داخل اطاقی می نمایند قبل از ورود شخص در آن اطاق را می زند شخص دیگر از میان اطاق به آواز درشت و خشن سؤال می نماید که کیست این شخص و به چه کار آمده است.

همان شخص باز جواب میدهد که یک نفر آدم صحرائی می خواهد به مدینه علم داخل شود، می گوید اورا به فلک تحقیق بیآورید بعد اورا داخل اطاق مزبور نموده چند تخته پاره گذارده از روی تخته ها اورا برده بر صندلی می نشانند آن شخص با وجود جمعیت و ازدهام (ازدحام) چون چشم بسته و ندیده است کسی را چنین تصور می کند که خود تنها است. و این سؤال جواب کننده چون به غیر آواز می دهند شخص چشم بسته نمی شناسد و حالت تعجب برای آن بیچاره حاصل می شود که اینجا کجا است و صاحب آواز کیست، در آنجا نیز تهدیدات می کند و مخاطرات می نماید که این کارهائی است پر خطر دور نیست که باعث اتلاف و هلاکت تو باشد ولی به امید اینکه شما مردمان نجیب با غیرت هستید احتمال می رود که بدون مخاطره و آسیب بگذرد و این مراحل را طی نمائید، اگرچه من در این عالم با شما آشنائی ندارم و آشنائی من در عالم دیگر است اگر خوف و ترسی دارید من میتوانم از اینجا هم شما را برگردانم و این راه زحمات راه و سختی ها دارد، دور نیست که به چاه بیافتید و با آتش بسوزید من تکلیف خودرا در امتحان شما میدانم و باید یکی از این فقرات را قبول نمائید، حالا کدام یک را قبول می کنید تپانچه برخود خالی می کنید یا به چاه خودرا میاندازید یا به آتش میروید چراغی تعبیه نموده اند که در وقت سوختن صدا می نماید و آن شخص چشم بسته چنین تصور می کند که آتش افروخته اند و میخواهند اورا به آتش بیاندازند تا یکی از این فقرات را قبول می نماید، باز میگوید اورا بکشید به قعر زمین که در آن خانه سرداب و حمامی باشد اورا بسرعت تمام به آنجا کشیده و در آنجا نیز بعضی گفتگوها نموده باز بنای تهدید را میگذارد که این امتحان امتحانی است که اگر خوف بکنید حکماً تلف میشوید اگر خوف بر شما مستولی شد دست خودرا بلند کنید تا من امتحان را تمام کنم، الات و اسبابی از چوب ساخته اند و تعبیه نموده اند که به حرکت دادن صداهای عجیب از آنها بلند میشود، جمعی دست گرفته و چند نفر هم سنگ ها برداشته

به یک مرتبه آن چوب ها را به حرکت می آورند و آن سنگ ها را بدر و دیوار میزنند معلوم است در میان سرداب و حمام با وجود این صداها که به یک مرتبه به انواع مختلف بلند می شود و آن شخص چنین تصور می کند که تنهاست چه حالت از برای او دست خواهد داد، از آنجا نیز اورا بیرون آورده در اطاقی که جمعی از اهالی این کار نشسته اند و ساکت و سامت (صامت) هستند آن شخص را به همان حالت چشم بستگی حاضر می سازند و در مقابل آن جمعیت بر روی صندلی می نشانند، باز خیال می کند که احدی در اینجا نیست، بعضی اوقات عدد مرده به هشتاد نود میرسد که در میان حیاط اطاقی بودند بعد از گفتگوی بسیار در فواید این کار وبعضی تحقیقات که ما قافله مدینه علم هستیم و حالا رو به مدینه علم آورده ایم و آن سه چیز که در اول ذکر شد که عبارت از جماعت اختیار و مساوات باشد تفصیلی بر آن قرار داده صد هزار قسم در اخفای این کار داده از منافع این فقره صحبت نموده که اگر ما نیز مثل وحوش و طیور در صحراها یکه و تنها بودیم نمی توانستیم تعیش نمائیم چرا که آنها اسباب ضروریه خودرا دارند که حفظ سرما و گرما و دفع دشمن نمایند اما انسان بی اسباب خلق شده است و لابد از جمعیت و جماعت است بیشتر باشد بهتر است پس باید رابطه بخصوص در میان جمعیت باشد حاصل مساوات نیز معلوم است که چقدر مفید خواهد بود احتیاج بکلی از میان مرتفع و برداشته خواهد شد و مال و جان اهالی این کار را از یکدیگر باید باشد اختیار لازم است که انسان مختار خود باشد بعضی بیانات که از جمله بدیهیات است ذکر می نماید در آن مجلس معانی مزبوره را به اینطور ذکر می نماید تا آنکه متدرجاً به مقام امتحان آورده از حالات بطن خود به اشخاص بخصوص حالی شود و آن تفصیل علیحده است که هیچ مدخلیت به این حرف ها ندارد چشم آن شخص را باز نموده در حالیکه آن اشخاص بدون اینکه نگاه به طرفی نمایند یا حرکت کنند بعد از چند دقیقه برخواسته (برخاسته) با او یکان یکان مصافحه می نمایند و جزء وجود یکدیگر می شوند، بقول خود و علامت شناسائی را رئیس این کار یا خلفا به آن شخص گفته اند آن بیچاره را رها نموده دیگری را بدام می کشند آنگاه جمعی بیکار که اسباب شرب آنها منقضی داشت با همدیگر در حالت جماعت مساوات

می نمایند و خودرا مختار به هر نوع هرزگی میدانند، تفصیل درجه اول فراموشخانه از قراری است که ذکر شد مطالعه کننده خودرا بدون این زحمات از اهل فراموشخانه بداند دیگر فقره تحبیب است که در غیبت رئیس این کار مقرر گردیده، آن چیزی است بسیار بی معنی که قابل ذکر نیست و چند نفری اسباب مداخل کرده بودند و نفری سه تومان می گرفتند جمعی از آمارد و اجانده این شهر تحبیب شده اند کاتب نمی داند تکلیف خودرا که با آنها نیز سمت اخوت دارد و باید بطور مساوات و اختیار و جماعت حرکت نماید یا خیر این مقصودات ظاهر فراموشخانه بود مقصود باطن بعضی از اهالی فراموشخانه را طوریکه ملاحظه نمود که افشای آنرا تقصیری بزرگ از برای خود می شمارند، بجهت اطلاع عموم مردم عرض نمود و این فقره اخیر محل اشتباه نشود که نکته با معنی در این کار بوده که افشا اسرار آنرا مقتضی ندیده و بجز فتنه و فساد داخل مملکت هیچ مقصود و منظوری ملحوظ نیافتاده واضح این کار با کمال مرحمت که عموم مردم شاهد و گواه هستند از شاهنشاه ولینعمت کل ممالک محروسه ایران دیده باز به خیال خود درباره او کوتاهی شده است اظهار دلتنگی می نمود و می خواست که رتق و فتق امور در قبضه اقتدار او باشد در بدو امر بر مردم مشتبه نمود که برحسب اذن و اجازه دولت بنای این کار را گذارده اند و هیچ تفاوتی با فراموشخانه فرنگستان ندارد.

چندی نگذشت که نتیجه این کار طور دیگر شد و همه فقرات آن منافی با رضای دولت به ظهور پیوست نه اینکه جمع مردم از خیال کلیه و مقصود جزئیه او استحضار حاصل نمودند بعضی اشخاص که از خواص او بودند و مردمان بیکار مفسده جزئیه شناخته بود متدرجاً حاصل این کار را حالی نمود و همیشه میگفت که اگر صد نفر از میان این جمع با خیال من همراهی نمایند از عهده خیال خود بر میآیم، بعد از آنکه خداوند بفضل خود مضمون آیه شریفه مقدسه و لایحیق المکر السبی الا باهله را درباره او جاری فرمود اعمال شنیعه و خیالات مظمنه (مزمنه) کا الشمس فی وسط السماء واضح و لایح گردید از دارالخلافه عزیمت نمود که در جای دیگر اسباب فتنه و فساد شود (مقصود میرزا ملکم خان است) یا جمعی بیچاره مردم دیگر را گرفتار زحمت و مرارت نماید و این غلط مشهور

است میان مردم که هرکس از اهل این کار باشد دیگری را می شناسد این حرفی است بی معنی علامتی چند قرار داده است کسی که اهل این کار باشد به هرکس که رسید و بخواهد معین نماید که این شخص از اهل این کار است دست راست به سمت راست سینه خود می کشد و طرف مقابل اگر از اهل این کار باشد دست خودرا به پیشانی خود می کشد باز این شخص بمناسبت اطمینان که این حرکت بلکه از روی حرکت طبیعی بوده است دست خودرا باز کرده و شصت خودرا بالای بینی گذارده به تقریبی که کسی ملتفت نشود باز طرف مقابل پشت دست خودرا به تقریبی می بوسد این علامت که گذشت بعد سؤال شفاهی می نماید که شما از اهل کجا هستید می گوید یک وقتی پدران ما چادر نشین و از صحراها بودند و حالا شهری شدیم باید اسم صحرائی ذکر شود خواهد گفت کدام شهر می گوید مدینه علم خواهد گفت به چه دلیل می گوید بدلیل اختیار باز دلیل دیگر می خواهد می گوید به دلیل جماعت جواب خواهد گفت قربان جماعت این علامت شناسائی اهالی فراموشخانه است علامت درجات دیگر از این قبیل چیزها است و از برای هرکسی ممکن است با یکدیگر علامت شناسائی بگذارد اگر وضع این کار به جهت انتظام دولت بود که صاحب دولت و مملکت از این حرفه صرفنظر فرمودند و قدغن اکید نمودند بعد از قدغن چرا باز مشغول نمودندو اگر اسباب مداخل بود از حقه بازی و کارهای دیگر بیشتر می توانست مداخل کرد (منظور میرزا ملکم خان است) و اگر بنای ترویج شریعت و امت شریعتی را که شخص کافری مروج باشد چه حالت خواهد داشت اگر چه جماعتی اعتماد و اعتقاد بر عقل وافی و حزم کافی او داشتند و در امورات از او و پدر او (میرزا یعقوب خان پدر میرزا ملکم) مشورت می کردند ولی آدم عاقل صرفنظر از نعمت کلیه ولی نعمت نمی نماید و در مقابل پادشاه قاهر و غالب دکان فتنه و فساد نمی گشاید ای ذره تو در مقابل خورشید بیچاره چه می کنی بدین خوردی (خردی).

درجه اول از قرار این تفصیل بدن کم و زیاد است بخیال این که اگر مصلحت مقتضی شود و امر مقرر شود در میان مردم منتشر شود تا عموم مردم مستحضر شده وقع این کار بکلی تمام شود عرض نمود درج دوم را بطوریکه در صفحه

دیگر عرض نموده است، درجه دوم از قراریست که عرض می نماید تفصیر آنرا نوشت و عرض ننمود از برای عوام مقتضی نیست اما قدری غور و تعمق شود این چند کلمه حاوی بعضی فقرات است که اسباب عدم استقلال دولت است و بزبان عربی ذکر نمود، خانه زاد نیز همانطور عرض نمود تأویل آن خیلی مفصل است که اگر امر مقرر شود بنویسند از این قرار است.

نویسنده گزارش سپس با جملات عربی که معلوم است از زبان آخوند جاری می شود به شرح ده اصل از اصول فراموشخانه پرداخته مینویسد:

المقصود من الجماعته – تسهیل المعاش و تکمیل النفس
و هما یتوقفان علی النظم یتحقق بعشرت اجزا

اول – الاطمینان فی النفس
دوم – الاطمینان فی المال
سیم - المساوات فی الحقوق
چهارم – الاختیار فی العقیدت و الخیال
پنجم – الاختیار فی الشخص
ششم – الاختیار فی الکلام
هفتم – الاختیار فی الکتابه
هشتم – الاختیار فی الکسب
نهم – الاختیار فی الاجتماع و هواس الاساس
دهم – الامتیاز و الرجحان فی الفصیله

خانه زاد این دو درجه را دیده و این درجه دوم اگر تفسیر شود از این درجه معلوم خواهد شد خیالات او علامت شناسائی ای درجه از سؤال از این است اگر کسی بخواهد معلوم کند که فلان شخص درجه دوم را دیده می پرسد چند سال داری طرف مقابل یک لفظ دومی باید بگوید بیست و دو و دو لفظ داشته باشد

علامت دیگر (دو کلمه قلم خورده است) دست چپ جفت نموده در طرف چپ نگاه میدارد.[۱۸۵]

گزارش فوق در اینجا نا تمام است و به نظر میرسد بقیه آن عمداً از بین برده شده زیرا با توجه به اینکه گزارش به شاه داده شده نمی تواند ناتمام بوده باشد. تاریخ نوشتن گزارش باید بعد از ربیع الاول سال ۱۲۷۸ هجری یعنی پس از "اعلان نامه دولتی" باشد – نام نویسنده دانسته نیست اما همانطور که گفته شد سبک نگارش آخوندی و نویسنده خواسته از خود زیاده از حد اظهار فضل و کمال نماید.

علاوه بر گزارشاتی که در مورد "فراموشخانه ملکم" تهیه و به ناصرالدین شاه داده شد، در سال ۱۳۱۸ قمری هجری، بنا به دستور میرزا علی اصغرخان اتابک اعظم، گزارشی راجع به فراماسون ها توسط شخصی بنام "دبیرالملک" (در عصر قاجار چهار نفر ملقب به دبیر الملک بوده اند: ۱- میرزا نصراله شیرازی بدر ۲- احمد حسین فراهانی قائم مقام ۳- میرزا سید محمد حسین نصر ۴- سید مصطفی کاظمی) تهیه و به صدراعظم ایران تقدیم شد.

---

۱۸۵ ـ کتابخانه ملی. بیوتات سلطنتی. قسمت گزارشات و رسالات. تهران

گزارش به اتابک اعظم

فراماسونیگری [۱۸۶]

چنانکه بر حضرت مستطاب اشرف معلوم است در تمام عالم منتشر و امروز به درجه استعداد و استقلال یافته که اگر بخواهند وضع سلطنت یک مملکتی را تغییر دهند استطاعت مالی عظیمی دارند نظر به اینکه کلیه جمع کثیری از اعیان و اعاظم هردولتی هم در جزء آن اداره محسوب می شوند.

مقصود اصلی این شرکت عالم گیر بر همه کس معلوم نیست ولی آنچه که تا بحال فهمیده شده آنست که سعی و کوشش آنها در برطرف کردن دین و مذهب و سلطنت مستقله است.

یک نوع اجرائی دارند به اسم شوالیه کادوش که علامت رتبه آنها دشنه ای است از نقره که بر روی دسته آن مثلثی است با حرف G در وسط آن کواندادینون است یعنی اتحاد عظیم بر روی غلاف آن (ظفر یا موت) منقوش است. ونرابل هر لژی یعنی رئیس بر قسمتی هر آنی که بهر یک از این شوالیه کادوش ها امر به قتل کسی بنماید او مجبور است که سعی تامی نماید از برای کشتن آن کسی که دشمن فراماسونری (گویا منظور فراماسونری گری است. مؤلف) بنظر آمده است و از برای دلیل این مطلب شرح واقعه ذیل کافی است.

ناپلئون سیم خودش فرانماسون (فراماسون) بود. بعد از آنکه به سلطنت برقرار گردید خواست که این شرکت را بر طرف سازد و خیال اورا

---

[۱۸۶] ـ منظور "فراماسونری" است. فراماسونری نادرست است.

ملتفت شده بر شوالیه کادوش مسیو ارسینی حکم شد که امپراتور را بکشد دو روز بعد که امپراطور با امپراطریس و ولیعهد به تیاتر می رفتند هنگام پائین آمدن از کالسکه ارسینی از قهوه خانه روبرو بیرون آمده سه نارنجگ پی در پی انداخت، کالسکه خورد (خرد) شد و یازده نفر آجودان و سرباز هلاک شدند ولی از تقدیر الهی ناپلئون و ملکه با ولیعهد از مرگ نجات یافتند همان شب سلطان مجبور گردید بر اینکه به محبس رفته و به توسط ارسینی از فراماسون ها عذر خواهی نماید و التزام دهد که منبعد دیگر مخالفت و ضدیت با فراماسونگری ننماید از آن ببعد امپراطور را عضو کرده آسوده اش گذاشتند. پادشاه حالیه انگلستان ادوارد هفتم در زمان ولایتعهدی رئیس فراماسون ها بود. همینکه به سلطنت نائل شد مجبور گردید که از فراماسونگری استعفا دهد و متعهد گردد که هیچگونه اذیت و دردسری به آنها نخواهد داد.

شروع و تفصیل تمام قوانین این شرکت خیلی مطّول است همین قدر باید دانست که قوت آنها به منتها درجه است.

اما در ایران چنانکه بر حضرت مستطاب اشرف نیز آشکار است مشیرالدوله مرحوم اساس این مسئله را در تهران بنا کرده به استحکام و ترویج آن پرداخت که شاید بدین وسیله بتواند اشخاص مخالف این طریقه را از عمل و مأموریت صلح نموده و مناحب عمده و دخل کثیره را مابین خودشان تقسیم نمایند ولی چون از دایره پاریس اجازه تحصیل نکرده بودند و خودشان هم علامت نداشتند لهذا در تحت قوانین و علامات فراماسونگری با سی و شش نفر شرکتی ترتیب دادند که به آن هشت نفر از فراماسونهای

فرنگی نیز ملحق گشتند چون در آن اوقات پرنس دادیان[۱۸۷] مفتش کل وزارت خانه ها بود و مستحفظ مخصوص اعلیحضرت همایون و سرتیپ اداره پلیس بود قبل از هرکس از این امر مطلع گشته لازم دانست که به مشیرالدوله مرحوم و جناب حکیم الملک که رؤسای کل بودند اظهار نماید که ببیند هر آینه این شرکت نخواهد برخلاف ملت و سلطنت عمل نماید فوراً به اعلیحضرت شهریاری و حضرت مستطاب اشرف اطلاع داده تمام اعضاء را دستگیر خواهد نمود. جناب حکیم الملک و مشیرالدوله فوراً به حضور مهر ظهور همایون مشرف شده پرنس دادیان را از شغل و کار خود معزول نموده بطوریکه مجال و فرصت ندادند شرحی از این مقدمه بعرض برساند و هرگاه توجه و مرحمت حضرت مستطاب اجل اکرم نبود مستعد این بودند که اورا اخراج بلد نمایند یا اینکه به کشتن دهند و باین واسطه بود که تا امروز هم بدون یک شغل و مأموریتی بحالت فقر و پریشانی به سر میبرد. در این سفر میمنت اثر همایونی اجزائی که در رکاب مبارک بودند با دایره گراند اونیون (گراند اوریان است) ربط بهم رسانیده مهر و علامت تحصیل نمود و شرکت مزبور را بر یک پایه مستحکم قرار داده بعد از مراجعت به ایران برخلاف دولت و مملکت رفتار نمودند تا خیانت به اعلیحضرت شهریاری نمایند و مساعی کلیه آنها بر این بود که حضرت مستطاب اشرف را از امورات مملکتی خلع نموده ما بین اعلیحضرت اقدس همایونی و آن پرستار امین ایرانی جدائی انداخته مقاصد خودشان را به انجام برسانند. بعضی از آنها دستگیر شده بعضی مغضوب گشته اما اکنون عده این سی و

---

[۱۸۷] - پرنس دادیان شاهزاده ارمنی قبل از قتل عام ارامنه عثمانی ریاست انبارهای دولتی را در استانبول عهده دار بود. همزمان با کشت و کشتار ارامنه به ایران گریخت و به اتابک اعظم که مادرش ارمنی بود متوسل شد و اتابک پای اورا به دربار ایران باز نمود. پرنس ارمنی همسری زیبا روی داشت و شاید بهمین علت نردبان ترقی را بسرعت پیمود و به ریاست نظمیه رسید.

شش نفر چنانکه ذکر شد غریب به ششصد و هفتصد نفر رسیده است و خیال دارند با جماعت بابی ها همدست و متحد گردند و اگر این مطلب سر بگیرد خدای نخواسته دولت ایران بکلی منهدم خواهد گشت با اینکه حضرت مستطاب اشرف بحمد الله عقل کل می باشند چون محض افتخار جان نثار عقیده شخصی از فدوی خواسته اند لهذا جسارت ورزیده معروض می دارد.

باید بدون تأمل و درنگ شخص امینی را سرتیپ کل وزارت نظمیه قرار داد که خود او به امور پلیسی مربوط باشد و فرنگی بودن این شخص ثمری نخواهد داشت چرا که غالباً فراماسون هستند و تا اینکه از تمامی اوضاع و ترتیبات مملکت و معرفت به حال مردم و مخصوصاً تقلبات واقفه را بدقت و فرصت درک و ملتفت بشوند اقلاً سه چهار سال وقت لازم است. باید نظمیه را کلیتاً مرتب کرد پلیس مخفی و کنترل پلیس داشت که صحت راپورت های مرسوله را تحقیق نمایندکه بی جهت اذیت به مردم بیگانه و بیگناه نشود، باید ازچگو.نگی و چکاره بودن و شخصیت کسانیکه از فرنگ رفت و آمد می نمایند دانسته شود و متدرجاً باید از رعیت اخذ اسلحه نمود.

به تمام اعمال و اقدامات فران ماسونی ها و بابی ها و ازلی ها میبایست یک به یک سیر و غور شود بدون اینکه یک نفر دستگیر نمود و آنها را در یک قلعه و محبسی در هنگام اجتماع با اسناد و مهر و علامات و غیره دستگیر نمایند و تا بکلی شیوع و کثرت بهم نرسانیده اند باید جلوگیری از این امر بشود و برای تمام این اقدامات در سال شش هزار تومان کافی است و به خوبی اداره خواهد شد. بعقیده فدوی این وسائل را که معروض داشت اگر بزودی انجام نگیرد نه فقط خطر بزرگی برای دولت ملحوظ است بلکه

خدای نخواسته خطر عمده از برای وجود مبارک شهریاری و حضرت مستطاب اشرف محتمل است.

پلیس و مستحفظین حالیه به هیچ وجه کفایت لازمه را از برای دفع این مخاطرات ندارند و باید دانست که شخص نه تنها بواسطه خنجر یا طپانچه بقتل می رسد بلکه ممکن است گماشته یا پیشخدمت کسی را تطمیع نموده دارو یا سمی در خوراک یا مشروب او داخل کرده شخص مطلوب را به هلاکت برسانند و از اینگونه وسائل بسیار است مخصوصاً ترتیب و تکمیل پلیس از برای شخص اعلیحضرت همایونی خیلی واجب است و اهمیت تامه دارد چنانچه حضرت مستطاب اشرف مسبوق هستند که سالسون که در پاریس به اعلیحضرت همایونی تیر انداخته این اواخر در مجلس فوت کرد طبیعی است که از رفقای آنارشیست او چند نفر به ایران آمده بخواهند تقاصی از مرگ او بنمایند و کسی که از آمریکا به پاریس میآید بدیهی است که از پاریس به آسانی به ایران خواهد آمد و پلیس بی کفایت حالیه چگونه می تواند تفتیش و کشف اینگونه مسائل را بنماید اگر چه لیلاً و نهاراً دعا گو و از حضرت ایزد متعال استقامت و دوام عمر اعلیحضرت شهریاری و حضرت اشرف را خواهانیم و امیدواریم که خدای تعالی خودش این دو موجود مبارک را از هرگونه آفات و مخاطرات محفوظ خواهد داشت ولی مهماً امکن طریقه احتیاط را نباید از دست داد علاج واقعه را پیش از وقوع باید کرد. امر امر مبارک است.

رساله فراموشخانه

جناب آقا   داستان فراموشخانه البته به عرض شما رسیده است، جمعی در تحقیق این مسئله متحیر مانده اند، بعضی میگویند اوضاع کفر و اسباب ضلالت است، برخی می گویند مایه تکمیل انسان و منشع نظم عالم است، فرقه ای رفته اند هیچ نمی گویند، گروهی نرفته اند تفاصیل غریب بیان می نمایند، از آنجائی که کشف دقایق علوم و تقدس ایجاب واجب شده است و من این مقامات را به تفصیل تمـام دیده ام الان آنچه خـود یافته ام و آنچه دیگران تقریر می نمایند کلاً معروض حضور عالی میدارم.

اشخاصی که از حقیقت ایـن دستگاه فی الجمله معرفتی حـاصل کرده اند همه بر این ادعا هستند که معنی دین و قوام دولت در اسرار این دستگاه است ولی اشخاصی که از این دستگاه بجز مجهولات جهل چیزی نیافته اند منکر این اقوال و مدعی اقسام ایرادات شده اند، اول بحثی که دارند اینست که اولیای ما چرا از این مقدمه خبر نداده اند و دور نیست این ایراد در نظر جمعی صحیح می نماید ولی من در صحت این خبر تشکیکی دارم.

اولاً از کجا می دانیم که اولیای ما بی خبر از این سر بزرگ بوده اند. شاید این مطلب را به هزار قسم بیان کرده اند و ما ملتفت نیستیم و شاید وقتی به اصل معنی برسیم یا خود اعتراف کنیم که این حقیقت بزرگ در نظر ارباب بصیرت همیشه مکشوف بوده است. ثانیاً بالفرض هم در کتب ما از این مقدمات هیچ خبری نباشد، سکوت گذشته به جهت حقیقت حاضر هرگز دلیل بطلان نخواهد بود.

شکی نیست جمیع عالم بشری و کل رموز معرفت در نظر انبیاء و اولیاء مشهود بوده است ولیکن این نیز مبرهن است که به اقتضای حکمت

بالغه نخواسته اند جمع معارف مخفیه را در عهد خود بروز بدهند، چنانچه نه از تلغراف نه از تصویر نه از مغناطیس حیوانی نه از ینگه دنیا و نه از هزار حقیقت دیگر خبر نداده اند پس معلوم است سکوت اولیاء بریک علم دلیل تقدم آن نخواهد بود، در صورتی هم از این سیر بزرگ هیچ اشاره نکرده باشند این معنی ابداً خللی به حقیقت ما نخواهد رسانید و آن اشخاصی که می گویند چون این دستگاه از فرنگستان آمده است بهمین دلیل باید منکر و مخرب آن شد به اعتقاد بنده در این تحقیق خود دو سهو بزرگ دارند.

اولاً در صورتی هم این مطلب واقعاً از فرنگستان آمده باشد این معنی به هیچوجه موجب نقص مطلب نخواهد بود زیرا که عینک را حکیم فرنگی اختراع کرده است و امروز بر چشم مقدسین اسلام اسباب قرائت قرآن شده است. ثانیاً حقایق بزرگ را نه در خاک فرانسه می کارند و نه در کارخانه انگلیسی می سازند. آفتاب معرفت اقلیم مخصوص ندارد و شعاع حقیقت از هر گوشه که بروز کند اصل و منشاء آن یکی خواهد بود و اگر ما فی الجمله بصیرتی داشته باشیم خواهیم دید که حقیقت این اسرار نه مال فرنگ است نه مال هندی نه زمان معین داشته و نه مکان مخصوص.

این یک حقیقت است که از اول خلقت عالم تا بحال طبیعت را از انوار خود مملو دارد و اگر از ما کسی ندیده است از عدم بصیرت بوده نه از فقدان حقیقت لاکن من از این ایرادات و غفلت جهال چندان تعجب ندارم، حیرت من در این است بعضی اشخاص دیگر که خودرا از کملین قوم میدانند وقتی که از تحقیق این اسرار عاجز می مانند عجز خودرا مبدل به تغیّر می کنند و با کمال اطمینان حکم می نمایند که این سر کفر محض است به علت اینکه هرچه ما می پرسیم به ما نمی گویند. انصافاً به جهت رد مطلب بهتر از این دلیل نمیتوان اقامه کرد، من تا بحال نفهمیده بودم که

اخفای مطلب جزو کفر بوده است و در دنیا هزار صنعت و علم هست که تعلیم آن مشروط به کتمان است و شنیده بودم که جمیع انبیاء حکماً حتی معلمین و استادان فنون بعضی از رموز علم خودرا نمی آموختند مگر بشرط کتمان و خیال می کردم که اگر علمی داشته باشم مختار خواهم بود که علم خودرا پنهان کنم یا بنا به یک مصلحتی در نزد دیگران به ودیعه بگذارم. حالا از قراری که حضرات کملین می گویند این اعتقاد من کفر محض است و من تعجب دارم که صاحب این اسرار به چه خوبی و به چه زودی خودرا از آلایش این کفر مبرا ساخت زیرا که می بینم که سر خودرا به چندین هزار نفر بروز داده است، هرگاه سر خودرا منحصر به فرقه ای مخصوص می ساخت بازار آلایش کفر بکلی مستخلص نمی شد ولیکن از حسن اتفاق هیچ صنفی نیست که مسئولین آنرا خواه سید خواه عالم خواه امیر و خواه تاجر محرم اسرار خود نساخته باشد و الان هم می گوید سر خودرا از هیچکس پنهان نخواهم کرد هرکس می خواهد بیاید و ببیند. از اطراف می شنوم که محققین ما فریاد می زنند که اگر صاحب این اسرار راست می گوید پس چرا جوان است؟ چرا ریش ندارد؟ چرا در لباس علم نیست؟ چرا دشمن معنی ندارد؟

سرکار آقا از خود شما می پرسم در مقابل این نوع ایرادها چه میتوان گفت؟ صاحب این اسرار کی گفته است بیآئید شخص مرا اسیر کنید؟ ما با ظاهر چه کار داریم؟ فرض میکنم که یک چرخی که در هند ساخته اند و آورده اند اینجا حرف می زند، چیزی که برما لازم است اینست که به حقیقت مطلب او برسیم ما به هیچوجه حق نداریم که قبل از تحقیق مطلب ظاهر چرخ را دلیل بطلان معنی قرار دهیم، تلغراف را از فرنگستان همین شخص محقر که ریش ندارد آورده است حال اگر شخص او هزار عیب هم

داشته باشد از فوائد تلغراف چه کم خواهد شد؟ باری معنی حقیقت نه در دفتر حراماتست نه در آلایش لباس و نه در اغلاق (دشواری) کلام و اگر صاحب چنین بصیرتی باشیم که حقیقت را در هر لباسی و در هر زمان بشناسیم خواهیم دید که هیچ صورت و هیچ لباسی منافی حقیقت نیست و در هیچ مقام نباید از روی ظاهر حکم نمود که اگر جنابعالی دقایق این مقامات را درک نمائید و در اقوال مدعیان فی الجمله تأملی فرمائید از جهل این غریق حیرت و به رضالت صاحب این مقامات مملو ترحم خواهید نمود. چه بحث ها و ایرادات دارد که من از اظهار آنها خجل و عاجز مانده ام. مثلاً مؤسس این دستگاه را مورد طعن و لعن می سازند که چرا دو نفر فاضل که سابقاً تشنه خون هم بوده اند حال نسبت به هم محبت می کنند. فلان واعظ هزار سال جمعی از معقولین را لعن می کرد از روزی که محرم این اسرار شده دیگر از کسی بد نمی گوید پس معلوم شده است که صاحب این اسرار کافر است و مردم را بی دین می کند، از همه غریب تر اینست که میگویند فلان شخص مقامات شما را سیر کرده و باز معصیت می کند.

ای آقای محترم ما کی ادعا کردیم که سیر ما اسباب معصومی است. وضع حمام به جهت پاکی و طهارت است و ما روزی هزار نفر می بینیم که پس از غسل باز مرتکب هزار معصیت و کثافت و نجاست می شوند پس باید صاحبان حمام را تکفیر کرد؟

سیر این مقامات اسباب تکمیل انسانی است و لاکن هرکس به اندازه استعداد بهره می برد و بعضی خوب می شوند و برخی بهتر می شوند، بعضی زندگی تازه حاصل می نمایند و اگر هم فرضاً کسی هیچ ترقی نکند قطعاً تنزل نخواهد کرد وانگهی معایب اسرار سیر چه ربطی به اصل خواهد داشت. یقین در دنیا بزرگتر از اسلام حقیقتی نیست و بلاشک از تأثیر نفس و از

برکت وجود جناب ختمی مآب صلی اله علیه و آله بالاتر مربی نبوده است با وصف این همان اشخاصی که شب و روز در خدمت حضرت بودند ما آنها را اخس (فرومایه ترین) اشقیا می دانیم. پس معلوم می شود که نقص استعداد متألم موجب انکار حسن مدرسه نخواهد بود.

حضرات محققین بعد از آنکه از این ایرادات بی معنی خسته و خجل میشوند بجهت تسلی خود با مناعت تمام می گویند بلی زیاد اصرار کرده اند که مارا ببرند ولیکن ما نرفتیم زیرا که دین آدم را می گیرند. بجهت آسایش خاطر ایشان عرض میکنم که در این باب بکلی آسوده باشند. هیچکس در خیال آوردن ایشان نبوده است. بهمین دلیل که ایشان ندیده میفهمند و نرفته می دانند و چیزی که محقق این دین است که چند هزار نفر از ارباب کمال با نهایت اصرار طالبان این سیر شدند و به چندین جهات برای ایشان میسر نشد اما آن اشخاص که به جهت دین خود ترسیدند و نزدیک آن نیز نرفتند کار بسیار بجائی کردند بعلت اینکه دینی که بتوان در نیم ساعت ضایع کرد دین نیست و تا کسی دین محکم نداشته باشد در این سیر راه نمییابد. واقعاً ملاحظه بفرمائید اختلاف عقول انسان تا به چه پایه است دوهزار نفر عالم و متدین و ارباب هر نوع کمالات می روند یکجائی و هیچ نمی فهمند که در آنجا دین و ایمان خودرا به باد داده اند و یک نفر آدم هنوز نرفته و هنوز ندیده فلفور می فهمد که آنجا دین آدمی را میگیرند و اگر کسی برود کافر خواهد بود، حیف که من نسبت به هیچکس حق مواخذه ندارم و الا از این نوع اشخاص چند سؤال نموده و می گفتم آقای دینـدار از کـجا فهمیده اید که دین آدمی را میگیرند و آن اشخاص که رفته اند دین ایشان چه کم شده است از حالت فلان امام چه نقص میبیند عقل و دین خودرا به چه سند بر عقل و دین این همه اشخاص معتبر ترجیح

می دهید اگر این حضرات از اول نفهمیده رفتند پس چرا بعد از فهمیدن اولاد و دوستان خودرا از این منع نکردند. ما می بینیم که پدر هرکه رفت بلا تأمل پسرش را فرستاد، هر ذی شعوری بیرون آمد فی الفور خواست برادرش را داخل کند.

حتی جمعی را دیدیم که اول منتهای انکار و عداوت را نسبت به این سیر داشته و بعد وقتی رفتند دیدند بیش از همه کس در تقویت آن مبالغه نمود، از این دلایل مبرهن است که حقیقت این مقام باید ورای آن باشد که شما تصور کرده اید، وانگهی خود شما تصدیق دارید که این سیر را ندیده اید و از آنطرف کسانیکه دیده اند کلاً مصدق و مقوی اینکار هستند پس حرف شما چیست؟ شما که علم قطعی ندارید چرا حکم بر مجهول مینمائید. هرگاه می گوئید یک آخوند نا معروف آمده کیفیت را نقل کرده است. . . اولاً از کجا که رفته باشد، ثانیاً از کجا که چیزی درک کرده باشد، ثالثاً از کجا که حقیقتش را به شما گفته باشد، رابعاً قول او از کجا ترجیح داشته باشد.

بقول هزاران مسلمان دیگر از یکطرف می گوئید این عمل کفر است بعلت اینکه مطلب را بروز نمی دهند از جانب دیگر می گوئید ما از روی علم میدانیم کفر است به سبب اینکه مطلب را بروز نداده اند، معنی و عمق این دلیل بر همه کس معلوم است چیزی که بهیچ قسم بر من معلوم نمیشود اینست که به این نوع دلایل چقدر علم و تقدیس باید تا شخص با کمال آرامی فتوای قتل چندین هزار مسلمان را بدهد و آنهم چه نوع مسلمان، اشخاصی که برحسب عقل و علم و دیانت و هرنوع فضیلت مشهور کل ایران و نخبه اعیان دین و دولت اسلام محسوب می شوند. شما که اینهمه اشخاص محترم را به این آسانی تکفیر می کنید اولاً بفرمائید تقصیرشان چه بوده

است، چه جرم و گناهی از ایشان سر زده است، کدام حرام را حلال کرده اند و کدام حلال را حرام ساخته اند، و از اصول شریعتی چیزی منکر شده اند؟ نه خیر- حرفی که خلاف شرع باشد از دهن ایشان بیرون آمده است؟ نه خیر- عملی که خلاف شرع باشد از ایشان صادر شده است؟ نه خیر- از کسی بد گفته اند؟ نه خیر- به کسی بد کرده اند؟ نه خیر- پس آخر چه گناهی کرده اند که به این اطمینان خاطر فتوای قتل ایشان را میدهند. بلی- گناه و کفر بزرگی که از ایشان صادر شده اینست که نفاق و عداوتهای سابق خودرا فراموش کرده اند و حال می خواهند نسبت به همدیگر از روی محبت رفتار نمایند.

ای مسلمانان متدین با این ایراد خود خوب تأمل فرمائید ببینید اگر اتحاد ما بیشتر است یا کفران اشخاصی که اتحاد مسلمانان را منافی اسلام می دانند و رفع نفاق را اسباب تکفیر مسلمانان می سازند. بلی- هرگاه مسلمانان ما با کفار اتفاق می کردند دور نبود که ایراد شماها بجا میشد ولی هزار نفر مسلمان شاهدند که این عمل با کفر خارجه هیچ ربطی ندارد و اگر اتحادی است میان خود مسلمانان است. ظهور کل انبیاء و وضع جمیع اولیاء بجهت تمهید مواسات و الفت عباد بوده است بنیان اسلام به خصوص بر مسائلت و اتحاد است جمع حرکات و اقوال ختمی مأب شاهد و مقوی این حقیقت است و آن کارهای بزرگ که در صدر اسلام به ظهور رسید کلاً از یمن مواسات و اتحاد مسلمین بود، با وجود این حال اشخاصی که خودرا رئیس اسلام می دانند اتحاد و مسالمت مسلمانان را مستوجب قهر و غضب دولت می سازند، معایب و خرابی های نفاق ما عالم را گرفته است و هیچ روزی نیست که بر مصائب نفاق ما گریه نکنیم با وصف این به محض اینکه در میان مسلمانان بوی اتفاق می شنویم فی الفور کمر به قتل این ملاعین به

میان می بندیم و می افتیم به در خانه حکام که ای وای اینها کافر شده اند. ما از روی عقل کاملی که خدا به ما داده است و به هیچکس نداده است میدانیم که اتفاق مردم کار بسیار بدی است. بلی- شما درست فهمیده اید ولی گویا این نکته را درست ملتفت نیستید که از اتفاق عامه ممکن نیست که بجز خیر و مصلحت عامه جمیل بروز نکند. آن اتفاقی که شما شنیده اید بد است آن اتفاقی است که در میان اسرار یا در میان یک گروه مخصوص به جهت یک قصد مذموم حاصل شود هرگاه ذره های این شهر با هم متفق بشوند البته از برای ما حسنی نخواهد داشت ولی وقتی می بینیم که در میان یک طبقه عموم عقلا و ارباب کمال و علمای دین و امرای دولت و معارف هر صنف و اخبار هرگروه باهم متفق می شوند در صورتیکه هم اشرار کل طایفه را شریک خود بسازند باز باید قسم خورد که مقصود اتحاد ایشان نیست و نخواهد بود، مگر هرگز در دنیا اتفاق نیافتاده است که ده نفر آدم معقول شریک یک چنان فاسد بشوند و اگر مدعیان فی الجمله شعور و انصاف میداشتند، بی آنکه ما گوئیم درک می نمودند که اینهمه اشخاص معروف از برای قصد بد جمع نشده اند و یقین یک مصلحت کلی و یک خیر عامه در این مطلب دیده اند که با وصف سرزنش و صدمه عارضه باز این شدت مقید و مقومی این کار شده اند حیف که از حقیقت این مجمع نمی توانم رمزی بیان نمایم و الا اشخاصی که منکر این حقیقت شده اند اعتراف می نمودند که بواسطه جهل انکار خود خائن دین، خائن دولت و هم خائن شخص خود بوده اند، در میان مدعیان یک گروهی هم هست که خیال می کنند خدا ایشان را از یک سرشت مخصوص آفریده است و چون اوضاع و لباس خودرا رنگین تر از دیگران می بینند چنان تصور می نمایند که در صفات معنوی هم بر سایرین امتیاز دارند. این حضرات خود پسند که جمیع نعمات دنیا را حق

خود میدانند توقع داشتند سرِ ما نیز مخصوص ایشان باشد و چون بواسطه همین حالت خودپرستی از سر این مقامات محروم و مردود واقع شدند حال بجهت رفع منقصت خود همه جا خیر این سر قابل اعتنای ما نیست بعلت فلان شخص نه صاحب منصب است نه پدری دارد که اسمی داشته باشد این سر را دیده است و به همین دلیل جای بی معنی است، عقل من در این ایراد بجائی نمی رسد تا اینقدر میدانیم اگر این دلیل حضرات صحیح باشد ما باید از نزدیکی مساجد مسیح عبور نکنیم به سبب اینکه هیچ فاسق و نا نجیبی نیست ک به مسجد نرفته باشد.

ما در فارسی شریفتر از شاهنامه کتابی نداریم هر دهاتی بلکه هر دزدی از اشعار آن حفظ دارد، پس دیگر معقولین ما باید این کتاب را هرگز باز ننمایند و لکن این فقره از حسن اتفاقات پر واضح است که عیب مسیح طلبه شرف مسیح علمی را زائل نکرده است، گذشته از این ملاحظات شما بفرمائید که این حضرات صاحب شأن در معنی چه امتیازی بر نوکرهای خود دارند، آسمان کی شرط کرده است که اسب عربی و لباس ترمه در هر مقام اسباب تفوق باشد، بلی هرگاه معنی انسانیت موقوف به القاب و بسته به اوضاع ظاهری بود این ایراد حضرات بسیار صحیح می شد اما چه کنم که اولیای این مقامات نه حمایل سرخ نه رشته طلا نه نوکر زیاد و نه هیچیک از این اسباب را که ما مایه و دلیل عقل و قابلیت می دانیم سند استحقاقی قرار نداده اند بلکه معنی انسانیت و استعداد حقیقی را اغلب در لباس فقر و پریشانی و ذلت سراغ داده اند و فخر دستگاه ما در حسن این نکته است که عقل و جوهر انسانی را در هر لباس که مخفی باشد بمنصه ظهور میرسانند و هر نقصی که به ظواهر جلال آراسته باشد فی الفور مکشوف و اسباب عبرت می سازد، چنانکه از آن اشخاص که برحسب اوضاع ظاهری از معقولین

صاحب شأن محسوب می شوند در سیر این مقامات نقص قابلیت خودرا به نوعی ظاهر دیدند که در کمال خفت و اضطراب فرار نمودند و جمیعی دیگر که بواسطه عدم اعتبارات متداوله محل اعتنای هیچکس نبوده اند صفای باطن و جوهر ذاتی به قسمی جلوه نمود که موجب حیرت و محل ارادت جمعی واقع شدند با وصف این تفصیل تصور نفرمائید که هرنوع شخص در این مجمع راه یافته باشد راست است جمیع کثیر این اسرار را سیر کرده اند و لیکن نه چنین است که کل ایشان واقعاً صاحب مقام واحد باشند، سیر فلان حکیم و تماشای فلان جوان البته یکسان نبوده است، فوائد و عظمت این مقامات بخصوص در حکمت یک ترتیبی است که عقل در تصور آن حیران است، در ظاهر چنان می نماید که هرنوع اشخاص وارد این مجمع می شوند و لیکن در حقیقت ورود ایشان بجهت تشخیص مراتب استعداد ایشان است که بعد به اقتضای استحقاق معنوی هرکس یک مقام مخصوص پیدا می کند و بواسطه این ترتیب حیرت انگیز اصحاب معرفت و ارباب کمال منتخب میشوند و به تدریج به مقامات عالیه میرسند بی آنکه اصحاب مقامات به این ملتفت بشوند بی آنکه صورت وحدت مجمع خللی بیابد حال با وصف چنین ترتیب ورود فلان جوان به مجمع ما از معنی درجات عالیه چه کم خواهد کرد. باری من با اغراب ارباب حسد و با غفلت امنای زمان کاری ندارم کار من باعقل و علم جنابعالی است و حال از انصاف شما یک سؤال مینمایم، هرگاه در دنیا شخصی پیدا بشود که بدون هیچ ادعا و بدون هیچ خلاف شرع نفاق را از میان مسلمانان مرتفع بسازند و غیرت این دولت را بیافزایند، کبر و نخوت بزرگان را کم کنند، عجز ضعفا را اسباب تسلی بشود به یک اشاره منازعات چندین ساله را رفع نماید و در مجلسی واحد کین و عداوت را مبدل به صفای اتحاد کند و جمعی را از آلایش معاصی مصفی بدارد بد آنرا

خوب و خوبان را خوبتر و عموم قلوب را مایل به عدل بسازد و بواسطه اتحاد بزرگان و عقلای قوم اسباب نجات دین و دولت را فراهم بیاورد آیا چنین شخصی موافق مذهبی که داریم مستوجب چه نوع عقوبت خواهد بود و هــرگاه کسی وقوع این نــوع نظریات را منکر بشود و تمام شهر را شاهد می آورم که تأثیر سیر ما بیش از اینها بوده است، چنانکه جمعی از اثر و نتایج این نظریات به نحوی متعجب ماندند که ظهور این تأثیرات را حمل به شـهر نموده و مـا در این شهر گروهی را دیدیم که از یکطرف مارا تقبیح می نمودند که تحمل شما بی معنی و بی حاصل است و از جانب دیگر مارا تکفیر می کردند که چرا عمل شما اینقدر تأثیر داشته باشد که عداوتهای چندین ساله را در نیم ساعت مبدل کمال اتحاد نماید.

خلاصه مجهولات و ایرادات ارباب غرض را بیش از این شرح نمیدهم و بجهت ختم عرایض خود قسم می خورم بذات پروردگار عالم و سوگند یاد می کنم به دینی که می پرستم بحق جناب خاتم انبیاء و به حق ائمه هدی (ص) و به حق کل انبیاء عالم که مقصود اسرار ما بقدر ذره ای منافات شرعیت اسلام ندارد بلکه آنچه گفته ایم و آنچه کرده ایم کلاً بجهت تقویت و مزید رونق اسلام بوده است و نیز قسم می خورم و بجهت اثبات قول خود پانصد نفر مسلمان عادل را شاهد می آورم که در این مجمع اسراری بجز معقولیت، بجز دینداری، بجز دولت خواهی و بجز صلاح مسلمانان هیچ خیالی نبوده و نخواهد بود. پس از همه عرایض یک نکته هم عرض می کنم که اگر سهل نماید سهو خواهد بود محققاً و مسلماً آنچه از این اسرار خدمت شما عرض کرده اند یا دروغ است یا نفهمیده گفته اند که در این مطالب یک معنی است که هر وجود قابل فهم آن نیست به حق خدا که اگر رمزی از حقیقت این مطلب بسمع شما برسد هم به حکم دین و هم به حکم عقل

آنچه دارید صرف پیشرفت این مجمع خواهید کرد و خیر دنیا و آخرت را در این کار خواهید دید و تا عمر دارید تأسف خواهید خورد که چرا تا بحال غفلت کــرده اید و چنین مطلب بـزرگی را از روی فهم جمال تحقیق فرموده اید، مطلب ما مسلماً قابل تأمل و الطفات شما هست، شما در رؤس نکته چندان تعجیل نفرمائید، بطلان مسئله را اندکی بشکافید و آنوقت ببینید از تصویرات حکم علی الاطلاق چه رمزهای نگفتنی بوده است.

من آنچه باید بگویم گفتم حال وقت تحقیق شماست و السلام خیر ختام .

در پایان "کتابچه فراموشخانه" پاسخ یکی از اهالی تبریز چاپ شده که ناتمام و بدون امضاء است. اما از شیوه نگارش پیداست که از خامه یکی از آخوندها تراوش کرده است.

بسم الله و الحمد الله و الصلوات علی محمد و آله

در این تاریخ کتابچه از میرزا ملکم درباب فراموشخانه به نظر رسید که به یکی از علماء نـوشته چـون این دستگاه مـایــه حسرت بسیـاری از بی وقوفان شده و در نظر جمعی از ضعفا عظمی بهم رسانده و هرکس در این باب قصه می راند و افسانه می خواند جمعی نیرنگش می شمارد و قومی سحرش می پندارد لهذا دوست داشتم که شرحی از این فقره بطور اشاره در این چند ورق به نگارش آرم تا ارباب فطانت بدانند که اینگونه عمل ها ربطی به عالم انسانیت و کمال نفسانی ندارد بلکه اصل این اساس مأخذش امری است که درطی نگارش اشاره بر آن خواهد رفت پس عرض می شود که هر عاقلی را که قائل به وجود صانعی است ناگزیر است از اقرار بر اینکه باید آن صانع حکیم چنین عالمی را آفرید باید طریق تحصیل آن نتیجه را

نیز برایشان تعلیم نماید و این معنی بصورت آن صانع یاد گرفته به مردم تعلیم نماید و قوانین آنرا در میان آنها اجرا کنند چه جمیع مبدأ بی واسطه ندارند و آن اشخاص کامل عقل عبارت از انبیاء و اولیای ایشان است و آن طریقه عبارت از قوانینی است که به مقتضای استعداد هر عهدی به مکلفین آن عهد تکلیف عمل آنها را نموده اند و واضح است که هیچ پیغمبر و ولایت خود امر کرده به اتحاد و مواخات و اتفاق و مواسات در میان خودشان و منافع و ثمرات این عمل بر هیچ عاقلی پوشیده و پنهان نیست و حاجت به تفصیل ندارد چه هیچ ملتی و دولتی قوام نگیرد مگر به اعمال این قانون شریف و هیچ دولتی و ملتی پامال نمی شود مگر به اخلال در لوازم آن بالجمله الفت و اتحاد امر است که هیچ عاقلی انکار محسنات آنرا نتواند کرد ولی نه در هر جا و نه با هر کس چه اگر فضا تأسیس این قانون بجهت حفظ دین مخصوص بوده باشد و قومی که مخالف با آن دین و دایم در صدد تخریب آن کیش و آئین هستند خواهند اخلالی در بنای آن نمایند بدیهی است که در اغلب موارد و مصلحت حفظ آن کیش مقتضی این خواهد بود که مخالفین را به معارضه و جنگ و قتل و نهب و امر دفع نمایند و الفت و دوستی با آنها مخل این معنی خواهد بود و همین معاشرت و مؤانست با آنها المجاسته مؤثره بسا مایه سستی در اعتقاد به آن طریقه می شود چنانکه در بعضی از ابنای زمان خودمان که معاشرت با ملل خارجه کرده و می کنند این معنی را برأی العین مشاهده می کنیم و ظاهر است که این معنی اولاً منافات تمام با تأسیس آن کیش حق که از جانب خداست دارد و ثانیاً منافات با قوانین دولتی که اساسش مبنی بر آن کیش خاص است دارد چه بعد از آنکه تعصب دینی از میان برداشته شد حکومت فلان پادشاه اسلام مثلاً با حکومت فلان پادشاه فرنگی است بحال رعیت چندان تفاوتی نمیکند

و اگر فرضاً به آن پادشاه اسلام دشمنی از ملت خارجه رو دهد عساکر و رعیت آنقدر جانسپاری در حفظ او نمی کنند و در این معنی پرواضح است پس مواسات و مؤاخاتی که مطلوب است همان که در میان اهل خود مذهب خاص باشد مگر در مقاماتی خاصه از بابت ضرور است که در آن حال بقدر دفع ضرورت مدارا و مماشات و متركه با ملت خارجه موافق شرع و عقل هردو است پس قانون الفت و اخوت و مواسات امری نیست که تازگی داشته باشد و از برای کسانیکه متدین به شریعت حقه هستند همان امر پیغمبرشان و تأکیدات و مواعظ حفظ آن شریعت در عمل به این قانون کافیست چون این مقدمه معلوم شد تعرض به امر فراموشخانه کرده عرض می کنم که اما انکار اشخاصی که این دستگاه را ندیده و نشنیده اند محض غلط و بی معنی است زیرا که از بابت تیر به تاریکی است و همچنین حدسهائی که می کنند از قبیل حمل بـه سـحر و شعبده و نیرنگ تصرف در خیال یا چشم همه حرف هائی است لاطائل و مأخذی ندارد و لیکن به آن عظم و اعتبار و صوری (وقار) هم که اصحاب این دستگاه بنظر مردم میدهند نیست بلکه کاری است لغو و عبث و اگر خوف بعضی امور نبود این حقیر که پی به حقیقت آن برده بی آنکه آن دستگاه را مشاهده کرده باشد وضع این اساس را بالصراحه به تحریر می آورم تا بی خبران از نگرانی خلاص شده وبال این جور کارهای لغو نروند ولی اینجا به اشاره بعضی کلمات عرض میکنم که اصحاب این کار اگر نظر بر آن نمایند میدانند که به هوای نفس نیست بلکه به سر مخفی خورده عرض می شود در حکمت شرع ما و سایر شرایع الهیه مبرهن است که جبن و وحشت که آنرا واهمه می نامند از جنود (لشگر) جهل است و همواره معارضه با عقل دارد آیا نمی بینی که چون شخص ضعیف النفس در تاریکی داخل خانه می شود که روز درش را خود با قفل

محکمی بسته و از هیچ سمتی مدخلی ندارد و عقلش حکم می کند که در این اطاق کسی نیست با وجود این از آنجا وحشت می کند و تصور می نماید که کسی در اینجا قائم شود و اورا صدمه خواهد زد و نظایر این بسیار است پس هر قدر که قوه واهمه به ایشان غالب شود به همان قدر عقل او در آن حین مقهور می شود و بسا می شود که مایه استتار عقل بکلی تیره و حالت جنون دائمی پیدا می کند و دائم از آن چیز که سبب واهمه آن شـده ترسان و لـرزان می باشد چنانکه در نفوسی که به این مرض مبتلا شده اند محسوساً دیده می شود و به حکم این مقدمه اگر غریبی نزدیک شهری بیاید و یکی از اهالی آن شهر در پیش دروازه به او بگوید تو که میخواهی همراه من داخل شهر بشوی و اگر آن شهری فرضاً اطمینانی به او بدهد که اختیار این شهر دست من است و من نخواهم گذاشت که صدمه به تو برود ولی این معنی از باب احتیاط است و آن شخص به قول او واثق شده خواهد کورانه و چشم بسته داخل آن شهر بشود لامحاله کمال انقطاع از هر طرف حاصل کرده امید خودرا به آن شهری می بندد و او بعد از آنکه اورا بدین منوال داخل شهر کرد در آن حالت هرچه به او تکلیف کند به کمال طوع و رغبت قبول میکند چه نجات خودرا در دست او میداند و چون واهمه کمال غلبه را دارد و عقل در آن حالت مغلوب است و حسن و قبح بعضی امور را درست ملتفت نیست لهذا اگر فرضاً آن شهری به او بعضی حرف های لغو و بی معنی هم در آن حال تلقین کرده و به او بگوید که اگر عمل به این حرف ها نکردی فلان صدمه مثلاً به تو خواهد خورد بدیهی است که بواسطه قوت واهمه و ضعف عقل و احتیاج به وجود آن شخص آن حرف ها کمال وقع و قوت در نفس او پیدا می کند و به مرور دهور از عقل او بیرون نمی رود خاصه اینکه از سابق هم قدری آدم فقیر و تنگ باشد و اگر فرضاً در آن حال یا اندکی بعد از آن

به او بگوید اگر تو این حرفها را که به تو گفتم جائی بروز دهی یقین بدان که اهل این شهر مثلاً جمع شده ترا حکماً خواهند کشت یا آتشی مثلاً از آسمان آمده ترا خواهد سوزاند بدیهی است آن شخص جبون تا عمر دارد آن حرف ها را به احدی جسارت گفتن نمی کند ولی باوراً بعض نفوذ که شجاعت جبله دارد آن حرف ها را بیهوده دانسته وقعی بر آنها نمی گذارد ولی اینگونه نفوس بسیار کم است پس قوه واهمه مایه بسیاری از این امور می شود خاصه در نفوس ضعیفه پس جای تعجب نیست که کسی حرف لغوی را نتواند از شدت واهمه بروز دهد و این مقدمه بجهت تمثیل و تشخیص این معنی بود که اعتقاد بعضی در کتمان امر فراموشخانه این شده که این امری است که به تقریر نمی آید و نه چنین است بلکه اسباب امر بسیار است از قبیل ترس و ملاحظه بعضی مصالح و سوگند در بعضی مواد و نظایر این ها و بدان که اساس این عمل منافاتی با سایر اوضاع دین و مذهب ندارد و کسی که این تصور را کرده حدسی است بیجا ولیکن نه بطور کلیت چنانکه صاحب کتابچه که میرزا ملکم است ادعا کرده و خواسته به تدلیس این امر را رواجی بدهد چه اساس این عمل و نتیجه آن بجز اخوت و مواسات و الفت و اتحاد در جمیع مواد چیز دیگر نیست و هرکس از اهل فراموشخانه چیزی غیر از این تکمیل نفوس و تحسین اخلاق و ترقی در مدارج انسانیت و امثال آن ادعا کند محض دروغ و لاف و گزاف است و در این اخوت اتحاد مذهب به هیچوجه شرط نیست و میرزا ملکم که گفته نتیجه این دستگاه اتحاد و مواسات در میان اهل یک مذهب است و گفته اگر اتحادی هست میان خود مسلمانان است و ربطی به کفر خارجه ندارد محض کذب است چه لازمه این اساس آنست که هرکس داخل آنجا شد چه مومن و چه کافر از هر ملتی باشد با همدیگر مواخات و مواسات داشته

باشند و اگر فرضاً جنگی در میان مسلمین و کفار اتفاق افتاد این دو برادر که یکی کافر و دیگری مومن است باید با یکدیگر مقابله نمایند و همچنین در مال بلکه در عرض باید با یکدیگر مواسات کنند اگر چه چنین نیست که این عمل در اشخاصی که داخل آنجا شده اند جبلی شده باشند و نتوانند ترک نمایند ولی مقصود اینست که این نحو سلوک شرط این اوضاع است و انکار آن محض از راه تزویر است پس در اینصورت لامحاله این سلوک کمال منافات با قانون شریعت جمیع ملل خواهد داشت و بالجمله ماحصل مطلب اینست که این اساس چیزی است که مومن و کافر را در آن باز است و حاصل درس آنجا جز اخوت و مواسات میان برادران چیزی نیست پس اولاً اینکار چیزی نیست که آنقدر عظم و شأنیت داشته باشدچه جمیع اصحاب شرایع برا ین متفقند که برادران دینی با آن الفت و مواسات داشته باشند و در صدد اذیت همدیگر نباشند و گفتن فلان فرنگی که بزرگ فراموشخانه است در این باب چیزی بر علم کسی نمی افزاید ثانیاً این معنی که مقصود صاحب فراموشخانه است مخالف جمیع شرایع حقه است چه صاحبان شرایع امر به اتحاد برادران دینی با همدیگر کرده اند و صاحب این اساس تأمین داده و قرار صلح کل میان جمیع مذاهب حقه و باطله گذاشته و اگر این را انکار کند محض تزویر بوده و اصحاب فراموشخانه اگر نادرستی را کنار گذارند و به راستی حرف ذمه می دانند که این حقیر دروغ و بی جا عرض نمی کنم بلی احتمال میرود که بعضی کم مغزان که به آن مجمع رفته اند اصلاً ملتفت این معنی نشده باشند ولی بعد از تنبیه لامحاله ملتفت شده اعتراف خواهند کرد که امر بر این منوال است که عرض شد و اما اینکه میرزا ملکم گفته که این محور که این معنی تأثیری است ذاتی که از لوازم این سر است و انسان را مجبور بر این میکند که التزام آن اشخاص بر این

معنی محض ناشی از حماقت و نقص عقل است و دلیل بر این آنست که پیغمبر این اشخاص که از جانب خدای ایشان آمده آنها را امر به مثل همین معنی کرده و هیچیک عمل به فرمایش او نکرده بودند همینکه میرزا ملکم نامی که دین و مذهبش معلوم نبود از جانب یک نفر فرنگی پریروز آمده آنها را به خلوتی برده این دست را به آنها داد عمل به قول اورا از واجبات دانسته و حال آنکه در آن خلوت کس اختیار آنها را از دستشان نگرفت و تصرفی باطنی در وجود آنها نکرد سخنی گفت بیرون آورد انصاف ده و ببین کدام حماقت و سفاهت بالاتر از این می شود اگر این اشخاص عقل کاملی داشتند از اول بقول پیغمبر خود که عقل کل است عمل می کردند و مواسات در میان برادران دینی را ملتزم می شدند نه اینکه مدتهای متمادی برخلاف قول او عمل کنند همین که داخل فراموشخانه شدند به تکلیف فرنگی یا غیر او ملتزم صلح میان گبر و مسلمانان شوند و تخلف از قول اورا (پاسخ به رساله فراموشخانه در اینجا نا تمام می ماند.)[۱۸۸]

۱۸۸ – رساله فراموشخانه. نقل از مجموعه رسالات میرزا ملکم خان ناظم الدوله. کتابخانه مرکزی دانشگاه تهران. از ص ۱٦۰ تا ۱۷۳

۱۸

مجمع آدمیّت

مجمع آدمیت یا به قول میرزا ملکم خان "مدینه شریفه" که قبلاً به موازات تأسیس فراموشخانه برپا شده بود پس از تعطیل فراموشخانه بصورت تنها مرکز گردآمدن فراماسون ها و آزادیخواهان درآمد.

اعضای مجمع آدمیت اغلب اعضای فراموشخانه بودندکه با تجمع خود به نشر افکار نو و مخالفت با خودکامگی و استبداد می پرداختند.

در مقدمه نخستین اعلامیه مجمع آدمیت که "کلام" نامیده می شد و انتشار آن عملی تهور آمیز به شمار میرفته چنین می خوانیم:

". . . ما بیست و چهار نفر از امنای آدمیت به اقتضای یک مأموریت عظمی در یکی از اقالیم مقدسه اسلام جمع شده مطالب ذیل را بهریک از اولاد منتخبه ایران مستقیماً و محرمانه تبلیغ نمائیم.

ای برادر روحانی هرج و مرج امور دولت و فلاکت آحاد ملت همان است که میبینید. در هیچ نقطه روی زمین هیچ ایل وحشی نیست که بقدر خلق ایران از حقوق آدمیت محروم مانده باشد.

فقر – قحطی – اسیری – ذلت – رسوائی بلکه هیچ بلیه نمانده که بر سر این ملک جمع نکرده باشند. آنچه داشتیم گرفتند. آنچه بود خراب کردند. آنچه توانستند فروختند و آنچه هم باقی مانده همه را یقیناً باد فنا خواهند داد. بعد از پنجاه سال سلطنت . پس از آنکه ایران را مبدل به یک قبرستان ساختند حال تازه در تهران می خواهند قانون بگذرانند. مقصود واضح است. . . .

همان فریب خلق و همان کامرانی و ظلم که در این مدت مدید سنت اولیای این سلطنت بوده است.

از یک دستگاهی که بنیانش تماماً بر غضب و بر ظلم باشد چه قانون میتوان منتظر شد؟

غاصبین حقوق ملت در دنیا فقط یک قانون شناخته اند. . . پول بده و الا سرت را می بریم. . . غلام ما بشو و الا شکمت را پاره می کنیم. . . آنچه می کنیم همه را تحسین بکن و الا تورا و خانه تورا و عیال تورا آتش میزنیم.

گوش کنید. ای برادران عزیز گوش کنید. . .

در تحقیق امور ملل اول نکته که بر عموم اولیای علم ثابت شده اینست که وجود قانون در هیچ ملک ظاهر نمی شود مگر به همدستی سه قدرت جداگانه:

اول قدرت وضع قانون – دوم قدرت اجرای قانون – سوم قدرت مراقبت در اجرای قانون.

این اتفاق رحمانی الان کل ممالک ایران را احاطه دارد. جمیع ارواح مکرم و اعاظم مرشدین دین و عموم کملین قوم و کافه اصحاب غیرت باطناً و ظاهراً اعضا و مقوی خادم این اتفاق هستند. تمام اوضاع ملکی و کل ظهورات ارضی خبر میدهند که عنقریب اساس عالم و اقالیم این ملک یک نور تازه خواهد شد.

در انتظار چنان حادثه قدسی ما پیشروان این اردوی سعادت مخصوصاً نزد شخص تو آمده به شخص تو که الان این صحیفه را می خوانی یک پیغام واجب داریم.

اولاً بدان که این مجلس خود به خود فراهم نیامده است. موکلین این طریقت حالات شخص ترا قبل از وقت مو به مو شکافته و پس از حصول اطمینان از لیاقت فطرت تو این صحیفه را به این تدبیر طبیعی بدست تو رسانده اند. ثانیاً به صراحت به تو خبر میدهیم که این مجلس از برای تو خالی از نتایج کلی نخواهد بود. اگر آن شعاع آدمیت که ما در وجود تو سراغ کرده ایم تو خودت الان آن شعاع را در قلب خود بدرستی منور نمی بینی پس تأمل رشته این کلام را برهمین نقطه قطع بکن و دیگر هیچ اسم آدمیت برزبان نیار. ولیکن اگر به عز الهی تو بپایه که به واسطه مـــولکین استنباط شده خودرا واقعاً داری حـــق و شـایسته شأن آدمیت

می شناسی پس به سرور وجدانی به تو مژده میدهیم که از امروز جمیع آدمیان این ملک دوست و برادر و همدست و فدوی تو هستند.

در عوض این ارادت و محبت عام از تو هیچ توقعی نداریم مگر صفای آدمیت و فکر همت و رستگاری. در مراحل این اتحاد نجات بخش هیچ اقدام هیچ حرف و هیچ نقطه نخواهی یافت که مطابق مصلحت عام و مؤید سعادت شخص تو نباشد. جمیع آن نعمات که اولیای معرفت به اولاد بشر وعده فرموده در باطن این اتحاد و موقوف به ظهور قدرت این اتحاد است.

می گوئیم در این ملک شریف ذواتی ظاهر شده که محرم اسرار حق و در این اوقات مخصوصاً مأمور هدایت این قوم فلک زده هستند. بروید آن ذوات مقدس را پیدا کنید و تفضیل مقدرات عالم را از انوار معرفت ایشان بخواهید. این حقیقتی که در هر اقلیم و از زبان هر صاحب باطن باشد این خواهد بود که نجات عالم در توسیع این اتفاق و فرایض دینی هر ذی شعور در تأئید و در خدمت این حزب الله است.[۱۸۹]

ناشر افکار "مجمع آدمیت" روزنامه قانون بود که میرزا ملکم خان هنگام اقامت در لندن به انتشار آن اقدام نمود. میرزا ملکم خان از نخستین شماره این روزنامه بنای حمله به دستگاه استبداد را گذاشته از حکومت قانون و دارالشوری و محدودیت اختیارات سلطنت و فجایع عمال دولت و حق کشی و ظلم و ستم صحبت کرده مردم را به قیام علیه حکومت مطلقه تشویق و تحریک و دعوت نمود. نخستین شماره روزنامه قانون پس از قریب دو ماه از لندن به تهران رسید و غوغا برپا ساخت. از آن پس افراد فراموشخانه مسئولیت پخش "قانون" را عهده دار شدند و در تبریزو تهران در یک زمان منتشر می کردند.

---

[۱۸۹] - این نخستین اعلامیه مجمع آدمیت توسط "جامعه آتشکده" وابسته به ملکم منتشر شده بود.

روزنامه قانون نخستین نشریه ای است که مبارزه منفی علیه حکومت ناصرالدین شاه را مطرح ساخت و پیشنهاد کرد که مردم از پرداخت مالیات به دولت و شاه خودداری کنند. در شماره ۱۲ قانون چنین می خوانیم:

". . . شرط دولت حسابی اینست که هر سال حساب دخل و خرج خودرا به یک ترتیب صحیح اعلام نماید. این قرار عادلانه که در این عصور رکن ناگزیر نظام دنیا شده به اقتضای سایر بدبختی های ایران در این ملک بالمره مجهول مانده است. در کل ایران احدی نیست که بتواند بگوید این مالیات نقد و جنس و این همه سرباز و خزائن طبیعی که از ما میگیرند به چه قانون و در کجا صرف مینمایند. دیوانیان ما بدون رعایت هیچ قانون و بدون ترس هیچ موأخذه هرقدر و هرطور که میل دارند مال مردم را می خورند و بهر نحو که دلشان می خواهد صرف آن کارها می کنند که می بینید. در یک دولتی که دخل و خرج خزانه به اینطور از اختیار قانون خارج باشد بدیهی است که معاملات دیوان و اوضاع سلطنت و ادارات دولت و حالت کلیه ملت گرفتار همین نکبت ها و غرق همین رسوائی ها خواهد بود که الان عموم اهالی این ملت را از زندگی بیزار ساخته است. . .

یک سید محترم از آذربایجان اینطور می نویسد: هزار آفرین بر حکمت این قرارداد که به دولت بی قانون نباید مالیات داد. واقعاً این چه حماقت بود که ما جان و مال خودرا بدون هیچ حساب و کتاب و بدون هیچ عوض به این دیوان بی قانون تسلیم بکنیم؟

یکی از آقایان کردستان می نویسد: کلیه این کار در دست اعیان آذربایجان است. اگر آنها فی الجمله همتی بکنند همه ایران با ایشان متفق خواهند گردید.

از فارس در ملکی که آفتاب آدمیت طلوع کرده باشد. . . در ملکی که دو نفر آدم معنی ترویج آدمیت را فهمیده باشند کدام دیوان اعلی جرئت خواهد کرد بگوید پول بده تا من زور درست کرده و بیایم مال و جان و عیال و کل هستی ترا نثار رذائل و بوالهوسی خود بسازم؟

اغلب علمای تشیع به ندای ماهنامه قانون پاسخ مثبت دادند. در مشهد علما و نمایندگان اصناف و تجار جلسه کردند و نسبت به پرداخت مالیات به "دولت بی قانون" اعتراض نمودند و از سایر علمای شیعه در سراسر ایران نظرخواهی کردند. علمای کربلا و نجف نیز خودرا داخل ماجرا کرده نظر دادند که "وصول مالیات باید بصورت منظم و صحیح درآید و کسانیکه سابقه ظلم و خباثت دارند نباید در وصول مالیات از مردم مداخله داشته باشند."

جامع آدمیت در قشون ایران نیز نفوذ کرده و تعدادی از افسران و درجه داران عصر ناصری در آن عضویت داشته اند و یکی دوبار نیز در مجامع خود از کودتا برای سرنگون ساختن حکومت خود کامه ناصرالدین شاه سخن گفته اند. یکبار نیز در این مورد اعلامیه ای انتشار داده اند که میرزا ملکم خان در مقدمه نوشته:

"به اهل قانون مژده میدهیم که این روزها خیالات ایران همه جا در جوش و خروش است. حرفها می زنند و مردانگی ها ظاهر می سازند که چند سال قبل به عقل محال می آمد."

". . . ای اولیای دولت – این چه اوضاع این چه محشری است که در ایران برپا کرده اید؟ چرا این خلق بیچاره را به این بی رحمی تعاقب می کنید. . .؟ اینطور حبس و شکنجه و قتل و غارت با کدام دین با کدام قانون درست میآید؟ ما اهل نظام تا کی باید در دست شما اسباب شقاوتهای ملت کش بشویم و در اذای این اطاعت و بردباری ما این چه ننگ هاست که برسر ما جمع کرده اید؟ مناسب و مواجب و حقوق نظامی مارا ببینید به چه رذالت ها آلت رسوائی این ملت سیاه روزگار قرار داده اید.

ببینید ما اهل نظام را چقدر بی غیرت و بی عار میدانید که فراش های رذل خلوت های خودرا نه تنها بر صاحب منصبان و امرای نظام بلکه برخود وزیر جنگ - بر خود پسر پادشاه به این تسلط سوار می کنید. در میان ما آدم ها هست که هفت پشتشان در خدمت این دولت شهید شده و حالا شما بدون هیچ شرم آنها را مجبور می کنید که از برای تحصیل چند شاهی مواجب کثیف خود بروند و کفش غلام بچه های آبدارخانه را روزی هفتاد دفعه ببوسند.
ما تا امروز کور و از حقوق و تکالیف خود بکلی بی خبر بودیم . چنان تصور میکردیم که این مواجب را به صد نوع قرمساقی از شما گدائی می کنیم همه را از خانه پـــدرتان آورده اید و محض مرحمت به ما تصدق می دهید. حالا تازه می فهمیم که این مواجب از همان مالیات است که ما خلق ایران به جهت حفظ حقوق خودمان میدهیم و شما با آن رسوائی صرف اسیری این خلق میسازید. گذشت آن موقعی که ما شما را ولینعمت خود تصور می کردیم و به فریب و وعده های شما مال و جان و دین ملت مارا اسباب آن قسم هرزگیهای سفیهانه شما قرار دادیم. سیل ظلم های شما وزرای خلق ایران و آواز قانونی مارا بیدار کرده. . . حالا خوب می بینیم که پروردگار رحیم مارا از برای عبودیت امثال شما نیافریده است. . . حالا کاملاً مطلع هستیم که موافق قانون خدا ما اهل نظام باید مستحفظ حقوق ملت باشیم نه اینکه در دست شما مثل حیوانات سبع برادران دینی و ابنای وطن خودرا به جهت رضای خاطر شما در زیر لگد افواج زجر کش نمائیم.
حالا بدرستی فهمیده ایم که همه این بدبختی های ایران از غفلت و عدم اتفاق مـا بـود. حالا بـه شما خبر میدهیم که معنی و قدرت اتفاق را فهمیده و آدم شده ایم. حالا دیگر تنها نیستیم که شما به دلخواه خود مارا اسباب اسیری همدیگر و میرغضب ملت قرار بدهید. بعد از این عوض اینکه غلام بچه فراشهای شما و آلت شکنجه این ملت بشویم چاکر با شعور ملت ایران و مستحفظ حقوق آدمیان خواهیم بود. بعد از این جان خواهیم داد اما از برای حقوق آدمیت خودمان نــه از برای رونق این رذالت های شقی که شما تیول ابدی خود قرار داده اید.

بیدار شوید ای اولیای نکبت ایـران. . . بیدار شوید زیرا که ما اهل نظام بیدار شده ایم.

در اوایل صفر سال ۱۳۰۷هجری دامنه فعالیت مجمع آدمیت از مراجع داخلی به سفارتخانه های خارجی وسعت یافت. در اعلامیه ای که به منظور تخفیف دستگاه استبداد ناصرالدین شاه به سفارتخانه های دول خارجی در تهران خطاب و در شماره دهم روزنامه قانون درج شده بود چنین میخوانیم:

". . .ای سفرای گرام پریشانی امور ایران ممکن نیست که حواس شما جنابان را بر خطرات این وضع جلب نکرده باشد. یک اداره خودپرست و بی رحم جمیع قوانین شرعی و عرفی را برچیده اساس زندگی تمام ملت را در میان یک هرج و مرج هولناک بکلی منهدم ساخته است. چه ضرور در اینجا شرح بدهیم که اختیار امور دولت در دست چه نوع جهال آلت چه رذالت های عجیب و موجب چه خرابی های وسیع شده است و اگر هم فرضاً ما بتوانیم صد یک اعمال این دستگاه را بیان نمائیم واضح است که در خارج احدی قبول نخواهد کرد که در این عصر اجرای چنان شقاوت های نگفتنی ممکن شده باشد.
حقیقتی که در این دریای مصائب تصریح و آنرا واجب می شماریم اینست که به تصدیق عموم علماء و بزرگان ما حفظ این دستگاه بکلی محال شده است و اصلاح حال این ملک ممکن نخواهد بود مگر به استقرار قانون و چون این نیز به هزار قسم تجربیات تلخ بر عموم عقلای ما محق شده که ظهور قانون هرگز صورت نخواهد بست مگر به قدرت اتفاق لهذا ما یعنی کلیه آدمهای ایران به ارشاد علمای دین ما در یک اتفاق هم عهد و هم افکار شده امید نجات این ملک را در توسیع و استحکام این اتفاق قرار داده ایم.
اگر چه پیشرفت و قدرت این اتفاق را تا این اواخر از انظار خارجه پوشیده داشته ایم ولیکن جنابان شما البته با تحقیق مطلع شده اند که امروز در ایران آنچه عقل و علم و نجابت و غیرت هست در این سلسله اتحادجمع و از روی یک

طرح علمی یکدل و یکجهت عازم یک مقصد واحد هستند. . . مقصود طرح ما همان است که در اعلانات سابق منتشر ساخته ایم. روح افکار و معنی جمیع اقدامات ما مستحضر به این دو کلمه است: استقرار اصول آدمیت و اجرای قوانین الهی. اصلاً لازم نمی دانیم که رجوع به قوانین خارجه نمائیم. ما انوار شرع اسلام را برای آسایش و ترقی این ملت کاملاً کافی میدانیم و در طرح و تنظیم ایران هیچ تدبیری قبول نداریم مگر اجرای آن قوانین مقدس که دین ما از برای زندگی و سعادت ما مقرر و واجب ساخته است.

ما آدمیان ایران در این موقع مهم از طرف خارجه اصلاً نه طالب مداخله دولتی هستیم نه منتظر معاونت مادی. . . جنابان شما با آن تسلطی که بردستگاه ملت کش پیدا کرده اید البته قادر هستید که بدون هیچ وسیله رسمی فقط به اعتبار شخصی نسبت به نجات ایران مصدر خدمات عمده بشوید.

در این اواخر چنانکه خوب میدانید غربای نا نجیب محض جلب بعضی منافع متعفن به تعلقات و همدستی نامردانه خود حسادت و رذایل اطوار وزرای مارا به قدری که توانستند براین ملک سنگین تر و سخت تر ساختند. از برای جنابان شما چه اشکالی خواهد بود که برخلاف چنان شیوه مکروه اولیای نکبت مارا بر وخایم مقدرات خود متنبه نمایند.

در ختم کلام به امید خیرخواهی بصیرانه از آن جنابان گرام این تمنای عاجزانه را داریم که به احترام قدمت تاریخ ملت و با ترحم به مذلت بی پایان این خلق این اعانه معنوی و این توجهات دوستانه که شایسته آن مقامات عالی است دریغ نفرمائید از یک ملت واژگون بخت که فغان و اشک و خونش خاک ایران را غرق عزا کرده است.

چون اعتراض مجمع آدمیت نسبت به حکومت استبداد بصورت اعلامیه انتشار یافته بودغیر از یکی از سفرا بقیه سکوت کرده پاسخی ندادند. تنها پاسخ خطاب به "امین مجمع آدمیت تهران" به مضمون ذیل که شاید در

اصل توسط مسئولان ماهنامه قانون ساخته و پرداخته شده بود در شماره یازدهم منتشر شد:

"... ترتیب جماعت آدمیت و صفای مقصود شما خیلی پسندیده است لیکن در یک فقره یک خبط کلی می بینیم. شما ملاها را تحریک کرده و میخواهید آنها را پیشوای ترقی این ملک قرار دهید اما میدانیدکه ملاهای شما از مقتضیات ترقی دنیا بی خبر هستند. اگر حضرات را واقعاً رئیس جماعت آدمها قرار بدهید بالطبع تعصب مذهبی مسلمین را مستقل و اهل ایران را در نظر ملل خارجه مورد اقسام اعتراضات ناگوار خواهند ساخت.

مقارن همین ایام اعلامیه تاریخی و معروف مجمع آدمیت تحت عنوان "عریضه امنای تهران به اولیای دولت" انتشار یافت. این اعلامیه حاوی تقاضای مجمع آدمیت به نمایندگی قاطبه اهالی ایران برای تأسیس "مجلس شورای کبرای ملی" بود و بدون تردید مقدمه دگرگونی اوضاع و صدور فرمان مشروطیت را در سالهای بعد فراهم آورد. کسانیکه در انتشار این اعلامیه دست داشتند همه فراماسون بودند. از جمله می توان علاوه بر میرزا ملکم خان و سید جمال الدین اسدآبادی که در رأس قرار داشتند میرزا یوسف خان مستشارالدوله والی آذربایجان – حسین خان امیر نظام – حاجی سیاح میرزا محمدعلی خان فرید (فرید الملک منشی سابق سفارت ایران در لندن) میرزا فروغی کاتب دربار – سید ولی – محسن خان معین الملک مشیرالدوله سفیر ایران در عثمانی را نام برد.

اعــــلامـــــیه

عریضه امنای تهران به اولیای دولت

ای اولیای دولت:

این اوضاعی که در ایران برپا کرده اید زندگی این ملت را محال ساخته است. باید این اوضاع را تغییر داد. ما به اشخاص شما هیچ عداوتی نداریم. حرف ما فقط بر سر چهار مطلب است.

اولاً میخواهیم امنیت مالی و جانی داشته باشیم. ثانیاً میخواهیم اسبابی فراهم بیآوریم که عنان امور دولت در دست افاضل ملت باشد. ثالثاً میخواهیم همانطور که در عموم دول معمول است مالیات ما صرف حفظ حقوق ملت و اسباب آبادی ملک بشود نه اینکه مثل امروز بدترین اسلحه خرابی دین و دولت باشد. رابعاً میخواهیم در ایران یک مجلس شورای کبرای ملی ترتیب بدهیم که در آن مجلس اعاظم علماء و مشاهیر عقلای ملک حقوق دولت و ملت را موافق اصول شریعت خدا مستقلاً معین و حفظ حدود مقرره را دائماً مراقبت نماید.

ما یعنی عموم آدمیان ایران این چهار اصل را چهار رکن زندگی ایران می دانیم و از شما که امروز اولیای دولت ما واقع شده اید مستدعی هستیم که این چهار شرط حیات ما را تا زود است در این ملک مجری دارید.

اگر شما از اجرای این مطالب حقه عاجز هستید ما به جنابان شما اطلاع میدهیم که اتفاق جماعت ما از برای اصلاح کل امور ما کاملاً کافی است.

پس از انتشار این اعلامیه متعاقباً ماهنامه قانون در شماره هیجدهم مقاله ای منتشر و ضمن آن نکات ذیل را برای بهبود اوضاع و تشکیل مجلس شورای ملی اعلام داشت:

احیای ایران موقوف به اجرای قوانین الهی است. ترتیب قوانین بر عهده مجلس شما است.

اجرای جمیع قوانین دولت و اداره کلیه امور مملکت بر عهده وزارت است. عدد وزرا را شما باید مشخص نمائید.

نصب وزرا در اختیار پادشاه است.

یکی از وزراء رئیس مجلس وزراء خواهد بود.

همه وزراء در حضور مجلس شما مسئول میباشند یعنی مجلس شما حق خواهد داشت که هر وزیری که در اداره امور دولت برخلاف قانون حرکتی کرده باشد اورا به مقام محاکمه بیآورد و پس از اثبات تقصیر اورا موافق قانون تنبیه نماید.

وقتی قرار امور دولت بر این شد که وزراء نتوانند بدون اجازه مجلس شما نه یک پول از رعیت بگیرند و نه یک دینار از خزانه خرج بکنند. آنوقت مجدداً وزراء تابع قوانین شما و کل امور دولت لابد بر وفق مصالح تمام خواهد بود.

اگر این اختیار در تحت مراقبت مجلس شما نباشد آنچه بگوئید و آنچه بکنید بی اثر و لغو خواهد بود.

از برای استقرار قوانین فوق شرط مطلق اینست که اول حقوق اعضای این مجلس را به نهایت دقت و استحکام مشخص و مقرر بدارید.

باید نصب شما در این مجلس مشیران به حکم قانون و انفصال شما از این مجلس به حکم قانون باشد.

انتخاب رئیس مجلس و محل ترتیب و مشورت شما باید موقوف به صواب دید شما باشد.

به هیچیک از شما نباید هیچ حرفی زد و مؤاخذه ای کرد مگر به حکم قواعدی که شما وضع کرده اید و اگر شما مقصر باشید احدی نباید دست بزند مگر به اجازه مخصوص مجلس شما.

واضح است که بدون این حقوق اصلی و بدون چنان امنیت شخصی در ایران نه مجلس خواهد بود نه مشورت و نه قانون . . .

توسعه روزافزون مجمع آدمیت از یک طرف و انتشار افکار آزادیخواهان از طریق ماهنامه قانون بحدی موجبات تشویش ناصرالدین شاه را فراهم آورد که دستور داد از انتشار "قانون" جلوگیری کنند و اعضای مجمع آدمیت را متفرق سازند. امین الدوله مسئول پست تهران که مورد سوءظن ناصرالدین شاه بوده و شاه پخش شبنامه ها و روزنامه قانون و تهدیدات نسبت به سلطنت را زیر سر او میدانسته در خاطرات خود مینویسد:

". . . روزنامه قانون در تهران چون ورق زر دست به دست می شد. . . امین السلطان در سفرهای فرنگستان شنیده بود که از نوشتن انتقادات روزنامه ها نباید ترسید بلکه باید آنرا دلیل اهمیت و نفوذ و مقام دانست برعکس شاه فحشهای ملکم را مستقیماً به خودش میدانست تا جائی که دستور داد ورود روزنامه قانون به ایران منع شود. شهرت روزنامه قانون را منع دولتی بیشتر کرد و حرص مردم بدیدن و داشتن آن بیشتر شد"

سرانجام ناصرالدین شاه دستور داد دوازده نفر از سران مؤثر مجمع آدمیت را توقیف کرده آنها را به خانه کامران میرزا نایب السلطنه برده حبس کنند. چندی بعد انتشار قانون نیز متوقف شد و مجمع آدمیت تعطیل گردید.

مرامنامه مجمع آدمیت به انضمام چهار رساله ملکم در نود و هشت صفحه بوسیله عبداله تهرانی مشهور به "کاوه" در دهم صفر ۱۳۲۶ هجری در حالیکه میرزا ملکم خان آخرین سالهای زندگی را در رم می گذرانید انتشار یافت.

خادم وطن عبداله تهرانی مشهور به کاوه

محض اشاعه آثار خامه جناب اشرف پرنس ملکم خان نظام الدوله و خدمت به فرزندان ایران این رسائل را به طبع رسانید.

عبداله تهرانی ناشر چهار رساله ملکم (اصول آدمیت – مفتاح – حجت و توفیق امانت) در مقدمه نوشته: "صورت اعلامی است که در این اوقات جناب اشرف پرنس ملکم خان نظام الدوله محض استحضار فرزندان ایران از رم نگاشته و امر فرموده اند در اول نسخه و کتب تألیف و نگارش معظم له درج شود..."

اعــــلام

بحضور جنابان ترقی پرور ایران عرض می شود.
بعضی از اصحاب ذوق پاره ای از افکار پژمرده مرا در مطبوعات جدید احیاء میفرمایند در ضمن منتهای تشکر دو کلمه توضیح لازم شده است.
در این پنجاه شصت سال متجاوز از دویست رساله به عشق ترقی ایران نوشته ام اغلب محرمانه به حضور شاهنشاه شهید و باقی همه را مستقیماً به اولیای دولت تقدیم کرده ام. چون به حضور مؤلف یک کتابچه نوظهور مشکل است بی غلط طبع بشود با کمال تأسف می بینم آنچه از تحریرات بنده منتشر شده مملو سهو و خطا است. عنوان ها همه منقلب، مطالب همه مقدم مؤخر آنچه در اول جوانی محض تفنن نوشته ام با تحریرات دولتی مخلوط بعضی صفحات ناقص بعضی دیگر به سهو قلم مغایر.
مقصود اصلی از آنجمله فصل مسمی به "رساله غیبی" اگرچه بعضی از جاهای آن شبیه افکار بنده است ولیکن آن فصل از من نیست. لهذا امروز در این عالم غربت در بستر بیماری از مکرمت دوستان حقایق شناس استدعا می نمایم که هیچیک از تحریرات بنده را منتشر نفرمایند مگر در صورتی که خط و امضای

من بر آن ثابت باشد و آنوقت هم به تحقیق مشخص فرمایند که در چه تاریخ و در چه موقع نوشته شده، عموم تحقیقات بنده در پیش وزراء و بزرگان موجود و محفوظ است. اگر اولاد حقایق شناس ایران طالب انتشار افکار این بنده بیمقدار باشند مخصوصاً عرض خواهم کرد که نسخ صحیح را از کجا جویا بشوند از نگارشات سابق آنچه معلوم و ثابت است فقط چهل پنجاه نمره جریده قانون است و البته در نظر هست که قیمت هرنمره در اول یک لیره بود بعد خیلی گرانتر شد و رسید به یک ذره شعور و حالا دو شرط دیگر بر آن قیمت گزاف می افزائیم.

اولاً از اولاد ارشد ایران که طالب طبع این رسائل بی مقدار شده اند این تمنا را دارم که با یک توجه کریمانه مواظب باشند که در الفاظ و مضامین رسائل هیچ سهو و غلطی باقی نماند. و شرط آخر اینست که در ابتدای تحریرات بنده طبع همین اعلام حاضر را بذل عفو خطایای این بنده حق پرست بفرمایند. جانثار ایران زنده نظام الدوله ملکم.

در "مجمع آدمیت" افسران و درجه داران قشون نیز عضویت داشتند و مانند سازمان های فراماسونری سه درجه میداده اند.

۱-هادی یا راهنما عالیترین مرجع هر "جامع" به شمار میرفته و ارتباط بین مجامع را ایجاد و هم آهنگ می کرده است.

۲-امین که رئیس جامع بوده و هر جامع حد اقل دوازده و حد اکثر دویست و چهل عضو داشته است. جلسات "جامع" ماهانه تشکیل می شده اما امین جامع موظف بوده هر هفته یکبار اعضاء را به محل که متغییر بوده دعوت کرده امور مربوط به آن جامع را با آنان در میان نهد.

۳-آدم که اعضای جامع خودرا می نامیده اند. "آدم ها" به رعایت سه شرط اساسی موظف بوده اند. . . ارتباط، اقرار و تعهد.

ارتباط بوسیله امین (یا واسطه) ایجاد و بدین وسیله عضو جدید به جامع پذیرفته میشده است. اقرار کتباً از اعضای جدید اخذ و ضمن آن اقرار می کرده اند که با سلامت عقل و شعور به عضویت جامع در آمده اند. . . و شرافت آدمیت خودرا در

انجام مرامنامه و تعهدی که سپرده اند به ودیعه می گذاشته اند. تعهد می کرده اند که نظامنامه و مرامنامه "جامع" را عیناً اجراء نمایند.

در مجمع آدمیت نیز مانند فراماسونری همه چیز سری بوده و اعضاء سوگند می خورده اند که به هیچوجه و تحت هیچ شرایطی نام اعضاء و امناء و واسطه ها را فاش نسازند مگر با اجازه امین هر "جامع".

سـوگـند

من که آدم هستم در حضور خداوند عالم و ارواح انبیاء مرسلین و ملائکه مقربین و اولیای دین در این مکان مقدس با کمال صدق و راستی تعهد میکنم که همیشه آدم باشم و تکالیف آدمیت را موافق آنچه که شفاهاً و تحریراً از مجمع مقدس به من القاء شده و میشود و خواهد شد مالاً و جاناً اجرا بدارم و اگر از این تعهد خود نکول نمایم ملعون ازل و ابد و مردود خداوند لاشریک له باشم.

پس از ادای سوگند کسیکه تعهد حسن اخلاق و "آدمیت" عضو جدید را برعهده داشته اظهار می داشته. . . من که امین آدمیت هستم به آدمیت تو تصدیق دارم و به حکم اجازه ای که از مدینه شریفه (میرزا ملکم خان فراموشخانه را مدینه شریفه می نامیده است) به من رسیده است ترا داخل اتفاق آدمیت می سازم.

اصول آدمیت

۱- ستایش باد بر انسان که جویای علم و طالب آدمیت شده است.

۲- معنای هستی نیست مگر در علم.

۳- معنای انسان نیست مگر در آدمیت.

۴- برخیز ای انسان غافل. قدرت تو نه اینست که در این ظلمت جهل خودرا مشاهده می نمائی. برخیز داخل آدمیت شو و در عالم انوار علم ببین در ازل چه وجودی عالی بوده ای و حال در قعر چه نوع پستی و ذلت افتاده ای.

۵- انسان در اول پادشاه روی زمین بوده به جهت اینکه آدمیت را از دست نداده بود.

۶- انسان حال اسیر ذلت شده به جهت اینکه آدمیت را فراموش کرده است.

۷- ای انسان بیچاره بیچارگی تو از غفلت توست.

۸- اگر طالب قدرت هستی آدم بشو.

۹- زندگی تو در آدمیت توست.

برخیز ای ذلیل غفلت. . . برخیز مکرر این رساله را بخوان. اصول آدمیت را بدان که نجات تو میسر نخواهد بود مگر به انوار علم و به انوار علم تقرب نخواهی یافت مگر به اصول آدمیت.[۱۹۰]

[۱۹۰] - رساله آدمیت یا مرامنامه جامع آدمیت در پایان کتاب آورده شده است.

۱۹

جامع آدمیت

ناصرالدین شاه دستور داد مجمع آدمیت را تعطیل کنند و اعضای آنرا متفرق سازند اما این تعطیل و تفرقه صفوف آزادیخواهان را متشکل تر و فعالیت آنان را گسترده تر ساخت.

جمعی از فراماسون های اعضای فراموشخانه ملکم و گروهی از مجمع آدمیت با شرکت عده ای از جوانان تحصیل کرده و روشن فکر و اصلاح طلب که اغلب از معلمان مدرسه دارالفنون بودند گردهم آمدند و برای ترویج عقاید سیاسی و فلسفی و اجتماعی اروپا با تشکیل جامع آدمیت فعالیت خودرا آغاز کردند.

گرچه "جامع آدمیت" مورد تأیید محافل فراماسونری اروپا قرار نگرفت لیکن چون وابستگی خاص به فراماسون ها داشت در افکار عمومی بعنوان سازمان وابسته به فراماسونری تلقی می شد.

در آنزمان عقاید اجتماعی و سیاسی اروپا به عنوان افکار ملکم مشهور بود زیرا میرزا ملکم خان نخستین ایرانی بود که عملاً در ترویج تمدن اروپا و سیستم پارلمانی متداول در بیشتر کشورها اروپائی قد علم کرده با نشر شبنامه و اعلامیه و جزوه و رساله افکار ایرانیان را بیدار ساخته و با متشکل ساختن آزادیخواهان و اصلاح طلبان علیه خود پرستی و خود کامگی حکومت استبداد قیام نمود.

فرق اساسی جامع آدمیت با فراموشخانه و مجمع آدمیت این بود که جامع آدمیت کم کم شکل حزب سیاسی به خود گرفت و با نفوذ در دربار قاجار حصول به مطلوب را برای آزادیخواهان تسهیل و تسریع نمود. بسیاری از شاهزادگان دربار و درباریان نه تنها در تشکیل مجمع آدمیت سهیم بودند بلکه برخی از آنان از مؤسسین جامع به شمار می رفتند.

". . . انجمن آدمیت که در واقع هسته مرکزی انقلاب مشروطیت ایران بشمار می رود با همت مرحوم شاهزاده علیخان و چند تن از آزادیخواهان دیگر تأسیس یافت و یکی از اقدامات اساسی آن انجمن این بود که پس از ورود اتابک به ایران به وی نزدیک شد و بمنظور اعتلای ایران و حفظ اساس مشروطه پیشنهاد هائی به اتابک داد اتابک هم تعهداتی کرد محمد علی شاه از این قضیه مستحضر شد و بوسیله موقرالسلطنه پسر عموی امیر علائی وسائل قتل اتابک فراهم گردید و لی دیری نگذشت که خود موقرالسلطنه بدست مشروطه خواهان در تهران به دار آویخته شد. [۱۹۱]

در رأس "جامع آدمیت" میرزا عباسقلی خان آدمیت را قرار داده بودند. شاهزادگان قاجار سلطان جنید میرزا – شاهزاده سلیمان میرزا (که بعداً حزب توده را تشکیل داد و اورا به نوکری انگلیس متهم می کنند) – شاهزاده علیخان (محمد علی میرزا) – میرزا ابراهیم خان عون الممالک – عبدالحمید خان غفاری (یمین نظام) – میرزا علیخان انتظام الحکما – میرزا جوادخان سعدالدوله – میرزا محمد ناظم العلما ملایری – میرزا محمود خان احتشام السلطنه – میرزا عبداله خان مصدق الممالک اعضای هیئت مؤسس بشمار می رفتند و در واقع جامع آدمیت را همین رجال اداره می کردند.

---

[۱۹۱] - نفت و بحرین. عباس اسکندری. انتشارات حزب توده. تهران. ص ۴

عباسقلی آدمیت بسال ۱۸۶۱ میلادی زاده شد و به سال ۱۹۳۹ درگذشت. جد میرزا عباسقلی خان نخست از "گنجه" به کوچصفهان و سپس به قزوین رفت و در آنجا مقیم شد. میرزا عباسقلی خان در کودکی پدرش را از دست داد و میرزا محمد قزوینی شوهر خواهرش به تربیت او همت گماشت. میرزا محمد قزوینی که مردی صاحب نفوذ و از نزدیکان میرزا یحیی خان مشیرالدوله قزوینی به شمار می رفت اعمال نفوذ کرد و میرزا عباسقلی خان را به استخدام وزارت عدلیه درآورد. زندگی سیاسی میرزا عباسقلی خان آدمیت از این ایام آغاز گردید. ده سال کم و بیش در صفوف آزادیخواهان خودنمائی کرد و در سال ۱۳۱۳ هجری که ناصرالدین شاه بدست میرزا رضا کرمانی کشته شد میرزا عباسقلی خان که در ". . . خفای صورت ظهور معنی را شرط اعظم طریقت آدمیت میدانست."[۱۹۲] جامع آدمیت را تشکیل داد.

جامع آدمیت از فراموشخانه و مجمع آدمیت و اهداف میرزا ملکم خان الهام میگرفت. گرچه هیچگونه اثری از نفوذ ملکم خان در تأسیس جامع آدمیت یافت نمی شود اما چنین بنظر می رسد که پس از تشکیل فراموشخانه و مجمع آدمیت میرزا ملکم از طریق جامع آدمیت به تلاش خود ادامه داده است. فریدون آدمیت مؤلف کتاب "اندیشه های میرزا رضا کرمانی" می نویسد که همزمان با انتشار روزنامه قانون حوزه آدمیت در استانبول همچنان دایر بود و میرزا رضا کرمانی نیز در آن حوزه عضویت داشته است.

"جامع آدمیت" از دو رکن اساسی تشکیل یافته بود:

---

[۱۹۲] ـ فکر آزادی. فریدون آدمیت. تهران. ص ۲۰۸

۱- اصول آدمیت مشتمل بر وظیفه یک انسان در اشاعه حقوق انسانی و اتحاد و بیداری و دانش اندوزی.

۲- دفتر حقوق انسانی شامل حقوق آزادی ملت برپایه امنیت جانی و مالی و آزادی قلم و بیان و برابری مردم در حقوق اجتماعی و در حکومت قانونی.

جامع آدمیت از چهار رکن اساسی یا "مجامع اربعه" تشکیل شده بود. هیئت رئیسه جامع موسوم به امنای آدمیت دوازده نفر بودند و عباسقلی خان آدمیت بعنوان مدیر مجامع ریاست آنرا بر عهده داشت. دستورات مربوط به مجامع را میرزا عباسقلی خان مهر و امضاء می کرد و زیر نام خود عدد ۲۷۳ را که به حروف ابجد عباسقلی است می نوشت. عنوان او "خادم آدم یا اولاد ایران" بود و در عنوان دستورات مجمع عدد ۱۳۱ را که به حروف ابجد "سلام" است ذکر می کرد تمام تصمیمات جامع بر اساس مشاوره و بنا به رأی اکثریت اتخاذ می شد.

اساس فلسفه سیاسی - اجتماعی جامع آدمیت در محدود کردن اختیارات شاه و تفکیک نیروهای دولت بود. . .

". . . جهد باید کرد تا در ایران سلطنت مشروطه پارلمانی و وزرای مسئول و استقلال قضات برپا گردد.[۱۹۳]

تشریفات ورود اعضاء در حضور رئیس جامع انجام می شد و تازه وارد سوگند یاد می کرد که نسبت به اجرای اصول "آدمیت" وفادار باشد و بعلاوه مراتب را تعهد و امضاء می کرد. سپس "معرف" و یا "ضامن" وی

---

[۱۹۳] - نامه میرزا عباسقلی خان آدمیت به سید محمد طباطبائی. ۱۹ ذیحجه ۱۳۲۵

نیز اجرای سوگندنامه را به مهر و امضای خود تضمین می نمود ورودیه مبلغ ده تومان برای یکبار بود. در اثر فعالیت آزادیخواهان نفوذ "جامع آدمیت" به آنجا رسید که علناً تشکیل مجلس شوری را از شاه خواستار شد:

". . . لازم است که اذعان صریح به حقوق قاطبه ملت ایران بفرمایند. . . و تأخیر و تعطیل آن بیش از این جایز نیست.

و دیگر اینکه مجلس شورای ملی بایست دائماً و بلا تعطیل مفتوح و برقرار باشد.

. . و مأموریت آدمیت و بشریت خودرا منحصر به دشمن یا هر ظالم و نشر حقایق و ترتیب اتفاق و طلب قانون عدل میداند.

جامع آدمیت یکی از تشکیلات اصلاح طلب و غیر انقلابی و مرکز روشنفکران و متجددین صدر مشروطیت بود که با خودکامگی و حکومت مطلقه مبارزه می کرد.

گرچه جامع آدمیت از راه و روش فراموشخانه و مجمع آدمیت پیروی می کرد و اغلب روسای آن در جوامع فراماسونری اروپا به لژ پیوسته بودند اما بستگی کامل به فراماسونری جهانی نداشت و شاید همین امر باعث شد که بسیاری از فراماسون ها از آن رویگردان شدند و به عضویت در لژ جدیدالتاسیس "بیداری ایران" متمایل گردیدند. پس از قتل اتابک میرزا عباسقلی خان را متهم کردند که در ترور اتابک دست داشته اما چون اتهام بی اساس بود وی را پس از چند روز آزاد کردند.

در چنین شرایطی چماقداران شاهی به مراکز جامع آدمیت حمله برده اسناد و دفاتر و مدارک جامع را توقیف و منتشر ساختند. همینکه اسناد از صورت خفا خارج و علنی شد عده زیادی از درباریان و اعیان به عضویت جامع آدمیت درآمدند. از جمله محمد علیشاه بود که شاید برای مقابله با

ملک المتکلمین و انجمن آذربایجان و به خیال خودش بهره برداری از نفوذ جامع آدمیت بسود سلطنت به عضویت جامع پذیرفته شد. میرزا عباسقلی خان ماوقع ورود محمد علیشاه را به جامع آدمیت چنین شرح می دهد:

"... پس از اینکه محمد علیشاه این دستخط را داد (دستخط محمد علیشاه ۲۹ رمضان ۱۳۲۵ هجری که در صفحه بعد کلیشه شده است) و حاضر شد بدارالشورای ملی برود و قسم یاد کند که با مشروطه هرگز مخالفت نکند و تمنا کرد که با دادن این دو امتحان تغییر ناپذیر مرا به آدمیت قبول نمائید. این خادم هم تشکیل جامع فوق العاده داده با جمعی از اشراف اهالی ایران که داخل حزب آدمیت بودند شوری نمودم. عموماً گفتند منتهای آرزوی اهالی ایران همین است که پادشاه تا این درجه خودرا حاضر کند زیرا تا کنون چنین اقدامی از هیچ پادشاهی ظاهر نشده است. تصور می کنم این پادشاه خیلی خوشبخت باشد که معنی خلقت خودرا با سایر افراد نوع بشر شراکت دارد، فهمیده است و خودرا از یک سرشت مخصوص تصور نمی کند. خادم آدم (عنوان میرزا عباسقلی خان بوده. مؤلف) نیز صورت فرمانی از جامع مقدس آدمیت نگارش داده و چهارده نفر از آدمیان را مأمور کرده که در سلخ رمضان ۱۳۲۵ به حضور پادشاه بروند و هرگاه به اقدام و اجرای تمام کلمات و نکات مفاد مندرجه فرمان مزبور خودرا حاضر می کند آنوقت اصول مقدس آدمیت را به پادشاه القاء نمایند و الا ایشان به پادشاهی خود مغرور و ما به آدمیت خود قانع باشیم...

برحسب دستور صادره هیئت مزبور به حضور شاه رفتند ایشان را برای اجرای دقایق فرمان حاضر دیده به مأموریت خود عمل کرده علاوه بر امضای پادشاه همگی شهادت خودرا نگارش داده سند دیگری اخذ و مراجعت کردند. [۱۹۴]

---

[۱۹۴] - خاطرات میرزا عباسقلی خان آدمیت. مجموع اسناد فریدون آدمیت.

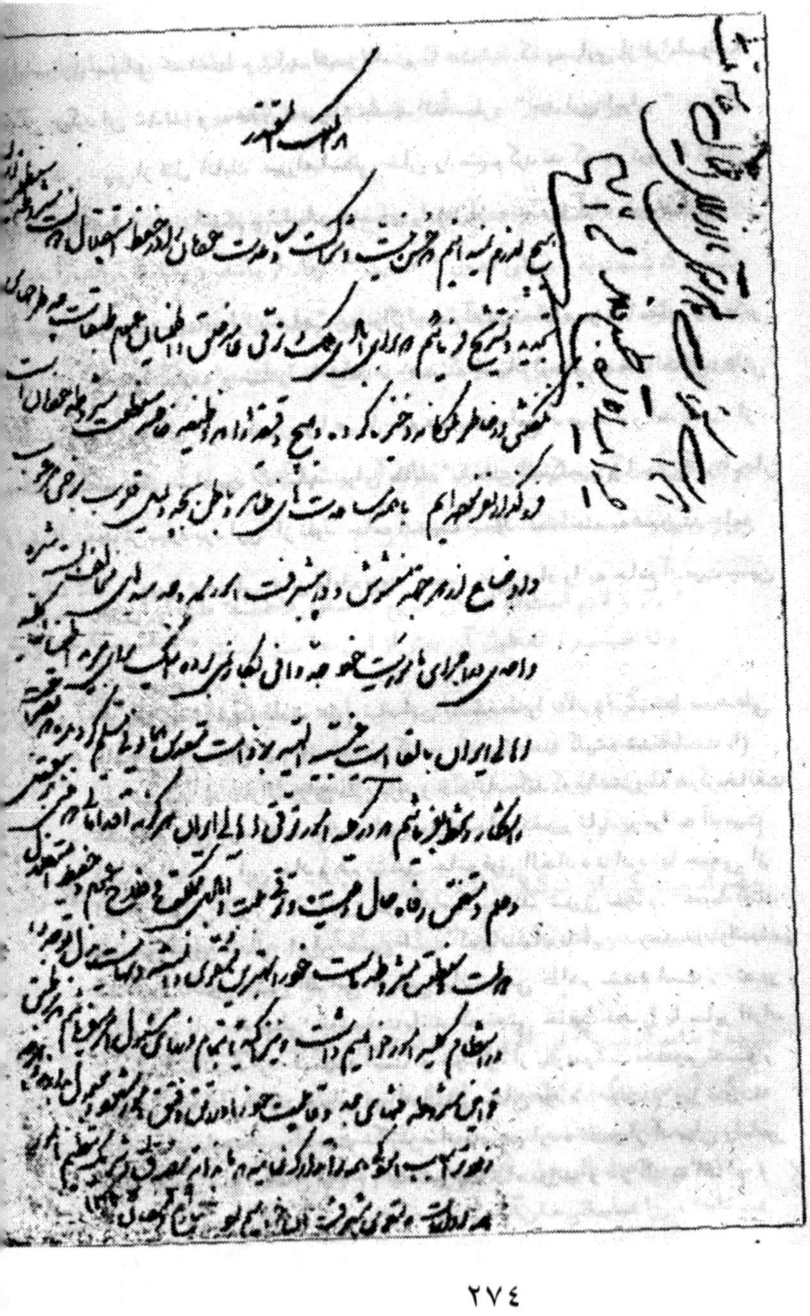

"عون الممالک" درخاطرات خود در مورد این واقعه جالب تاریخی مینویسد:

". . . شب سلخ (آخرین روز ماه قمری که در شب هلال ماه دیده میشود) رمضان ۱۳۲۵ مأمورین هنگامیکه در خدمت جناب ولایت (والی ولایت از اصطلاحات جامع آدمیت و منظور امین کل و رئیس جامع است) حاضر شده ساعت دو و نیم حرکت کردند و بقرار ذیل:
ندیم باشی - میرزا محمد باقر مجتهد مازندرانی - ناظم العلما ملایری - سردار منصور گیلانی - وزیر تشریفات مصطفی خان - میرزا محمود اصفهانی وکیل مجلس - یمین نظام - نصرالملک - عون الممالک - مصدق الممالک - انتظام الحکما - معتمد الدوله - رکن السلطنه - شیخ ابراهیم وکیل خمسه و موقرالسلطنه از محارم شاه.
هیئت مزبور با درشکه رفته درب اندرون در آنجا پیاده داخل عمارت شدند از آنجا وارد طالار محقری شده همه ایستاده شاه هم ایستاده به طرز مرقوم در دستور العمل مشغول قسم شدند. بعد از ادای قسم روی صندلی حصیری محقری نشسته همه را امر به جلوس دادند. همه نشستند.
حاجی ندیم باشی اصول آدمیت را از ابتداء تا انتها قرائت کرد. بعد شاه در حاشیه نیم ورقی دست خط کردند که القا شده است. شاهزاده رکن السلطنه ضامن آدمیت شاه شد. در حاشیه ندیم باشی شرحی نوشت که به مأموریت خود عمل کردم. عموماً شانزده نفر سوای شاه پانزده نفر مهر کردند. ساعت چهار برخاسته به منزل میرزا عباسقلی خان مراجعت کردیم.

قبل از انجام مراسم سوگند مصطفی خان وزیر تشریفات دربار شرح ذیل را که به موجب آن عضویت شاه قاجار به تأیید امنای جامع آدمیت

رسیده بود به محمد علیشاه تسلیم نمود و شاه پس از قرائت در حاشیه نوشت. . "بطوریکه نوشته شده رفتار و القا شد".

". . فریضه امناء و مأمورین جامع مقدس آدمیت است پس از شرف اندوزی حضور مبارک بندگان اعلیحضرت اقدس شهریاری خلد اله ملکه و سلطانه بدون تخلف عموماً خودرا در اجرای شرح ذیل مکلف دانسته بعد از القای تمام نکات و دقایق مشروحه پادشاه را علمدار استقلال ایران و شاه آدمیان بدانند و باید قرآن مجید را با عظمت متصوره در شرع مقدس بدست مبارک شاهانه گرفته رو به قبله اسلام بایستند و بفرمایند که در آن به شهادت ارواح مقدس انبیاء مرسلین و ملائکه مقربین و به عظمت خداوند ذوالجلال جل ا له و بحقایق منوره قرآن مجید با ایمان پاک و نیت صادق قسم می خورم که از تاریخ ذیل الی پایان عمر به خلاف دستور مقدس آدمیت رفتاری نکنم و اجرای تمام نکات و دقایق مندرجه اصول مقدس آدمیت را جزء جزء بر ذمه شاهانه خود واجب بدانم و هرگاه خدای ناخواسته در اجرای تعهدات حضرت خود نکول نمایم در دنیا و آخرت از حول و قوه خداوند قادر منتقم بی بهره و نصیب باشم.

بعد از ادای قسم فوق باید جناب مستطاب ندیم باشی با کمال ادب شمرده و اصول آنرا از اول الی آخر به ذات مقدس شاهنشاه ایران القاء نماید و وجه تعهد شاهانه را که یکهزار مثقال طلاست اخذ نموده با نهایت تعظیم و تکریم تبریک عرض کنند و نیز در نزول این برکات خاصه الهیه که برحسب استقلال ابدی سلطنت مشروطه دولت علیه ایران است عموماً دست مبارک شاهنشاه را ببوسند و هریک جداگانه به پادشاه آدمیان دست مواحدت دائمی حقیقی بدهند و شهادت خودرا در همین صفحه امضائیه بنویسند و مهر نموده و مرخص شوند.

اسامی حاضرین به حضور اقدس شاهانه از قرار ذیل است.

جناب حاج ندیم باشی – جناب آقا میرزا محمد مجتهد – جناب ناظم العلما- جناب آقا شیخ ابراهیم زنجانی – جناب وزیر تشریفات – جناب سردار منصور – جناب نصرالملک – جناب عین النظام – جناب مصدق الممالک – جناب انتظام الحکما – جناب عون الممالک – جناب آقا میرزا محمود تاجر اصفهانی - نواب اشرف والا رکن السلطنه که ضامن وجود مقدس شاهانه در مقام آدمیت خواهند

بود- نواب اشرف والا معتمد الدوله - اعلیحضرت اقدس شاهنشاه ایران خلد الله ملکه و سلطانه، یکنفر از مخصوصین و محارم پاکیزه نهاد شاهانه که موقرالسلطنه خواهد بود.

برای توضیح جسارت می شود که غیر از امناء و مأمورین محترم جامع مقدس آدمیت احدی در آن محضر مقدس حق شرف اندوزی و حضور ندارد.

فی لیله غره شوال المکرم ۱۳۲۵

[illegible]

هیچ لزوم نمیدانیم که در حسن نیت و [illegible] خدمات [illegible] استقلال [illegible]

تمهید و تشریح نمائیم [illegible] ترقی [illegible] علوم [illegible]

[illegible]

[illegible]

اسماعیل رائین در مورد واکنش محمد علیشاه قبل از تشریفات ورود داستانی از قول پدر دکتر غلامحسین صدیقی نقل کرده می نویسد:

هنگامیکه محمد علیشاه برای قسم دادن (منظور قسم خوردن است. مؤلف) حاضر میشد میرزا عباسقلی خان بیش از پانزده دقیقه اورا معطل کرد. محمد علیشاه بشدت عصبانی گشت و به مصطفی خان وزیر تشریفات با تغیر و تشدد گفت: چقدر باید صبر کنم؟ قبل از اینکه شاه را به اطاقی که برای قسم دادن آماده کرده بودند ببرند میرزا عباسقلی خان پارچه سیاهی روی خود انداخت چنانکه در ظاهر به هیچوجه دیده نمی شد و فقط قرآنی که در دست او بود قابل رویت بود. وقتی شاه با غرور و نخوت وارد اطاق شد از دیدن شخصی که لباس سیاه پوشیده و قرآنی به دست داشت ناگهان تغییر حالت به او دست داد. [۱۹۵]

محمد علیشاه قاجار در حالیکه ایستاده بود سوگند وفاداری به اصول آدمیت را به قرار ذیل ایراد و تعهد نمود:

". . . ای پروردگار عالم من اقرار می کنم که تو به من شرافت آدمیت عطا فرمودی. در ادای حقوق این موهبت با عظمت خدائی هر قصوری که کرده باشم الان در حضور تو و بحق تو و بقدرت کبریائی تو قسم می خورم که شآن و حقوق این رتبه شریفه را در هرمقام مادام العمر با تمام قوای خود محفوظ و محترم نگاه بدارم. هرگاه از این تعهد خود نکول نمایم از فیض و رحمت لایتناهی کبریائی حضرت تو در دنیا و آخرت بی نصیب بمانم".

"رکن السلطنه" ضمانت محمد علیشاه را کرد و در حاشیه قسم نامه نوشت. . .

---

[۱۹۵] ـ فراموشخانه و فراماسونری در ایران. اسماعیل رائین. جلد اول. ص ۶۶۹

ضمانت آدمیت دائمی اعلیحضرت اقدس همایونی بر ذمه آدمیت اینجانب از فرائض آدمیت است. رکن السلطنه.

پس از انجام تشریفات سوگند محمد علیشاه مبلغ سه هزار تومان حق عضویت پرداخت و شرحی نیز در تأیید اصول آدمیت بخط خود نوشت و به میرزا عباسقلی خان تسلیم نمود:

". . . این چند کلمه مکنونات خاطر مقدس خودرا که دال بر اتصاف به صفات آدمیت است از برای زیب دفتر جامع آدمیت که در ذات مقدس ما به ودیعه گذاشته است ظاهر و به نشر آن حاضر شدیم و از روی واقع شاه آدمیانم فرمود که میدانیم امروز جمعی از روی واقع خیرخواهی باطنی و مقدسانه ما را در حفظ استقلال سلطنت مشروطه صحیح و انتظام مملکت خودمان در رفاه حال رعایا تعیین نمودند و از این ببعد قطع نظر از مراتب نعمت خواهی جدا خودرا فدوی این مکنونات مقدسانه خاطر شاهانه و شخص ما که حامی و مقوی این اساس هستیم میدانند. از باطن اولیای حق تشریف شریف آدمیت را بر قامت ملت خواه خود ابد الدّهر پایدار و از خداوند توفیق آدمیان را در مساعدت فدویانه واقعی به این نیات مقدس ملتمس هستیم. الهم اجعل عواقب امورنا خیراً به محمد و علی و عتوتهما الطاهرین و سل الله علیهم اجمعین لیله الفطر ۱۳۲۵

محمد علیشاه قاجار

پس از اینکه محمد علیشاه به جامع آدمیت وارد شد میرزا عباسقلی خان بخشنامه نوشت و به اعضای جامع ابلاغ نمود که:

". . . خدمت عموم آدمیان قرب سلطنت کبری تصدیع القاء میدهد که برحسب تعهدات اصول مقدس آدمیت که هریک به زبان خود به قصد انشاء جاری فرموده اید بر همه فرض متحتم و بر بنده یادآوری آن از فرائض حتمیه است که

از قرب سلطنت کناره مجوئید که مبادا خدای ناخواسته وسوسه برخی بی خبران از عرصه پلتیک وقت و نابینایان انوار نیک نامی رأی پادشاه را منهج حقیقی عدل و تـرقی ایـران و حفظ استقلال دولت و سعادت خدا داده منحرف نماید که گفته اند. . .

به نوبت اند ملوک اندرین سپنج سرای
کنون که نوبت توست ای ملک به عدل گرای [۱۹۶]

از طرف دیگر لژ بیداری ایران (تابع لژ بزرگ فرانسه – گراند اوریان) در تهران تشکیل شده و بسیاری از آزادیخواهان و مشروطه طلبان را جذب کرده بود.

با اینکه بیشتر اعضای جامع آدمیت همانند فراموشخانه و مجمع آدمیت از فراماسون ها بودند لیکن لژ بیداری ایران جامع آدمیت را قبول نداشت و آنان را "انشعابیون" می پنداشت. رهبران جنبش مشروطه عباسقلی آدمیت را مردی شارلاتان می دانستند.

رهبر مخالفان جامع آدمیت "ملک المتکلمین" بود که با در دست داشتن رهبری انجمن آذربایجانی ها طرفدار سلطنت "ظل السلطان" بود و با جامع آدمیت که محمد علیشاه را به عضویت درآورده بود دشمنی میکرد. همدست ملک المتکلمین آدمی بود بنام عبداله کاوه که از جامع آدمیت بیرون رانده شده بود و ظاهراً با میرزا عباسقلی خان مخالف بود. جزوه معروف "تقلب طرح جدید" را وی نوشت و عباسقلی خان را بسختی کوبید. در این جزوه که با هزینه انجمن آذربایجانی ها (یا انجمن آذربایجان) در چهل و دو صفحه در چاپخانه پارسیان تهران به چاپ رسیده بود چنین میخوانیم:

---

[۱۹۶] ـ مجموعه اسناد فریدون آدمیت.

". . . یکی از جوانان بی تجربه و بی اطلاع تهران جوانان سایر نقاط را به عنوان داخل کردن در انجمن آدمیت یا فراموشخانه از هریک مقدمتاً ده تومان و چهل قران به اسم سرمایه صندوق جامع آدمیت می گرفت.

متدرجاً بازار تقلبش رونقی تازه یافت و نهال شیادی و شیطنتش میوه نوظهور بار آورد. جوانان بی تجربه وطن هریک در کوچه و برزن به هرکس از همجنسان خود میرسیدند قبل از همه اظهار آدمیت می کردند و بعضی علائم ظاهر ساخته همینکه می فهمیدند طرف از این علائم بی خبر است فوراً بنای تحقیر و تکذیب می گذاشتند. بیچاره طرف به تصور اینکه آدمیت فقط به دخول در جرک و انجمن حاصل خواهد آمد هرکس به هر تدبیری که بود ولو به فروش پارچه از اسباب های شخصی ده تومان فراهم نموده به خریداری مقام منیع آدمیت حاضر می شد. افسوس و هزار افسوس ک هیچیک از این جوانان بی تجربه و پیروان جاهل به زیارت جمال عدیم المثال فائض نشدند و از مقام منیع آدمیت استفاذه و استفاده ننمودند. همینکه میرزا عباسقلی خان اندکی حوزه جامع آدمیت را مملو از جوانان و جیب خودرا که صندوق جامع آدمیت بود پر از مبلغ معتنابه دید عنوان مسئله را اینطور مطرح نمود که هر آدم برای خدمت و عوالم آدمیت و ارتقاء رتبه و رسیدن به مقام نیابت اقلاً باید دوازده نفر را داخل در جامع آدمیت نماید تا بتواند ادراک مقامی را کند. چندی هم به اینطور تحصیل وجوه مبره نمود یعنی به ترتیب سابق از هریک ده تومان و چهار قران وصول نمود و به شرف مقام آدمیت داخل می کرد. در این میان صندوق جامع آدمیت با اینکه مبالغ خطیری پول تحصیل می کرد دیناری به هیچ اسم و رسم به تصرف آدمیت نمی رساند.

دکتر مهدی ملک زاده آزادیخواه پاکنهاد صدر مشروطه در تاریخ مشروطیت عباسقلی آدمیت را چنین معرفی می کند:

". . . در میان کشمکش انقلاب (انقلاب مشروطیت) مردی مرموز – ناطق زبردست و ظاهر الصلاح که دیر زمانی در جرگه مشروطه خواهان داخل شده بود انجمنی به نام انجمن آدمیت تأسیس نموده و مردم را به عضویت آن انجمن

مرموز دعوت کرد. برخلاف سایر انجمن ها که علنی بود این انجمن سری بود و برای عضویت در آن اشخاص داوطلب مجبور بودند مبلغی پول طلا که حد اقل آن ده اشرفی و حد اکثر آن هزار اشرفی بود به خزانه انجمن بپردازند. این شاهکاری که مرد مذکور از خود نشان داد بطوری نظر اشخاص را جلب کرد و سر و صدائی در اطراف انجمن بلند نمود که همه تصور می کردند که کلید سعادت در دست این انجمن مرموز است و با عضویت در آن تمام درهای بسته باز خواهد شد و مشکلات حل خواهد گردید.

شرط عضویت در این انجمن مشروطه طلب بودن نبود و هرکس می توانست با پرداخت وجهی که معین شده بود در آن انجمن عضویت پیدا کند.

اکثر رجال که در آن روزهای طوفانی در عقب راه چاره می گشتند چنان مجذوب تظاهراتی که از طرف رئیس مرموز انجمن می شد شدند و با پرداخت حق دخول عضویت انجمن را بدست آوردند و کار شهرت این انجمن و اهمیت باطنی آن بجائی رسید که محمد علیشاه با وجود خست فطری و مخالف بودنش با لفظ انجمن با پرداخت هزار اشرفی طلا عضویت انجمن آدمیت را بدست آورد ولی چندی نگذشت که معلوم شد این انجمن با آن ظاهر فریبنده جز دامی برای پول بدست آوردن و کسب شهرت و اهمیت پیدا کردن چیز دیگری نبود. بعضی از مطلعین عقیده داشتند که رئیس انجمن با آن زرنگی ذاتی و حسن بیانی که داشته موفق شده بود محمد علیشاه را مجذوب کند و اورا قانع نماید که با تأسیس و پیشرفت انجمن آدمیت موفق خواهد شد مجرای انقلاب را تغییر داده و جریان کارها را در راهی بیاندازد که با از بین رفتن مشروطیت خانمه یابد.

بعد از این نیرنگ حنای آدمیت در میان جامعه مشروطه خواهان رنگی پیدا نکرد و تا آخر عمر با اینهمه زرنگی و استعداد چون مردی ورشکسته می زیست و نتوانست مقام و موقعیتی را که انتظار داشت نه در میان مشروطه خواهان و نه میان مستبدین بدست آورد. . . [۱۹۷]

[۱۹۷] - تاریخ انقلاب مشروطیت ایران. مهدی ملک زاده. جلد سوم. ص ۱۹۳

با توجه به اینکه دکتر مهدی ملک زاده عضو لژ بیداری ایران بوده بخوبی می توان به دامنه مبارزات پنهانی بین جامع آدمیت و لژ بیداری پی برد. این مبارزه به پایه ای رسید که وقتی در سی و یک اوت ۱۹۰۷ میلادی اتابک ترور شد بلافاصله مسئولیت ترور را متوجه جامع آدمیت و رئیس آن میرزا عباسقلی خان آدمیت نمودند.

اتابک هم فراماسون بود (در لژ کارلسباد آلمان در سال ۱۹۰۷ میلادی عضو شده بود) و هم عضو جامع آدمیت، سران جامع آدمیت از وی تعهد گرفته بودند در اسرع وقت محمد علیشاه را وادار کند مقدمات تأسیس مجلس شورا و ایجاد بانک ملی را فراهم نماید.

اتابک دو دوزه بازی می کرد. در حالیکه با انگلیس ها لاس می زد به روسها نیز وعده و وعید میداد اما سفارت انگلیس اورا طرفدار روس میشناخت، در اواخر صدارت خود با وزیر مختار روس اختلاف بهم زد. روسها اورا طرفدار انگلیس دانستند. وقتی ناصرالدین شاه بدست میرزا رضا کرمانی کشته شد و مظفرالدین شاه به سلطنت رسید انگلیس ها فوراً شاه جدید را به رسمیت شناختند و بانک شاهی مبلغ هنگفتی به او وام داد و عوامل انگلیس در دربار ایران نظر مساعد پادشاه جدید را نسبت با او منحرف ساختند بطوریکه مظفرالدین شاه اتابک را پس از پانزده سال صدارت عزل و وی را بطور محترمانه به قم تبعید نمود تا در جوار حضرت معصومه به دعاگوئی ذات اقدس شهریاری مشغول گردد. اتابک هیجده ماه در قم بسر برد. . . اما همیشه می گفت جز من هیچکس نمی تواند ایران را اداره کند. سرانجام دوباره به مقام صدارت عظمی منصوب شد.

اتابک با شکوه و جلال بسیار به تهران بازگشت و بلافاصله سه تن از افراد مؤثر سیاست انگلیس را از دربار ایران طرد کرد.

". . . میرزا علی اصغر خان با بدخواهان خود معامله بسیار بدی کرد. تمام آنها را از اطراف شاه پراکنده نمود و هر یک را به طرفی فرستاد.
فرمانفرما (عضو لژ بیداری ایران) را که بیش از همه حرارت داشت به بغداد تبعید کرد. میرزا محمد علی خان قوام الدوله (عضو لژ بیداری ایران) را به خراسان فرستاد. ناصر الملک (عضو فراموشخانه ملکم) را به نام حکومت به کردستان روانه نمود. و علاء الملک (عضو لژ بیداری ایران) را به کرمان. [۱۹۸]

در سال ۱۹۰۰ میلادی (۱۲۷۸ شمسی) روابط اتابک با دولت انگلیس به منتها درجه تیرگی رسید. اتابک احضار سفیر انگلیس "سر تیمردوراند" را خواستار شد و نتوانست با جانشین او روابط نزدیک ایجاد کند. انگلیسها یکی از دیپلمات های ورزیده خودرا بنام "سر آرتورهاردینگ" (عضو گراند لژ انگلیس) به دربار ایران فرستادند. روابط هاردینگ با اتابک بسیار دوستانه بود بطوریکه توفیق یافت در سال ۱۹۱۰ میلادی امتیاز نفت جنوب ایران را بنام "ویلیام ناکس دارسی" (نماینده غیر رسمی شرکت هند شرقی) برای انگلیس ها بدست آورد.

با واگذاری امتیاز نفت به انگلیس اتابک می پنداشت که از مخالفت با وی دست بردارند لیکن این اشتباهی بیش نبود زیرا طرفداران انگلیس در دربار ایران دوباره مقدمات عزل وی را فراهم آورده بودند. اتابک با زیرکی دریافت و در اواسط سال ۱۹۰۶ میلادی – ۱۲۸۴ شمسی استعفا کرد. سفیر انگلیس در این مورد چنین می نویسد:

---

[۱۹۸] - تاریخ روابط سیاسی ایران با انگلیس. محمود محمود. تهران. ص ۱۶۴۸

". . . اتابک از اینکه استعفایش پذیرفته شده خوشحال است و می خواهد به وین برود که یکی از پسرهایش را که در آنجا درس می خواند ببیند و از آنجا به مصر برود و با لرد کرومر آشنائی پیدا کند و در این خصوص مطالعه کند که به چه وسیله لرد کرومر توانسته وضع مالی مصر را از ورشکستگی کامل نجات بخشد و آنرا احیاء کند. از نقطه نظر ما سقوط اتابک رویهم رفته باعث تأسف نیست هرچند که در عالم واقعیت آنقدر هم که تصور می رود او با انگلستان مخالفت نمی کند بلکه از یک طرف بر ا ثر اختلاف او با "ولاسف" وزیر مختار روس و از طرف دیگر برای اینکه خلاف این عقیده را ثابت کند که او طرفدار روس نیست در این ماههای اخیر بیشتر به طرف ما متمایل است. [۱۹۹]

اتابک در همین سفر با تشریفات خاصی به لژ "کارلسباد" تابع لژ اعظم ژرمنی (آلمان) پیوست. عون الممالک از قول میرزا علی اصغر خان اتابک مطالبی درباره عضویت او در لژ فراماسونری نقل می کند:

". . . به ژاپن رفته دولت و ملت و سلطنت ژاپن را تماشا کردم حالم دگرگون شد. دیدم خودم را که به هیچوجه من علی اصغر یکسال قبل نیستم. از ملک ژاپن به حال انقلاب برای کارلس باد حرکت کردم. به اشاره عقل و علم ایران پرنس ملکم خـــان راهی میرفتم تا رسیدم به کارلس باد. چون اشخاصی کـــه در

---

[۱۹۹] - اسناد وزارت امور خارجه انگلیس. ۶۰/ ۶۶۶ تاریخ هفدهم دسامبر ۱۹۰۳ میلادی

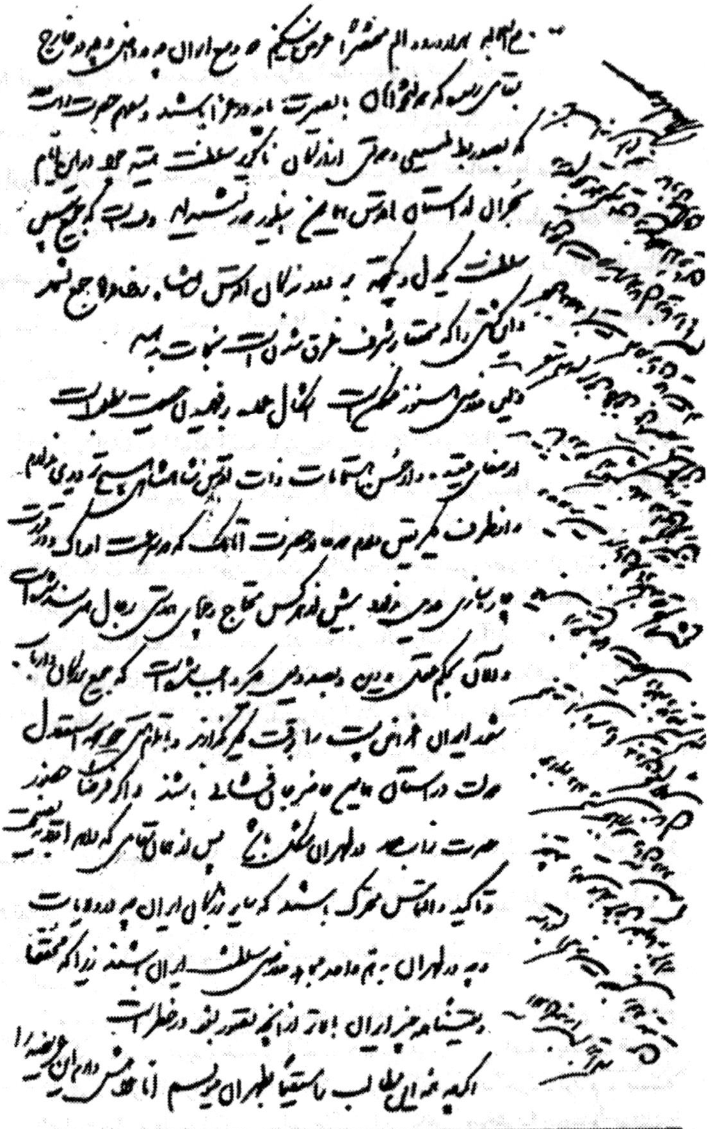

نامهٔ میرزا ملکم خان به جامع آدمیت در تأیید میرزا علی اصغر خان اتابک

همه کره ارض خودرا اول عقل می دانند و در تمام سال مشغول کار و خدمت به تمام بنی بشر هستند اعم از اینکه هند باشد یا سند - اروپ باشند یا آسیا یا آمریکا یا افریقا کلیه کان ها نقشه مدار زندگی بنی نوع بشر را می کشند. این اشخاص (فراماسن ها) هستند سالی یک مرتبه بعنوان رفع خستگی مغز و دماغ خود در این مکان (در کارلسباد) به رسم و اسم گردش و استراحت جمع میشوند. منجمله این موقع همان موقع بود. یکی از آن بزرگان دنیا پرنس ملکم بود. چند نفر دیگر را در مسافرت های سابق خود دیده بودم و شناسائی و آشنائی هم داشتم. می شناختم ولی نه به این اسم و معنی بعضی را به اسم و رسم وزارت فلان دولت. بعضی را به حکیمی فلان ملت بعضی را به حکیمی فلان مملکت می دیدم. دیدار این مسافرت و امروزم خبر های دیگری نشانم داده است که در مخیله من بلکه در مخیله تمام ایرانی خطور نمی کرد. زیرا ایرانی کجا؟ نقشه امور بشری کجا؟

اعتقاد ما ایرانی ها اینست، امروزم بگذرد فردا لاحول ولا قوت الله بالله یا من از سیلاب آتش بگذرم برادرم و پدرم به درک.

عالم دیگر سیر کردم که بگفتار نمی گنجد. عالمی وجدانی و تحقیقی و رأی العینی آنهم برای علمای فن. بهر حال در این مکان مرا در بوته آهن گدازی انداختند و آنچه می بایست از نو ساختند. به عبارت آخری آدمم کردند و به من گفتند رسد آدمی بجائی که بجز خدا نبیند.

این رفتار و گفتار و سیاحت برای من واقع شد در سال ۱۳۲۲ هجری نبوی در این ایام شهرت غوغای ایران و مشروطیت ایران منتشر به عالم شد.

این مردم و مجمع کارلس باد بی طرف به تمام کره ارض هستند. بلکه بعضی هستند که هیچ نمیدانند ایرانی در دنیا هست یا نه فقط موافق نقشه عالم شش سمت یا هشت سمت کره ارض را می بینند. . .

چون ایران یکی از نقاط عالم است و واجب می دانند که آن مردان بزرگ دنیا که بشر را تربیت نمایند و فهمیدند که من مدتی در ایران صدارت داشتم گفتند تو باید به ایران بروی. از قضا در این موقع از ایران احضارم فرموده بودند. یکی دو مرتبه پیغام دادند جواب دادم. کتبی نوشتند جواب دادم. مصادف شد با این

حکایت. ملزم کردند که برو به ایران و ایجاد قانون عدل باید بکنی. اجرای این قانون باید بدست تو باشد. مأمور و محکومم کردند. حرکت کردم. رسیدم به انزلی. آن ازدحام جلوگیری از من شد. (در بندر انزلی عده ای از مخالفان اتابک تظاهر کردند و خواستند اورا به روسیه باز گردانند ولی حاکم گیلان مخالفان را متفرق کرد و اتابک به تهران حرکت نمود).
اگر من خیال کجی داشتم آن هنگامه را که دیدم بر میگشتم ولی چون مأموریتی داشتم آن حرکات وحشیانه را باکی نکرده وقعی نگذاشتم. . .

به محض ورود اتابک به تهران محمد علیشاه اورا به حضور پذیرفت. از وی دلجوئی کرد و درخواست نمود که مثل سابق به خدمتگذاری اشتغال ورزد. . .

". . . من با تو سوای عمل سلطنتی آشنائی و دوستی و سابقه (هردو نفر عضو جامع آدمیت بودند) داشتم و دارم و امروز ترا برای معاونت خود می خواهم. باید با من همدست شده برای رفع معایب امورات نقشه کشیده کار بکنی. تو غیرتت قبول می کند من ذلیل و زبون و علاف و بقال ایران و تهران باشم؟ آخر من سلطانم نه اینکه اطاعت هر دیوث را بکنم – و میرزا علی اصغر خان جواب داد:
من علی اصغر دو سال یا ده سال قبل نیستم. قلب ماهیت در این مسافرتم شد. من جز خیر و آبادی مملکت شفع (به معنی زوج یا جفت و در اینجا همان جفت معنی می دهد) ندارم. . .[۲۰۰]

و بدین ترتیب روز بیستم ربیع الاول ۱۳۲۵ هجری میرزا علی اصغر خان دوباره اتابک اعظم شد و بر کرسی صدارت ایران تکیه زد.

[۲۰۰] - مجله یادگار. غلط های مشهور تاریخی. سال سوم. شماره سوم. ص ۴۹

گزارشات سفیر انگلیس در تهران حاکی است که در این دوره صدارت، اتابک در نظر داشت امور مالیاتی را سر و سامان داده و به تأسیس بانک ملی ایران اقدام کند. آلمان و سویس نیز موافقت کرده بودند در انجام این امور بدولت ایران کمک کنند و حتی محمدعلیشاه حاضر شده بود مبلغ هفتصد هزار تومان برای این منظور از کیسه تنگ خود گشاد بازی کند. اما اتابک تمام این آرزوها را با خود به گور برد.

". . . شنبه شب بیست و یکم رجب ۱۳۲۵ هجری اتابک اعظم میرزا علی اصغرخان صدراعظم مقتدر ایران مقابل مجلس شورای ملی ترور شد و مقتول گردید و قزاقی که در مجاورت حضور داشت قاتل را به قتل رسانید. . .[۲۰۱]

سید احمد کسروی در این مورد می نویسد:

یک چیز می باید در پایان گفتارم بیافزایم اینست که انگلیس ها چون اتابک را افزار دست سیاست روس می شناختند از او آزرده بودند و باشد که کشته شدن اورا آرزو می کردند و به دستیاری آقای تقی زاده از پیش آگاهی داشتند.[۲۰۲]

بعضی از پژوهشگران ایرانی حادثه قتل اتابک را به لژ بیداری ایران و فراماسون ها نسبت داده اند اما در حقیقت این اتهامی بیش نیست. تنها مدرک زنده ای که از ماوقع ترور اتابک در دست است یادداشتهای نا تمام "حیدر عمـو اوغلی" معروف به حیدر برقی است که ضمن آن اشاره به ملک المتکلمین و آقا سیدجمال واعظ می کند:

---

[۲۰۱] - از یادداشت های محمد نجات. مهرماه ۱۳۰۲شمسی. ص ۸۵

[۲۰۲] - تاریخ مشروطیت ایران. سید احمد کسروی. تهران. ص ۴۴۹

". . . حوزه مخفی اجتماعیون عامیون تهران که مرحوم ملک المتکلمین و آقا سید جمال واعظ نیز در آن شعبه عضویت داشتند اعدام اتابک را رأی داده به کمیته مجری حکم اعدام را فرستادند. کمیته مجری هم حکم را به هیئت مدهشه که عبارت از دوازده نفر تروریست تقسیم به جوخه چهار نفری تحت ریاست من بود فرستادند. . .

در هیئت مدهشه قرعه کشیده شد بنام عباس آقا درآمد و دو نفر هم برای او محافظ قرار داده شد. چندین دفعه به قیطریه محل اقامت اتابک رفتیم که من هم با آنها بودم و ممکن نشد که کار انجام پذیرد.

خبر داده شد که فردا بیست و دو رجب اتابک به پارلمان خواهد آمد روز جمعه بیست و یک من و عباس آقا و میرزا علی اکبر و حسن آقا برادر عباس آقا به حمام رفتیم. فردا به پارلمان رفته بلیطی برای عباس آقا گرفته شد که در جزء تماشاچیان به پارلمان رفت ولی ما در حیاط مجلس راه رفته صحبت می کردیم.

دو ساعت و نیم از شب گذشته اتابک بیرون آمـده با سید عبداله مجتهد صحبت کنان به طرف در می آمدند. تقریباً شش قدم به در نمانده سیدی برای تظلم سید عبداله را نگاه داشت ولی اتابک جلو آمد در حالیکه چندین لاله در جلوش می آوردند. همین که دو قدم و نیم. . .[۲۰۳]

ملک المتکلمین و سید جمال واعظ عباسقلی آدمیت را آدمی شارلاتان می دانستند که دو دوزه بازی می کند. از یکطرف با محمدعلیشاه و روسها ارتباط داشته از طرف دیگر با انگلیس ها نیز رابطه دارد. شایع بود عباسقلی آدمیت در واقعه قتل اتابک نیز دست داشته است. "صادق خان" فرزند آدمیت که ظاهراً با پدرش مخالف بود در شب ترور اتابک جلوی مجلس با تروریست ها همکاری می کرد. صادق خان با ملک المتکلمین و سید جمال واعظ نیز مربوط بود. وقتی دستگیر شد پدرش را مقصر دانست و به مأموران

---

[۲۰۳] - مجله یادگار. سال سوم. شماره سوم. ص ۴

نظمیه گفت که قاتل اتابک را می شناسد و اتابک به دستور میرزا عباسقلی خان کشته شده است.

"جرج چرچیل" دبیر سفارت انگلیس در تهران در گزارش خود به وزیر مختار انگلیس که عیناً برای وزیر خارجه انگلستان "سر ادوارد گری" ارسال شد درباره قتل اتابک چنین می نویسد:

"... بسیار محرمانه بنا به تقاضای صنیع الدوله رئیس مجلس شورا برای صرف نهار به منزل ایشان رفتم. بعد از نهار مذاکره بسیار طولانی و خصوصی درباره بحران کنونی کشور با هم داشتیم.

صنیع الدوله اظهار داشت که قتل اتابک بر اساس مدارکی که شخصاً دیده و بر اساس شواهدی که در اختیار وی قرار دارد بدون تردید زیر سر گروه مرتجع و بخصوص زیر سر دشمن خونی وی سعدالدوله بوده است و با توجه به مدارک موجود در این مورد کمترین شکی باقی نیست.

یکی از سوء قصد کنندگان جوانی نو نهال و بی تجربه بوده که متعاقباً دستگیر شده است. همراه وی مدارکی بوده که بدست مأموران افتاده و نام یکی از انجمن های پنهانی تهران را که او و همدستان او عضویت داشته اند فاش میسازد. پدر همین جوان که رئیس آن انجمن بوده فعلاً گرفتار شده و اسنادی که در منزل آنان کشف شده دلالت دارد که سپهدار - فرمانفرما - علاء الدوله - امیر بهادر جنگ - نایب السلطنه - سعدالدوله وجوهی در اختیار آن انجمن گذاشته و بعلاوه برخی از عوامل خودرا زیر عنوان و بنام مشروطه طلب به انجمن وارد کرده اند. نوکران سعدالدوله در انجمن فعال بوده اند و سایر اعضاء را مجاب نموده که اتابک صدراعظم و رئیس مجلس صنیع الدوله هر دو نفر خائن اند و می خواهند ایران را به بیگانگان تحویل دهند.

صنیع الدوله گفت از آنجائی که ایمان قطعی دارد که نامبردگان در این سوء قصد محرک اصلی هستند و بدتر اینکه اطمینان دارد که شاه در پس پرده از عمل آنان پشتیبانی می کرده است. این اشخاص به خوبی میدانند که توطئه آنها

بزودی با توجه به اسناد و مدارکی که در دست وکلا و رئیس مجلس است علنی خواهد شد لذا او (رئیس مجلس) از عاقبت کار که به دربار سلطنتی ختم میشود هراسان است. . ."[204]

میرزا عباسقلی خان نیز در خاطرات خود در مورد دستگیری و توقیف خویش که منجر به ضمانت دوازده نفر از اعضای جامع آدمیت و استخلاص او گردید چنین می نویسد:

". . . دستگیری و تعرض بر من هیچ برهانی نداشت مگر عناد و خصومت صنیع الدوله. خصومت صنیع الدوله با من برای این بود که سعدالدوله را چون آنوقت در حزب آدمیت بود تمجید می کردم و از بیحالی صنیع الدوله در ریاست مجلس مقدس دارالشوری حمایتی نداشتم. . . عاقبت بی گناهی من محرک غیرت اخوان من شده ایرادات قانونی وارد آورده امر به اختصلاص من صادر شد.

همینکه میرزا عباسقلی خان از زندان رهائی یافت مدتی خانه نشین شد و سپس در روز بیستم ذیقعده ۱۳۲۵ هجری ظاهراً برای دیدار میرزا ملکم خان (گفته شده از طرف محمدعلیشاه حامل نامه و پیامی برای ملکم بوده است) و باطناً شاید برای دوری از تهران پر شور و شر بقصد ایتالیا روانه بندر انزلی شد. در رشت میرزا مهدی خان گرکانی که از بادکوبه مراجعت میکرد به وی اطلاع داد که ملک المتکلمین و تقی زاده شخصی بنام میرزا صادق تبریزی را مأمور کرده اند اورا بقتل برساند. میرزا عباسقلی خان ترسید و بسرعت به تهران بازگشت.

---

[204] - گزارش چرچیل به رایس. اسناد وزارت خارجه انگلیس. اف – او- ۳۱۱و ۳۷۱ سوم دسامبر ۱۹۰۷ میلادی

در این مورد میرزا عباسقلی خان در خاطرات خود می نویسد:

". . . در آن چند روز یکشب در خانه معین همایون رشتی و یکشب در خانه معزالسلطان رشتی مهمان بودم. در آن مهمانی از اعاظم گیلانی از جمله جناب محتشم السلطنه آنوقت و سردار معتمد حالیه که پسر عموی جناب سردار منصور است حاضر بود و نیز دو نفر از مجاهدین قفقازیه که برای اصلاح امور فی مابین مجاهدین رشت از طرف مجلس مرکزی خود مأموریت داشتند در هردو مهمانی حاضر بودند با کمال ادب از من سؤالات می کردند و با کمال راستی به آنها جواب می گفتم. نتیجه بعضی از اقدامات را امیر اعظم برای آنها بدون اطلاع من ذکر کرده بود.

در مجلس دوم دیدم آن آقایان قفقازی با یکدیگر نجوا و زمزمه دارند. عاقبت امیراعظم گفت حضرات از اقدامات عالیه شما که مبنی بر نجات ایران و ترقی نو بوده است تشکرات فوق العاده دارند ولی بدبختانه از طرف آقای تقی زاده و جناب ملک المتکلمین به مرکز مجاهدین و از مرکز مجاهدین به تمام مجاهدین گیلان و قزوین و تهران و بادکوبه و باطوم به خط قرمز حکم صریح صادر شده است که هرجا شما را بیآبند خوب پذیرائی کنند. اما من که امیراعظم هستم صلاح میدانم که به قزوین و تهران هم نروید. به لباس مبدل به عربستان و نقاط دیگر فرار نمائید. بر رأی این شاهزاده برومند خندیدم و چون مسافرت فرنگ را بکلی فسخ عزیمت کرده بودم کالسکه کرایه ای خواسته یکسره به تهران رفتم. همه مدت مسافرت چهارده روز طول کشید. برای من این مسافرت مختصر اسباب معرفی خیلی از مردم شد و بر تجارب و مردم شناسی من افزود. [۲۰۵]

محیط طباطبائی درباره کلاه برداری و نادرستی "آدمیت" در "کتاب آثار ملکم" می نویسد:

---

[۲۰۵] - خاطرات میرزا عباسقلی خان آدمیت. مجموعه اسناد فریدون آدمیت – ۱۳۲۵

"... مشارالیه در صدد برآمد با پولهائی که از این راه بدست آورده بود از ایران خارج شود ولی کسانیکه اغفال شده او بودند در رشت وسیله بازداشت اورا فراهم آوردند و یحیی میرزا کارهای اورا که جنبه کلاه برداری داشت به مجلس شورا نوشت و درخواست کرد که قبل از تفریق محاسبات مردم اغفال شده اورا نگذارند از ایران برود و بدین طریق فضیحتی که دامن عباسقلی خان آدمیت را گرفت بطور غیر مستقیم به حسن شهرت و نام ملکم هم لطمه وارد آورد. [۲۰۶]

وقتی میرزا عباسقلی خان به تهران بازگشت جامع آدمیت در حال انحلال و انجمن "حقوق" - یکی از ارکان جامع نیز منشعب شده بود.

در شرایطی که میرزا عباسقلی خان برای تجدید حیات جامع آدمیت تلاش می کرد و بحران موقتاً فرو نشسته بود کالسکه محمدعلیشاه با بمب قفقازی ها مورد حمله قرار گرفت اما شاه آسیبی ندید و از مهلکه نجات یافت. این حادثه بهانه خوبی بدست محمدعلیشاه داد و مجلس را به توپ بست.

"... در تاریخ سه شنبه بیست و سوم جمادی الاول ۱۳۲۶ هجری قمری محمدعلیشاه که نقض عهد را با عموم اهالی ایران روا دید و قسم ها و مواثیق خودرا فراموش کرد مجلس شورای ملی و مسجد سپهسالار مرحوم را به راهنمائی روس و اقتضای پیشرفت سیاست انگلیس به توپ بست. هیئتی را مقتول و جمعی را محبوس و برخی را نفی بلدکرد. عده ای را بدست میرغضبها سپرد و جمعی از جلادان و نظامیان بی علم و خبر از مقدرات امروزی دنیا را به حکومت های ولایات منصوب و به غارت مال و هتک ناموس مردم ایران مأمور کرد... [۲۰۷]

---

[۲۰۶] - آثار ملکم. محیط طباطبائی. کتابخانه دانش. ص "نسط"

[۲۰۷] - خاطرات میرزا عباسقلی خان آدمیت. مجموعه اسناد فریدون آدمیت - ۱۳۲۵

سید جلال تهرانی از قول میرزا محمد نجات (از وکلای صدر مشروطیت) واقعه به توپ بستن مجلس شورای ملی را برای مؤلف چنین نقل کرد:

". . . از پشت مسجد سپهسالار برای شرکت در جلسه عازم مجلس بودم که ناگهان کسی مرا صدا زد. نگاه کردم حاجی اعتماد از خویشاوندان نزدیک که در پامنار سکنی داشت راه را برمن سد کرد و گفت لیاخوف روسی بدستور شاه مجلس را محاصره کرده خیال دارد به توپ ببندد. نباید به مجلس بروی. . . من مقاومت کرده گفتم باید در جلسه شرکت کنم اما هرچه اصرار کردم او به انکار افزود و همینطور که صحبت می کردیم کشان کشان مرا به طرف سرچشمه برد. ازدهام مردم در اطراف مسجد زیاد بود و شاید دویست سیصد نفر در اطراف دیده می شدند. هنوز به سرچشمه نرسیده بودیم که ناگهان صدای انفجار توپ به هوا برخاست. بعضی به طرف مسجد و بعضی به طرف سرچشمه فرار میکردند. ما با عجله خودرا به منزل حاج امین ضرب رسانده نزدیک در ورودی حاج امین ضرب ایستاده بود و چند نفر اورا احاطه کرده بودند. چندی نگذشت که تقی زاده و بهار و شیخ الاسلام ملایری و شاهزاده افسر نیز رسیدند و جلسه کردیم که اینبار چطور باید نقشه کشیده به استقبال محمدعلیشاه و مستبدین برویم. . .

بدون تردید تحریکات ظل السلطان و سالار الدوله که هردو فراماسون بودند و سودای پادشاهی در سر داشتند در روحیه محمدعلیشاه تأثیر بسزائی داشت. بعلاوه ملک المتکلمین که در لژ بیداری ایران عضویت داشت و از انگلیس الهام می گرفت از شاهزادگان قاجار حمایت می کرد. روس ها نیز بر آتش خشم محمدعلیشاه دامن می زدند و بر نفرت او نسبت به آزادی و آزادیخواهان می افزودند.

". . . محمدعلیشاه می گفت: ملک المتکلمین که از زمان شاه شهید (ناصرالدین شاه) با انگلیس ها ارتباط داشت و جیره خوار ظل السلطان بود و برای رسیدن ظل السلطان به سلطنت کار می کرد و توسط او سید جمال الدین اسدآبادی را بهمین منظور به پطرزبورغ فرستادند و امپراتور روس نپذیرفت بعد از مردن پدرم باز هم ظل السلطان به خیال سلطنت افتاد و از هیچگونه تحریک و دسیسه خودداری نمی کرد. یک روز ملک المتکلمین در باغ مجلس بالای منبر خطابه رفته و فریاد کرده بود محمدعلیشاه فلان فلان شده فرار کرد و ایران جمهوری شد.

من از آنروز سخت عصبانی شدم و کینه این مشروطه طلب های مزدور را در دل گرفتم. همینکه روسها فهمیدند که از کارکنان انگلیس ها رنجیده ام به آتش دامن زدند. . . [۲۰۸]

". . . اما سرنوشت انجمن آدمیت (جامع آدمیت) چنان بود که با نیرنگ درباریان افراد نامناسبی به انجمن راه یافتند. ناچار به همت شاهزاده علی خان و سران انجمن آن مؤسسه تعطیل گشت و انجمن دیگری با افراد صالح بنام انجمن حقوق تأسیس یافت که یکی از نشریات آن روزنامه حقوق می باشد و یحیی میرزا و سلیمان میرزا آنرا منتشر می کردند. [۲۰۹]

---

[۲۰۸] - ماهنامه اطلاعات. سال اول. شماره ۵ ص ۲۶. نقل از مصاحبه خان ملک ساسانی با محمد علی شاه در استانبول.

[۲۰۹] - نفت و بحرین. عباس اسکندری. تهران. ص ۴

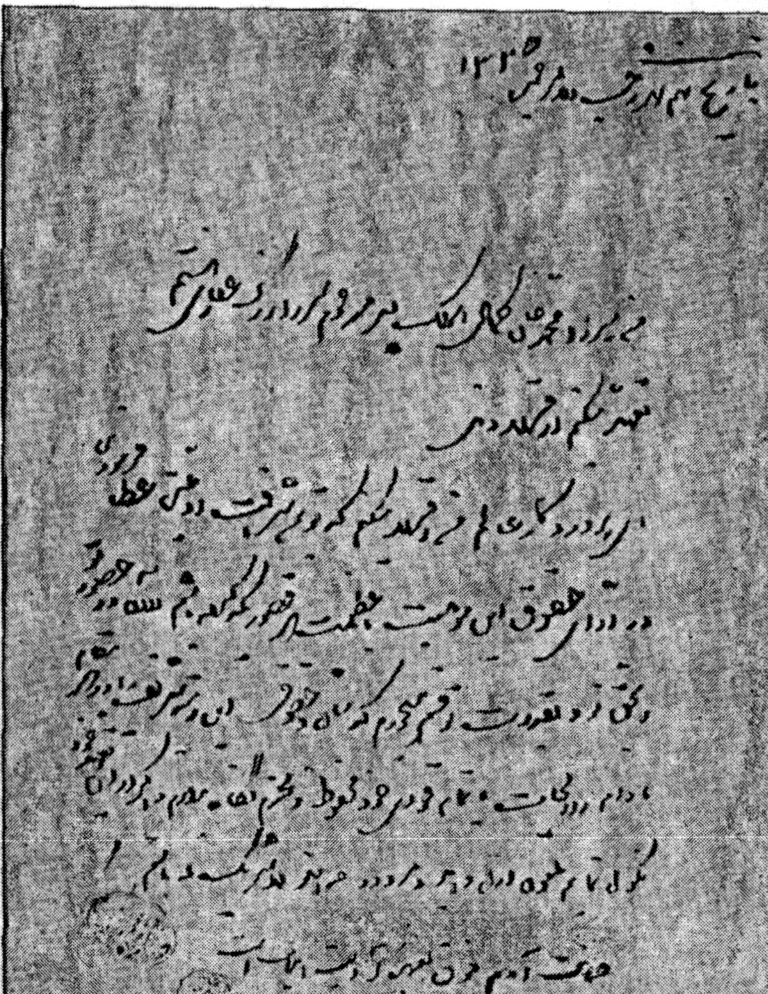

پیمان نامهٔ میرزا محمدخان کمال‌الملک
(از بایگانی اسناد فریدون آدمیت)

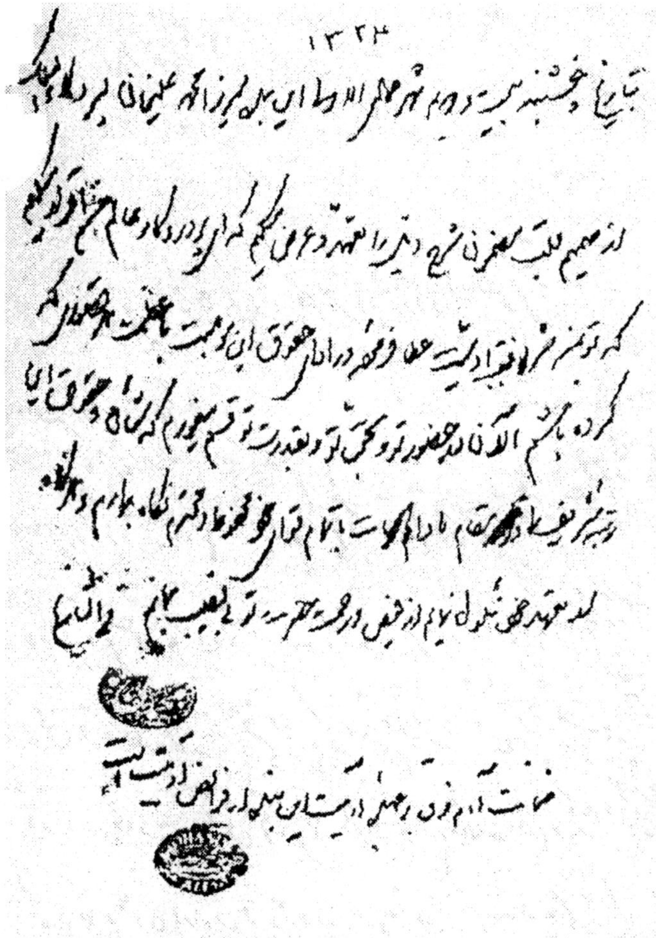

پیمان نامهٔ میرزا محمد علی خان فروغی (ذکاءالملک)

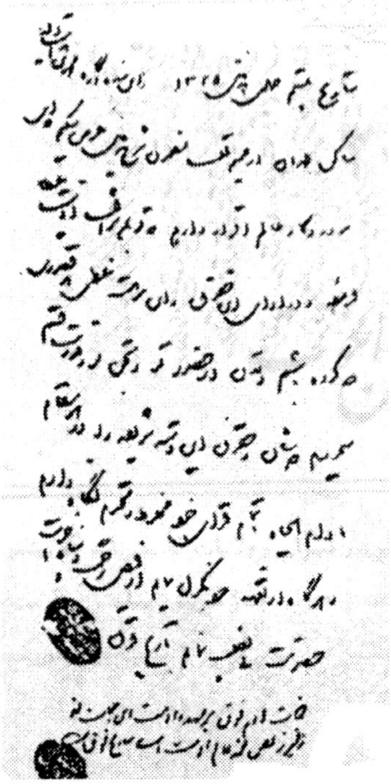

بتاریخ بیستم جمادی الاول ۱۳۲۵
این بنده درگاه محمد بن هدایت اله ساکن تهـران از صمیم قلب به مضمون شرح ذیل عـرض میکنم که ای پروردگارعـالم اقرار دارم کـه تـو بمن شـرافت آدمیـت عـطا فـرمـوده و در ادای حقوق و ایـن موهبت عظمی هـر قصوری که کرده باشم الان در حضور تـــو و بـه حق تـو و قـــدرتت قسم می خورم کـه شأن و حقـوق ایــن دسته شریفه را در هرمقام مادام الحیات بـاتمام قوای خود محفـوظ و محترم نـگاه دارم و هـــرگاه از تعهد خود نکول نمایم از فیض رحمـــت و پناه آخرت حضرتت بی نصیب بمانم تاریخ فوق   مصدق السلطنه

<u>***سند شماره یک***</u>

از کتاب "فراماسونری در ایران" تألیف محمود کتیرائی دکتر مصدق را عضو جامع آدمیت ذکر می کند (ص ۹۲) و عین سند در صفحه ۳۳۷ چاپ شده است. بنظر می رسد این سند با واقعیت مطابقت دارد.

<u>***سنــد شمــاره دو***</u>

از کتاب "فراموشخانه و فراماسونری در ایران" نوشته اسماعیل رائین (ص ۶۴۰ جلد اول). . . که تحت عنوان "متن قسم نامه فراماسونری دکتر محمد مصدق" به چاپ رسیده و حتی اظهار نظر شده که. . . مهر ابوالفضل در ذیل سوگند نامه نام مستعار شاهزاده عضدالسلطان فرزند مظفرالدین شاه است که ضمانت دکتر مصدق را برعهده گرفته است. [210]

مطلب درست نیست دکتر مصدق فراماسون نبود.

---

[210] - چهره هائی در تاریخ ایران. جلد اول. امیر نجات. ص ۳۳۷ چاپ میشیگان شماره کتابخانه کنگره ۸۱-۸۰۵۵۳

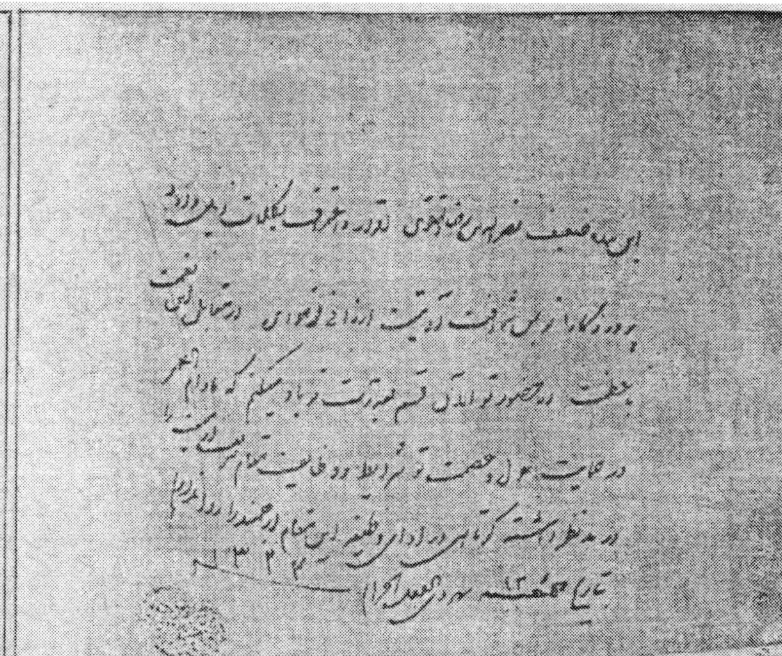

پیمان نامهٔ آقاسید نصرالله تقوی اخوی

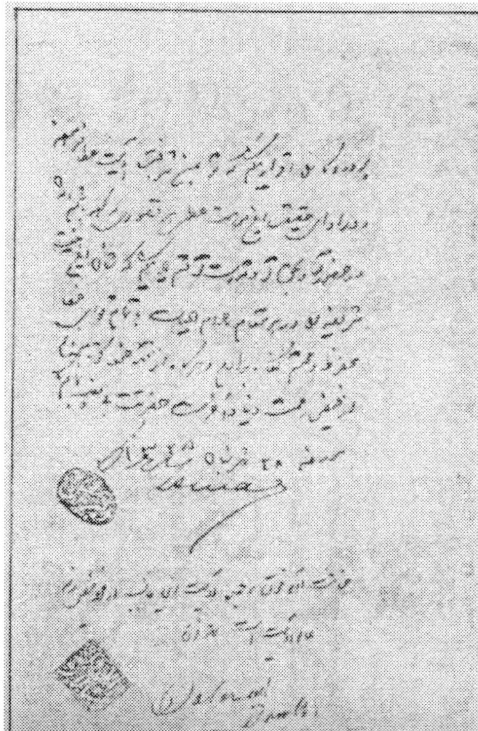

سوگند نامهٔ دکتر اسمعیل مرزبان (امین الملک)

۲۰

انجمن اخوت

در صدر مشروطیت انجمن های بسیار در تهران و ولایات تأسیس شد که بیشتر سری و بطور پنهانی فعالیت می کردند و هدفی جز سرنگون ساختن حکومت استبداد نداشتند. رهبری این انجمن ها اغلب با فراماسونها بود بطوریکه لااقل یکی دو نفر فراماسون در رأس کارهای مربوط به هر انجمن قرار داشتند.

در آن ایام مهمترین انجمنی که بدون تردید با مداخله فراماسون ها تأسیس یافت " انجمن اخوت" بود. انجمن اخوت بر اساس اعتقادات جمعیت "اخوان الصفا" پایه گذاری شد.[۲۱۱]

اخوان الصفا حکمت و فلسفه و عقاید فلاسفه یونانی را تمرین می کردند و هدف آنان انطباق افکار حکمای یونان با مذهب اسلام بود. آنان معتقد بودند که فرامین و احکام مذهبی باید با فلسفه تلفیق گردد و الا هرگز نمیتوان بین فلسفه و مذهب اتحاد و اتفاق بوجود آورد. اخوان الصفا مسلمان بودند اما به هیچیک از مذاهب منشعب از دین اسلام تعلق نداشتند و اینکه آنان را به تشیع و گاهی به اسماعیلیه نسبت می دهند درست نیست. شاید

---

[۲۱۱] - واژه اخوان به معنای برادران و واژه صفا به معنای برگزیدگی و دوستی و خلوص نیت و یکدلی است و با مرام فراماسون ها نه تنها منطبق است بلکه با رفتار و کردار و اهداف آنان نیز برابری داشته و بعید نیست فراماسون ها در تأسیس آن جمعیت نیز دست داشته اند.

این توهم از اینجا ناشی شده که روش اخوان الصفا همانند جمعیت های معتزله و اسماعیلیه در اثبات بعضی از مسائل مذهبی بروش های فلسفی گرایش داشته است.

اخوان الصفا اغلب با مخالفت متعصبین مذهبی روبرو بودند و به این سبب رسالات و کتاب ها و مقالاتی را که منتشر می کردند بدون نام و نشان بود و در مجامع و مجالس و جلسات خود نهایت جد و جهد را بکار می بستند تا بیگانه را دور نگاه دارند.

اخوان الصفا به تمام ادیان خوش نظر بودند و با پیروان سایر مذاهب با مهربانی رفتار می کردند و کلیه کتب آسمانی درست مانند فراماسون ها در نظر آنان مقدس و محترم بود.

یکی از خصوصیات اخوان الصفا توجه کامل آنها به هنر تاتر و نوازندگی و ساز و آواز بود و آلاتی را که در موسیقی به کار می گرفتند عبارت بود از نای، سه تار، کمانچه، طبل، سنج و دف.

اخوان الصفا در کارهای عام المنفعه نیز غالباً سهیم بودند. در سال ۱۹۰۱ میلادی که آتش سوزی مهیبی شهر آمل را در مازندران بکلی ویران ساخت، اخوان الصفا با تشکیل گاردن پارتی و ساز و آواز و رقص "سماع" به جمع آوری اعانه پرداخته و با عواید حاصله شهر آمل را نوسازی کردند.

اخوان الصفا نسبت به یکدیگر نهایت ملاطفت و محبت و صداقت و رفاقت را رعایت کرده از دروغ و ریا رویگران بودند. در این مورد در کتاب تاریخ ادبیات در ایران می خوانیم:

". . . اخوان چون نفس واحد در اجسام متعدد باشند و در حفظ و مراعات کار و اداء حقوق او بکوشند و چون احسانی در باره صدیق خود کرد منتی از این باب

ننهد و چون بدی از او دید نرمد و اورا برجمیع نزدیگان و دوستان و همسایگان برتری نهد چه چنین دوستی از پسر و برادر بهتر است. از کسانی که از کودکی به آراء فاسد و عادات پست و اخلاق نا مأنوس عادت کرده اند دوری جویند و کسانی از اخوان که از مال یا علم برخوردارند باید برادران را از آنها برخوردار دارند و در دوستی و صداقت از انساب صرفنظر کنند و در طلب دین و دنیا با اخوان یاوری نمایند.

انجمن اخوت براساس چنان اعتقاداتی بدست "میرزا محمد حسن اصفهانی" ملقب به صفی علیشاه، حضرت ولایت نشان، قطب دایره توحید، قطب الاقطاب، سیدنا مرشدنا بنیان گذاری شد.

صفی علیشاه در سال ۱۲۵۱ هجری قمری به دنیا آمد. در سنین جوانی از شهر اصفهان کوچ کرد و راه کرمان و ماهان و بم به هندوستان سفر نمود. از هند به عربستان رفت و پس از مدت کوتاهی دوباره به هندوستان و از آنجا در سال ۱۳۰۳ قمری به ایران رفت و در یزد و تهران اقامت گزید. یکی دوبار نیز بدیدار ناصرالدین شاه قاجار نایل شد و سرانجام در سال ۱۳۱۶ هجری قمری در سن ۶۵ درگذشت. صفی علیشاه در شرح حال خود می نویسد:

". . . از طرف هندوستان به حجاز رفتم. اغلب از مشایخ ایران و هند و روم را ملاقات کردم. از بعضی قلیل مستفیض شدم و قواعد فقر و سلوک را که اخذش منحصر به خدمت و قبول ارادت است به اتصال سلسله که شرح آنهم مبسوط است بدست آوردم. در هندوستان به تألیف (زبده الاسرار) نظماً که در اسرار شهادت و تطبیق با سلوک الله است موفق شدم. به عظم ارض اقدس رضوی از راه عتبات عالیات به شیراز و یزد مراجعت کردم و به تهران آمدم چون سکنای

دارالخلافه از برای هرکس بخصوص امثال ما جماعات از سایر بلاد امن تر است.
..[۲۱۲]

در کتابچه ای که بمناسبت پنجاهمین سالگرد تأسیس رسمی انجمن اخوت منتشر شد از صفی علیشاه بعنوان یکی از اقطاب صوفیه یاد کرده و نوشته اند:

"... برحسب وظیفه ارشادی که داشتند شروع به دستگیری از مردم نموده و در این اقدام منتهای احتیاط و متانت را مرعی می فرمودند چنانکه طوری به تربیت و بیداری مردم پرداختند که طرز عملشان به هیچوجه مورد ایراد درباریان استبداد و عمال حکومت آنروز نگردید و در نتیجه جمع کثیری از اهالی به ایشان گرویدند. [۲۱۳]

در یکی دو جا خواندم که دستگاه اطلاعاتی و جاسوسی انگلیس در انجمن اخوت رخنه کرده بود و حتی برخی مأموران انگلیسی از جمله "امبری" به کسوت دراویش درآمده قرآن قرائت می کردند...وضو میگرفتند... و نماز می خواندند و می گفتند:

"... ما دراویش در باب مخارج خود هیچوقت فکر نمی کنیم. این مطلب برای ما اهمیتی ندارد. انفاس قدس معاش مارا همیشه میرسانند. من برای چهار تا پنج روز محتاج به غذا نمی شوم. [۲۱۴]

---

[۲۱۲] - نقل از مقدمه "منتخبی از اشعار صفی علیشاه". امیرکبیر. تهران. ص ۲

[۲۱۳] - نقل از سخنرانی دکتر اسماعیل مرزبان (امین الملک) در جشن پنجاهمین سالگرد تأسیس انجمن اخوت.

[۲۱۴] - تاریخ روابط ایران و انگلیس. محمود محمود. تهران. جلدسوم. ص ۶۶۳

اما درباره صفی علیشاه، سوای یکی دو نویسنده گمنام که گویا پژوهشهای خودرا بر اغراض شخصی متکی نموده اند، غیر از نیکنامی و صداقت و امانت و پاکی و راستی و تعاون مطلبی نشنیده و نخوانده ام.

صفی علیشاه تألیفاتی نیز از خود به یادگار گذاشته که ازجمله میتوان "میزان المعرفه و برهان الحقیقه" و "اسرار المعارف" و "تفسیر منظوم قرآن" و "عرفان الحق" و "زبده الاسرار" و "دیوان قصاید و غزلیات" را نام برد. مهمترین این آثار تفسیر منظوم قرآن یا "تفسیر صفی" است که با اجازه مخصوص ناصرالدین شاه در تهران طبع و منتشر شد و موجبات جار و جنجال و اعتراض روحانیون را فراهم آورد. صفی علیشاه را تکفیر کردند و اخراج اورا از تهران رسماً از شاه خواستار شدند.

". . . در مجلس ذکری که با حضور میرزا نصراله خان دبیر الملک و ظهیرالدوله و سیف الدوله و حاج میرزا محمود و شمس العرفا و در حضور صفی منعقد شده بود اطلاع دادند که اعتماد السلطنه از طرف شاه حامل پیامی است. هنگامی که اعتماد السلطنه با صفی ملاقات کرد به او گفت: نظر به هیاهوئی که پاره ای از اشخاص علیه تفسیر شما برپا نموده اند خوبست جنابعالی برای مدتی در مشهد مقدس اقامت فرمائید تا سر و صداها خاموش شود.

حضرت صفی در جواب فرمودند: تفسیر قرآن بهر زبان و بهر عنوانی برخلاف مذهب اسلام نیست. مخالفت آقایان با تفسیر من به واسطه نادانی و متکی به اغراض نفسانی است. با این حال چون امر پادشاه مطاع و متبع است تا چند روز دیگر وسائل مسافرت خودرا تهیه و برای زیارت حضرت ثامن الائمه (ع) به ارض اقدس خواهم رفت. [۲۱۵]

[۲۱۵] - سخنرانی دکتر اسماعیل مرزبان (امین الملک) در جشن پنجاهمین سال تأسیس انجمن اخوت.

ظهیرالدوله داماد شاه دستور ناصرالدین شاه را مبنی بر تبعید صفی علیشاه با نظم الدوله معاون "کنت دومونت فورت" رئیس نظمیه تهران در میان نهاد و بنا به پیشنهاد آن دو شاه موافقت نمود که نظر نهائی راجع به "تفسیر صفی" از یکی از مراجع تقلید استفسار گردد. از میرزای شیرازی مرجع تقلید شیعه مقیم نجف سؤال کردند و او فتوی داد که تفسیر صفی یکی از تفاسیر خوب است و زحمات صفی علیشاه قابل تقدیر می باشد. . .

فتوای میرزای شیرازی که علاوه بر مرجعیت تشیع یکی از ملاهای با نفوذ و قدرتمند آنزمان محسوب می شد بر محبوبیت صفی علیشاه افزود و دامنه نفوذ معنوی وی در دربار قاجار وسعت یافت. بسیاری دیگر از آزادیخواهان و مشروطه طلبان و حتی شاهزادگان قاجار به او گرویدند و بدین سبب بهانه ای بدست بدخواهان و دشمنان صفی علیشاه افتاد تا بدگوئی از وی را آغاز کنند.

ناصرالدین شاه برای دومین بار دستور داد صفی علیشاه را به مشهد تبعید کنند. اسماعیل رائین در این مورد می نویسد:

". . . درباری های مخالف صفی و تفسیر او که از گروه مستبدین بوده و با فراماسون ها مخالفت شدید داشتند تجمع روز افزون در خانقاه صفی علیشاه را با آب و تاب و شاخ و برگ برای ناصرالدین شاه شرح می دادند. از طرفی چون در همان روزها مقدمات جشن پنجاهمین سال سلطنت ناصرالدین شاه فراهم میشد و تجمع اشخاص مخصوصاً حضور رجال درباری را در محضر صفی بهانه قرار داده با عنوان کردن این مطلب که دربار صفی علیشاه از دربار اعلیحضرت مفصل تر است. . . شاه را علیه صفی علیشاه و یارانش تحریک می کردند. بدیهی است با این تذکرات سوء ظن شاه تقویت می شد ولی با اینهمه چون میدید که صفی علیشاه در بین همه طبقات مردم طرفداران زیادی دارد از نشان دادن

عکس العمل شدید خود داری کرده و ظهیرالدوله داماد خودرا واسطه تبعید او قرار داد.

مرحوم ظهیرالدوله نزد مرشد خود رفت و با کمال تأثر گفت که شاه امروز مرا احضار کرده و بوسیله من برای شما پیامی فرستاده اند. صفی علیشاه گفت: فرزند چرا متأثری؟ بگو. . . ظهیر الدوله گفته های شاه را تکرار کرد. . . وی در جواب گفت: همانطور که مکرر عرض کرده ام امر شاه مطاع و متبع است. مخلص روضه ای دارم و پس از خاتمه آن به ارض اقدس خواهم رفت.[۲۱۶]

سپس رائین ادامه داده بدون ذکر مأخذ مثل اینکه در آنزمان با صفی علیشاه بسر می برده و از کنه قضایا اطلاع داشته با قاطعیت دامن پاک صفی علیشاه را به خون ناصرالدین شاه آلوده ساخته چنین می نویسد:

". . . صفی علیشاه که با انجمن های سری و بخصوص محفل فراماسون ها ارتباط داشت و میدانست که تا چند روز دیگر شاه کشته می شود به انتظار ورود میرزا رضا کرمانی از استانبول نشست. . . و چند روز بعد ناصرالدین شاه به قتل رسید. . .[۲۱۷]

دکتر اسماعیل مرزبان یکی از بنیان گذاران انجمن اخوت که از آزادیخواهان صدر مشروطیت بود در مراسم جشن پنجاه ساله انجمن اخوت شخصیت بارز و مقام ارجمند اجتماعی و ادبی صفی علیشاه را به طریق ذیل خلاصه می کند:

---

[۲۱۶] - فراموشخانه و فراماسونری در ایران. اسماعیل رائین. جلد سوم. تهران. ص ۴۹۰ (مأخذ:سخنرانی دکتر اسماعیل مرزبان- امین الملک – مؤلف)

[۲۱۷] - فراموشخانه و فراماسونری در ایران. اسماعیل رائین. جلد سوم. تهران. ص۴۹۰

". . . حضرت صفی که بطور قطع از ستاره های قدر اول آسمان ادب و عرفان بوده نه تنها از افتخارات بزرگ کشور ما بلکه عالم اسلام محسوب می شوند. در تمام مدت زندگی خود منظوری جز خدمت به خلق اله و بیداری مردم و ترویج اصول اخوت و مساوات نداشتند چنانکه تأسیس انجمن اخوت نیز به همین منظور بود و بالاخره در ماه ذیقعده سال ۱۳۱۶ هجری قمری خرقه تهی فرمودند و در حین ارتحال رهبری و ارشاد خلق را به حضرت ظهیرالدوله صفا علیشاه واگذار نمودند. . . [۲۱۸]

صفی علیشاه در زمان حیات جانشین خویش را انتخاب و در وصیتنامه خود ذیل اورادی که دراویش بعد از ادای فریضه نماز زمزمه می کنند چنین می نویسد:

". . . حق تعالی بر عمر و عزت و عافیت یار با جان و ایمان هم عنانم علیخان ظهیرالدوله بیفزاید همین اورا در سالها به طالبین تلقین نماید و روح فقیر را به یاری شاد فرمایند. میرزا حسن صفی علیشاه در خانقاهی که به نام او معروف و در خیابان صفی علیشاه در تهران واقع است به خاک سپرده شد. این مکان تا به امروز نیز دایر و یکی از مراکز تجمع دراویش و محل برگذاری مجالس ترحیم می باشد.

پس از درگذشت صفی علیشاه ظهیرالدوله جانشین او شد. ابراهیم خواجه نوری در کتاب روانکاوی داستان آشنائی ظهیرالدوله را با صفی علیشاه چنین نقل می کند:

---

[۲۱۸] - یادگار جشن پنجاه ساله تأسیس انجمن اخوت. دکتر مرزبان. تهران. ص۱۹

"... پس از ورود صفی علیشاه به تهران جمعی گرد او فراهم آمدند وشیفته وی شدند. شاه هراسناک شد و برای اینکه از کنه کار سردر بیاورد دستور داد علیخان ظهیرالدوله (که خود کوس درویشی میزد) و از دربار قاجار بود (ظهیرالدوله داماد ناصرالدین شاه بود) با صفی علیشاه باب مراوده را بگشاید و از آنچه در خانقاه صفی می بیند شاه را آگاه سازد. ظهیرالدوله چنین کرد اما پس از اندک زمان چنان شیفته و دلباخته مکارم صفی علیشاه شد که دامنش از کف برفت و روزی به دستور پیر با سر و پای برهنه کشکول بدست از بام تا شام در شهر به گدائی پرسه زد و از آنزمان صفی اورا مرید پذیرفت و در پایان به مقام قطب نائل آمد.[۲۱۹]

علاقه صفی علیشاه به ظهیرالدوله به میزانی بود که نه تنها اورا به جانشینی خویش برگزید بلکه لقب طریقتی "صفا علیشاه" را نیز به وی داد. ظهیرالدوله یکی از آزادیخواهان نامدار و از پیشوایان نهضت مشروطه بشمار میرود.

ظهیرالدوله در سال ۱۲۸۱ قمری به دنیا آمد. در سیزده سالگی به دربار قاجار راه یافت و در هجده سالگی به دامادی ناصرالدین شاه برگزیده شد. همچنین وزیر تشریفات دربار و حاکم گیلان بود.

در پانزدهم شعبان ۱۳۱۷ قمری طبق فرمان مظفرالدین شاه به ظهیرالدوله اجازه داده شد انجمن اخوت را رسماً تشکیل دهد و از آن پس انجمن "علنی" شد. بسیاری از آزادیخواهان و مشروطه طلبان به عضویت درآمدند که تعداد آنان را در اولین روز علنی شدن انجمن اخوت یکصد و ده تن نوشته اند.

---

[۲۱۹] - اقتباس از کتاب روانکاوی. ابراهیم خواجه نوری. تهران. صفحات ۹۷ تا ۹۹

بسیاری از اعضای انجمن اخوت همان برپا کنندگان و مؤسسین لژ فراماسونری و اعضای لژ بیداری ایران بودند که پس از درگذشت صفی علیشاه به تدریج به عضویت انجمن درآمدند.

محمود عرفان عضو لژ بیداری ایران در این مورد می نویسد:

". . . به تقلید از فراماسون ها که علامت تیشه و پرگار و گونیا را در نشان و حمایل و فرمان و دیپلم خود به کار می برند، تبرزین و کشکول و تسبیح را مارک انجمن اخوت قرار داد و حتی چون شکل مثلث نزد عیسویان و فراماسونها شکل مقدس است علامت انجمن اخوت هم بشکل مثلث است.

همچنین ظهیرالدوله به تقلید از فراماسون ها که مجله مخصوص دارند که مطالب سیاسی در آن نوشته نمی شود در سال ۱۳۲۳ قمری مجله ای بنام مجموعه اخلاق انتشار داد که در آن ذکر شده بود: این مجله از دخالت در امور سیاسی و مذهبی خودداری می کند. ولی بسیاری از اعضای انجمن اخوت خود از رجال سیاسی تهران بودند. خود ظهیرالدوله هم داماد شاه بود و مقامات بزرگ دولتی داشت و دخالت آنها در سیاست حتمی بود و همه آنها در تغییر رژیم و اساس مشروطیت دخالت داشتند. . .

نه تنها فراماسون ها مستقیماً در مشروطیت مداخله داشتند بلکه انجمن های فرعی و وابسته آنها که شکل ظاهریشان شباهتی با سازمان های ماسونی داشتند نیز علناً در مشروطیت دخالت داشتند که از همه مهمتر انجمن اخوت بود."[۲۲۰]

سالها قبل در محضر شادروان حسن تقی زاده صحبت از انجمن اخوت به میان آمد. تقی زاده ضمن ارائه نسخه ای از مرامنامه انجمن اخوت اظهار داشت که نسخه او با نسخه کتابخانه ملک و کتابخانه ملی برابر است. روی جلد مرامنامه شماره عضو جدید بدون ذکر نام دیده می شد و گویا پس از

---

[۲۲۰] - مقاله. محمود عرفان. مجله یغما. سال دوم شماره ۱۱ ص ۵-۵۰۴

تشریفات عضویت نسخه ای در اختیار عضو جدید قرار می دادند. در صفحه آخر مرامنامه امضای شخصی بنام "صالح" که گویا منشی انجمن اخوت بوده و همچنین مهر شخصی بنام "دلیل العرفا" که شاید نامی مستعار بوده دیده میشد.

مرامنامه انجمن اخوت

۱- فقرا و اخوان هرجا باید بزرگ و رئیس خودرا معظم و محترم دارند. رئیس هم باید از قول و فعلی که باعث سردی و کسالت مکلفین می شود احتراز کند.

۲- در همه وقت از اعمال قبیح و نامشروع در مقام ترک و توبه باشند و خدا را حاضر دانند یعنی حاضر باشند که خدا حاضر است و در هر آنی از آفات مهلکات ظاهر و باطن پناه به شاه ولایت برند.

۳- وقت سحر حتی المکان فقرا اگر مانعی نداشته باشند بیدار باشند بلکه اگر بشود از ثلث آخر شب تا صبح اقلاً بین الطلوعین خواب نباشند و از خواندن اوراد موظفه خود غفلت نکنند.

۴- زبان را از دروغ و نفوذ بی نهایت و تهمت و افترا و غیبت نگاه دارند.

۵- اگر گرسنه و برهنه از اهل طریقت باشند برهمه تکلیف است که اگر چه نیم نانی باشد به او برسانند و غفلت نکنند و هر چیز که ممکن باشد از اهل بیت خود دریغ نکنند.

۶- در حفظ اسرار و امانات و ستر عیوب یکدیگر بکوشند و از هم احترام کنند و ضعفای قوم را تحقیر ننمایند.

۷- به عیادت و تشییع یکدیگر بروند.

۸- اگر جهت یکنفر گرفتاری پیدا شود همه اتفاق کنند و دست از هرکاری بکشند تا رفع گرفتاری برادرشان را بکنند که این بمنزله جهاد است و بر همه لازم است.

۹- مجادله و مباحثه در هیچ مطلبی باهم نکنند که موجب رنجش است. اگر دو نفر باهم کدورت کنند پیش سایرین اظهار شکایت از یکدیگر نکنند و بر دیگران است که بین آنها را اصلاح کنند.

۱۰- مزاح و شوخی باهم کمتر کنند و همدیگر را به کلامی وا نزنند اگرچه سخیف و باطل باشد جز به ملایمت و خلوت نه در جمع و بر یکدیگر تمسخر ننمایند که در انظار سبک و بی قدر شوند و از هم دلتنگ گردند.

۱۱- در ادای امانت دوست و دشمن کوتاهی نکنند که برای نوع وهن عظیم است.

۱۲- با منکر و مخالف و منافق مخالطه نکنند مگر به ضرورت و صحبت مذهبی ندارند که نزاع شود و اسباب خفت فراهم آید. کسی را باید دعوت کرد که نفاق و افکارش معلوم نباشد. وقتی معلوم شد دوری ضروری است.

۱۳- بار زحمت خودرا بر شانه هم نگذارند که باعث بعد قلوب از یکدیگر شود.

۱۴- در مجالس از اندوه و پریشانی خود صحبت ندارند و اظهار ملامت نکنند که ثمری بجز خفت و افسردگی دیگران ندارد.

۱۵- خلف وعده و خلاف عهد با هم نکنند.

۱۶- اگر از کسی خلاف بظهور رسید به دل نگیرند و اغماض کنند.

۱۷- به علمای شریعت توهین روا مدارند بلکه اظهار مودت کنند که مغز را پوست باید و تن را لباس.

۱۸- مفسد و خائن معلوم الحال را در مجالس خود راه ندهند.

۱۹- اگر یکی از خودشان را بیکار ببینند اورا به کار و کاسبی مجبور دارند. نهایت فخر فقر آنست که از دسترنج خود معاش کنند نه اینکه دست کند کفچه بر هر لقمه اش. مگر نه حضرت مولی الموالی ارواح الفقرا الله الفداه با خلافت و سلطنت باطنی و ظاهری برای یهودیان مزدوری می فرمود؟

۲۰- جوان ها و فرزندان خودرا در صورت امکان زود زن بدهند و به کسب بگذارند که به هرزگی و پریشانی دچار نشوند.

۲۱- اغلب اوقات با هم مجتمع باشند و در کوچه و بازار و مجالس عامه باهم بروند که مردم آنها را متفق و مجتمع ببینند.

۲۲- زیاد خنده و شوخی نکنند که کم قدر شوند.

۲۳- آهسته و آرام سخن گویند مگر وقت ضرورت.

۲۴- از بازار چیز نسیه تا ممکن باشد نبرند و اگر لابد شوند زودتر تدارک کنند.

۲۵- همیشه سخن بر وفق و شرع گویند تا مخذول نگردند.

۲۶- به اندک قناعت کنند تا از اهل زمانه راحت یابند و ملول نگردند و شاکی نشوند.

۲۷- بر خلقت خود نیافزایند و آنچه هستند همان را نمایند که چون ظاهرشان رابگردانند باطنشان بگردد.

۲۸- در خلوت و جلوت (آشکار) سخنی بر خلاف نظم ملک نگویند.

۲۹- در هر دم و هر قدم توفیق درویشی از درگاه مولی استدعا کنند.

یکی از کارهای جالب انجمن اخوت که شاید تا آنزمان سابقه نداشت نوشتن نمایشنامه و برپا نمودن تماشاخانه بود که هنرپیشگان از مشروطه و اندیشه های آزادیخواهان جانبداری و از شاه و حکومت خرده گیری میکردند. در این مورد "ادوارد براون" مورخ انگلیسی می نویسد:

". . . ظهیرالدوله مرحوم رئیس جمعیت اخوان الصفا با مشورت و موافقت دوستانش که جملگی از مردمان سرشناس و برجسته و نامدار و برخی از شاهزادگان قاجار بودند نمایشی را بصورت تخیلی بر روی صحنه آوردند.

نمایش در تالار خانه ظهیرالدوله برپا شد و پیروان وی بخصوص جمعیت اخوان الصفا حضور داشتند و مبلغ هنگفتی عواید حاصل شد که به مصارف خیریه و فرهنگ رسید.

هنرپیشگان نقش خودرا بصورت صامت انجام می دادند و موضوع نمایش ارائه وضع سیاسی مملکت بود و اینطور شروع میشد:

پرده بالا میرود. . . شخصی که شباهت کامل به محمدعلی شاه دارد نقش شاه را بـر عهده گرفته و بر تخت سلطنت تکیه زده و در مقابل او چند قدم دورتر جنازه ای را روی زمین قرار داده اند.

در این موقع پیشخدمت وارد می شود و پس از ادای احترام می گوید. . سفیر انگلیس در انتظار اجازه شرفیابی است. . .

سفیر انگلیس وارد می شود. زانوی شاه را می بوسد و در گوش وی مطلبی میگوید و با خوشحالی بطوریکه نشان میدهد تقاضای او از شاه مورد موافقت قرار گرفته به جنازه نزدیک می شود و بعلامت احترام کلاه او را از سر برمیدارد و مرخص می شود.

پیشخدمت دوباره وارد شده بعرض شاه میرساند که سفیر روس اجازه شرفیابی می خواهد. شاه اجازه می دهد. سفیر روس نیز مانند سفیر انگلیس پس از اینکه سخنانی در گوش شاه نجوا می کند با خوشحالی به جنازه نزدیک شده کفشهای اورا از پا در آورده زیر بغل می گیرد و مرخص می شود. بهمین ترتیب نمایندگان خارجی و اعیان و اشراف داخلی هریک مطلبی بگوش شاه میگویند. . به جنازه نزدیک می شوند و مانند سفرای روس و انگلیس باقی مانده لباسهای جنازه را برداشته خارج می شوند بطوریکه جنازه تقریباً برهنه می شود.

در این هنگام چند نفر از میهن پرستان و آزادیخواهان اجازه گرفته شرفیاب میشوند و شاه را از خواب سنگین بیدار می کنند و جنازه را که منظور مملکت ایران بوده به او نشان میدهند و به شاه تلقین می کنند که اگر اتحاد و اتفاق را حفظ کنند و پشت به پشت هم بدهند دشمن بدخواه را دفع خواهند کرد.

شاه برمی خیزد و با قیافه ای متنبه بسوی جنازه میرود. . . جنازه زنده شده برمیخزد و با شاه دست میدهد.

در این موقع سفرای انگلیس و روس و سایر کسانیکه جنازه را لخت کرده بودند به صحنه وارد می شوند لیکن شاه هشیار و قدرتمند است و با کمک سایر میهن پرستان چپاولگران را تار و مار میکند. . .[۲۲۱]

انجمن اخوت همه هفته روزهای پنجشنبه در خانه ظهیرالدوله برپا میشد و قریب ده سال آشکار و نهان فعالیت داشت. وقتی به امر محمدعلی شاه مجلس را به توپ بستند و خانه ظهیرالدوله را تاراج کردند انجمن اندک زمانی از کار باز ماند لیکن پس از خلع محمدعلی شاه دوباره سر و سامان گرفت و تا به امروز نیز جلسات خودرا در تهران تشکیل می دهد. محمود محمود نوشته است:

محمدعلی شاه که داد خانه ظهیرالدوله را تاراج کردند اقدامی بود که علیه فراماسون ها اعمال شد. .[۲۲۲]

پس از اینکه به امر محمدعلی شاه خانه ظهیرالدوله را چپاول کردند همسر ظهیرالدوله شرحی به شوهرش که حاکم گیلان بود و در رشت اقامت داشت نوشت و گله کرد که:

". . . تو به خواب راحتی من در اسیری میروم خانه ام ویران و هستی ام را به یغما بردند دیگر آه در بساط ندارم پسرم را دستگیر و در اندیشه کشتنش هستند. . .

ظهیرالدوله در پاسخ همسرش نوشت:

---

[۲۲۱] - انقلاب ایران. ادوارد براون. ترجمه احمد پژوه. تهران. ص ۴۲۰

[۲۲۲] - تاریخ روابط ایران و انگلیس. محمود محمود. جلد پنجم. ص ۱۲۱۶

". . . خانم عزیز خوب شد آنهمه جواهر و زخاریف را که خون دل مستمندان بود بردند و مارا آسوده نمودند – هروقت به صندوقخانه تو سر میکشیدم و آن چیزهای پوچ را میدیدم نیش های مار و عقرب به تن خود احساس می کردم. سپاس خدای را که از اینهمه رنج تنم آسوده و از آن شکنجه و درد رهیدیم. خدای پسرمان هم کریم است. . . مولی سخی است. [۲۲۳]

احمد کسروی درباره کودتای محمدعلی شاه و چپاول خانه ظهیرالدوله می نویسد:

". . . دشمنی محمدعلی میرزا بیشتر با ظل السلطان می بود و این (منظور کسروی ظهیرالدوله است) چون خویشی با وی میداشت و از هواداران او شمرده می شد این زیان را دیده – اینکه گفته اند از انجمن اخوت که در آن خانه برپا می شد گلوله به قزاقان انداخته بودند و یا پسر ظهیرالدوله، ظهیرالسلطان از آزادیخواهان می بود دروغ است.
روز ۲۴ ژوئن آگاهی از کودتای شاه رسید. پس از گذشتن سه روز از کودتا، نگهبان در جلوی در خانه حکمران گذارده سه توپی هم در چند جا برگماردند. روز ۲۷ دستور داده شد مردم بازارها را بگشایند ولی کسی گوش نداد. حکمران یک دسته سرباز فرستاد که ناچارشان گردانند و این بود جنگی رخ داد که سه تن کشته گردید و چهارده تن زخمی شدند. روز ۲۹ بازارها باز شد و آرامش برقرار گردید. . . شگفت تر آنکه حاکم گیلان در آن هنگام ظهیرالدوله می بوده که از هواداران مشروطه بشمار میرفت و این رفتار از او بیوسیده نمیشد. به نوشته براون یک کشتی جنگی روسی به بندر انزلی آمده به حکمران آگاهی داد که اگر انجمن و آزادی خواهی را بر نچیند او خود به کار پرداخته خواهد برچید و بدین سان ظهیرالدوله را ناچار گردانید. [۲۲۴]

---

[۲۲۳] - نقل از مقدمه کتاب انقلاب ایران. ادوارد براون. ترجمه احمد پژوه. تهران.
[۲۲۴] - تاریخ مشروطه ایران. سید احمد کسروی. جلد اول. ص ۶۲۷ و ۶۵۷

در یکی دو جا خواندم که اتابک ظهیرالدوله را به حکومت گیلان فرستاده و افزون بر این نوشته اند که اتابک از انجمن اخوت پشتیبانی میکرده و به آنان پول میرسانده است. شاید هم این هردو درست باشد زیرا اتابک فراماسون بوده و دور از اندیشه نیست که به پیروی از مرام فراماسونها چنین کمک هائی به آنها می کرده. . . بنا به شیوه مرسوم ایرانیها گاه گاه پول و پله ای بین دراویش پخش می نموده است. ناگفته نماند. . . پس از اینکه اتابک در کارلسباد به لژ فراماسون ها پذیرفته شد و از سفر دور دنیا به ایران بازگشت، ظهیرالدوله نفوذ و بستگی خودرا به دربار قاجار در محمدعلی شاه بکار گرفت تا اتابک را دوباره به صدارت عظمی برگزیند بشرط اینکه به مشروطه خواهان کمک کند. . .

وعده ای که میرزا علی اصغر خان اتابک اعظم هرگز به آن وفا نکرد و شاید به همین سبب جان خودرا از دست داد.

سلسله دراویش صفی علیشاهی

۱- صفی علیشاه – میرزا محمد حسن اصفهانی

۲- صفا علیشاه – میرزا علی خان ظهیرالدوله

۳- میرزا سید محمد انتظام السلطنه (پدر عبداله و نصراله انتظام که هردو از رجال پاکدامن تاریخ معاصر ایران بودند)

۴- فتح اله صفائی – صفا الملک

۵- عبداله انتظام (که اخیراً خرقه خالی کرد و هنوز جانشین ایشان معین نشده و یا معین شده و من اطلاع ندارم)

نخستین هیئت مشاور انجمن اخوت که در تاریخ دوم تیرماه ۱۳۲۷ شمسی در جشن پنجاهمین سال تأسیس انجمن شرکت داشتند

۱- دکتر اسماعیل مرزبان – امین الملک
۲- ابراهیم حکیمی – حکیم الملک
۳- سرلشگر فرج اله آق اولی
۴- همایون سیاح
۵- حاج شمس الدین جلالی فطن الملک
۶- نصراله صبا – مختار الملک
۷- اسداله عین اسفندیاری – عین الملک
۸- فتح اله صفائی – صفا الملک
۹- محسن خان قریب
۱۰- آقا بزرگ بیات
۱۱- علیرضا میرزا حکیم خسروی

۲۱

انجمن ها

اول کسی که انجمن تأسیس نمود در اسلام و مردم را امر به دعوت احقاق حق فرمود مقنن قوانین عدالت و مؤسس آزادی و حریت دومین فرزند پیغمبر اسلام و سومین امام ما حسین ابن علی علیه السلام بود. آن حضرت اول کسی بود که برای پیشبرد مقصود در انجام تکالیف الهی انجمن مخفی را تأسیس نمود. اول کسی بود که داعی به اطراف فرستاد و اول کسی بود که قبول ظلمت و ظلم ننمود. اگر آن حضرت تأسیس انجمن مخفی نفرموده بود اسلام بالمره از بین رفته بود.[۲۲۵]

یکی از انجمن های معروف که بدون تردید در استقرار حکومت مشروطه اثر داشته و نام مشخصی نداشته انجمن مخفی است. انجمن مخفی مانند بیشتر انجمن های صدر مشروطیت بدست فراماسون ها بنیانگذاری شد.

تاریخ تأسیس "انجمن مخفی" در بیست و دوم ربیع الاول ۱۳۲۳ هجری قمری و نخستین جلسه هیئت مؤسس در باغچه متعلق به میرزا سلیمان خان میکده واقع در جنوب تهران خیابان گمرک تشکیل یافت. میرزا سلیمان خان میکده در اینباره می نویسد:

---

[۲۲۵] - اقتباس از سخنرانی ذوالریاستین در انجمن مخفی. تهران. ۲۱ محرم ۱۳۲۳ هجری قمری.

". . . در روز معهود همان ساعتی که معین شده بود مدعوین یکی پس از دیگری از در کوچک باغ وارد شدند و ذکر نام و نشانی خودرا در دفتر مخصوص امضاء نمودند. . .

جلسه آنروز انجمن ظاهراً برای رسیدگی به امور فرهنگی و اداره کتابخانه ملی که توسط فراماسون ها اخیراً تأسیس یافته بود تشکیل می شد اما باطناً اقدامی بود علیه حکومت استبداد. دکتر مهدی ملک زاده ضمن تشریح اوضاع آنزمان و ترس و وحشتی که از حکومت بر قلوب آزادیخواهان مستولی بوده مراسم سوگند اعضای حاضر در جلسه را چنین شرح میدهد.

". . . پس از اینکه همه حاضر شدند در اطراف یک میز بزرگ که در وسط باغ قرار داشت و در روی آن قرآن مجید بود مجتمع گردیدند. سید جمال الدین (واعظ) از زیر عبای خود یک پرچم ایران که روی آن با خط درشت نوشته بود قانون – عدالت بیرون آورد و در کنار قرآن مجید نهاد. سپس هریک از حاضران با یکدست کلام الله مجید و با دست دیگر پرچم ایران را بلند کرده و در مقابل خداوند که قرآن کریم نماینده آن بود و وطن که پرچم ایران مظهر آن شناخته می شد قسم یاد کردند که در کتمان اسرار جمعیت استوار باشند. این مراسم که تا اندازه ای شبیه ورود هر فراماسونی به لژهای فراماسون بود در واقع تکرار شد و همانطور که در لژهای ماسونی هریک از صاحبان ادیان به کتاب آسمانی خود سوگند می خورند در جمعیت مزبور نیز به قرآن مجید سوگند یاد کردند. . .[۲۲۶]

پس از اینکه مراسم سوگند پایان یافت ملک المتکلمین و سید جمال الدین واعظ و میرزا محسن خان نجم آبادی و علی محمد دولت آبادی و

---

[۲۲۶] - تاریخ مشروطیت ایران. دکتر مهدی ملک زاده. تهران. جلد دوم. ص ۲۰۳

شیخ مهدی کاشانی به ترتیب سخنانی ایراد نمودند. از زبان ملک المتکلمین چنین می شنویم:

"... برادران وقت تنگ است و دشمن در کمین ما جان خودرا در کف نهاده و تقدیرات ایران عزیز را عهده دار شده ایم باید زودتر شروع به کار کرد و از فرصت استفاده نمود و آرزوی دیرینه که در دلهای همه ما نهفته است و گاه گاه با اشک چشم و آه سوزناک تظاهر می کند با فداکاری و خون خود موجودیت بدهیم و پرچم آزادی را به اهتزاز در آوریم. [۲۲۷]

سپس قطعنامه ای را که شاید بعنوان مرامنامه انجمن تلقی می شد به اخذ رأی گذاشتند و به اتفاق آرا تصویب شد:

اول – اشخاص متنفذ و پاک نیت را در جرگه آزادیخواهان وارد کنیم.
دوم – در اختلاف و دو دستگی میان پیروان عین الدوله و طرفداران میرزا علی اصغر خان اتابک حد اکثر استفاده را برای پیشرفت منظوری که داریم بنمائیم.
سوم – آتش اختلافی را که میان دو دسته مزبور شعله ور شده دامن بزنیم و مخالفین عین الدوله را کمک نموده و تشویق به پایداری بنمائیم.
چهارم – اشخاص جاه طلب را به مخالفت با دولت و دستگاه فعلی تشویق نمائیم.
پنجم – با حوزه علمیه نجف ارتباط پیدا کرده مفاسد دستگاه کنونی و مخاطراتی که برای مملکت در پیش است به آنها خاطرنشان کنیم.
ششم – در میان شاهزادگان و رجال دولت و کسانیکه ناراضی هستند جمع کرده با خود همفکر نمائیم.
هفتم – در میان روحانیون متنفذ تهران با آنهائی که جسارت و شجاعت دارند بدون اینکه از منظور ما آگاه شوند همفکری نمائیم.

---

[۲۲۷] - تاریخ انقلاب مشروطیت ایران. دکتر مهدی ملک زاده. تهران. جلد دوم. ص ۳۰۲

هشتم – اگرچه مردان روشنفکری که در میان دولتیان هستند ترسو و محافظه کار می باشند ولی چون اطلاعاتی از سیاست جهان دارند باید با آنها بطور مخفیانه مشورت کرد و نظامنامه اصلاحی که پس از موفقیت باید اجرا نمود اول تهیه و آماده کرد.

نهم – کلیه افراد این جمعیت موظف اند با تمام وسائل ممکنه در روشن کردن افکار مردم و بست معارف کوشش کنند و مخاطرات و معایب حکومت استبدادی و بسط قانون را به مردم بنمایند.

دهم – نویسندگان این جمعیت موظف اند مقالات چند از اوضاع ایران و مفاسد دستگاه حاکمه نگاشته به جراید مهم دنیا مخصوصاً روزنامه هائی که در ممالک آزاد منتشر می شود بفرستند.

یازدهم – رفقا مکلف اند دستگاه ژلاتین تهیه نموده شب نامه های مهیج در میان مردم منتشر کنند و آسایشی که ملل متمدن جهان در پرتو قانون دارند گوشزد نمایند و از ترقیات کشورهائی که دارای حکومت ملی هستند سخن گویند.

دوازدهم – کسانیکه با سند خارجه آشنا هستند موظف اند که تاریخ انقلابات مترقی را ترجمه نموده و منتشر نمایند.

سیزدهم – خطباء و وعظاء باید بیش از پیش در بیدار کردن مردم و نشان دادن راه صلاح کوشش نمایند.

چهاردهم – برای اینکه از اول کار دچار حمله مخالفین و مستبدین و ملاهای ریاکار نشویم رفقا باید تمام مطالبی را که به وسایل مختلفه منتشر می کنند با احکام اسلام مطابقت کنند و چیزی که حربه تکفیر بدست بدخواهان بدهد ننویسند .

پانزدهم – برادران باید به وسائل ممکنه اطلاعات از دربار سلطنتی و حوزه صدارت و مقامات مهم دولتی بدست آورده و در اختیار مجمع دوستان بگذارند.

شانزدهم – به برادران تذکر داده می شود که در کشورهای آسیائی و شرقی بیش از هر چیز از جاه طلبی اشخاص میتوان استفاده نمود و چون در میان روحانیون و رجال دولت و شاهزادگان مردان جاه طلب و خودخواه بسیارند ما

باید با تشویق و تحریک آنها حد اکثر استفاده را برای به وجود آوردن انقلاب و رسیدن به مقصودی که داریم بنمائیم.

هفدهم – گرچه در سرلوحه مرام آزادیخواهان جهان آزادی عقیده است ولی بواسطه مشکلاتی که در پیش است اکیداً به برادران توصیه می کنیم که از این ببعد از حضور در مجالس دینی و مذهبی غیر از مجلس اسلامی خودداری نمایند و وسیله بدست بدخواهان ندهند.

هیجدهم – ما باید با آزادیخواهان مملکت و کسانیکه در خارج هستند رابطه پیدا کرده و آنان را به همفکری با خود و قیام دادن برضد ظالمین تشویق نمائیم.[۲۲۸]

قطعنامه فوق یکبار توسط میرزا سلیمان خان میکده قرائت شد و سپس هیئت "مسئول سرپرستی انجمن" با اخذ رأی انتخاب گردید.

۱- *ملک المتکلمین*

۲- *سید جمال واغظ*

۳- *میرزا سلیمان خان میکده*

۴- *سید محمد رضا مساوات*

۵- *حاج میرزا یحیی دولت آبادی*

۶- *سید اسداله خرقانی*

۷- *آقا میرزا محسن*

۸- *ابوالحسن میرزا شیخ الرئیس*

۹- *محمد علی خان نصرت السلطان*

مقارن همین ایام انجمن دیگری نیز بهمت جمعی از آزادیخواهان تأسیس شد که نام مشخصی نداشت. روزنامه اطلاعات تحت عنوان "بیست

---

[۲۲۸] - تاریخ مشروطیت ایران. دکتر مهدی ملک زاده. تهران. جلد دوم. ص ۳۰۲

و هشت هزار روز تاریخ ایران و جهان" برای نخستین بار سند مهمی راجع به این انجمن انتشار داد:

این یک سند مهم تاریخی است که برای نخستین بار توسط مرکز پژوهش روزنامه اطلاعات منتشر می شود. این سند پیمان نامه ای است که توسط گروهی از رجال ایران برای برانداختن استبداد بسته شده و به امضای هم پیمانان رسیده است امضای افراد شناخته شده عبارت است از: دکتر احیاء السلطنه – ابراهیم قمی – حاجی سید اسداله واعظ زاده – حسین صدرائی – شیخ العراقین زاده – رکن الملک – محمد نجات.

از صاحب نظران برای شناخت بقیه امضاء ها تقاضای همکاری داریم.

در جلسه بیست و ششم ذی حجه الحرام ۱۳۲۳ ما امضاء کنندگان ذیل با یکدیگر متحد و متفق شده و با کلام الله قسم یاد کردیم که از امروز با همدیگر صمیمی بوده همه برای یکی و یکی برای همه بوده و بطوری با یکدیگر متصل و متفق باشیم که هیچ نیروئی نتواند مارا از یکدیگر تفکیک و در اجرای مقاصد مانع شود و اگر برای یک نفر از ما امری جزئی یا کلی واقع شود همه برای انجام آن از روی حقیقت و واقع حاضر شویم و از هیچ نوع فداکاری درباره یکدیگر مضایقه ننموده و در منافع و مضار هم شریک باشیم و برای تحصیل فرمان مشروطیت و برقراری اصول حریت تا سرحد امکان مجاهده نمائیم و همچنین در اجرای مواد ذیل ساعی و کوشا باشیم.

۱- برای برانداختن عین الدوله بهر وسیله است کوشش نمائیم و انتقام خون مرحوم شیخ محمد سلطان واعظ را از مسببین و قاتلین بگیریم.

۲- وسیله آقایان قوام السلطنه و وزیر همایون و مشیرالملک و خلیل خان اعلم الدوله شاه را آماده اعطای فرمان مشروطیت نمائیم و هواخواهان درباری خودرا به فعالیت و زمینه سازی برای قبولیت شاه و مبارزه با مخالفین و اعداء عدالت تشویق نمائیم.

۳- امیر بهادر و دار و دسته مخالفین را قلع و قمع کنیم.

جمعه بیست و ششم ذی‌حجة الحرام ۱۳۲۳ [illegible]

[illegible]

[illegible]

[illegible]

[illegible]

[illegible] مشروطیت [illegible]

[illegible]

۱ – [illegible]

[illegible]

۲ – [illegible]

[illegible] مشروطیت [illegible]

[illegible]

۳ – [illegible]

۴ – [illegible]

[illegible]

۴- هر مذاکره که لازم باشد و هر ماده که عنوان می شود بعد از تصویب اکثریت اضافه بر این مواد خواهد بود.[۲۲۹]

انجمن پنهانی دیگری نیز در محل کتابخانه ملی تشکیل می شد. کتابخانه ملی توسط ملک المتکلمین و سید نصراله تقوی و میرزا آقا اصفهانی و نصرت السلطنه بنیان گذاری شده و بصورت یکی از مراکز تجمع آزادیخواهان و مشروطه طلبان درآمده بود. خانم لامبتون که سالهای متمادی در سفارت انگلیس در تهران خدمت کرده و زبان فارسی را بخوبی میدانسته در این مورد می نویسد:

". . . انجمن ها قسمت عمده ای از اطلاعات خودرا راجع به ترقیات و پیشرفتهای خارج (از ایران) از نشریات فارسی که در خارج ایران چاپ میشد کسب مینمودند که از آن جمله روزنامه اختر چاپ استانبول و روزنامه حبل المتین چاپ کلکته و روزنامه قانون چاپ لندن بود. در سال ۱۹۰۴ میلادی نخستین کتابخانه ملی با کوشش افرادی مانند میرزا آقا اصفهانی – ملک المتکلمین – سید نصراله تقوی و نصرت السلطنه تأسیس شد و مرکز تجمع اصلاح طلبان به شمار میرفت. . .[۲۳۰]

در یکی دو جا خواندم که "انجمن نهانی" و "مرکز غیبی" از "انجمن ملی" (انجمن کتابخانه ملی) الهام میگرفته است. کسروی در این مورد مینویسد:[۲۳۱]

---

[۲۲۹] - روزنامه اطلاعات. بیست وهشت هزار روز تاریخ ایران و جهان ۱۳۵۴

[۲۳۰] - انجمن های سری در انقلاب مشروطیت. لامبتون. لندن کتابخانه سلطنتی ۱۹۵۸

[۲۳۱] - گرچه در نوشته های کسروی از بعضی از فراماسون ها به زشتی یاد شده اما کسروی نسبت به فراماسونری هم در تاریخ مشروطه وهم در سایر رسالات و نوشته های خود سکوت اختیار کرده است. شنیدم او در سوریه یا عراق قبل از جنگ دوم بین الملل به لژ وارد شده است.

نخستین کارت پستال " سیاسی " که در صدر مشروطیت توسط آزادیخواهان در تهران انتشار یافت در پشت کارت نوشته شده " یادگار مهاجرین ایران در اسلامبول " و بوسیلهٔ کتابخانهٔ نوبنیاد " ملی " که بتازگی توسط فراماسونها تأسیس شده بود بچاپ رسیده بود . در پشت کارت پستال به خط میرزا محمد نجات نوشته شده " بزرگترین نعمتی که خداوند به انسان ارزانی داشته آزادی است . . . "

". . . یک انجمن نهانی برای دشمنی با اتابک و کوشش در راه برانداختن او بپا شده بود. . . و سید حسن برادر دارنده حبل المتین و مثمر الملک از باشندگان انجمن نهانی نیز به اینجا می آمدند و همیشه نکوهش از اتابک می نمودند. .[۲۳۲]

یکی از انجمن های نسبتاً مهم که مربوط به رهبران مذهبی و طبقه روحانی بود و در واقع نام معینی نداشت به رهبری میرزا سید محمد طباطبائی و آقا سید محمد بهبهانی که هردو نفر مشروطه خواه بودند فعالیت می کرد. درباره این انجمن اطلاعات زیاد در دست نیست و تنها منبع موثق رساله خانم لامبتون انگلیسی است که در سال ۱۳۳۶ شمسی در لندن منتشر شد. اما بدون تردید انجمن مخفی اول از انجمن فوق منشعب شده و سید محمد طباطبائی رهبری آنرا عهده دار بوده است. ناظم الاسلام کرمانی که نظامت انجمن مخفی اول را داشته اعضای آنرا به قرار ذیل معرفی میکند:

۱- ناظم الاسلام کرمانی (میرزا محمد خان کرمانی)
۲- آقا سید برهان خلخالی
۳- حسینعلی ادیب بهبهانی
۴- ذوالریاستین کرمانی
۵- سید محمد تقی
۶- سید احمد ناظم الشریعه کرمانی
۷- سید یوسف سیرجانی
۸- مجد الاسلام
۹- حاج شیخ محمد سلطان المحققین

---

[۲۳۲] - تاریخ مشروطه. سید احمد کسروی. جلد اول. تهران. ص ۳۴ و ۳۵

۱۰- شیخ یحیی کاشانی

۱۱- سید حسن کاشانی

۱۲- شیخ مهدی سلطان المتکلمین

۱۳- حاج ملا عباسعلی واعظ

۱۴- میرزا محمد گلپایگانی

انجمن مخفی اول در تاریخ هیجدهم ذیحجه ۱۳۲۲ هجری که با عید غدیر مصادف بود تأسیس شد و اساسنامه یا مرامنامه انجمن در تاریخ بیست و یکم محرم ۱۳۲۳ هجری در پانزده ماده به تصویب رسید لیکن ناظم الاسلام کرمانی مؤلف "تاریخ بیداری ایرانیان" از ماده دهم تا ماده پانزدهم را از "اسرار و رموز" انجمن دانسته از ذکر آن مواد خودداری کرده است.

۱ - انعقاد این انجمن برای بیداری برادران و رفع ظلم و حفظ حقوق و اصلاح مفاسد مملکت است.

۲- در این انجمن مسلمان، زرتشتی، یهودی و مسیحی بشرط ایرانی بودن پذیرفته می شوند.

۳- واردین و اعضای انجمن باید به کتاب آسمانی مربوط به خود قسم بخورند که جز نوع پرستی و خدمت به وطن هدف دیگر نداشته باشند.

۴- در انجمن مزبور ریاست با "صاحب الزمان" است و همه در حکم شخص واحد هستند.

۵- در هر جلسه انجمن باید روضه بخوانند و مجلس با روضه خوانی ختم شود.

۶- اعضای انجمن مکلف به حفظ و حراست یکدیگر هستند ولی حق تکلیف شاق به دیگران ندارند.

۷- دروغ، مجادله، استعمال الفاظ رکیک، شوخی، افتراء و بدخلقی ممنوع است.

۸- مذاکرات انجمن باید راجع به بیداری مردم، خیر و صلاح مردم، رفع ظلم و ظالمین و چاره جوئی برای استخلاص مظلومین باشد.

۹- توقیر (تعظیم و تکریم) علما چهار مذهب فوق بکلی ممنوع خواهد بود.

جلسات انجمن مخفی اول به نوبت در خانه اعضای مؤسس و یا در حجره های مسجد سپهسالار تشکیل و در این مورد از ترس مأموران دولت نهایت حزم و احتیاط رعایت می شد.

در جلسات انجمن از جهل و بیسوادی و اصلاح فرهنگ و تأسیس مدارس و وضع مالیات ها و عوارض [۲۳۳] و گمرکات و حقوق اجتماعی و فردی و تطبیق قوانین مشروطه با اصول دین و قرآن سخن می گفتند و از دولت و حکومت و دربار انتقاد می کردند.

روز هفتم صفر ۱۳۲۳ هجری "ذوالریاستین" به منبر رفت و با سخنانی آتشین با حضور درباریان و مقامات دولتی بشدت حکومت را مورد انتقاد قرار داد و مردم را به قیام علیه حکومت تحریک و تشویق نمود. از طرف دیگر تجار بازار تهران به عنوان اعتراض به "مسیو نوز بلژیکی" مستشار گمرک بازار را تعطیل و در صحن حضرت عبد العظیم تحصن اختیار کردند. تقاضای مردم از دولت طی اعلامیه شدیدالحنی انتشار یافت و در پایان اعلامیه ذکر شد که ". . . اگر همین فصول دوازده گانه مرتب و به موقع اجرا درآید دولت ایران ظرف بیست سال از ژاپن خواهد گذشت. . .

۱- ایجاد عدالتخانه و وضع قوانین عدلیه

۲- قانون ثبت اسناد و املاک و مساحی اراضی

---

[۲۳۳] - یکی از مطالبی که در آنزمان توسط انجمن مخفی اول مطرح شد و سر و صدا راه انداخت مسئله پرداخت روزانه یکهزار تومان رشوه بوسیله صنف خباز به عین الدوله صدراعظم بود.

۳- *نظم قشون*

۴- *تعدیل مالیات بر پایه صحیح*

۵- *اصلاح و ترویج تجارت داخله*

۶- *اصول انتخاب حکومت و تعیین حق حاکم و محکوم*

۷- *تأسیس مدارس علمی*

۸- *تصحیح عمل ارزاق و اجناس*

۹- *تشکیل کارخانجات و معادن*

۱۰- *اصلاح مقرری و حقوق و مستمری دولتی*

۱۱- *محدود نمودن حدود وزراء و وزارت خانه ها و ملایان به قانون شرع*

۱۲- *تعیین وظائف وزارت خارجه*

درباره این اعلامیه خانم "لامبتون" می نویسد:

". . . پس از صدور اعلامیه مزبور جلسات انجمن مخفی بازهم ادامه داشت و تصمیم گرفته شد نماینده ای در هریک از شهرها و ایالات مملکت انتخاب گردد تا بتواند نظریات و منویات اصلاح طلبانه انجمن را در بین مردم توسعه دهد. . .[۲۳۴]

فعالیت انجمن مخفی اول تا خاتمه تحصن حضرت عبدالعظیم و مهاجرت علما و تجار بازار تهران به قم ادامه داشت و سپس بتدریج خاموش شد و متعاقباً "انجمن مخفی دوم یا انجمن ثانوی" که در اوایل سال ۱۳۲۳ هجری تأسیس شده بود بردامنه فعالیت خود افزود.

انجمن مخفی دوم مستقیماً زیرنظر و به رهبری فراماسون ها فعالیت داشت و سید محمد صادق طباطبائی دومین فرزند سید محمد طباطبائی که

---

[۲۳۴] - انجمن های سری در انقلاب مشروطیت ایران. خانم لامبتون. لندن ۱۹۵۸

هردو نفر عضو لژ بیداری ایران بودند مسئول اداره انجمن بود. تاریخ بیداری ایرانیان اعضای انجمن مخفی دوم را به قرار ذیل می نویسد:

۱- میرزا کاظم خان مستعان السلطنه

۲- شوکت الوزراء

۳- سید نصراله اخوی

۴- شیخ محمد مازندرانی

۵- جلال الملک

۶- ناظم الاسلام کرمانی

۷- لواء الدوله

۸- میرزا محمود خان اصفهانی

۹- میرزا حسن خان

۱۰- آقا سید قریش

۱۱- اقا میرزا مهدی

۱۲- بهاء دفتر

۱۳- اسداله خان سرتیپ

یکی از اهداف انجمن مخفی دوم نفوذ در بریگاد قزاق و جذب افراد قشون بود و ظاهراً اسداله خان سرتیپ که عضویت انجمن را داشت در این امر پیشقدم بود و موفق شد به راهنمائی انجمن مخفی دوم عهدنامه ای تنظیم و به امضای افسران ایرانی بریگاد قزاق برساند:

"... در تاریخ سوم رجب ۱۳۲۴ هجری اتحاد و اتفاق نمودیم کما فی السابق براستی و درستی به دولت و ملت خدمت و جانفشانی نمائیم چنانچه از ابتدای انعقاد بریگاد هم تا کنون خدمات جانفشانانه این چاکران بر اولیای دولت و ملت مکشوفه و مبرهن است. این اتحادنامه یک سرمشقی است که بر سبیل

وصیتنامه برای اولاد و اعقاب خود می گذاریم به همین قسم که پدرانشان اتحاد داشته اند آنها هم این رشته اتحاد را محکم و استوار نمایند. [۲۳۵]

بنیان گذار "انجمن مخفی دوم" سید محمد صادق طباطبائی یکی از رجال صدیق و میهن پرست صدر مشروطیت است. در سال ۱۲۵۸ شمسی در تهران تولد یافت. در سنین کودکی همراه پدرش سید محمد طباطبائی به سامره رفت و به تحصیل پرداخت. علوم و ادبیات فارسی و جغرافی و حساب و هندسه و جبر و زبان فرانسه و ترکی و عبری را بیآموخت و پس از ده سال به ایران بازگشت.

درسال ۱۲۷۸ شمسی "مدرسه اسلام" را در تهران تأسیس کرد و قریب هشت سال مدیر آن مدرسه بود. هنگام تحصن آزادیخواهان در حضرت عبدالعظیم و قم همراه آنان بود و به زندان محمدعلی شاه قاجار در باغشاه افتاد و سپس به عتبات تبعید شد. پس از تبعید و عزل محمد علی شاه به ایران بازگشت و به نمایندگی مجلس شورای ملی انتخاب شد. مقارن همین ایام به اتفاق جمعی دیگر از وکلای مجلس شورای ملی از قبیل ملک الشعرا بهار، میرزا محمد نجات، حاج سید اسداله واعظ زاده، شیخ العراقین و چند تن دیگر حزب "اجتماعیون عامیون" را تشکیل داد و روزنامه مجلس را منتشر ساخت. در دوره پنجم نتوانست با حکومت سردار سپه سازش کند. استعفا داد لیکن پس از مدت کوتاهی به سفارت ایران در ترکیه منصوب گردید. سیدمحمد صادق طباطبائی در دوره های چهاردهم، پانزدهم و شانزدهم دوباره از تهران انتخاب و به مجلس راه یافت و در هر سه دوره به

---

[۲۳۵] - تاریخ بیداری ایرانیان. ناظم الاسلام کرمانی. تهران. ص ۴۹۹

ریاست مجلس شورای ملی انتخاب شد. ناظم الاسلام کرمانی درباره او مینویسد:

"... با اعضای منتسبین به فراماسون مراودت و معاشرت داشته که چون سرّیت به طریق حدس و ظن و مفاد یعرف المرء باقرانه می توان گفت که در آن مجمع انسانیت داخل شده و مسافرت به خارجه هم دلیلی است براین احتمال تغییر اخلاق و تبدیل افکار یعنی تکمیل هردو مؤید این حسن ظن خواهد بود. در زهد و ورع و تقوا و قدس و حسن سلوک و خوبی رفتار بحدی است که مسلم عندالکل و قولی است که جملگی برآنند..."[۲۳۶]

انجمن مخفی دوم در جمادی الثانی ۱۳۲۴ هجری بهم خورد اما فراماسون ها بطور پراکنده اما متشکل به مبارزه ادامه دادند.

انجمن دیگری که صدر مشروطیت تأسیس شد و از اهمیت بسیاری برخوردار بود " انجمن مرکزی" است. در یکی دو جا خواندم که انجمن مرکزی ظاهراً بنا به توصیه محمد علی شاه تأسیس شد و از پشتیبانی او برخوردار بود اما باطناً زیر نفوذ فراماسون ها قرار داشت. با توجه به اینکه فراماسون ها کم و بیش در تأسیس انجمن های صدر مشروطه دست داشته اند این مطلب نباید زیاد از حقیقت دور باشد. اسماعیل رائین در این مورد می نویسد:

"... محمدعلی شاه گرچه موفق به انحلال انجمن ها و یا محدود کردن اعمال و افعال کارگردانان آنها نشد ولی با اعزام عده ای از همدستان خود (که همگی لباس مشروطه خواهی به تن داشتند) به داخل انجمن ها موفق شد بنام تشکیل

---

[۲۳۶] - تاریخ بیداری ایرانیان. ناظم الاسلام کرمانی. تهران. ص ۱۲۰

انجمن مرکزی تا اندازه ای از فعالیت آنها بکاهد. در یکی از شبنامه ها که شاید بوسیله فراماسون ها منتشر شده تقویت این انجمن به آزادیخواهان توصیه شده بهمین سبب شهرت دارد که تشکیل انجمن مرکزی یکی از نقشه های فراماسونی ایران برای اداره این نیروی عظیم در پایتخت بوده زیرا در اواخر حکومت محمدعلی شاه فراماسون ها در اتحادیه طلاب، انجمن آذربایجان، انجمن مظفری و انجمن برادران دروازه قزوین که چندین هزار عضو داشت نفوذ کامل داشتند.[۲۳۷]

دکتر مهدی ملک زاده عضو لژ بیداری ایران و یکی از بنیان گذاران انجمن مرکزی درباره علل تأسیس انجمن مرکزی چنین می نویسد:

". . . یکی از معایب انجمن ها این بود که چون به وظایف خود در کشور مشروطه آگاه نبودند در قوه مجریه مداخله می کردند و نمایندگانی به وزارتخانه ها و ادارات دولتی فرستاده توضیحات می خواستند و تا حدی کارها را مشکل کرده بودند. . . پس از چندی قائدین ملت تصمیم گرفتند که انجمنی از نمایندگان کلیه انجمن های تهران بنام انجمن مرکزی تشکیل نمایند و انجمنها نظریات اصلاح طلبانه خود را به انجمن مرکزی پیشنهاد کنند. مستبدین و طرفداران محمدعلی شاه که خود تعدادی انجمن ساخته بودند بلافاصله وارد معرکه شدند و خودرا داخل انجمن مرکزی کردند و عده زیادی از مستبدین و درباریان که لباس مشروطه در بر کردند وارد این انجمن ها شده و خیانت ها کردند.[۲۳۸]

تعداد انجمن هائی که در صدر مشروطیت تشکیل شد به درستی روشن نیست. بعضی نوشته اند ۲۸۰ بوده. . . سید احمد کسروی در تاریخ مشروطه تعداد انجمن ها را ۱۸۰ نوشته. . . ایوانف روسی که تاریخی بنام تاریخ مشروطیت نوشته تعداد انجمن ها را در تهران ۱۴۰و در ولایات ۱۱۰ ذکر

---

[۲۳۷] - فراموشخانه و فراماسونری در ایران. اسماعیل رائین. جلد دوم. ص ۲۵۹

[۲۳۸] - تاریخ مشروطیت ایران. دکتر مهدی ملک زاده. جلد دوم. تهران. ص ۲۰۸

می کند. . . خانم لامبتون نویسنده کتاب "وقایع خاورمیانه – رساله انجمنهای مخفی" تعداد انجمن ها را در همین حدود ۱۸۰مینویسد.

غیر از انجمن هائی که در این فصل یاد شد انجمن های مهم دیگری نیز تأسیس یافت که از جمله انجمن شاه آباد – انجمن معارف – انجمن تبریز – کمیته سری بی نام – انجمن غیرت و انجمن سواد اعظم را میتوان نام برد.

". . . افتتاح این محفل مبارک و معبد مقدس در دارالخلافه تهران بطور رسمی و با اجازه "شرق اعظم فرانسه" و شورای عالی ماسونی فرانسه در شب سه شنبه ۱۹ ربیع الاول سنه ۱۳۲۶ هجری – ۲۱ آوریل ۱۹۰۸ م – ۸ ماه ایرل روسی – ۸ نیسان رومی – ۶ اردیبهشت جلالی سنه ۱۸۳۰ ماه ثور تأسیس یافت و نخستین کسی که در این لژ پذیرفته شد این بنده نگارنده بود. لژ مزبور بعد از بمباردمان مجلس ملی شیدالله ارکانه که مطابق سه شنبه ۲۳ شهر جمادی الاول سنه ۱۳۲۶ بود تعطیل شد و بعد از استقرار مشروطیت ثانوی در لیله سه شنبه شهر ذی قعده الحرام سنه ۱۳۲۷ هجری – ۱۴ دسامبر ۱۹۰۹ م - ۱ کانون – ۱ دکابر روسی – ۳ مرداد ماه قدیم ۱۲۷۹ – ۲۹ آذرماه جلالی مجدداً افتتاح شد". **(منظومه مثنوی آئین فراماسون – ادیب الممالک. . .)**

خانم ان لامبتون ایران شناس معروف انگلیسی که او را بعنوان "یک عامل مخفی" و تصمیم گیرنده غیر رسمی دولت انگلستان دانسته اند. آگاهی فراوان و گسترده ی ان لامبتون نسبت به زبان فارسی موجب شد که وی کتابهای متعددی در این زمینه تألیف کند که از آن جمله میتوان به "دستور زبان فارسی"، "لغات زبان فارسی"، "مالک و زارع در ایران" اشاره کرد.

سلام ما بر شما ای سربازهای مظلوم وای برادرهای
زندگانی محروم بیش بدانید رسول خدا بحال شما
گریان است و چشمهای ملائکه مقربین بر گرسنگی و برهنگی
شما خون گریه میکند خداوند شما مظلومین را از ظالمین بگیرد
این ظالمین چون شما را بشما نمیدهند و از حقوق شما عمارتهای
عالی میسازند و متصل مشغول شراب خوردن و قمار کردن
هستند... از وقتیکه ما اهل شهر شنیده ایم که شما العلف بیابان
از دوران میکنید و مگر زندگی بر ما حرام شد از برای حال
شما خواب و خوراک نداریم رفتیم خدمت حجة الاسلام
آقا سید عبدالله و رئیس المسلمین آقا سید محمد و عرض حال
شما را به ایشان نمودیم فرمودند ما که چند ماه است
گفتگو با دولت میکنیم برای کار همین سربازهای
بیچاره است که چرا پول نمیدهد که دولت از دهنه برای سرباز
میگیرد این بیچاره ها نمیدهد حالا ملحاضریم که روزی
سه هزار و از نان ۲ از کیسه خودمان بسربازها بدهیم که این
بیچاره ها از گرسنگی نمیرند تا ما فکر اصلاح کار انها باشیم

نمونه ای از شبنامه هائی که فراماسون ها در دوران انقلاب مشروطیت ایران منتشرمی کرده اند..

۲۲

لژ بیداری ایران

هسته مرکزی لژ بیداری ایران از اعضای "کمیته سرّی یا کمیته انقلاب ملی" که همه از پیشگامان نهضت مشروطیت ایران بودند و بعدها حزب دمکرات ایران را بنیان نهادند متشکل شده بود.

". . . سران آزادیخواهان واقعی و موجدین حقیقی مشروطیت که اوضاع را روشنتر از دیگران می دیدند و حقایق را بهتر از دیگران درک می کردند یقین داشتند که این رشته سر دراز دارد و این شاه به اتکاء روس ها و درباریان و شاهزادگان هیچوقت تمکین از مشروطیت و قانون نخواهند کرد و بهر وسیله که ممکن شود کلک مشروطیت را خواهند کند.

بالاتر از همه تکیه این شاه مستبد به دولت مقتدر استبدادی روسیه بود و از پطرزبورگ دستور می گرفت و بساز سفیر روس و فرمانده قفقاز می رقصید و دائماً با صاحب منصبان روسی و سفیر روس و شاپشال در تماس بود و هرچه میکرد با مشورت و نظر آنها بود.

مهمتر از آنچه گفته شد اینست که محمدعلی شاه ملت را بنده و برده خود میپنداشت و آنها را لایق برای مداخله در امور کشور و مشورت در سیاست نمیدانست. . .

کمیته انقلاب از پانزده نفر از رهبران مشروطه تشکیل شده بود و ما برای آنکه فرزندان آینده ایران قائدین انقلاب و رهبران مقاومت را بشناسند به ذکر اسامی آنها مبادرت می جوئیم.

ملک المتکلمین – سید جمال الدین (واعظ) – میرزا جهانگیر خان (صور اسرافیل) – سید محمد رضا مساوات – (سید حسن) تقی زاده – حکیم الملک (ابراهیم حکیمی) – سید عبدالرحیم خلخالی – سید جلیل اردبیلی – معاضدالسلطنه – میرزا سلیمان خان نواب – میرزا علی اکبر خان دهخدا – حاج میرزا ابراهیم آقا – میرزا داود خان – ادیب السلطنه و نصرت السلطان. (در اسناد حکیم الملک نام سه نفر دیگر میرزا محمد نجات – حسین آقا پرویز – میرزا محسن نجم آبادی نیز یاد شده است).

جلسه کمیته هر شب در خانه حکیم الملک واقع در خیابان پستخانه تشکیل میشد و قبل از طلوع آفتاب اعضای آن متفرق می شدند. میرزا محمد نجات – حسین آقا پرویز – میرزا محسن خان نجم آبادی سه نفر از جوانان روشنفکر و آزادیخواه آنزمان رابط کمیته بودند و ابلاغات و نوشتجات و دستورات کمیته را به خارج میرسانیدند. .[۲۳۹]

اغلب اعضای کمیته انقلاب ملی در تأسیس انجمن بیداری ایرانیان (کلوب بیداری نیز نامیده میشد) که همان لژ بیداری ایران بود سهیم بودند و نقشی اساسی در انقلاب مشروطیت ایران بر عهده داشتند. ابراهیم حکیمی در خاطرات خود می نویسد که: "از همین کلوب بود که مشعل آزادیخواهی همواره شعله ور بود و تمام ایران را از نور خود منور ساخت. آرزو دارم این نام زنده گردد و آن شور و حرارت و عشق و ایمان صادقانه ای را که در آن کلوب می دیدم یکبار دیگر در این کشور ببینم". فکر ایجاد مجلس شورا و مشروطیت در مرحله نخست مربوط به تعدادی معدود از روشنفکران فراماسون و اروپا دیده بود که ناگهان به رهبری آنان جنبشی انقلابی از آب درآمد.

---

[۲۳۹] - تاریخ مشروطیت ایران. دکتر مهدی ملکزاده. جلد دوم. ص۲۱۸. تهران

"... یکی از مجامع، دسته ای از فراماسون ها بودند که لژ مخفی آنها باصطلاح فراموشخانه نامیده می شد و عده ای از همین فراماسون ها بودند که بعدها رهبری انقلاب مشروطیت ایران را بر عهده گرفتند..."[۲۴۰]

لژ بیداری ایران یا انجمن بیداری ایرانیان به موجب فرمان "لژ اعظم شرق" و شورای عالی لژهای ماسونیک فرانسه در تاریخ ششم نوامبر ۱۹۰۷ میلادی در تهران بنیان نهاده شد. لژ بیداری ایران نخستین لژی بود که تا آن تاریخ بر اساس فراماسونری مغرب زمین در ایران تأسیس یافته بود.

جلسات لژ نخست در پارک شعاع السلطنه تشکیل می شد لیکن دفتر مرکزی لژ در خیابان لاله زار نزدیک میدان سپه در طبقه دوم ساختمان رزاق منش قرار داشت.

لژ بیداری ایران پس از کوتاه زمان به خیابان اکباتان کوچه اجلال الدوله نقل مکان کرد و پس از حمله محمدعلی شاه و واقعه به توپ بستن مجلس شورای ملی که چماقداران شاهی خانه ظهیرالدوله را چپاول کردند به خیابان قوام السلطنه کوچه ارباب کیخسرو و سپس به خانقاه ظهیر السلطان در خیابان فردوسی منتقل گردید.

یک روز بعد از اینکه سربازان "سیلاخوری" با توپ های شرپنیل روسی مجلس را به توپ بستند به محل انجمن اخوت که هم مرکز لژ بیداری ایران و هم محل سکنی ظهیرالدوله داماد ناصرالدین شاه بود یورش بردند تا اسناد و مدارک لژ را بدست آورند. اما شب قبل از واقعه یکی از شاهزادگان درباری که با انجمن اخوت سر و سرّی داشت ظهیرالدوله را از نقشه محمدعلی شاه خبردار کرد و نیمه شب حکیم الملک (ابراهیم حکیمی)

---

[۲۴۰] - انجمن های مخفی در انقلاب مشروطیت ایران. رساله. میس لامبتون. لندن.

با کمک میرزا محمود خان جم منشی سفارت فرانسه کلیه اسناد و مدارک و وسائل را به سفارت فرانسه برد تا از گزند سربازان سیلاخوری محمدعلی شاه در امان بماند.

"... علاوه بر محافل لندنی از طرف لژ داران پاریس نیز در تهران لژ ایرانی برپا گردید. دستگاه مرحوم ظهیرالدوله مربوط به فراماسون فرانسه بود. اینکه در زمان سلطنت محمدعلی میرزا خانه ظهیرالدوله را غارت کردند بدین دلیل بود که محفل فراماسون را در آنجا سراغ کرده بودند ولی مرحوم ظهیرالدوله قبلاً خبردار شده اثاثیه ماسونی را از آنجا به سفارت فرانسه برده بودند ولی خانه غارت شد و عمارت نیز ویران گردید و دیگر آباد نشد. شاید حالا هم بهمان حال باقی مانده باشد..."[۲۴۱]

فراماسون های مسیحی که اغلب از مأموران سیاسی و تجاری فرانسه و انگلیس در ایران بودند نقش عمده ای در تأسیس لژهای فراماسونری و بخصوص لژ بیداری ایران برعهده داشتند.

"... تا قبل از پیدایش حزب فراماسون در ایران، ایرانیان از افکار نوین و فسلفه جدید و عقاید احزاب مترقی اروپا و علل اختلافات فکری و انقلاب اجتماعی اطلاعی نداشتند و اگر هم کم و بیش از طرقی که در فصول پیش بدان اشاره کردیم اطلاعاتی پیدا کرده بودند خیلی سطحی و کم عمق بود و مسموعاتی بیش نبود ولی پیدایش حزب فراماسون در ایران و شرکت عده ای از مردان روشنفکر و آرزومند تغییرات اجتماعی در این جمعیت جمعی از ایرانیان را به فلسفه نوین دنیای مترقی آشنا کرد و آرزوها را در روی یک پایه محکمتری استوار نمود.

---

[۲۴۱] - تاریخ روابط سیاسی ایران و انگلیس. محمود محمود. ص ۱۸۳. تهران

عده ای از رهبران بزرگ مشروطیت و مؤسسین انقلاب ملی چنانچه پس از مرگشان معلوم شد در آن حزب شرکت داشتند.
تأمین کنندگان طریق فراماسونری در ایران بطور تحقیق معلوم نیست ولی بطوریکه شهرت دارد موجد این حزب میرزا ملکم خان بود که برای برقراری قانون و عدالت در ایران کوشش بسیار نموده بود و تألیفات سودمندی از خود باقی گذارده که ما در موقع خود به شرح آن خواهیم پرداخت.
ولیکن عده ای از مطلعین سرچشمه این فکر نوین و مسلک تازه را از ناحیه اروپائیانی که در ایران بوده اند می دانند. آنچه مسلم است حزب فراماسون در زمان سلطنت ناصرالدین شاه در ایران تأسیس گردید و عده ای در آن شرکت داشتند ولی پس از کشته شدن ناصرالدین شاه حزب مذکور رونق بیشتری پیدا کرد و بعضی از فراماسون ها از جمله دکتر کارل (طبیب دربار قاجار) در توسعه آن همت گماشته اند. . .[۲۴۲]
در این عهد چند نویسنده در داخل و خارج ایران به نوشتن آستین برزدند و آتشی از افکار سید جمال الدین اسدآبادی در قلوب در گرفت. فتنه باب و کشتاری که از آنها شد نیز مردم را به تفکر واداشت. در قفقاز نیز افرادی از ایرانیان پیدا شدند مانند میرزا فتحعلی آخوندزاده و طالب اف و حاج زین العابدین مراغه ای که نگران اوضاع ایران بودند و خود به اصول تمدن خارجی و جدید آشنا و مایل به آشنائی دیگران، مقاله و تیاتر نویسی و کاغذ پرانی از داخل و خارج آغاز گردید.[۲۴۳]

لژ بیداری ایران به همت جمعی از آزادیخواهان و میهن پرستان ایرانی بر اساس افکار عده ای از رجال مانند میرزا ملکم خان ناظم الدوله و ذکاء الملک فروغی در تهران تشکیل شد و تا آنجا که من تحقیق کرده ام در بنیان گذاری آن لژ هفت نفر از فراماسون ها سهیم بوده اند.

۱- دکتر لاتس ویزیوز مدیر مدرسه آلیانس تهران

---

[۲۴۲] - تاریخ انقلاب مشروطیت ایران. دکتر مهدی ملکزاده. جلد اول. ص ۱۱۹ تهران
[۲۴۳] - سبک شناسی. ملک الشعرا بهار. جلد سوم ص ۳۷۲ تهران

۲- دکتر پال هنری مرل طبیب دربار قاجار

۳- دکتر رومبو

۴- حسین شکوه – شکوه الملک

۵- دکتر امیراعلم

۶- ذکاء الملک فروغی

۷- رضا قلی خان منشی

در تأسیس لژ بیداری ایران رقابت بین فرانسه و انگلیس نقش اساسی داشت و هریک از آن دو سعی می کرد نفوذ معنوی و سیاسی خودرا به نحوی بر روشنفکرها و آزادیخواهان ایرانی تحمیل نماید.

". . . بعضی دلایل و مدارک در دست است که فرانسوی های مقیم ایران و به عبارت روشنتر دیپلمات های فرانسوی با توجه به مرام و مسلک خود می کوشند تا آنجا که در قدرت دارند در برابر انگلیس ها پایداری کرده و آنها را در فشار قرار دهند. . . هیچ جای تردید نیست که فراماسون های فرانسوی در این راه فعالیت دارند و علیه انگلیس ها اقدام می کنند.[۲۴۴]

در مورد رقابت بین انگلیس و فرانسه و نقش لژ بیداری ایران وزیر مختار انگلیس طی گزارشی به "سر ادوارد گری" وزیر خارجه انگلیس مینویسد:

". . . مخالفت هائی که دیپلمات های فرانسوی در ایران علیه منافع ما میکنند به تدریج جنبه جدی تری به خود میگیرد. عوامل فرانسوی و کسانیکه در لژ فراماسونری بیداری ایران در این مبارزه قدم نهاده اند همه در عملیات علیه ما

---

[۲۴۴] = وقایع اخیر پرژیا. جی. ام. بلفور. لندن ۱۹۲۲ میلادی. ص ۱۹۸

شرکت دارند. با اینکه اعضای سفارت مخالفت علنی و یا پنهانی فرانسوی ها را مورد تأیید قرار نمی دهند اما بموجب شواهدی که داریم نمی توان منکر این واقعیت شد. . .[۲۴۵]

لیکن واقعیت جز این نیست که رقابت بلا انقطاع روس و انگلیس در کسب نفوذ بیشتر در دربار پادشاهان قاجار میهن پرستان ایران را بر آن داشته بود که به نیروی سوم که شاید بتواند از فشار روس و انگلیس کم کند متوسل گردند. "سعید نفیسی" که پیوسته در نوشته های خود همه فراماسون ها را باصطلاح "با یک چوب می زند" در این مورد چنین مینویسد:

". . . از روزیکه صحبت فراماسون در ایران شد، طبقات عالیه ایران و کسانیکه مورد نظر و توجه فراماسون های انگلیس واقع می شدند بیشتر مایل بودند از لژ لندن فرار کرده و به لژ فرانسه روی آورند. بهمین جهت از روزیکه اولین هسته لژ فراماسونری فرانسه در ایران شروع به فعالیت کرد بیشتر ایرانیان بدان روی آوردند. . .

انگلیس ها همواره در این مدت نه تنها کاملاً فراماسون های فرانسوی را در ایران تحمل کردند بلکه آشکارا هم پشتیبان آنها بوده و بهمین وسیله از آنها نفع سیاسی برده اند. . .[۲۴۶]

"محیط طباطبائی" نیز که کم و بیش با فراماسون های ایرانی بد نظر بوده تأسیس لژ بیداری ایران را دنباله پرده گشائی "از فراماسونری مجعول ملکمی" دانسته می نویسد:

---

[۲۴۵] - اسناد راکد وزارت خارجه انگلیس. سفارت پرژیا. لندن شماره ۳۶۱-۶۰

[۲۴۶] - نیمه راه بهشت. سعید نفیسی. تهران. ص ۱۷۲

"... با تأسیس لژ بیداری ایران بساط فراموشخانه ملکم برچیده شد و افتتاح آن در تهران به پرده گشائی از چهره مجعول فراماسونری ملکمی کمک و اصرار فراوانی کرد و در نتیجه میرزا ملکم خان را همانطور که عباسقلی خان آدمیت از راه آدم سازی و پول گیری مرشد کلاه برداری خویش معرفی کرد، مسیو ویزیوز هم با ترجمه و طبع قانون اساسی محفل شرق اعظم فرانسه بهمدستی مرحومان دبیرالملک (بدر) و ذکاء الملک (محمدعلی فروغی) و حاج سید نصرالله تقوی و تعلیم اصول و مقررات دیرینه فراماسونری از سابقه اعتبار پنجاه ساله فراموشخانه ملکم که رجالی همچون امین الدوله و سعد الدوله و فرید الملک در آن مکتب تربیت شده بودند باندازه ای کاست که فراماسون های جدید ایران آنرا یک قسم تقلید غیر مجاز و یا حقه بازی فراماسونری شناختند.[۲۴۷]

در تاریخ فراماسونری ایران بنام یکی دیگر از فراماسون های نامدار ایران حکیم الملک (ابراهیم حکیمی) نخست وزیر اسبق بر می خوریم. حکیمی هنکام دانشجوئی در اروپا به لژ وارد شده و به گفته خویش پس از مراجعت به ایران فراماسونری را تأسیس کرده است. در شماره مورخ بیست و هفتم خرداد ماه ۱۳۳۱ شمسی مجله آسیای جوان مقاله ای تحت عنوان "من مؤسس فراماسونری در ایران هستم" بقلم ابراهیم حکیمی - حکیم الملک منتشر شده که ضمن آن چنین می خوانیم:

"... من در آنزمان که در فرنگ مشغول تحصیل بودم جسته و گریخته با افکار منتسبین به این جمعیت آشنائی پیدا کرده نوع کار و طرز فکر آنها را بسیار پسندیدم و در صدد برآمدم چون به کشور خود باز می گردم تشکیلاتی شبیه به آن تشکیلات در مملکت خود بدهم زیرا مجمع آدمیت را برای وضع آنروز ایران

---

[۲۴۷] - آثار میرزا ملکم خان. محیط طباطبائی. تهران. ص "ک"

بسیار سودمند می انگاشتم و بهترین وسیله آشنا ساختن مردم ایران به اسلوب غرب تشخیص داده بودم. بهمین نیت چون به ایران بازگشتم به کمک جمعی از دوستان یکدل و با وفای خود که آنها نیز همچون من تشنه اصلاحات ایران بودند نظیر آن تشکیلات را در ایران دایر کردم و از قضا سود بسیار هم عاید مملکت شد. حال دشمنان ایران هرچه می خواهند بگویند ولی ترقیات نیم قرن اخیر مرهون جانفشانی ها و معاضدت های فراماسون های پاک طینتی است که دست اتحاد به یکدیگر داده در پیشرفت منظور مقدس و محترم خود دمی آسوده ننشسته اند.[۲۴۸]

در زمینه پیدایش نخستین لژ "دائر فراماسونری" در ایران محمود عرفان پژوهش هائی کرده و عده ای را که حکیم الملک از آنها نیست بعنوان افراد مؤثر در تأسیس لژ بیداری ایران نام برده است:

". . . در اواخر سلطنت مظفرالدین شاه ایرانیانی که به فرانسه و بلژیک مسافرت کرده و در آنجا وارد فراماسونری شده بودند به ایران که بازگشتند این فرقه را در تهران تأسیس نمودند و بقول ادیب الممالک فراهانی آنرا لژ بیداری ایران نامیدند. . .[۲۴۹]

لاتس ویزیوز رئیس مدرسه آلیانس – ظل السلطان شاهزاده مسعود میرزا – سردار اسعد علیقلی خان – دبیر الملک شیرازی – شیخ هادی نجم آبادی – علیخان ظهیرالدوله – ابوتراب خان نظم الدوله – سنگلجی – میرزا سید محمد طباطبائی – میرزا سعید خان (وزیر خارجه) – میرزا فضل الله حکیم الهی – آقا شیخ ابراهیم زنجانی – مرتضی خان نجم آبادی – ادیب الممالک فراهانی – میرزا حسین خان فرزین – ارباب کیخسرو شاهرخ – مشیرالدوله پیرنیا – میرزا محمدعلی خان ذکاءالملک (فروغی) – کمال الملک نقاش – میرزا ملکم خان –

---

[۲۴۸] - مقاله. مجله آسیای جوان. ابراهیم حکیمی (حکیم الملک). ۲۷ خرداد ۱۳۳۱

[۲۴۹] - محمود عرفان. مجله یغما. شماره سیزدهم سال ۱۳۲۷ شمسی

میرزا حسن خان مستوفی الممالک - حاج سید نصرالله تقوی- مشاور الملک محمود (محمودی) میرزا حسین خان کحال.[250]

ابراهیم حکیمی (حکیم الملک) در محفلی که بمناسبت سالگرد پنجاه سال فراماسونی او برپا شده بود ضمن اشاره به اینکه "... تا آنجا که خاطرم یاری میدهد." اعضای مؤسس و افسران لژ بیداری ایران را بقرار ذیل شرح داد:

۱- میرزا حسن خان وثوق الدوله

۲- سید نصرالله تقوی

۳- محمد علی فروغی ذکاء الملک

۴- دبیر الملک شیرازی بدر

۵- کمال الملک نقاش

۶- حاج سیاح

۷- ارباب کیخسرو شاهرخ

۸- شیخ ابراهیم زنجانی

۹- ابوالحسن فروغی

۱۰- میرزا همایون خان سیاح

۱۱- عباسقلی خان قریب

۱۲- حاج عزالممالک کردستانی اردلان

۱۳- میرزا حسین خان کحال

۱۴- شیخ مرتضی نجم آبادی

۱۵- میرزا محمد نجات

---

[250] - صورت جلسه جمعیت عامیون. تهران.

۱۶- وقار السلطنه وصال

۱۷- سید حسن تقی زاده

۱۸- ابراهیم حکیمی

در اسناد لژ بیداری ایران نام ادیب الممالک بعنوان نخستین عضو (قبل از اینکه محمد علی شاه مجلس را به توپ ببندد و خانه ظهیرالدوله را چماقداران شاهی غارت کنند مدارک لژ بیداری به سفارت فرانسه منتقل گردید) ذکر شده است. میرزا محمد صادق ابو عیسی فراهانی ملقب به ادیب الممالک از شعرای دانشمند و پاکنهاد و توانای قرن اخیر است. در سال ۱۸۴۲ میلادی (۱۲۶۰ هجری) زاده شد و در سال ۱۹۱۸ میلادی (۱۳۳۶ هجری) در تهران درگذشت.[۲۵۱]

ادیب الممالک مردی وارسته و شاعری دلباخته بود قصیده معروف او بنام آئین فراماسونری از شکاهکارهای ادبی ایران بشمار میرود. ادیب الممالک نثر نیز خوب مینوشت و زمانی روزنامه ادب – روزنامه ایران سلطانی – روزنامه عراق عجم و روزنامه آفتاب را منتشر می نمود. وی با دراویش علی اللهی نیز سر و سرّ داشت و روزگاری هم به خدمت دولت درآمد.

در یادداشت هائی که از ادیب المملک باقی مانده نامه ای از "ژول دارک" یکی از استاد ماسون های فرانسوی که در پاسخ ادیب الممالک در تاریخ بیست و چهار مارس ۱۹۰۸ میلادی نوشته شده یافت می شود. از این نامه چنین احساس می شود که ادیب الممالک در تاریخ بیست ژانویه

[۲۵۱] - دیوان ادیب الممالک فراهانی. به همت وحید دستگردی. ص "دیب"

نامه ای به گراند لژ فرانسه فرستاده و پاسخ نامه بوسیله ژول دارک در ۲۴ مارس به تهران ارسال شده است:

"... دستخط بیست و هشت ژانویه گذشته شما همراه یک قطعه عکس خودتان را دریافت کردم. اگر شاهزاده عبدالله میرزا را پس از بازگشت ایشان از اروپا ملاقات کرده باشید به شما گفته است که تا چه میزان از این محبت شما احساس صمیمیت نمودم.

هنگامی که ایشان را دیدم از عکس خود نداشتم که برای شما بفرستم و این خود دلیل تأخیر در ارسال پاسخ به نامه شما بود. اما چون میدانم شما فراماسون هستید و در نتیجه در مکتب گذشت و چشم پوشی پرورش یافته اید این تأخیر مرا خواهید بخشید.

برادر بسیار گرامی، شادمانم که مردی به فرزانگی و هوشمندی و مقام ادبی شما سودمندی سازمان جهانی مارا به این خوبی دریافته است.

بی گمان اگر برادران ماسون ما در تهران با اراده ای استوار و با راستی همگامی و همکاری کنند میتوانند با مشعل فروزان فراماسونری نادان ترین و عقب افتاده ترین مردم را رهنمون شوند.

حصول به این مقصود مشروط بر اینست که برادران فراماسون در کردار و رفتار خویش سر مشق فضائل انسانی و مدنی باشند. یک کانون ماسونی در مشرق زمین با اعضای دانا و دلیر و هوشمند پارلمان شما بخوبی میتواند اندیشه های استوار و آموزش عالی مارا دریابد و در آینده ای بس نزدیک کشور شما را تجدید حیات نماید.

استاد لژ نو بنیاد شما بدون تردید باید مورد توجه و مظهر اعتماد برادران باشد و مقام ریاست او آنطور که شایسته است محترم شمرده شود.

برپا ساختن لژ بسود بشریت است و اتحاد آن بسود عموم است نه به سود یک فرد. بنابراین اگر لژ مأموریتی سیاسی با توجه به منافع ملی به کسی رجوع کند باید توجه داشته باشد که او فرمانگزار کسانی است که در راه سود مردم گام برمیدارند.

پس برادر گرام من، جرأت و راستی و اعتماد بین برادران ماسون که در خور این عنوان هستند لازم و ضروری است. در سراسر دنیا ناسزاگویان و متعصبین یافت می شوند که سد راه پیشرفت ما ماسون ها هستند بطوریکه گاه باعث یأس بهترین خدمتگذاران می باشند. معتقدم که زیانبخش ترین مردم در مکتب فلسفی ما همان مردم ناشایسته اند زیرا این ناشایستگان را با دشواری می توان شناخت و حال آنکه متعصبین تا اندازه ای درخور بخشش بوده با شناختن آنان میشود از آسیب و زیان در پناه بود.

شادباش به برادر ماسون. کوشش کنید پیوسته گردهم آئید و هموطنان خودرا با خود همراز سازید و علاقه و اعتماد و دیسیپلین را زنده نگاه دارید.

هنگام آنست که به دنیای متمدن بنمایانید که ایران شایسته زندگی نو بوده و با کوشش پیگری می تواند از ثروت خاک خود بهره گیرد و از آزادی اندیشه برخوردار گردد و فریبکاران بد دل را شرمسار کند تا زیان آنان بهم وطنان نرسد.

فریاد برآورید که می خواهید با کوشش معنوی و کار مادی به آزادی دست یابید و به اندازه استحقاق در برابر قانون برابری می خواهید. این باید سر آغاز تمام شعارهای شما باشد.

برادر عزیزم، از ده سال گذشته به این طرف که با برادران ماسون ایرانی در تماس بوده ام تاآنجائی که من میدانم شما ملتی با هوش هستید و منابع ثروت بسیاری دارید. بر شما است که از آنهابرخوردار شوید. رسیدن به هدف از راه اینست که گروهی در راه اخلاق و معنویات کوشش کنند و گروهی دگر بکارهای مادی که مقیّد به قواعد اخلاقی باشد بپردازند. باید جمعی مردم باهوش اوقات و ثروت خودرا در این راه بکار اندازند تا صداقت و حس اعتماد و میهن پرستی و همت والا میان مردم نیک کردار استوار و پا برجا گردد زیرا نیک اندیشی و نیک گفتاری بدون نیک کرداری ارزشی ندارد.

برادر عزیز، سپاس که برایم فرصتی پیش آمد تا این چند کلمه را بنویسم. آرزو دارم مکاتبه ما ادامه یابد. در انتظار نامه های شما بوده آرزوی روزی را می کنم

که سعادت دیدارتان به من دست دهد. خواهشمندم احترامات برادرانه مرا به پذیرید. ژول دارک.[۲۵۲]

شایان کمال تعجب است که "ژول دارک" در این نامه از مأموریت "سیاسی" فراماسون ها صحبت می کند در حالیکه به موجب قوانین فراماسونی جهانی فراماسون ها از دخالت در سیاست منع شده اند و بعلاوه سوگند یاد می کنند که قوانین و مقررات کشوری را که در آنجا زندگی میکنند محترم شمرده نسبت به زمامداران و دولت متبوع خود وفادار باقی بمانند. محمود عرفان در این مورد چنین می نویسد:

". . . گفتیم که لژ تهران انجمن بیداری ایرانیان نیز نام داشت و اگرچه سنت فراماسونری عدم دخالت در امورسیاسی است ولی چون تقریباً تمام فراماسونهای تهران از رجال سیاسی بودند اجتماع وگفتگو و صحبت آنان طبعاً به امور سیاسی ارتباط پیدا می کرده بخصوص اینکه لژ تهران در بیداری مردم و آشنا کردن عامه ملت به حقوق خود سعی مخصوص داشت و بهمین مناسبت لژ تهران انجمن بیداری ایرانیان نامیده شد و در دوره ناصرالدین شاه و بعد از آن هم که این گفتگوها ممنوع بود فراماسون ها بودند که انجمن سری داشتند و عهد کرده بودند سرّ اجتماع و فرقه خودرا بروز ندهند و تعلیمات استادان و بزرگان خودرا پیروی نمایند و بزرگان آنها همه با تمدن مغرب زمین آشنائی داشتند و میخواستند ایران را از استبداد و بی قانونی نجات دهند که مانند فرنگستان قانون بین شاه و رعیت و بین تمام مردم حکومت کند.

هر فراماسونی در قلب دوستان و آشنایان و خویشان خود تخم این تعلیمات را می کاشت و به آنها می فهمانید که غیر از پادشاهان قاجار و اوضاع دربار ایران

---

[۲۵۲] - نامه ژول دارک. استاد اعظم لژ گراند اوریان. ۲۴ مارس ۱۹۰۸

حکومت ها و ملت های دیگر نیز هستند و امور عامه بشکل دیگر غیر از آنچه در ایران معمول بود ممکن است اداره شود.
ناشناس بودن فراماسون ها به این مقصود بیشتر کمک می کرد. بعلاوه فراماسونها همه از افراد با نفوذ بودند و حرف آنها در دلها اثرداشت.[۲۵۳]

هدف اصلی فراماسون ها از تأسیس لژ بیداری ایران در درجه اول حفظ استقلال و تمامیت ارضی ایران بود و برای حصول به این مقصود و مقابله با سیاست روس های تزاری ناچار بودند پشتیبانی محافل فراماسونری جهانی را که عموماً دولت ها را در دست داشتند بدست آورند.

بعلاوه پیدایش افکار فراماسونری و تأسیس لژ که از زمان میرزا ملکم خان شروع شده بود به منزله مکتب تربیتی و بعبارت دیگر "دانشگاه اجتماعی" بشمار میرفت بخصوص اینکه پیدایش چنان افکاری مصادف با جنبش آزادیخواهی و مشروطیت نوین ایران بود. پدران ما بخوبی می دانستند که پس از استقرار حکومت مشروطه و قانون و ایجاد عدالت اجتماعی برای تثبیت آزادی و دمکراسی تربیت نمودن افرادی مؤمن و معتقد به اصول و مبانی اخلاقی و حس میهن پرستی امری ضروری محسوب می شد. دیدیم که در سالهای بعد از مشروطیت هنگامی که ایران در ورطه سقوط قرار داشت همان رجالی که در مکاتب صدر مشروطیت پرورش یافته بودند بارها مملکت را از سقوط نجات دادند و بعنوان خدمتگذاران واقعی در تاریخ ایران جلوه گر شده نام نیک از خود باقی گذاشتند.

اسماعیل رائین در این مورد مینویسد:

---

[۲۵۳] ـ مجله یغما. مقاله. محمود عرفان. شماره ۱۳ سال ۱۳۲۷ شمسی

". . . باید اعتراف کرد که اکثریت لژ بیداری ایران در دوران حیات سیاسی خود کمتر دچار لغزش های سیاسی و اخلاقی شدند و عده کثیری از ماسون های عضو آن که مدت نیم قرن در این مملکت حکومت می کردند و ارزش های اخلاقی خویش پای بند بودند. منتهی در بین بعضی از آنها سنجش این ارزش ها مقیاس های دیگری داشت که با آنچه که دیگران بدان اعتقاد داشتند متفاوت بود. آنچه که همیشه طرف اعتراض و پرسش عامه مردم بخصوص طبقه روشنفکر و نسل فعلی قرار می گیرد اینست که بعضی از ماسون های لژ بیداری ایران از سیاست انگلستان و پیروی از خواست های آن دولت در ایران جانبداری می کردند و شاهد مثالهای متعددی از افراد سرشناس لژ در این مورد داشتند.

این توهّم از آنوقت به وجود آمد که انگلیس ها علناً با مخالفت با دربار قاجار برخواستند و برای بیرون راندن روس ها از ایران از هیچگونه تلاش و اقدامی خودداری نکردند.

از آغاز نهضت مشروطیت و حتی نهضت آزادیخواهی و مبارزه با استبداد دستگاه قاجاریه انگلیس ها که خودرا حامی آزادی مردم ایران معرفی می کردند بدون پرده و بطور علنی از اینگونه افکار پشتیبانی می کردند و بر اثر همین اقدام جسورانه آنها بود که طرفداران استبداد موفق شدند مشروطه خواهان و آزادی طلبان را بصورت عناصر وابسته به انگلستان به جامعه معرفی کنند. اساساً ایده ها و افکاری که جنبه بین المللی دارد هنگام گسترش و توسعه نمی توانند از جانبداری و یا همبستگی با یک دسته و یا یک دولت و ملت پرهیز کنند.[۲۵۴]

از مدارک و اسناد باقیمانده در مدتی که لژ بیداری ایران باز بود یکصد و هفتاد نفر به عضویت آن نائل شدند که اغلب از رجال سرشناس و خدمتگذار ملی بودند.

غیر از تعداد هیجده نفر بنیانگذاران لژ که در صفحات قبل نام آنان به نقل از ابراهیم حکیم الملک درج گردید اینک نامورترین آنان را یاد میکنیم:

---

[۲۵۴] - فراموشخانه و فراماسونری در ایران. اسماعیل رائین. جلد دوم ص۶۶

میرزا صادق خان ادیب الممالک فراهانی

حاج حسن آقا امین الضرب

میرزا نصرالله خان اعتلاء الملک

مسیو ییپرم خان

میرزا محمد علی خان تربیت

میرزا جواد خان مؤتمن الملک

سید جمال الدین واعظ

میرزا علی اکبر خان دهخدا

دکتر اسماعیل خان مرزبان

نصرالله خان سردار امجد

جعفرقلی خان بختیاری (سردار بهادر)

خسرو خان سردار ظفر

حاج علیقلی خان سردار اسعد

میرزا فتح الله خان سردار منصور

حسین خان شکوه

شیخ الملک اورنگ

شاهزاده ملک منصور شعاع السلطنه

مرتضی خان صنیع الدوله

نجفقلی خان صمصام السلطنه

سید محمد طباطبائی

سید محمد صادق طباطبائی

میرزا علی خان ظهیر الدوله (صفا علیشاه)

شاهزاده مسعود میرزا ظل السلطان

دکتر علیخان پرتو اعظم

احمد قوام (قوام السلطنه)

مسیو پل کتابچی خان

مسیو ادوارد کتابچی خان

محمد میرزا کاشف السلطنه

دکتر لقمان الملک ادهم

میرزا حسن خان مشیرالدوله

مهدی قلی خان مخبرالسلطنه

میرزا محمود خان جم

مرتضی قلی خان بیات

میرزا صادق خان مستشار الدوله

میرزا حسین خان مشیرالدوله

حسین قلی خان نواب

عباسقلی خان نواب

دکتر کریم خان هدایت

حاج سید نصرالله سادات اخوی

استادان لژ بیداری ایران و از آن پس رؤسای سایر لژها را "ارجمند" می گویند. واژه ارجمند برای نخستین بار توسط میرزا صادق خان ادیب الممالک فراهانی عضو لژ بیداری ایران مورد استفاده قرار گرفت. در این مورد در رساله خطی او چنین می خوانیم:

"... در سنه ۱۶۲۰ میلادی چون جماعات فراماسونیان اهتمام کامل در ترویج شرایع دین به جا آورده و مرکز اجتماعات خودرا در معابد و کنایس (کلیساها) قرار میدادند لهذا برادران فراماسون ها رئیس انجمن خودرا ونرابل خطاب میکردند که به معنای محترم باشد و ما در لژ برادران ماسون این کلمه را ارجمند تفسیر کردیم. [۲۵۵]

[۲۵۵] - رساله خطی. ادیب الممالک فراهانی. ص ۹۳

افسران لژ بیداری ایران پانزده نفر بودند که بنا به ترجمه ای که وثوق الدوله بر اساس قانون اساسی گراند اوریان فرانسه از عناوین آنان کرده به شرح ذیل بوده اند:

۱- برادر ارجمند (استاد لژ)
۲- نگهبان اول
۳- نگهبان دوم
۴- خطیب
۵- منشی
۶- خزانه دار
۷- امین خیریه
۸- ممیز بزرگ
۹- ممیز دوم
۱۰- ممیز سوم
۱۱- مهر دار
۱۲- دفتردار
۱۳- رئیس اول تشریفات
۱۴- رئیس دوم تشریفات
۱۵- دربان
۱۶- خانسالار
۱۷- معمار
۱۸- بیرقدار

اسماعیل رائین مدعی است که ادیب الممالک و کاشف السلطنه اسنادی نزد او باقی گذاشته اند که ضمن آن آثار و رموز داخلی لژ بیداری ایران را شرح داده اند اما اشاره نمی کند که چگون آن اسناد را بدست آورده و چرا

ادیب الممالک و کاشف السلطنه علی رغم تعهدات و قیودات و سوگند فراماسون ها کتباً چنان اسنادی را منتشر ساخته اند.

". . . مرحومین ادیب الممالک فراهانی و کاشف السلطنه در اوراقی که از خود باقی گذارده اند و اصل آنها در اختیار نویسنده است اعمال و افعال و رموز و دستورات لژ بیداری ایران را بدین شرح بیان می کنند:

علامت و رمز مخصوصی که استاد به شاگردش یاد می دهد فقط باید به خود او گفت و اگر کسی غیر از او باشد ماسن حق ابراز رمز ندارد اگرچه سرش را از دست بدهد لیک سرّ به کس ندهد. اگر بیگانه ای اصرار در افشای رمز کند دست راست را بشکل گونیا به زیر گلو می کنند. این علامت آنست که اگر سرم را بزنند اسرارم را افشاء نمی کنم.

هنگامی که یک بیگانه وارد لژ ماسونی شده و بعضویت قبول می شود اورا در قبری می گذارند. این عمل برای آنست که در آن مکان خلوت ماسون بر نفس خویش غالب آید و مثل یوسف از چاه بیرون بیآید.

هریک از ماسون ها وقتی بخواهند وارد معبد ماسونی بشوند باید هرگونه فلزی را از خود دور کنند و اولین بار نیمه عریان وارد لژ می شوند. بدین ترتیب که قسمتی از سینه و شکم برهنه شده و پاچه راست شلوار تا بالای زانو کشیده شده و از زانو تا کف پا برهنه خواهد بود و کفش پای چپ را نیز از پا بیرون می کشند. از فاصله در معبد تا محراب سه بار دق الباب می کنند. معنی این سه بار دق الباب اینست که:

اول بخواه تا بتو بدهند. دوم بجوئید تا بیآبید. سوم در بزنید تا باز کنند، اگر در نکوبید در به روی تو می بندند.

این سه شعار اشاره به گفته پیغمبر (ص) است که میفرماید:

من طلب شیئی وجد وجد و من غرع باباء وَلّج وَلّج (کسیکه چیزی را بجوید و بکوشد آنرا نیابد و کسی که دری بکوبد و پافشاری کند آن در باز خواهد شد).

گفت پیغمبر که گر کوبی دری   عاقبت زآن در برون آید سری

ادیب الممالک در منظومه خود چندبار اشاره به عدد سه کرده و از (سه بار دق الباب) و (سه نفر) و (سه مرحله) که یادآور سه شعار اصلی ماسون ها آزادی – برابری – برادری است ابیاتی سروده است. بطوریکه از ابیات او مستفاد میشود و همچنین از تعلیمات و سنت های متداول این فرقه پیدا است عدد سه نزد آنان بسیار پر معنی و مرموز است و راه به جاهای دور و درازی دارد.

ادیب الممالک ریشه این عدد را در همه ادیان و مذاهب و فرق عالم دانسته و حتی اساس خلقت را بر این عدد میداند منتها عدد یک را مبنی می شمارد که همان احد و ذات احدیت باشد و باقی اعداد را تکرار آن میداند. بعد در ملتها و مذاهب دنبال این عدد که به نظر او مبنا است می گردد و می گوید هندوان سه ادراک داشته اند خلقت – حیات – هلاک و مصریان در مثلث منشورشان سه صنم مظهر نور هرمخیس – دع – توم داشته اند. و عیسویان به سه اقنوم (به معنی کالبد) آب – ابن – روح القدس. او سپس اشاره به دین اسلام و شریعت ما کرده پایه دادگری را با سه اصل برابری – آزادی – برادری تطبیق می کند. ادیب الممالک سه بنیاد اخلاقی و اساسی زرتشت را نیز گفتار نیک – کردار نیک – پندار نیک اشاره به اصل فراماسون ها دانسته است. اگر به راه خطا نرفته باشیم باید گفت آنچه را که او در منظومه اش ذکر کرده از استدلالات شعری است و مبنی و سند تاریخی و علمی ندارد.

ادیب الممالک سپس داخل معبد فراماسونی لژ بیداری ایران را تشریح کرده میگوید داخل معبد سلیمان مانند درخت ایمان راست است. ستون راست یا گین و ستون چپ بنام بوعز است و در پای این ستون ها سازنده معبد مزد کارگران را می داده. در معبد تهران نیز دو ستون است که حرف Z در پای ستون ها نوشته شده و این حرف رمز بوجود آوردن – خلق کردن و مرکز کار است.[۲۵۶]

---

[۲۵۶] - این نشریه لژ بیداری ایران بر اساس ادعای اسماعیل رائین از مجموعه اسناد حکیم الملک (حکیمی) و کاشف السلطنه نقل شده است.

لژ تهران طولش از مشرق به مغرب و عرض آن از شمال به جنوب و در ورودی در مغرب کار گذاشته شده است. ساختن معبد به این شکل اشاره به نفوذ در شرق و غرب عالم است. . .[۲۵۷]

[۲۵۷] - ضمن زیر نویس صفحه ۸۷ کتاب فراموشخانه و فراماسونری در ایران – جلد دوم رائین به حرف G اشاره کرده می نویسد "فراماسون ها در داخل یک مثلث یک چشم نقاشی می کنند و آنرا به دیوار معابد خود آویزان می نمایند. این چشم را چشم خدا می نامند. در بعضی از لژها بجای چشم حرف G که اول اسم خدا بزبان انگلیسی است نصب می کنند این چشم اشاره به این است که معمار بزرگ همیشه ناظر اعمال شما است. همچنین ضمن زیرنویس صفه ۹۲ می خوانیم که: یک نسخه ژلاتینی از این دستور العمل لژ بیداری ایران که در بین اسناد حکیم الملک بوده نزد نگارنده موجود است. یکی از فراماسون های قدیمی در این مورد اظهار نظر می کند که رائین اطلاعات فوق را از منظومه ادیب الممالک کسب کرده زیرا اگر واقعاً نسخه ژلاتینی در دست داشت مانند سایر اسناد که در سه جلد فراموشخانه و فراماسونری در ایران کلیشه کرده در این مورد نیز از گراور کردن سندی چنان مهم خودداری نمی نمود.

جمعی از رجال ایران اعضای لژ بیداری ایران که در استقرار مشروطه نقش عمده ای بر عهده داشتند

ادیب الممالک– صادق فراهانی
ادیب السلطنه- حسن خان
امیر اعلم- دکتر امیرخان
اردشیر جی زرتشتی
امین خلوت – حسین قلیخان
انتظام السلطنه- سید محمدخان
امین الضرب- حاج حسین آقا
افتخار التجار- حاج میرزا علیخان
اعتلاء الملک – میرزا نصرالله خان
اقتدارالدوله – میرزا عیسی خان
تبریزی – میرزا محمدعلی خان
تقی زاده- سید حسن
تبریزی – حاج میرزا آقا فرشچی
تبریزی – حاج میرزا آقا ابراهیم
تربیت – میرزا محمدعلی خان
جمال ا لدین- واعظ
حکیم الملک- ابراهیم خان
دهخدا- میرزا علی اکبر خان
دبیر – میرزا حسن خان

ذکاء الملک-محمد علی فروغی
اخوی تقوی- سید نصرالله
رئیس التجار- غلامرضاخان
زنجانی- شیخ ابراهیم
سردار امجد- نصرالله خان
سیاح – میرزا همایون خان
سروش- میرزا ابوالقاسم خان
سیاح – حاج محمدعلی خان
سردار بهادر- جعفرقلی خان
سردار ظفر – خسرو خان
سردار اسعد- علیقلی خان
سردار منصور – فتح الله خان
شکوه- حسینخان شکوه الملک
شاهرخ- ارباب کیخسرو
شیرازی- میرزا ابوالقاسم
شیخ الملک- میرزا محمد حسن
شعاع السلطنه- ملک منصور میرزا
صنیع الدوله- مرتضی قلی خان
صمصام السلطنه- نجفقلی خان

دبیر الملک- میرزا حسن خان
ضیاء الملک- حسن علی خان
طباطبائی - میرزا سیدمحمد
طباطبائی - میرزا سید محمد صادق
ظهیرالدوله- میرزا علی خان
عمید الحکما- ابراهیم خان
عمید السلطنه- نصرت الله خان
غفاری - محمد خان کمال الملک
فروغی - محمدعلی خان
فروغی - میرزا ابوالحسن خان
قوام السلطنه- احمد قوام
قوام الدوله- میرزا محمدعلی
کتابچی خان- پال
کتابچی خان- ادوارد
کاشف السلطنه- محمد میرزا
کلوب- میرزا محمدعلی خان
لقمان الملک- دکتر سعیدخان
مرزبان- دکتر اسماعیل خان
معززالملک-میرزا ابوالحسن خان
مشیرالدوله- میرزا حسن خان
مخبرالسلطنه- مهدی قلی خان
محمودخان- جم
معتمدالتجار- میرزا حسن خان

ضیاء الدوله- امان الله خان
میرزا یانس- یوسف خان
معاضدالسلطنه- میرزاابوالحسن خان
مستشارالدوله- میرزاصادق خان
مخبرالدوله- حسین قلی خان
مشاورالملک محمودی- میرزا محمود
مستوفی الملک- میرزا حسن خان
معیرالممالک- دوستعلی خان
موتمن الملک پیرنیا- میرزا حسینخان
معاضدالسلطنه- ابوالحسن خان
نجات- میرزا محمد خان
نواب- حسینقلی خان
نواب- عباسقلی خان
نجم آبادی- مرتضی خان
ناظم العلوم- محمدنقی خان
نصر- دکتر ولی الله خان
نصرالملک- حسن علیخان
ناصرالملک- میرزا ابوالقاسم خان
وثوق الدوله-میرزا حسن خان
هدایت- میرزا رضاقلی خان
هدایت- دکتر کریم خان
هدایت- قلی خان
ییپرم خان

۲۳

فراماسونری و روحانیون

تاریخ نویسان و پژوهشگران پیشین تا آنجا که توانسته اند برای بزرگداشت نقش روحانیت در نهضت مشروطه فراماسون ها را از طبقه روحانی آنزمان غیر قابل تفکیک جلوه گر ساخته اند. واقعیت غیر از اینست.

در انقلاب مشروطیت ایران در بسیاری از رویدادها روحانیون وفراماسون ها در دو قطب مخالف قرار داشته و در بسیاری از مسائل در مقابل یکدیگر صف آرائی میکرده و چه بسا بعلت طرز فکر فاحشی که آن دو گروه را از هم متمایز می نموده در تضعیف موقعیت یکدیگر کوشا بوده اند.

ریشه مخالفت روحانیون را با فراماسونری باید در مخالفت آنان نسبت به تجدد طلبی و نو خواهی فراماسون ها جستجو کرد و برای این منظور لازم است به بیان تاریخچه پیدایش "تشیّع" و "ملا سالاری" در دو سه قرن اخیر پرداخت.

پیدایش روحانیت تشیع آنطور که ما امروز می شناسیم ارتباط دارد به سلسله صفویه و شاه اسماعیل صفوی که توفیق یافت به بهای دخالت روحانیت تشیّع در امور کشوری بساط ملوک الطوایفی را برچیند و قدرت از دست رفته حکومت مرکزی را در سراسر ایران مجدداً برقرار نماید.

به موازات اعمال قدرت در جهت ایجاد وحدت نسبی بین ملیت های مختلف ایرانی و برای تثبیت موقعیت و نفوذ دولت مرکزی به صورت قدرت

"مافوق طبیعی" شاه اسماعیل با تقویت ملاهای شیعه به سلطنت خود قدرت معنوی داد. صدها ملا از اطراف و اکناف به اصفهان و از آنجا با دستورات لازم به سایر نقاط ایران روانه شدند. آنها مأموریت داشتند که در تبلیغ مقام معنوی شاه اسماعیل و بسط و توسعه قدرت روحانیت تشیّع کوشش نمایند.

شاهان صفوی همانطور که از نام آنها مشهود است به صوفیگری و درویشی تمایل فراوان داشته اند بخصوص در زمان پادشاهی شاه عباس بساط تصوف و درویشی رونق کامل داشته و خود او نیز اغلب به لباس دراویش در می آمده و در شهر "پرسه" می زده است.

از آنزمان داستان های مشمئز کننده و عبرت انگیز بسیار نقل می کنند که برخی بوسیله تاریخ نویسان نوشته شده و مبنای محکمی دارد.

دوست عزیز ما "سعیدی سیرجانی" نویسنده معاصر در مقدمه کتاب "وقایع اتفاقیه" یا مجموعه گزارش های خفیه نویسان انگلیس که اخیراً در تهران چاپ و منتشر شده می نویسد:

". . . شاه عباس یکدسته جلاد داشته بنام چیگیین یا گوشت خام خوار، کار ایشان آن بود که مقصران را به فرمان شاه زنده می خوردند و به روایت مؤلف روضه الصفویه مورخ رسمی دربار و آن فرقه نیز آلت سیاست و غضب بودند که گناهکاران واجب التعزیر را از یک دیگر می ربودند و انف (بینی) و اذن (گوش) ایشان را به دندان قطع نموده بلع می فرمودند و همچنین بقیه اعضای ایشان را به دندان انفصال داده، می خوردند (زندگی شاه عباس اول تألیف نصرالله فلسفی ج ۲ ص ۱۲۵) و برای آنان که فرصت مراجعه به این مأخذ را ندارند نقل این چند سطر شاید تأمل انگیز باشد. "شاه اسماعیل اول پس از آنکه بر شیبک خان ازبک غلبه کرد و شیبک خان کشته شد. . . به صوفیان گفت: هر که سر مرا دوست دارد از گوشت این دشمن بخورد. خواجه محمود ساغرچی که در آن معرکه حاضر بوده گفته است که: پس از فرمان شاه ازدحام صوفیان برای

خوردن جسد شیبک خان به جائی رسید که جمعی تیغ ها کشیدند و به جان یکدیگر افتادند و آن مرده به خاک و خون آغشته را مانند لاشه خواران از یکدیگر می ربودند و می خوردند (نقل از روضه الصفویه)" [۲۵۸]

پس از حمله افاغنه و سقوط حکومت "رمل و استرلاب" و شکست مفتضحانه شاه سلطان حسین تشیع نیز تا اندازه ای سیر نزولی پیمود بطوریکه در سال ۱۱۴۸ هجری که مردم ایران در دشت مغان گرد آمدند تا تاج شاهی بر تارک نادر قلی بنهند نادر اعلام داشت که بشرطی می پذیرد که مردم تشیع را کنار بگذارند و تسنن آورند. با این حال نادر شاه شیعه اثنی عشری را به عنوان یکی از مذاهب رسمی قبول کرد به شرط آنکه عواید اوقاف و سایر درآمدهای ملاسالاران و روحانیون تشیع قطع و برای تأمین هزینه های عمومی و نظامی به خزانه دولت واریز گردد.

با اینکه نیمی از قشون نادر شاه سنی بود نادر در نظر داشت مذهب را از سیاست جدا کند و در انجام این امر نیز تا اندازه ای توفیق حاصل کرد اما پس از قتل نادر عادل شاه جانشین او که قتل نادر را بی ارتباط با مخالفت وی با تشیع نمی دانست کوتاه آمد و دوباره ملاسالاری رواج یافت.

کریم خان زند که هیچگاه خودرا پادشاه نخواند و بقول خودش "وکیل الرعایا" بود در روش نادر شاه تجدید نظر کرد و تا اندازه ای به ملاها آزادی عمل داد.

آغا محمد خان مؤسس سلسله قاجاریه هنگام تاجگذاری اعلام داشت که ارکان حکومت خویش را بر اساس اتکاء به مذهب شیعه اثنی عشری قرار داده برای روحانیون تشیع مانند زمان سلف خود آزادی عمل قائل شد و

---

[۲۵۸] - وقایع اتفاقیه. مجموعه گزارش های خفیه نویسان انگلیس در ولایات جنوبی ایران از سال ۱۲۹۱ تا ۱۳۲۲ قمری. سعیدی سیرجانی. تهران. نشر نو. ۱۳۶۱ شمسی مقدمه. زیرنویس ص ۲۲

ملاها را به دوران ملاسالاری زمان صفویه عودت داد و حتی شمشیر شاه اسماعیل را از آرامگاه او برداشت و به خود آویزان کرد تا مردم بدانند در چه راه قدم گذارند. با این حال آغا محمد خان برای تثبیت قدرت دولت مرکزی سعی داشت کلیه قدرت های اجتماعی آنروز را که مذهب نیز جزئی از آن بود به سلطنت مجذوب نموده خود بصورت تنها قدرت بدون رقیب تجلی کند. گرچه در این امر به مدت کوتاهی توفیق حاصل کرد اما در حقیقت این رویائی بیش نبود زیرا هنوز جامه تاجگذاری را از تن برنگرفته بود که عجل فرصت نداد و به قتل رسید.[۲۵۹]

فتحعلی شاه به جای آغا محمد خان نشست اما برخلاف سلاطین صفوی و نادر شاه افشار و آغا محمد خان قاجار که قدرت ملاها را تحت الشعاع سلطنت قرار داده بودند جانشین آغا محمد خان به روحانیون استقلال ارزانی داشت. پادشاه نیز که در اعتقادات مذهبی سرآمد پیشینیان خویش بود به ساختن مساجد و تکایا پرداخت و بازار روضه خوانی و عزاداری را رواج کامل داد و بنا به امر او مردم قم از پرداخت خراج و مالیات به حکومت قاجاریه معاف شدند. شاه پاسدار مؤمن و صدیق روحانیت تشیع و علمای شیعه نگهبان پادشاه اسلام پناه گردیدند.

در زمان ناصرالدین شاه سلطان مقتدر قاجار که پنجاه سال در ایران حکومت کرد قدرت طلبی روحانیون و ملاسالاری از یک طرف و اعمال قدرت حکومت بخصوص در زمان صدارت میرزا تقی خان امیرکبیر صدراعظم مترقی و روشنفکر ایران از طرف دیگر موجبات بروز اختلاف و صف آرائی بین دولت و روحانیون را فراهم آورد. امیر کبیر با تأسیس مدرسه دارالفنون به "نو آوران" ایران از قبیل میرزا ملکم خان ناظم الدوله

---

[۲۵۹] - برای اطلاع بیشتر به "چهره هائی در تاریخ ایران". جلد اول تألیف امیر نجات از ص ۱ تا ۳۷

و سایر ترقی خواهان فرصت داد که تمدن اروپا را به ایرانیان معرفی کنند. بعلاوه با اتخاذ سیاست بی طرفی در اختلاف بین روحانیون شیعه و بهائیان روش بی طرفی اتخاذ کرد و عملاً به نفوذ ملا سالاری صدمه زد. لیکن پس از قتل امیر کبیر که به تحریک "مهد علیا" مادر با نفوذ شاه انجام یافت دوباره ملاسالاری در ایران رواج یافت بطوریکه در اواخر سلطنت ناصرالدین شاه که مصادف با جنبش مشروطیت و تشکیل لژهای فراماسونری در ایران بود تعداد علمای شیعه به ۳۵۹ نفر رسید. از این عده ۱۷۵ نفر مجتهد جامع الشرایط و بقیه ملای معمولی بودند.[۲۶۰]

پس از اینکه ناصرالدین شاه بدست میرزا رضا کرمانی از پا درآمد مظفرالدین شاه که پادشاهی سلیم النفس و روحاً و جسماً آدمی ضعیف بود به سلطنت رسید.

در این مورد محمود محمود با لحن زننده و موهنی از مظفرالدین شاه و انقلاب مشروطیت ایران یاد کرده نهضت مشروطه را "آشوب ملی" خوانده است:

". . . در سلطنت چنین پادشاهی هیچگونه اصلاح در امور نبود. برای مردمان شریف عرصه تنگ می شود و میدان بدست اراذل و اوباش می افتد و میدان برای فتنه جویان باز می شود در چنین مواقعی است که احزاب و مجامع سری مانند علف هرزه از هر گوشه سربلند می کند. کار مملکت بدست اراذل و اوباش می افتد.

همان محافل سری که اسباب انقلاب فرانسه و فتنه و آشوب سایر ممالک را برای سود خویش فراهم آوردند، همان محافل و مجامع اسباب هرج و مرج و فتنه و فساد را در ایران فراهم آوردند. این آشوب را نهضت ملی خواندند.

---

[۲۶۰] ـ مأخذ: یادداشت های اعتماد السلطنه. المعاذیر و الاثار. ص ۱۳۷ ـ ۱۸۸۸

انقلاب مصنوعی به وجود آوردند که روح ملت ایران خبر نداشت. نام این آشوب را باید آشوب فتنه انگیزان نامید که محافل سری ایران بسود لژ نشینان سواحل تیمس بر پا کردند که روس ها را ترسانیده از نفوذ انگلیس ها در ایران بر حذر کنند.

اما "سیسیل اسپرینگ رایس" وزیر مختار انگلیس در تهران واقعه مشروطه و صدور فرمان مربوط به آنرا بوزارت خارجه انگلستان نسبت داده و چنین گزارش میدهد:

". . . شاید گزارش ذیل در مورد شرایط و اوضاعی که به اعطای مشروطیت انجامید و من ماوقع را از یکی از بازیگران اصلی شنیده ام شایان توجه باشد.[۲۶۱]

سپس "رایس" به نقل قول از "بازیگر اصلی" گزارش خودرا ادامه داده می نویسد:

پس از خاتمه مجلس ما اعضای انجمن به توافق رسیده و تصور می کردیم تمام مشکلات حل شده و خاتمه یافته است اما همینکه به اتفاق نمایندگان به جلسه برگشتیم و تصمیم متخذه را اعلام کردند لحظه ای سکوت برقرار شد سپس یکی از تماشاچیان فریاد زد که به مجلس خیانت شده است. . . اما اشخاصی از میان روحانیون آمدند و گفتند اگر به مشاجره و اختلاف ادامه بدهید فقط دشمنان آزادی استفاده خواهند کرد. بنا بر این موافقت کردیم پیشنهادات را تغییر بدهیم. ولیعهد نیز موافقت کرد و مردم نیز آنچه را میان ما توافق شده بود قبول کردند و اختلافات پایان یافت.

---

[۲۶۱] ـ گزارش. سر اسپیرینگ رایس به سر ادوارد گری وزیر خارجه انگلیس. ۴ ژانویه ۱۹۰۷میلادی

بدین ترتیب همه چیز برای امضای شاه آماده شده بود. ولیعهد (محمدعلی شاه) کاغذ (فرمان) را برای شاه ارسال داشت. اعلیحضرت روی صندلی مخصوص جلوس کرده با اینکه خسته به نظر میرسید می توانست صحبت و استدلال کند. پیشخدمت با فرمان وارد شد و شاه متوجه شد که باید آنرا امضاء کند اما اراده اش هم مثل خودش بیمار و از امضاء خودداری نمود. این واقعه روز یکشنبه بود.

بعضی از روحانیون طراز اول نامه نوشتند و ضمن آن متذکر شدند که اگر شاه فرمان را امضاء نکند سراسر ایران را آشوب فراخواهد گرفت و گناه آن متوجه شاه خواهد بود و نفرین و غضب خدا اورا خواهد گرفت و تا مرگ و داخل گور همراه وی خواهدبود و خون مردم بیگناه که تحت سرپرستی شاه هستند به گردن او خواهد بود. یکی از درباریان نامه را در مقابل شاه خواند و سپس پاره کرد. شاه از وی پرسید در نامه چه بود؟ درباری پاسخ داد که در شأن شاه نیست از آن مطلع گردد اما شاه هراسان شده و پا فشاری کرد تا از مدلول نامه مطلع شود و سرانجام موضوع را به او گفتند. شاه گفت فردا امضاء خواهد کرد اما حاضرین اصرار کردند که بهتر است همان شب امضاء کند. شاه ولیعهد و صدراعظم را به حضور پذیرفت و فرمان را توشیح نمود و همین که امضاء کرد اظهار داشت که:

اکنون با آسودگی خواهم مرد. سیسیل اسپرینگ رایس

بدین ترتیب فرمان مشروطیت توشیح و قانون اساسی نیز در ۵۱ ماده تنظیم شد. قانون اساسی بوسیله میرزا جواد خان سعدالدوله (ملقب به ابوالمله) که در بروکسل به عضویت لژ فراماسونری درآمده بود بر اساس ترجمه از قانون اساسی بلژیک ترجمه شد لیکن چون این کار با عجله صورت گرفته بود دارای نواقص بود. از جمله مسئله تفکیک قوای سه گانه در آن پیش بینی نشده بود. سعد الدوله مسئله نواقص را در مجلس مطرح کرد و مجلس کمسیونی مرکب از هفت نفر (تعداد لازم برای تأسیس و

تشکیل لژهای فراماسونری نیز هفت نفر است) بریاست سعدالدوله و عضویت محقق الدوله (معلم مدرسه سیاسی) - سید حسن تقی زاده – سید نصرالله اخوی – حاج آقا حسین امین الضرب – مستشارالدوله – مشارالملک (جملگی فراماسون بودند) را مأمور کرد تا در رفع نقص قانون اساسی اقدام نمایند.

مقارن این احوال جمعی از مردم تبریز، بوسیله تقی زاده از اوضاع داخلی مجلس و کارشکنی های باند شیخ فضل الله آگاه شده به تلگراف خانه رفته تحصن اختیار کرده اعلام داشتند که: ". . . از قرار معلوم اساس مشروطیت در تهران مستحکم نیست و دولت خودش رأساً و حقیقتاً نمی داند مشروطه چیست و اعتنائی به مجلس ندارد". وکلای آذربایجان از جمله سید حسن تقی زاده و سعدالدوله و میرزا احمد مرتضوی و محمد اسماعیل مغازه و جمعی دیگر به تلگرافخانه تهران رفته به تبریزی ها اطمینان دادند که: . . . سبب شکایت نیست و مجلس مستحکم و مشروطیت پابرجاست. [۲۶۲]

سیدحسن تقی زاده در این مورد می نویسد:

". . . این فقره را نمی شد رد کرد و در حقیقت مشروطه درست محکم نشده بود و قانون اساسی مختصری که نوشته شده بود (تقی زاده با سعدالدوله که قانون اساسی را از روی قانون اساسی بلژیک ترجمه کرده بود میانه خوبی نداشت و سعدالدوله را آدمی متکبر می دانست. مؤلف) حقوق دولت و ملت را جمع ننموده و یک چیز ابتدائی بود لهذا بعضی از وکلا با شورشیان تبریز همراه شده و گفتند که باید به همین وسیله شورش تبریز تمام نقایص کار را مرتفع کرده و بنای امور را بر اساس محکمی گذاشت". [۲۶۳]

---

[۲۶۲] - مجله یغما. شماره۱۶ – شماره مسلسل ۱۵۸ سال چهاردهم. ص ۳۴

[۲۶۳] - تاریخ انقلاب مشروطیت ایران. دکتر مهدی ملک زاده. تهران. ص ۳۵

اسماعیل رائین بدون ذکر مأخذ در این مورد مینویسد:

". . . روز ۲۴ ذیحجه که دو روز از انقلاب مصنوعی تبریز می گذشت کلیه وکلای آذربایجان به جز دو نفر به تهران آمده در خانه حاج محمد اسماعیل مغازه ای منزل کردند. آنها بعد از ورود به تهران با افسون وکلای فراماسون به تلگرافخانه رفتند و با متحصنین تبریز مذاکره و آنها را تشویق به پایداری نمودند. دولت بار دیگر با موضوع مخصوصی روبرو شده بود. تشکیل جلسه داد و پس از شور و مذاکره میرزا نصرالله خان نائینی مشیرالدوله که خود از رؤسای لژ بیداری ایران بود با پیشروان وکلا ملاقات و مذاکره نمود.

در اولین جلسه ملاقات مشیرالدوله قدری تندی کرد و به وکلا گفت دولت همه چیز داده و حالا شما باید مردم را ساکت کنید. . . ولی ناگهان نطق آتشین تقی زاده و حاجی امین الضرب (حاجی حسن آقا) و اعظاء (اعضای) لژ بیداری ایران و سعدالدوله که فراماسون بلژیک بود و نظریات شخصی داشت آغاز شد و در مجلس ناگهان بین وکلا و دولتیان مشاجره در گرفت و صدراعظم که خودش فراماسون بود و از کنه موضوع اطلاع داشت برای اینکه زمینه را آماده کند و مردم را منقلب سازد گفت دولت به شما مشروطه نداده بلکه مجلس مرحمت کرده که مشاوره بکنند. این گفته او همه را عصبانی کرد. تقی زاده به حاضرین گفت تا مشروطیت رسماً اعلام نشود داخل مذاکره نگردند.

فردای آنروز در تهران نیز تعطیل عمومی شد و مردم به تحریک انجمن مخفی فراماسون ها به مجلس ریخته صراحتاً تأیید و تصدیق مشروطیت را مطالبه کردند.

بالاخره پس از چهار پنج روز غوغا و کشمکش و مذاکرات سخت با دربار لژ فراماسونری چون دید نزدیک است شکست بخورد، حاج مخبرالسلطنه هدایت را که از استادان لژ بود پیش شاه فرستاد و اورا واسطه قرار داد.

حاج مخبر السلطنه چندین بار بین شاه و مجلس واسطه مذاکره شد و شاه که از تحریکات انگلیس ها و فراماسون ها آگاه بود برای آنکه بین مشروطه طلبان نفاق بیاندازد و قانون اساسی تنظیم نشود پیشنهاد جالبی کرد. او گفت کلمه

*مقننه به جای "مشروطه" به دنبال کلمه مجلس نوشته شود. وی گفته بود که ترجمه صحیح "کونستی توسیون" مقننه می باشد نه مشروطه که به زعم بعضیها ترجمه سهوی **Conditionalle** بوده است.*

سپس رائین به نقل از یادداشت های "ادیب الممالک فراهانی" ادامه میدهد:

". . . ولی معترضین و فراماسون ها فقط کلمه مشروطه را می خواستند و مجلسیان نیز همین کلمه را خواستار شدند. محمد علی شاه بار دیگر نیرنگی به کار برده گفت به عوض مشروطه حکومت مشروعه گفته شود. این حیله اثر خودرا کرد. کلیه علماء موافق شدند ولی فراماسون ها همچنان کلمه مشروطه را خواستند. در این وقت یکی از جوانهای فرنگی مآب که از تاریخ انقلاب فرانسه و نقش ماسون ها در انقلاب آگاه بود به دستور لژ ماسونی ایران، تاریخ لوئی شانزدهم و برانداختن اورا از سلطنت عنوان کرده و چندین نطق آبدار در این باره برای مردم ایراد نمود. این نطق ها که مینوت آنها بدست ماسون های فرانسوی عضو لژ ایران نوشته شده بود مؤثر واقع شد و محمدعلی شاه را به زانو درآورد.

در نتیجه روز بیست و هفت ذیحجه ۱۳۲۴ (۱۹۰۶ م) شاه دستخطی صادر کرده نوشت که: ایران در اعداد دول مشروطه و دارای کونستی توسیون است. بر اثر این وضع بعضی از مقاصد دیگر نیز از قبیل عزل بلژیکی ها برآورده شده بود و دولت همان روز اعلام کرد که کمسیونی برای نوشتن متمم قانون اساسی تشکیل شده است.[۲۶۴]

---

[۲۶۴] - فراموشخانه و فراماسونری در ایران. اسماعیل رائین. ص ۱۹۸ (در این رهگذر رائین یادداشت های ادیب الممالک را تحریف کرده و با نظرات خود درآمیخته است).

در واقع نهضت مشروطه به مزاج روحانیون مستبد سازگار نبود و غیر از تعدادی محدود از علماء که به دلایلی خاص از مشروطیت جانبداری میکردند بسیاری زیر پرچم شیخ فضل الله نوری سینه می زدند و با هرگونه افکار مترقی که بوی آزادی و حکومت قانون و مشروطیت می داد شدیداً مخالفت می کردند. شبکه پهنآور آخوندهای متعصب و مخالف مشروطه از نجف شروع و به دربار قاجاریه ختم می شد. آنها با محمدعلی شاه روابط حسنه و بسیار نزدیک داشتند و با "نو آوران" و "فراماسون ها" دشمنی میکردند.

". . . در انقلاب مشروطیت ایران اکثریت عظیمی از علمای طراز اول از رژیم استبداد موجود آنزمان طرفداری و با ایجاد یک حکومت مشروطه متکی به قانون اساسی مخالفت می ورزیدند و تنها اقلیت نا چیزی از روحانیون از ایجاد حکومت مشروطه و قانون اساسی طرفداری می کردند.[۲۶۵]

محمد علی شاه با کمک درباریان و ایادی خود در میان طبقه روحانی در برانداختن اساس مشروطه می کوشید و دولت تزاری روس از آن دستگاه پشتیبانی می کرد. . .[۲۶۶]

طبقه روحانیون تحت نفوذ ملاهای مقتدر طراز اول بطور کلی با ایجاد قانون اساسی در ایران مخالفت می ورزیدند.[۲۶۷]

بطور کلی در صدر مشروطیت اکثریت روحانیون با نهضت مشروطه مخالفت می ورزیدند اما مردم در جستجوی پایگاه برای مبارزه با مستبدین

---

[۲۶۵] - تاریخ اجتماعی ایران. مرتضی راوندی. جلد سوم. ص ۵۲۸ تهران.

[۲۶۶] - ایران در دوره سلطنت قاجار. علی اصغر شمیم. ص ۴۰۶ تهران.

[۲۶۷] - تاریخ مشروطه ایران. احمد کسروی. جلد اول. خلاصه از صفحات ۲۸۸-۳۵۸

و در راه نیل به حکومت قانون و عدالت اجتماعی ناچار به بعضی از روحانیون متوسل شده سعی داشتند آنان را با صفوف آزادیخواهان پیوند دهند.

سید محمدطباطبائی، سیدعبدالله طباطبائی، ملک المتکلمین، سید مرتضی آشتیانی، سید محمد جعفر صدر العلماء و سید جمال الدین افجه از علمای طراز اول و عده دیگری از روحانیون به ندای مردم پاسخ مثبت دادند و به رهبران مشروطه خواه پیوستند. با این حال هرگز منافع طبقاتی خودرا فراموش نکرده پیوسته در تکاپوی ایجاد مراکز قدرت برای طبقه روحانیت بودند و شاید عضویت بعضی از آقایان علماء در سازمان نو ظهور لژ بیداری ایران نیز انگیزه ای جز این نداشت.

در مراحل نخست روحانیون با پیدایش فراماسونری در اجتماع ایران مخالفت می کردند و مجالست و آمیزش را با فراماسن ها حرام می دانستند اما همینکه میرزا ملکم خان ناظم الدوله توانست سید محمد طباطبائی را با خود همراه و همراز کند هم مخالفت علماء از بین رفت و هم عضویت در لژها مجاز شد.

". . . میرزا ملکم خان زمانی که در تهران بود از مرحوم آقا سید محمد طباطبائی وقت ملاقات خواست ولی آن مرحوم وقت نمی داد و به مسامحه میگذرانید و شاید ملاقات و مجالست میرزا ملکم خان را برخود حرام میدانست اما وقتی مرحوم آقا سید محمد به شمیرانات رفتند در دربند به خانه آقا سید علی دربندی ورود فرموده بود پیشخدمت خبر داد که میرزا ملکم خان حاضر و ربع ساعت وقت برای ملاقات حضرت آقا می خواهد. در این هنگام خود میرزا ملکم خان در روی مهتابی در مقابل حضرتش دیده شد که حضرت آقا ناگزیر از پذیرائی گردیده، مشارالیه با حضرت حجت الاسلام خلوت نموده و در را به روی اغیار بستند. ربع ساعت وقت منجر به شش ساعت گردید. در این اثنا کراراً میرزا ملکم خان عازم رفتن می شد و حضرت آقا اورا مانع می گردید. مذاکرات آن دو را کسی ندانست لاکن از آنروز حالات حجت الاسلام تهران

بکلی تغییر نمود و در راه مقصود میرزا ملکم هم خودرا داد و هم پسرش را، از این رو گویند مرحوم آقا سید صادق و خلف عالی مقامش آقا سید محمد را نسبتی به فراماسون است چنانچه از حالات و اقدامات حضرت آقای آقا میر سید محمد طباطبائی میتوان استنباط نمود که این رئیس بزرگ اسلام را چه مسلکی و چه مقصودی در نظر است . .[۲۶۸]

در صدر مشروطیت روحانیون ظاهراً به دو طبقه تقسیم می شدند. طبقه اول آنها بودند که رابطه خودرا با حکومت بر اساس عدم مداخله در امور دولتی معین نموده در سطح ارائه طریق و مشاوره نظارت بر قوانین مصوبه و انطباق آن قوانین با اصول و مبانی اسلامی را قبول داشتند. طبقه دوم روحانیون قدرت طلب و ملاسالارانی بودند که خودرا نگهبان و پاسدار اصول آئین اسلام و اجرای فرامین قرآن دانسته و در تلفیق قوانین شرعی به قوانین مدنی پافشاری می کردند. با این حال هردو گروه متفقاً با حکومت مخالفت نموده مداخله در امور دولتی و بخصوص امر قضاوت را به عنوان حق مسلم علماء تلقی کرده در این گونه امور بسختی پافشاری می کردند.

". . . افراد طبقه روحانی نه تنها در بحران انقلاب مشروطیت در سال های ۱۳۲۵ و ۱۳۲۶ که به دو گروه طرفدار و ضد مشروطیت تقسیم شده بودند بلکه در اختلافاتی نیز که در سال های ۱۳۲۳ و ۱۳۲۴ با دولت قاجار پیدا کردند یکپارچگی و وحدت خودرا حفظ کرده و در واقع هدف نهائی آنها از مبارزاتی که می کردند تأمین منافع طبقاتی و شخصی خودشان بود نه در نظر گرفتن افراد مردم و کشور.[۲۶۹]

اختلاف روحانیون با حکومت به جائی رسید که دولت دستور داد شیخ محمد واعظ را بعلت تحریک و تشویق مردم به قیام عمومی علیه حکومت از

---

[۲۶۸] - تاریخ بیداری ایرانیان. ناظم الاسلام کرمانی. جلد دوم. ص ۱۹۸

[۲۶۹] - تاریخ مشروطه ایران. سید احمد کسروی. جلد اول. ص ۴۵۶

تهران اخراج کنند. این اقدام با کشته شدن یکی دیگر از روحانیون بنام "سید عبدالحمید" مصادف شد و علما را وا داشت که به قم مهاجرت کنند و بسیاری دیگر از روحانیون نیز از سایر نقاط ایران مانند مشهد و اصفهان و یزد به قم عزیمت کرده تحصن اختیار کردند. بنا به نوشته محمود محمود در مهاجرت آقایان علماء "جرج چرچیل" منشی اول سفارت انگلیس در لباس آخوندی با کاروان روحانیون همراه بود.[۲۷۰]

". . . قبل از اینکه روحانیون از تحصن دست کشیده قم را ترک کنند تقاضای خودرا برای تحکیم و تقویت جامعه اسلامی اظهار داشتند و بالاخره در مقابله با دولت موفقیت حاصل کردند زیرا در شعبان ۱۳۲۴ آئین گشایش مجلس با حضور هفده تن از مجتهدین بعنوان رهبران ملت شیعه برگزار و مظفرالدین شاه در نطق افتتاحیه ای از تحول مذکور تحت عنوان اتحاد ملت و دولت یاد نمود.[۲۷۱]

شایان توجه اینکه در مدت دو ماه غیبت آقایان علماء و اقامت آنها در قم که شاید با مداخله فراماسون ها صورت گرفته بود رهبران مشروطه و وکلای روشنفکر از قبیل:

سیدنصرالله سادات اخوی (وکیل اول تهران با ۳۳۱۵ رأی - عضو لژ بیداری)
حسین قلی خان نواب (وکیل دوم تهران با ۲۱۰۲ رأی – عضو لژ بیداری)
محمد علی خان ذکاء الملک فروغی (وکیل سوم تهران با ۲۰۸۹ - رأی عضو لژ بیداری)
مرتضی قلی خان صنیع الدوله (وکیل پنجم تهران با ۱۵۱۳ رأی - عضو لژ بیداری)
میرزا حسن خان وثوق الدوله (وکیل ششم تهران با ۱۰۴۵ رأی - عضو لژ بیداری)
میرزا محمد خان صدیق حضرت (وکیل هشتم تهران با ۹۸۶ رإی - عضو لژ بیداری)

---

[۲۷۰] - تاریخ روابط ایران و انگلیس. محمود محمود. جلدهفتم. ص ۸۳۸- تهران
[۲۷۱] - تاریخ بیداری ایرانیان. ناظم الاسلام کرمانی. جلداول. ص ۳۰۰- اقتباس.

میرزا حسن خان معتمدالممالک (وکیل دهم تهران با ۳۷۲ رأی - عضو لژ بیداری)

دکتر امیرخان امیر اعلم (وکیل یازدهم تهران با ۲۹۳ رإی - عضو لژ بیداری)

یحیی میرزا لسان الحکما (وکیل دوازدهم تهران با ۲۷۹ رأی – عضو لژ بیداری)

عبدالحسین خان وحید الملک (وکیل سیزدهم تهران با ۲۷۴ رأی – عضو لژ بیداری)

میرزا محمود خان احتشام السلطنه (وکیل پانزدهم تهران با ۱۶۵ رأی – عضو لژ بیداری)

شاهزاده یحیی میرزا اسکندری (وکیل شانزدهم تهران با ۱۶۰ رإی – عضو لژ بیداری)

توفیق یافتند نام "مجلس شورای اسلامی" را که مورد علاقه روحانیون بود و شاه نیز تلویحاً تأیید و تصویب نموده بود به "مجلس شورای ملی" تعییر داده مراتب را در پیش نویس فرمان مشروطیت منعکس نمایند.

در نوشتن متمم قانون اساسی سعدالدوله، سید حسن تقی زاده، مستشارالدوله، حاج آقا حسین امین الضرب، حاج سید نصرالله اخوی و مشارالملک و چند نفر دیگر شرکت داشتند لیکن سه نفر از فراماسون ها صادق خان مستشارالدوله و تقی زاده و حاج سید نصرالله اخوی آنرا نوشته و تمام کردند و در تاریخ ۲۹ شعبان ۱۳۲۵ به تصویب رسید.

متعاقباً شیخ فضل الله نوری رهبر جناح مخالف مشروطه خواهان زیرنفوذ و شاید به تحریک شاه ادعا کرد که در قانون اساسی جدید حقوق مسلمین از حقوق سایر اقلیت ها متمایز و مشخص نشده است. محمدعلی شاه نیز به مجلس پیام فرستاد که شایسته است اصول قانون اساسی بر طبق مقررات و قوانین شرعی مندرج در قرآن و شریعت محمد (ص) تنظیم و پایه گذاری شود.

از طرف دیگر فراماسون ها که طرفدار تفکیک سیاست از مذهب بودند و شأن روحانیت را والاتر از اینها می دانستند با مداخله مذهب در سیاست به مخالفت برخواستند. اما شیخ فضل الله دست بردار نبود. آخوندی بنام سید

اکبر شاه را تحریک کرد که در مراسم سوگواری ماه محرم به منبر رفته قانون اساسی را به باد انتقاد گرفته آزادیخواهان و مشروطه طلبان را مورد نکوهش قرار دهد. جمعی از ملاها شاید حدود هشتاد نفر که رأس آنان سید عبدالله بهبهانی قرار داشت بعنوان اعتراض به قانون اساسی به حضرت عبدالعظیم رفته تحصن اختیار کردند اما کاری از پیش نبرده پس از مدت کوتاهی از تحصن دست کشیده به تهران مراجعت نمودند.

از طرف دیگر شاه تحت تأثیر شیخ فضل الله و شاید بنا به توصیه جمعی دیگر از آخوندهای مخالف مشروطه، امین السلطان را به صدارت منصوب نمود. اکنون شیخ فضل الله از قدرت بیشتری برخوردار می شد. در مجلس بنای حمله به قانون اساسی و در خارج از مجلس آخوندهای طرفدار خودرا تحریک کرد که بد گوئی از مشروطه طلبان و آزادیخواهان را ادامه دهند. از این ماجرا شاه و امین السلطان نیز آگاهی داشتند و چه بسا نمایشنامه را کارگردانی می کردند.

شیخ فضل الله نوری پیشنهاد می کرد که پنج نفر از علمای طراز اول به عنوان "کمیته تطبیق قوانین مطروحه با مقررات اسلامی" معین و در قانون اساسی نیز نظارت آقایان علماء پیش بینی و بدون تصویب آنها قوانین صورت قانونی به خود نگیرد. پیشنهادات شیخ فضل الله همیشه با آشوب و بلوا دنبال می شد و در این مورد نیز در شهرستان ها بخصوص در قزوین و زنجان شورش و اعتصاب برپا شد.

سرانجام در ماه جمادی الاول سال ۱۳۲۵ هجری قمری بر اساس طرح شیخ فضل الله نوری که بموجب آن قدرت روحانیون مافوق قدرت قوانین مدنی شده بود بصورت اصل دوم متمم قانون اساسی به طریق ذیل مورد تصویب قرار گرفت و از آن پس این اصل تا تشکیل جمهوری اسلامی همیشه

باعث بروز اختلاف و کشمکش بین روحانیون و دولت های بعد از نهضت مشروطیت بود.

". . . مجلس مقدس شورای ملی که به توجه و تأئید حضرت امام عصر عجل الله فرجه و بذل و مرحمت اعلیحضرت شاهنشاه اسلام خلد الله سلطانه و مراقبت حجج اسلامیه کثر الله امثالهم و عامه ملت ایران تأسیس شده است باید در هیچ عصری از اعصار مواد قانونیه آن مخالفتی با قواعد مقدسه اسلام و قوانین موضوعه حضرت خیرالانام صلی الله علیه و آله و سلم نداشته باشد و معین است کـه تشخیص مخالفت قوانین موضوعه با قواعد اسلامیه بر عهده علمای اعلام ادام الله برکات وجود هم بوده و هست لهذا رسماً مقرر است در هر عصری از اعصار هیئتی که کمتر از پنج نفر نباشد از مجتهدین و فقهای متدینین که مطلع از مقتضیات زمان هم باشند به این طریق که علمای اعلام و حجج اسلام مرجع تقلید شیعه اسامی بیست نفر از علما که دارای صفات مذکوره باشند معرفی به مجلس شورای ملی بنمایند، پنج نفر از آنها یا بیشتر به مقتضای عصر اعضای مجلس شورای ملی بالاتفاق با حکم قرعه معین نموده به سمت عضویت بشناسند تا موادی که در مجلس عنوان می شود به دقت مذاکره و غور و بررسی نموده هریک از آن مواد ممنوعه که مخالفت با قواعد مقدسه اسلام داشته باشد طرح و رد نمایند که عنوان قانونیت پیدا نکند و رأی این هیأت علماء متاع و متبع خواهد بود و این ماده تا ظهور حضرت حجت عصر عجل الله فرجه تغییر پذیر نخواهد بود.

با اینکه به موجب اصل دوم متمم قانون اساسی به روحانیون حق وتو داده شد با این حال رضایت آقایان جلب نشد. شیخ فضل الله نوری به اتفاق جمعی دیگر از علماء در حضرت عبدالعظیم متحصن شده اعلام داشتند که پیروان فرقه بهائی در تدوین و تصویب قانون اساسی دست داشته اند. مبارزه مخالفان قانون اساسی هنگامی به اعلا درجه رسید که در ماه صفر ۱۳۲۶

هجری قمری مجلس شورای ملی بر اساس پیشنهاد چند تن از وکلای مترقی مقررات "تیول" را که مربوط به حق پادشاه در واگذاری بلا عوض زمینهای کشاورزی به رعایا بود لغو نمود. متعاقباً تعداد پانصد نفر از ملاها و طلاب به حضرت عبدالعظیم رفته به شیخ فضل الله نوری ملحق شدند.

تحصن آقایان علماء سه ماه بطول انجامید. در این مدت شیخ فضل الله نشریه ای بنام "روزنامه شیخ فضل الله" انتشار میداد و ضمن آن نامه ها و تلگرافات اعتراضیه علمای نجف را که در رأس آنها سید کاظم یزدی قرار داشت چاپ می کرد. در روزنامه شیخ فضل الله اعتراضات ملاها مبنی بر اینکه مجلس باید مرکز امر به معروف و نهی از منکر باشد و تأسیس مدارس دخترانه و حذف بودجه عزاداری و ایجاد صنایع و کارخانه ها بر اساس صنایع فرنگ خلاف اسلام است و تا این مظاهر تمدن کفار نابود نگردد محافظت از سنگراسلام خواب و خیالی بیش نخواهد بود منتشر میشد و از طبقه روحانیون می خواست که مردم را از خواب غفلت بیدار کنند و نگذارند ملت اسلام آلت دست بهائی ها و افرادی که چون چهارپایان در جهل مرکب به سر می برند شده آندسته از متجددین که مدعی هستند روح اسلام واقعی با مفاهیم سیاسی غرب منافاتی ندارد در اشتباه بوده و ما بزودی به آنها ثابت خواهیم کرد که اصول و موازین مذکور نسبت به اسلام کاملاً مغایر بوده ایجاد پارلمان های اروپائی و قوانین اساسی فرنگستان با روح اسلام به هیچ عنوان سازگاری ندارد. ما با تأسیس مجلس مخالفتی نداریم اما قبل از تدوین و تصویب قانون اساسی اعلام داشته بودیم که ما "مجلس معدلت" که مروج عدالت و انصاف و مجری قوانین مقدس اسلام باشد میخواهیم نه مجلس "مشروطه ملی" و "مجلس شورای ملی" طرفداران قانون اساسی و مشروطه طلبان می خواهند مجلس مارا تبدیل به "پارلمان

پاریس" نمایند. . . و کتب حقوقی پارلمان های اروپائی را آورده اند و قصد دارند حقوق مذکور را در مملکت رواج دهند در حالیکه ما مردم مسلمان دارای یک قانون "مقدس ازلی" و "آسمانی" هستیم و نیازی به این اراجیف نداریم.

اعمال و کرداری از قبیل آتش بازی، ضیافت های هیأت های سیاسی دول خارجی و زنده باد تساوی حقوق و برادری همه از مظاهر تمدن غرب است که مطلقاً با آداب و رسوم مقدس اسلام انطباق ندارد. چرا بجای یکی از این شعارها نمی نویسند زنده باد شرع مقدس اسلام، زنده باد قرآن، زنده باد اسلام؟

در حالیکه هنوز تحصن آقایان علماء در حضرت عبدالعظیم ادامه داشت در شب بیست و یکم رجب ۱۳۲۵ هجری اتابک اعظم امین السلطان صدراعظم مقتدر ایران عضو لژ فراماسونری کارلسباد آلمان مقابل مجلس شورای ملی به قتل رسید. قتل امین السلطان نقطه عطفی در تاریخ مشروطیت ایران بشمار می رود. بر اثر کشته شدن صدراعظم مخالفان مشروطه که در رأس آنها محمدعلی شاه قرار داشت به ترس و وحشت زاید الوصفی مبتلا شدند و به مشروطه طلبان متمایل گردیدند. محمدعلی شاه نیز علماء را رها کرد و به مشروطه طلبان اطلاع داد که از آن پس اهداف آنان را محترم شمرده در برقراری حکومت قانون با آنان همکاری خواهد کرد. اما بزودی بر اثر اعمال نفوذ علماء تغییر رأی داد و دوباره به صفوف مخالفان مشروطه پیوست.[۲۷۲]

---

[۲۷۲] ـ شیخ فضل الله نوری فراماسون ها و بابی ها را در یک ردیف می دانست و به نزدیکان خود میگفت که روحانیون موافق مشروطه تلویحاً با بابی ها نیز موافق هستند.

در ماه ذیقعده ۱۳۲۶هجری عده ای از اهالی تهران به تحریک شاه با شرکت عده ای از روحانیون مخالف مشروطه در میدان توپخانه تظاهراتی برپا کردند.

". . . تظاهرات میدان توپخانه کودتای ناقصی بود از طرف محمدعلی شاه که با شرکت شیخ فضل الله نوری، میرزا ابوطالب زنجانی و شیخ محمد آملی تدارک و اجراء شد.[۲۷۳]

روحانیون مستبد مشروطیت را دین مزدک اعلام کردند و مشروطه طلبان را بابی گفتند و ریختن خون و بردن مال آنها را بر مسلمین حلال فتوی دادند. تمام شهر در حال تعطیل بود و تمام دکان ها بسته شده بود. اشرار و الواط که عده آنها به چندین هزار نفر می رسید به غارت و مجروح و مقتول نمودن مردم بیگناه دست زدند و سپس یا کشته و یا اقلاً مجروح نمودند.[۲۷۴]

در این زمان محمدعلی شاه به این نتیجه رسید که یگانه چاره ریشه کن کردن نهضت مشروطیت تنها اقدام به یک کودتای فوری است و قاطبه روحانیون ضد مشروطیت نیز نظر اورا در این باره تأیید و به وی قول حمایت دادند اما در آخرین لحظه قبل از کودتا بدون مشورت با آنها از تصمیم خود منصرف شد.[۲۷۵]

بموازات انصراف خاطر شاه از انجام کودتا در شهر شایع شد که بنا به تقاضای محمدعلی شاه بانک استقراضی روس بالغ بر شصت هزار تومان به دولت قرض داده که بوسیله "شاپشال روسی" فرمانده گارد سلطنتی به مصرف تظاهرات برسد و مبلغی نیز بین آخوند های طرفدار شیخ فضل الله نوری تقسیم بشود. بر اثر انتشار این خبر مردم تبریز و رشت و اصفهان و مشهد و سایر نقاط تظاهراتی ترتیب دادند و آخوند ملا محمد کاظم خراسانی

---

[۲۷۳] - فتح تهران. عبدالحسین نوائی. تهران. ص ۱۲

[۲۷۴] - ایران در دوره سلطنت قاجار. علی اصغر شمیم. تهران. ص ۴۰۷

[۲۷۵] - خاطرات و خطرات. مخبر السلطنه هدایت. تهران. ص۱۶۳

و میرزا خلیل و چند تن دیگر از ملاهای طرفدار مشروطه که شاید تا آن هنگام به فرومایگی شیخ فضل الله پی نبرده بودند اورا تکفیر کردند و نویسندگان و شعرا نیز بیکار ننشسته در ذم محمدعلی شاه به مقاله نویسی و قصیده سرائی پرداختند. ملک الشعرا (بهار) قصیده ای در این زمینه سروده و در "تاریخ مختصر احزاب سیاسی" تحت عنوان "دورنمائی از سرگذشت مؤلف" چنین می نویسد:

"... من و رفقای دیگر در این مدت عضو مرکز انقلابی بودیم و روزنامه خراسان را به طریق پنهانی طبع و به اسم رئیس الطلاب موهوم منتشر می کردیم و اولین آثار ادبی من در ترویج آزادی در آن روزنامه انتشار یافت.
مشهورترین آنها قصیده مستزادیست که در ۱۳۲۵ در عهد استبداد صغیر محمدعلی شاهی گفته شده و در حینی که مردم در سفارتخانه ها پناه جسته بودند در مشهد و تهران انتشار یافت و آن قصیده را پروفسور ادوارد براون نیز در تاریخ ادبیات مشروطه ایران نقل کرده است و ما عین آنرا اینجا نقل میکنیم.

با شه ایران ز آزادی سخن گفتن خطاست — کار ایران با خداست
مذهب شاهنشه ایران ز مذهب ها جداست — کار ایران با خداست
شاه مست میر مست شحنه مست و شیخ مست — مملکت رفته زدست
زین سیه مستان بهرسو فتنه و غوغا به پاست — کار ایران با خداست
هردم از دریای استبداد آید بر فراز — موج های جان گداز
زین تلاطم کشتی ملت بگرداب بلاست — کار ایران با خداست
مملکت کشتی حوادث بحر استبداد خس — ناخدا عدل است وبس
کار پاس کشتی و کشتی نشین با ناخداست — کار ایران با خداست
پادشه خودرا مسلمان خواند و سازد تباه — خون جمعی بی گناه
ای مسلمانان در اسلام این ستمها کی رواست — کار ایران با خداست
روز و شب خندد همی بر ریش این ناچیز وزیر — سبلت تیز امیر

کی شـود زین ریشخند زشت کار ملک راست | *کار ایــران بـا خداست*
شاه ایـران گــر عدالت را نخواهد باک نیست | *زانکه طینت پاک نیست*
دیـده خفـاش از خـورشید در رنـج و عنـاست | *کار ایــران بـا خداست*
بـاش تـا آگـه کند شـه را از ایــن نـابخردی | *انــتـقـــام ایـــزدی*
انتقـام ایــزدی بـرق است و نـا بخرد گیاست | *کار ایــران با خداست*
سنـگر شه چـون به دوشان تپه رفت از باغشاه | *تـازه تــر شـد داغ شاه*
روز دیــگر سنگرش در سـرحد ملک فناست | *کار ایــران بـا خداست*
بـاش تـا خود سـوی ری تــازد ز آذربـایجان | *حضــرت ستــار خـان*
باش تـا بیـرون ز رشت آیـد سپهـدار ستـرک | *فــــر دادار بـــزرگ*
آنـکه گیلان ز اهتمامش رشگ اقــلیم بقاست | *کار ایــران بـا خداست*
باش تـا از اصفهـان صمصام حـق گــردد پدید | *نــام حـق گــردد پدید*
تا ببینیم آنکه سر ز احکام حق پـیچد کجاست | *کار ایــران بـا خداست*
خـاک ایـران بوم و بـرزن از تمدن خورد آب | *جــز خــراسان خـراب*
هـرچه هست از قـامت ناسـاز بی اندام ماست | *کار ایران با خداست*[۲۷۶]

در چنین شرایطی محمدعلی شاه تصمیم گرفت اینبار برای همیشه خودرا از شر مشروطه طلبان آسوده کند. . . اما قبل از اینکه فرمانده گارد سلطنتی "شاپشال روسی" را مأمور به توپ بستن مجلس بنماید به میرزا ابوطالب زنجانی آخوند دربار که شاه قاجار از وی تقلید می کرد متوسل شد و طلب استخاره کرد. میرزا ابوطالب استخاره کرد و بعرض شاه رسانید که:

". . . در این مورد اقدام عاجل جایز گرچه در بدو امر موقتاً امکان ناراحتی و آشوب است اما توفیق غائی مسلم است.

---

۲۷۶ ـ ملک الشعرا متخلص به "بهار" یکی از آزادیخواهان و شعرای نامدار صدر مشروطیت و نماینده مجلس شورای ملی از خراسان بود و با فراماسون ها نیز سر و سری داشت.

بدین ترتیب روز ۲۳ جمادی الاول سال ۱۳۲۶ هجری قمری بنا به امر محمدعلی شاه شاپشال فرمانده گارد سلطنتی مجلس شورای ملی را به توپ بست و شاه متعاقباً دستور داد کالسکه سلطنتی شیخ فضل الله نوری را برای تبادل نظر به کاخ سلطنتی بیآورد. شیخ فضل الله با سلام و صلوات به کاخ شاه وارد شد و مورد استقبال محمدعلی شاه قرار گرفت. . . با شاه خلوت کرد و سپس اعلام داشت که به جای مشروطه "مشروطه مشروعه" به وجود خواهد آمد و تعداد محدود شاید پنجاه نفر که قبلاً انتخاب خواهند شد به عضویت مجلس "مشروعه" نائل خواهند آمد.

این بازی ها همه برای این بود که محمدعلی شاه روز نوزدهم شوال از گشایش مجلس شورای ملی طفره برود و اعلام دارد که:

". . . چون علماء قانون اساسی را مخالف اسلام و انتخابات را منافی با شرع مقدس اسلام میدانند لذا از گشایش مجلس انصراف خاطر حاصل نموده است. .

"یاوری" در کتاب "نقش روحانیت در تاریخ معاصر ایران" که مجموعه ای تحقیقی در تجزیه و تحلیل نقش روحانیت در انقلاب مشروطیت است چنین می نویسد:

علی ایهاالحال روز بعد از اینکه محمدعلی شاه و شیخ فضل الله نوری در مقر سلطنتی با یکدیگر در باره ایجاد مشروطه مشروعه بجای مشروطیت و بوجود آوردن یک مجلس محدود برای جلوگیری از هرج و مرج توافق کردند یعنی در ماه جمادی الثانی ۱۳۲۶ که شیخ فضل الله مبارزه ضد پارلمانتریسمش را در اوج موفقیت میدید اعلامیه ای صادر و کلیه روزنامه نویس ها را ضد دین قلمداد و آنها را تکفیر کرد. اواسط ماه رجب وی

همچنین به تکفیر مرجعی از مشروطه طلبان ساکن نجف پرداخت و در ذیقعده ۱۳۲۷ تکفیر قبلی اش را نسبت به آخوند خراسانی تکرار کرد.[۲۷۷]

در ماه شوال ۱۳۲۶ نوری صراحتاً (حکومت مشروعه) ای را که از آن دم می زد و میخواست بجای حکومت پارلمانتریسم به وجود آید مورد تفسیر قرار داد. یک هفته بعد از تاریخی که محمدعلی شاه برای گشایش مجلس تعین کرده بود (۱۹ شوال۱۳۲۶) وی بر اساس اینکه نوری در اعلامیه اش قانون اساسی را مخالف اسلام قلمداد کرده و انتخابات مجلس را منافی با مقررات شرع اسلام دانسته است قول خودرا مسترد و از گشایش مجلس انصراف حاصل کرد.[۲۷۸] سپس شیخ فضل الله نوری که بوسیله امام جمعه تهران و عنداللزوم نیز از طرف سید ریحان الله حمایت می شد در شوال ۱۳۲۶ تلگرام هائی به ایالات مخابره و اعلام داشت که بجای (مجلس شورای ملی) مجلسی به نام (مجلس دارالشورای کبری) با پنجاه عضو (که البته همه اعضای دستچین شده بودند) گشایش خواهد یافت.[۲۷۹]

موفقیت مرتجعانه شیخ فضل الله نوری در تضعیف مشروطیت نه تنها عوامل ملی و آزادیخواه ایرانی را بشدت برآشفت بلکه در بین گروهی از مجتهدین درجه اول نیز مقاومت ها و ناراحتی هائی ایجاد کرد. همزمان با سرخوردگی مجتهدین درجه اول از اقدامات ضد آزادیخواهی نوری (انقلاب جوانان ترک) موج تازه ای از احساسات آزادیخواهانه در ایران بوجود آورد و مجموع این عوامل نیروی تازه ای برای مبارزه با استبداد در آزادیخواهان و طرفداران ایرانی قانون اساسی در استانبول و نجف ایجاد نمود. در ذیقعده سال ۱۳۲۶ صدر العلماء و افجه ای از مجتهدین معروف تهران تحت تأثیر

---

[۲۷۷] - تاریخ بیداری ایرانیان. ناظم الاسلام کرمانی. جلد دوم به ترتیب صفحات ۱۷۰ و ۱۸۳ و ۲۷۴

[۲۷۸] - تاریخ بیداری ایرانیان. ناظم الاسلام کرمانی. جلد دوم. ص ۱۴۰

[۲۷۹] - خاطرات و اسناد ظهیرالدوله. تألیف ظهیر الدوله. تنظیم از افشار. ص ۴۰۱ تا ۴۰۷

موج تازه ای که در استانبول و نجف به منظور مبارزه با استبداد از طرف ایرانیان آزادیخواه ایجاد شده بود به سفارت عثمانی پناهنده و در آنجا تحصن اختیارکردند. . . شیخ فضل اله نوری در این گیر دار مجدداً فعالیت همه جانبه ای بر ضد موج تازه مشروطه طلبی آغاز و بطوریکه ناظم الاسلام کرمانی مینویسد موفق شد وضع را بکلی به نفع محمدعلی شاه و ضد پارلمانیست ها و بضرر مشروطه طلبان تغییر دهد.[۲۸۰] اما البته باید توجه داشت که موفقیت شیخ فضل الله نوری در پیشگیری از رشد تازه نهضت مشروطه طلبان کوتاه مدت بود زیرا در این زمان اوضاع و احوال خاصی به نفع آزادیخواهان ایجاد شده بود که کنترل آنها از دست نوری خارج بود. در ماه ذیقعده ۱۳۲۷ نهضت مشروطه طلبی در ایران به اوج خود رسید. اوضاع به شدت آشفته شد و نوری از توطئه قتلی که بر ضد وی تدارک شده بود جان سالم به در برد اما به شدت زخمی شد. در رشت و مشهد نیز مبارزات آزادیخواهی مشروطه طلبان اوج گرفت و این دو شهر تقریباً از کنترل حکومت مستبد شاه خارج و اصفهان بدست بختیاری های طرفدار مشروطیت سقوط کرد.

در ماه جمادی الاول ۱۳۲۷ محمدعلی شاه در زمانیکه خیلی دیر شده بود به طرفداران قانون اساسی تسلیم و علیرغم نیات شیخ فضل الله نوری قول داد که طرح شیخ فضل الله را مبنی بر ایجاد یک شِبه مجلس با وظایف و اختیارات محدود زیر پا بگذارد و با ایجاد یک پارلمان به مفهوم واقعی موافقت کند.[۲۸۱]

". . . چندی بعد خبر آمد که نیروی دوگانه مجاهد و بختیاری به سرداری سپهدار تنکابنی و سردار اسعد و صمصام السلطنه بختیاری و دیگر سرکردگان

---

[۲۸۰] - تاریخ بیداری ایرانیان. ناظم الاسلام کرمانی. جلد دوم. صفحات ۲۶۶ -۷۶۷ - ۴۰۴

[۲۸۱] - نقش روحانیت در تاریخ معاصر ایران. م. یاوری. از ص ۵۴ تا ۵۸

مسلمان و ارمنی وارد پایتخت شده اند و شاه به سفارت روس پناه برده و از سلطنت استعفا داده است (رجب ۱۳۲۷ قمری).[۲۸۲]

در ۲۷ جمادی الثانی ۱۳۲۷ نیرو های سپهدار اعظم و تفنگداران بختیاری محمدعلی شاه را از سلطنت خلع نموده فرزند خردسال او احمد شاه را به جای او نشاندند و شاهزاده "عضدالملک" را که در واقع ایلخان خاندان قاجار بود به نیابت سلطنت برگزیدند. محمدعلی شاه از تحصن به سفارت روسیه دست کشید و به روسیه رفت و قرار شد مادامی که علیه دولت مشروطه اقدامی نکرده سالیانه مواجب معینی دریافت دارد. لیکن به محض اینکه به روسیه رسید با پشتیبانی مالی و معنوی روس ها که از استخدام "شوستر" مستشار آمریکائی مالیه آشفته خاطر شده بودند از راه استرآباد به ایران وارد شد و سپاه مختصری از ترکمن ها گرد آورده از راه مازندران و شاهرود دو ستون نیرو به سوی تهران گسیل داشت.

شاهزاده سالارالدوله برادر محمدعلی شاه نیز که سالها بود داعیه سلطنت در سر می پرورانید با کمک دولت عثمانی و عشایر کلهر از سرحدات غربی به تهران راه افتاد. اما هردو سپاه از نیروهای دولت جدید ملییون ایران شکست خوردند. محمدعلی شاه به روسیه فرار کرد و از آنجا به استانبول رفت و تا آخر عمر آنجا بود. سالارالدوله نیز به اسکندریه رفت و در آنجا زندگی می کرد تا در همانجا بمرد.

شیخ فضل الله نوری نیز بدست آزادیخواهان گرفتار آمد و در ماه رجب ۱۳۲۷ هجری به چوبه دار مجازات آویخته شد.

---

[۲۸۲] - تاریخ مختصر احزاب سیاسی. ملک الشعرا بهار. تهران. ص "ج"

"... در ۳۱ جولای ۱۹۰۹ میلادی واقعه ای در ایران بوقوع پیوست که دنیای اسلام را تکان داد. شیخ فضل الله نوری بالاترین مرجع روحانی بوسیله دادگاه انقلاب اعدام شد. اعضای دادگاه انقلاب عبارت بودند از محمد علی تربیت (بعدها نماینده مجلس) وحید الملک شیبانی که با براون (ادوارد براون) تحصیل کرده بود و برای تایمز لندن مقاله مینوشت - جعفر قلی سردار بهادر (فرزند سردار اسعد) - محمد نجات (بعدها نماینده مجلس) - محمد امامزاده (ترجمه از انگلیسی).[۲۸۳]

دادگاه انقلاب شیخ فضل الله را به جرم مفسد فی الارض محاکمه و در میدان سپه به دار کشید. اعضای دادگاه انقلاب هریک نماینده یکی از سرکردگان مشروطه بود. سید ابراهیم زنجانی (دادستان دادگاه) و نماینده سید محمد بهبهانی - میرزا محمد تبریزی نماینده سید حسن تقی زاده - میرزا محمد نجات وکیل مجلس و نماینده مردم - سید محمد امامزاده نماینده علمای محافظه کار با رهبری سید محمد طباطبائی - جعفرقلی خان سردار بهادر بختیاری (سردار اسعد) نماینده اهالی اصفهان - اعتلاء الملک خلعتبری نماینده سپهدار اعظم - سید محمد امامزاده نماینده مردم - وحید الملک شیبانی نماینده مردم - یمین نظام غفاری نماینده مشروطه خواهان کاشان - هشت نفر از اعضای دادگاه فراماسون بودند.[۲۸۴]

مجله کاوه چاپ مونیخ از قول حجت الاسلام سید مهدی شریفی همشاگردی آیت الله خمینی می نویسد: روح الله خمینی شیفته شیخ فضل الله نوری که با بانو هاجر مادرش نسبت خانوادگی داشت بود. روح الله خمینی تعریف می کرد پدرش را دهقانان خمین به بهانه بریدن آب از کشتزارهایشان کشتند.[۲۸۵] پس از قتل شیخ فضل الله نوری بانو هاجر برایش مراسم سوگواری برگذار کرد و تا موقعی که درگذشت (۱۳۳۶ هجری قمری) همه ساله این مراسم در منزلشان برپا می شد. حجت الاسلام سید مهدی شریفی اظهار می داشت که حتی شیخ مهدی پسر شیخ فضل الله نوری جسد پدرش را به خاطر خیانت هائی که کرده

---

[۲۸۳] - انقلاب مشروطیت ایران. دکتر ژانت آفاری. دانشگاه کلمبیا. ص ۲۵۸

[۲۸۴] - روزشمار تاریخ ایران. باقر عاقلی. لوس آنجلس. ص ۱۸۰

[۲۸۵] - چهره هائی در تاریخ ایران. امیر نجات. میشیگان. ۱۹۸۱. ص ۱۴. جلد ۲

بود تحویل نگرفت و لذا بانو هاجر مادر آقای خمینی آنرا تحویل گرفت و در زمینی در جوار حضرت معصومه اورا دفن کرد و برایش بطور مفصل مراسم سوم و هفتم و چهلم برگزار کرد. [۲۸۶]

فراماسون ها در تهیه و تدوین قوانین اولیه دادگستری و تنظیم آئین دادرسی جزائی نیز دست داشته اند که از آن جمله "مسیو پرنی" مستشار فرانسوی عدلیه ایران - مشیرالدوله پیرنیا - ذکاء الملک فروغی - حاج سید نصرالله تقوی را که هر سه نفر عضو لژ بیداری ایران بودند میتوان نام برد. قانون جزا در ۵۰۶ ماده با همت آنان آماده و به کمسیون عدلیه در مجلس شورای ملی فرستاده شد. کمیسیون عدلیه به ریاست سید حسن مدرس پس از دو ماه شور و بررسی با مقدمه ای به شرح ذیل قانون دادرسی جزائی را برای اجرای موقت به هیأت دولت ارسال داشت.

"... نظر به اهمیت و فوریت این قانون و لزوم و کثرت احتیاج عمومی به آن از طرف وزارت جلیله عدلیه از امضاء کنندگان حاج سید نصرالله تقوی - ذکاء الملک - میرزا رضا خان طباطبائی تقاضا شد به معاونت و مشاورت حضرتین آقا سید محمد حسن مدرس و آقای مشیرالدوله و با جلب نظریات جناب مسیو پرنی پرکو در دولت قوی شوکت جمهوری فرانسه و مستشار عدلیه شور دوم قانون مزبور را به انجام برسانیم که از طرف هیأت جلیله وزراء موقتاً به موقع اجرا گذاشته شود تا پس از افتتاح مجلس شورای ملی پیشنهاد به هیأت مقننه شده بعد از جرح و تعدیل و تحصیل نظریات نمایندگان ملت از آن مقام منیع گذشته قانونیت کامله حاصل کند. لهذا در مدت دو ماه با حضور آقایان مدرس و مشیرالدوله و جلب نظریات جناب مستشار شور دوم آنرا به اتمام رسانیدیم و موافقت آن با قوانین مقدسه اسلامیه و عادات و اخلاق مملکت نیز بقدر مقدور

---

[۲۸۶] - نقش روحانیت در تاریخ معاصر ایران. م - یاوری. ص ۵۴

رعایت شده است. نصرالله تقوی - ذکاء الملک - رضا طباطبائی نائینی. (۲۳ رجب ۱۳۳۰)

تاریخ دادگستری ایران نیز در زمان پادشاهی محمدرضا شاه پهلوی توسط فراماسون ها نوشته شد. این تاریخ که به دو دوره یکی قبل از الغای "کاپیتولاسیون" و دیگری بعد از الغای کاپیتولاسیون تقسیم شده بود. زیر نظر دکتر پرویز کاظمی عضو لژ تهران و محمود هدایت عضو لژ مزدا تألیف شد. در تدوین آن محمود عرفان عضو لژ مهر و ارسلان خلعتبری و محیط طباطبائی دست داشتند اما انتشار آن با مخالفت شدید روحانیون روبرو شد و دولت "موقتاً" نشر آنرا متوقف کرد.

". . . طبع و نشر این اثر مشترک و بی سابقه که قرار بود پیش از پایان سال ۱۳۴۴ انجام پذیرد به سبب غیر معینی تا ترمیم هیأت دولت و تغییر وزیر دادگستری عملی نشد و بعداً از طرف وزیر جدید در جواب استفساری که شد معلوم گردید که انجام چنین امری از دستور کارهای جاری آن وزارت حذف شده است.[۲۸۷]

[۲۸۷] - مقاله مجله وحید. محیط طباطبائی. شماره ۴۱ سال ۱۳۴۶ شمسی. تهران

۲۴

لـژهای اولیّه

عمر مشروطه ایران کوتاه بود. . . با ترور ناصرالدین شاه قاجار آغاز شد و متأسفانه با سلطنت رضا شاه پهلوی خاتمه یافت. . . و چون تجدید حیات فراماسونری نوین در ایران پدیده ای بود که بدون تردید به واقعه مشروطه ارتباط داشت، طبعاً مورد بی مهری قرار گرفت و لژهای فراماسونری تعطیل شد و ایرانیان از عضویت در لژها ممنوع شدند.

با این حال، در زمان حکومت رضا شاه، فراماسون های قدیمی در خفا گردهم می آمدند و یکی دو لژ نیز که مربوط به مأموران سیاسی و اقتصادی و بازرگانان خارجی بود در حوزه قرارداد نفت جنوب باز بود و فعالیت میکرد لیکن ایرانیان اجازه نداشتند در هیچگونه کاری که مربوط به فراماسونری می شد شرکت جویند.

در آنزمان سه لژ در ایران فعالیت داشت که مربوط به اتباع خارجی بود. این سه لژ عبارت بودند از لژ مسجد سلیمان – لژ آبادان و لژ محمره که به زبان انگلیسی بدون شرکت ایرانی ها کار می کرد. بعلاوه لژ دیگری بنام "خزعل خان" در بندر خرمشهر (محمره آنروز) تشکیل می شد که در اوایل قدرت رضا شاه با دستگیری و تبعید "شیخ خزعل" به تهران، بطوریکه خواهم نوشت. خود به خود بسته و منحل گردید.

لژ روشنائی در شیراز- لژ روشنائی در شیراز (light In Shiraz)

در تاریخ بیستم فوریه ۱۹۱۹ میلادی تحت شماره ۱۹۱۱ بفرمان ژنرال دبیلیو – ای – جنینگز (W. E. Jennings) در شیراز تشکیل شد. لژ شیراز اولین لژ منظم دائر فراماسونری زیر فرمان و قانون اساسی لژ بزرگ اسکاتلند بود که در ایران تأسیس شد.

در فرمان بنیانگذاری آن چنین آمده: "بفرمان برادر بسیار ارجمند حضرت ژنرال دبیلیو – ای – جنینگز استاد اعظم لژ بزرگ هندوستان. . ."

جلسات لژ به سرپرستی سرهنگ هنتر (Col. Henter) در منزل "فتح الملک" شیرازی تشکیل می شد. تمام اثاثیه و مبلمان و آلات و ابزار کار از هندوستان به ایران وارد و با نظارت والی فارس "شاهزاده فرمانفرما" به مقامات انگلیسی تحویل شده بود. اعضای مؤسس لژ بیداری شیراز اینها بودند.

۱- *دبیلیو – اچ – هال ورث*

1-W. H. Hallsworth

۲- *ای – اف – اورتون*

2-E. F. Orton

۳- *سی – اچ – کار* *3- C. H. Carr*

۴- *اث- هاوارد* *4- S. Haward*

۵- جی – ای – بی – هرسون **5- J. E. B. Horson**

۶- اف – دبیلیو – هرس **6- F. W. Hurse**

-۷ ان – بریگز

7- N. Briggs

LODGE LIGHT IN IRAN
No. 1 Iranian Constitution

Consecrated at Shiraz, 20th February, 1919.
Lapsed at Shiraz, October, 1921.
Resuscitated at Teheran, 12th November, 1922.

LADIES' FESTIVAL

The Right Worshipful Master Bro. C. I. Fairey
and Office-bearers for year 1970-1971
and Brethren of
Lodge Light in Iran, No. 1 Iranian Constitution
request the pleasure of the company of

Bro & Mrs.
....

at a Ladies Festival to be held at
the Tehran Club
on Thursday 29th April 1971 at 7.45 p. m.

Dinner 8. 30 p.m.
Black Tie or Uniform

دعوتنامه و برنامه" "شب بانوان" سال ۱۹۷۱ میلادی
لژ روشنائی در ایران همه ساله فراماسونهای ایرانی و بانوان آنها را تحت‌عنوان
شب بانوان در ضیافتی در کلوپ تهران گرد هم می آورد . . .

Toast List

H.I.M. The Shahanshah of Iran

★

The Queen

★

The Craft

★

The Grand Lodge of Scotland
By Brother C. I. Fairey, R.W. District Grand Master

★

Reply
By Brother Lord Bruce, Most Worshipful Grand Master Mason

★

The District Grand Lodge of Iran
By Brother Dr. Alex. F. Buchan, Right Worshipful Grand Secretary

★

Reply
By Brother C. I. Fairey, R.W. District Grand Master

★

Sister Constitutions
By Brother H. Shaghaghi, Worshipful Depute District Grand Master

★

Replies
By Brother Dr. Said Malek, R.W. District Grand Master, The Grand Lodge Nationale Francais
and
Brother Sharif Emami, R.W.M. Lodge Setareh Sahar. The United Grand Lodges of Germany

★

Tyler's Toast

برنامهٔ نوشیدن

بسلامتی

اعلیحضرت همایون شاهنشاه ایران

بسلامتی

ملکه

بسلامتی

فراماسونری

بسلامتی

لژ اعظم ناحیه

توسط سی ـ آی. فری استاد محترم لژ منطقه

پاسخ

توسط برادر لرد بروس استاد اعظم لژ اعظم

بسلامتی لژ منطقه بوسیلهٔ دکتر الکساندر ـ ف ـ پاخن منشی اعظم

پاسخ بوسیلهٔ برادر سی ـ آی ـ فری استاد اعظم ناحیه

قوانین اساسی ناحیه

بوسیلهٔ

برادر ا ج ـ شقاقی معاون استاد اعظم منطقه

پاسخ

بوسیلهٔ دکتر سعید مالک استاد اعظم منطقه تابع لژ بزرگ ملی فرانسه

و بوسیلهٔ برادر شریف اسلامی استاد لژ ستارهٔ سحر لژهای متحده آلمان

پایان مراسم

در یکی دو جا خواندم که شاهزاده فرمانفرما و قوام الملک شیرازی و ارفع السلطنه خان فرخ (دکتر امیر مظفرالدین خان فرخ) و "مارتیروس سرکیس" بنا به توصیه "ژنرال سایکس" انگلیسی به لژ وارد شده اند اما به نظر میرسد لا اقل درباره ارفع السلطنه این مطلب صحت ندارد زیرا میدانم که وی در سال ۱۹۰۰ میلادی در ایالت میشیگان آمریکا به لژ پذیرفته شده بود.

داستان زندگی ارفع السلطنه افسانه آمیز و شگفت انگیز است. پدرش میرزا علی نقی خان فرخ سالها با سید جمال الدین اسد آبادی همکاری و علیه ناصرالدین شاه قاجار مبارزه می کرد و با شیخ محمد عبده همراز و نیاز بود. بنا به امر ناصرالدین شاه – سفیر ایران در قاهره اورا مسموم کرد و به زندگی اش خاتمه داد.

ارفع السلطنه که در آنزمان دوازده سال بیش نداشت به قاهره رفت و پس از چند سال اقامت در مصر با کمک میسیون آمریکائی به نیویورک عزیمت کرد و در دانشگاه کلمبیا به تحصیل پرداخت. در سن ۲۲ به ایران مراجعت کرد و به خدمت وزارت مالیه در آمد و به کرمان و بلوچستان و فارس مأموریت یافت. اما خدمت یکنواخت مالیه به مزاج متغیر او سازگار نشد و پس از یک سال در پلیس جنوب (S. P. R.) استخدام و تا درجه سرگردی پیش رفت. پس از انحلال پلیس جنوب ارفع السلطنه به آبادان رفت و با توصیه ژنرال سایکس انگلیسی در شرکت نفت ایران و انگلیس مشغول به کار شد.

در سال ۱۳۰۸ شمسی در ماجرای اخراج رئیس انگلیسی شرکت نفت و کنسول انگلیس بنا به امر رضا شاه پهلوی، ارفع السلطنه از شرکت نفت

اخراج شد. . . به تهران رفت و با کمک دانشمند پارسی علی اصغر حکمت کرسی زبان انگلیسی را در دانشگاه جدید التأسیس تهران بدست آورد و تا آخر زندگی در این سمت باقی بود.

". . . اخیراً شخصیت ایرانی بسیار بزرگی به مرض سرطان در لندن درگذشته که واقعاً باعث افتخار ایرانیان در تمام جهان بود. مشارالیه تنها ایرانی بود که دارای عالی ترین درجات فراماسونی در دنیا بود و درجه او همردیف سلاطین و رؤسای جمهوری بود که ماسون می باشند. مشارالیه شخصی بود بسیار پاک، خداشناس، مذهبی نام آن فقید پرفسور دکتر امیر مظفرالدین فرخ (ارفع السلطنه) بود که در ۹۱ سالگی در لندن درگذشت. . .[۲۸۸]

دکتر ارفع السلطنه امیر مظفرالدین فرخ یکی از فراماسون های خوشنام و قدیمی ایرانی است که بیش از شصت و پنج سال در لژهای فراماسونری سراسرجهان عضویت داشت. متأسفانه دوران فراماسونی شادروان دکتر فرخ در لژهای فراماسونی ایران با خاطرات خوشی توأم نبود و یکی دوبار در دام شیادانی که در صفوف فراماسون ها رخنه کرده بودند گرفتار آمد. در این مورد اسماعیل رائین تحت عنوان "شریک دزد و رفیق قافله" می نویسد:

". . . همین دکتر فرخ خان ارفع السلطنه که به سبب وصلت با خانواده علی اصغر حکمت همچنین فارسی بودن به ما نظر لطف و محبت داشت در روزهای واپسین عمرش روزی با عجله مرا بر بستر بیماری خود احضار کرد. وقتی در کنارش نشستم بی اختیار گریست. او که قطب و پیر طریقت بیش از چهارصد فراماسون ایرانی – انگلیسی – آمریکائی و سایر ملیت ها در ایران بود و هرروز جمعه دهها برادر فراماسون به دیدنش می رفتند و روی اورا می بوسیدند و

---

[۲۸۸] ـ مقاله. مجله خواندنیها. علی مشیری. سال بیست و پنجم. شماره ۹۵ تهران

مطابق سنن ماسونی مصافحه ماسونی می کردند آنروز خودرا بی کس و تنها و درمانده میدانست و می گفت ای تف به برادران بی حقیقتم. .
در آنروز مرحوم دکتر فرخ به من گفت که دو نفر از برادران فراماسون او با گرفتن وکالتنامه و حق الوکاله هنگفت با طرف دعوی که مالک سابق خانه اش بوده همدست شده و اورا در چند مرحله در محاکم دادگستری محکوم کرده اند. دکتر فرخ از آنروز به بعد به همه می گفت که دکتر ج. ج. (جعفر جهان) وکیل دادگستری که از استادان فراماسونری است از نادرست ترین مردان جهان است. او هم از توبره می خورد و هم از آخور. .[۲۸۹]

دکتر فرخ خان ارفع السلطنه در لژ روشنائی شیراز وابسته به پلیس جنوب عضویت داشت. پس از انحلال پلیس جنوب و عزیمت افسران انگلیسی از ایران در تاریخ ۱۲ اکتبر سال ۱۹۲۱ میلادی لژ روشنائی شیراز بسته شد لیکن حدود یکسال بعد در تاریخ هفتم اوت ۱۹۲۲ میلادی به فرمان لژ اعظم هندوستان مجدداً تحت نام "لژ روشنائی ایران" تشکیل و پس از ده سال در بیستم آوریل ۱۹۳۲ میلادی رسماً زیر نظر لژ اعظم اسکاتلند درآمد.

از آن پس به تدریج لژ روشنائی در ایران با مأموران سیاسی و اقتصادی آمریکا و کشورهای مشترک المنافع انگلیس درآمیخت. آمریکائی های نیک اندیش معروفی از قبیل "دکتر بویس"، "دکتر فورستر"، "دکتر شولر"، "دکتر پین"، "دکتر گرنی، (سالها مشاور سیاسی سفیر آمریکا در ایران بود) بعضویت لژ نائل آمدند. پس از وقایع شهریور ماه و تبعید رضا شاه پهلوی ایرانی ها نیز به عضویت لژ پذیرفته شدند و در زمان محمد رضا شاه پهلوی

---

[۲۸۹] - فراموشخانه و فراماسونری در ایران. اسماعیل رائین. جلد سوم. ص ۲۴۴

که فعالیت لژها آزاد شد بسیاری از ایرانیان به لژ روشنائی پیوستند و ارتباط کامل بین آن لژ و سایر لژهای فراماسونری ایران بر قرار گردید.

قبل از استقرار حکومت اسلامی آخوندها لژ روشنائی در ایران در آخرین روز سه شنبه هر ماه مسیحی در کلیسای "انجیلی تهران" تشکیل و بزبان انگلیسی کار می کرد. کلیسای انجیلی در سال ۱۹۳۲ میلادی در تهران خیابان قوام السطنه بنا گردید. قبل از آن تاریخ در تهران دو کلیسای انجیلی وجود داشت که اولی مربوط به ارامنه و دومی مخصوص به ایرانیان مسیحی یا مسیحیان فارسی زبان بود. در سال ۱۹۳۳ میلادی این دو کلیسا بصورت پرستشگاه واحد مسیحیان تهران درآمد و بنام کلیسای انجیلی تهران شناخته شد.

لژ آبادان – به موازات تأسیس لژ روشنائی در ایران لژ دیگری بنام لژ "پیشآهنگ" (Pioneer) در دهم بهمن ماه ۱۳۰۱ شمسی در شهر آبادان تأسیس شد. جلسات لژ در دومین سه شنبه ماه مسیحی ساعت شش بعد از ظهر در محل لژ که با اعانه کارمندان شرکت نفت ایران و انگلیس و برخی ایرانیان دگر بنا شده بود تشکیل می شد و تا سال ۱۹۵۹ میلادی دائر بود.

لژ مسجد سلیمان و اهواز – در دهم بهمن ماه ۱۳۰۲ شمسی لژ دیگری بنام "لژ سلیمان" در مسجد سلیمان تأسیس و تا سال ۱۳۵۱ شمسی دائر بود. پس از ملی شدن صنایع نفت ایران این لژ تعطیل شد. محل لژ را به کنسرسیوم نفت تحویل دادند و کنسرسیوم نیز آن محل را به مرکز حسابداری خود تبدیل نمود.

لژ بحرین – لژ بحرین مستقیماً زیر نظر لژ روشنائی در ایران دائر شد و گاه گاه نمایندگان لژ روشنائی برای تنصیب استادان لژ به بحرین می رفتند. لژ بحرین ترکیب بین المللی داشت و ملیت های مختلف ایرانی، انگلیسی، هندی، عرب، پاکستانی، فرانسوی و آلمانی اعضای آنرا تشکیل می دادند. جلسات لژ در اولین روز سه شنبه هر ماه مسیحی تشکیل می شد. پس از استقلال بحرین در زمان محمد رضا شاه پهلوی لژ بحرین مستقیماً زیر نظر لژ بزرگ اسکاتلند قرار گرفت.

لژ محمره – لژ محمره (خرمشهر امروز) بنا به تقاضای "شیخ خزعل" حکمران کل خوزستان و رئیس قبیله "محیسن" و عضو لژ فیحا (نام قدیمی بصره) و به عضویت حاج محمد علی بهبهانی رئیس التجار خرمشهری (عضو لژ اعظم قاهره) حاج مشیر بهبهانی، شیخ جاسب فرزند ارشد شیخ خزئل، میرزا سید حسن خان رئیس مالیه خوزستان، سرهنگ ارغون رئیس گارد شیخ خزعل و احمد خزعلی بازرگان اهل بصره تأسیس شد.

لژ محمره بنام "لژ خزعل خان" نیز معروف بود. این لژ در تاریخ هفدهم فوریه ۱۹۲۱ میلادی تحت شماره ۲۶۳ با فرمان لژ اعظم قاهره تأسیس و بنا به امر شیخ خزعل یکی از سالنهای قصر "فیلیه" که مقر فرمانفرمائی شیخ بود به محل تشکیل جلسات لژ اختصاص داده شد. اثاثیه و البسه و آلات و ادوات مربوط به لژ نیز از قاهره خریداری و به خرمشهر حمل گردید. از طرف لژ بزرگ مصر "استاد اعظم رزاق الله الحاج" برای تنصیب افسران و افتتاح لژ به خرمشهر آمد.

لژ خزعل خان بیشتر جنبه فامیلی داشت و بسیاری از اعضای خانواده شیخ خزعل به عضویت آن درآمدند. این لژ بزبان فارسی مخلوط به واژه ها

و اصطلاحات زبان انگلیسی و عربی کار می کرد و شیخ خزعل در اغلب جلسات شرکت می نمود.

لژ محمره تا هنگام دستگیری و تبعید شیخ خزعل به تهران دائر بود[۲۹۰] و سپس برای همیشه بسته شد. یکی از علل بی مهری سردار سپه به شیخ خزعل رابطه بین شیخ و سید ضیاء الدین طباطبائی بود. سید ضیاء در لژ "فیحا" عضویت داشت و پس از تبعید از ایران دائماً بین بغداد و بصره رفت و آمد می کرد و با همدستی شیخ خزعل از یک طرف و ولیعهد ایران از طرف دیگر در نظر داشت کودتای دیگری انجام داده احمد شاه قاجار و سردار سپه رضا خان فرمانده کل قوا را از اریکه قدرت پائین آورده رژیم جمهوری برقرار سازد.

پس از تعطیل لژ خزعل خان در سال ۱۳۰۳ شمسی، مدارک و اسناد و اثاثیه و آلات و ابزار لژ حتی نشان ها و حمایل استادی و پیشبند و اسناد خصوصی شیخ به لژ فیحا در بصره منتقل گردید. شنیدم بعدها تمام آن اسناد و مدارک به موزه لژ بزرگ اسکاتلند منتقل شده و در آنجا نگاه داری می شود.

لژ سن ژرژ — لژ سن ژرژ در اسفند ماه ۱۳۰۵ شمسی با فرمان لژ اعظم انگلند و به موجب قوانین و اساسنامه لژ بزرگ لندن در شهر آبادان تأسیس شد. جلسات این لژ در دومین دوشنبه هر ماه مسیحی منظماً در محله "بوارده آبادان" تشکیل می شد و علاوه بر اتباع انگلیسی و هندی کارمندان شرکت نفت ایران و انگلیس چند تن از اعضای ایرانی شرکت نفت نیز در آن عضویت داشتند. پس از ملی شدن صنایع نفت لژ سن ژرژ بسته شد.

---

[۲۹۰] - برای اطلاع بیشتر به جلد اول چهره هائی در تاریخ ایران. امیر نجات. ص۱۳۸ مراجعه شود.

۲۵
لژ همایون

تأسیس لژ همایون را میتوان بعنوان تجدید حیات فراماسونری در ایران محسوب داشت زیرا در زمان سلطنت رضا شاه پهلوی و اوائل سلطنت محمد رضا شاه پهلوی لژهای فراماسونری در ایران فعالیتی نداشتند.

فرمان "لژ همایون" در بیست و چهارم نوامبر ۱۹۵۱ میلادی مطابق دهم آبان ماه ۱۳۳۰ شمسی بوسیله "خلیل عبد الخدود" بزرگ استاد لژ ایده آل جهانی (المحفل الاکبر المثالی العالمی، Grand Lodge The Worldwide Ideal) به تهران آورده شد. در این فرمان نام اعضای مؤسس لژ همایون چنین ذکر شده است:

۱-محمد خلیل جواهری ۲- دکتر احمد هومن ۳- دکتر محمود هومن ۴-میر اسلاو بادین ۵-جعفر رائد ۶- محمد علی امام ۷- محمد قریشی ۸-ارنست برون (پرون).[۲۹۱]

محمد خلیل جواهری معروف به "عجمی" در بیستم فوریه سال ۱۹۰۰ میلادی در شهر دمشق در خانواده متوسط ایرانی که یکصد و پنجاه سال پیش از شیراز به سوریه مهاجرت کرده بود تولد یافت. تحصیلات مقدماتی را در دمشق و تحصیلات عالی را در دانشگاه آمریکائی بیروت و استانبول به پایان رسانید و به دریافت پایان نامه در رشته روزنامه نگاری و تاریخ و

---

[۲۹۱] - ارنست پرون همکلاس محمد رضا شاه پهلوی در سویس و تا زنده بود مورد محبت و مشورت شاه قرار داشت و بدون تردید عضویت او در هیأت مؤسس دلیل موافقت شاه با تجدید فعالیت فراماسونری تلقی می گردد.

باسم الله الخالق

مهندس الكون الأعظم

الشرق الاكبر المثالى العـــالمى

من الرئيس الأعظم

لعشيرة البنائين الأحرار المثاليين القدماء والمقبولين فى دول العالم

الرئيس الاعظم
حنا ابو راشد

إلى ذوابنا كلى الاحترام وفائق الاحترام والرؤساء المحترمين والإخوان الأعزاء

السلام التام والتحية والإكرام

أما بعد — فقد عرض علينا طلب إخواننا الأعزاء الاساتذة محمد خليل جواهري والدكتور احمد هومن ومحمد رهومن ومير سلاوى ارين وجعفر زاده ومحمد على امام ومجيد الريشي وارانسته بيرون

يلتمسون به التصريح لهم بانشاء محفل من محافل البنائين الأحرار المثاليين باسم محفل همايون تابع للمحفل الأكبر المثالى الاسبرطورية الإيرانية تحت نظامات الشرق الأكبر المثالى العالمى. وبما لنا من السلطة الدستورية العالمية. التى تقتضيها أصول البناية الحرة قد قبلنا طلبهم، وأجبنا ملتمسهم بالتلبية والقبول بتوصية من محفلهم الأكبر، ولما لنا فيهم من الثقة والاعتماد وافقنا على إنشاء محفل قانونى منهم يسمى محفل همايون رقم يجتمع فى شرق طهران. ايران. وأجزنا لهذا المحفل عند اجتماعه قانونياً أن يقبل الطالبين ويكاشفهم بأسرار البناية الحرة ويرقى إخوانه الدرجة الثانية والثالثة ويقبل طالبى الإلتحاق إلى غير ذلك من الأعمال بحسب الدستور الماسونى المثالى العالمى ونظامه العام وأحكام قضائه.

إجابة لملتمس هؤلاء الإخوان قد عينا الأخ محمد خليل جواهري رئيساً محترماً للمحفل والأخ الدكتور احمد هومن منبهاً أولاً له والأخ محمد على امام منبهاً ثانياً له. وعلى الرئيس المحترم أن يفتتح المحفل باسم الله الخالق مهندس الكون الأعظم، ويقوم بادارة أعماله ويهتم بشئونه إلى أن ينتخب له خلف من الإخوان المحترمين السابقين، أو من شغل وظيفة منبه فى محفل مثالى منتظم، ويثبت بعد الانتخاب بكرسى الرئاسة على حسب أصول البناية الحرة القديمة ليكون له كامل السلطة التى تخول له القيام بوظيفته. ووصيناه أن يستوثق ممن يعمل معه من الإخوان البنائين الأحرار وأن يسلك بهم سبل الهدى والاستبصار. وأن يحافظوا جميعاً على العمل بنصوص الدستور والنظام العام وكل ما صدر وما يصدر من قرارات الشرق الأكبر المثالى العالمى، والمحفل الأكبر المثالى الوطنى المحلى. وأن يسنوا لهم لائحة داخلية لادارة المحفل بحيث لا تكون مخالفة لنصوص الدستور الماسونى المثالى العالمى ونظامه العام. على ان يرسلوا نسخة من لائحتهم الداخلية لنا بعد التصديق عليها من المحفل الأكبر المثالى الاسبرطورية الايرانية التابعين له. وأن يقيدوا هذه اللائحة وجميع أعمال المحفل فى سجل منظم وأن يرسلوا لنا مرتين كل عام كشفاً بأعضاء المحفل مستوفياً جميع البيانات. وأن يحافظوا على تسديد الرسوم المستحقة فى مواعيدها ويفوا بوعدهم ويوفوا بعهدهم، إن العهد كان مسئولا.

وهذه البراءة تجيز لهم العمل بها ما داموا محافظين على هذه الوصايا ومقيدين فى السجل العام.

صدرت هذه البراءة من البناية الحرة المثالية العالمية بأمرنا وختم عليها بخاتم الشرق الأكبر المثالى العالمى بمدينة القاهرة / بيروت يوم السبت ٢٤ نوفمبر ١٦ الموافق ٢٤ من نوفمبر سنة ١٥ من التاريخ العام

بأمر الرئيس الأعظم

حامل الختم الأعظم	أمين الخزينة الأعظم	كاتم السر الأعظم	رئيس الديوان الأعظم	الأستاذ الأعظم

فــــرمـــان تـــا سيس لـژهما يو ن

فرمان تاسیس لژ همایون ـ ترجمه از عربی

بنام خدای آفریدگار ـ مهندس کون اعظم ـ

شرق بزرگ مثالی عالمی ـ ازطرف رئیس اعظم

بتوده بنایان آزاده حقیقت‌پرور قدیم و پذیرفته درمیان دولتهای عالم به‌بنایان آزاد ما ، با احترام تام ، و به‌آنان که به‌احترام وحرمت فائق آمده ورؤسای محترم و به برادران عزیز ... سلام تام و بزرگداشت واکرام

اما بعد ـ ما اطلاع یافتیم که برادران گرامی، استاد ما آقایان محمدخلیل جواهری ودکتر احمد هومن ومحمود هومن ومیرسلار بادین وجعفر رائد ومحمدعلی امام ومحمد قریشی وارنست برون خواسته‌اند که درباره‌ٔ ایجاد محفلی ازمحافل بنایان آزاده حقیقت‌پرور بنام محفل همایون تصریح شود که تابع محفل بزرگ مثالی عالمی امپراطوری ایران باشد در تحت نظام‌های شرق اکبر مثالی. و بسبب آنچه ازقدرت فرمان جهانی، ماراست ،که اصول بنایت آزاده اقتضای آنرا داد وخواست آنان را بپذیریم ، وماخواهش آنهارا با لبیك اجابت کرده وبنا بتوصیه ازمحفل بزرگ آنها آنان را بپذیریم، و به‌علت اینکه ما به‌ایشان وثوق واعتماد داریم موافقت کردیم به‌ایجاد محفلی اقدام شود به‌نام محفل همایون بشماره $\frac{1}{45}$ که درشرق ـ تهران ـ ایران دایر شود وبدین محفل درزمان اجتماع قانونی خود اجازه دادیم که طالبان را بپذیرد وآنهارا باسرار بنایان آزاده آگاه نماید وبرادران ما را بدرجه دوم وسوم ارتقاء دهد ونیزغیر ازاینها طالبانی را که بخواهند ملحق شوند ، پذیرا شود واعمال دیگری که بحسب دستور ماسونی جهانی باشد وموافق با نظام واحکام داوری آن ، قبول نمایند .

جهت اجابت به‌تقاضای این گروه ازبرادران ،آقای محمدخلیل جواهری را رئیس محترم این محفل انتخاب کردیم وآقای دکتر احمد هومن را به‌عنوان استادارجمند اول وآقای محمدعلی امام را بسمت استادارجمند دوم او برگزیدیم. وبرعهده رئیس محترم است که محفل را بنام آفریدگار بزرگ جهان بگشاید ، وباداره اعمال آن قیام نماید وبگرداندن امور آن اهتمام کند تاآنجا که او برای خویش جانشینی ازبرادران محترم سابق و یا ازکسانی که عهده‌دار وظیفه بنائی درمحفل حقیقت‌پرور منتظم باشد، برگزینند ، وپس از انتخاب برکرسی ریاست خود به‌نشیند برحسب اصول بنایان آزاده‌ٔ کهن تا اورا قدرتی کامل باشد که با آن ، قیام بوظیفه خویش را تدبیر نماید. وما باو تأکید می‌کنیم، بکسانی که از برادران با اوهمکاری می‌کنند اعتماد کنند وازآنها اعتماد بگیرد وآنهارا به‌هدایت وآگاهی راهبر باشد. واینکه جملگی به‌نصوص فرمان ونظام عمومی وقرارهائی را که شرق اکبر مثالی عالمی ، و محفل بزرگ مثالی وطنی هم‌قسم صادر کرده و می‌کنند ، عمل کنند ، واینکه یك آئین‌نامه داخلی جهت اداره محفل بنویسند بطرزی که مخالف قوانین ودستورات ماسونی مثالی عالمی و نظام عمومی نباشد بعد ازتنظیم این آئین‌نامه داخلی، آنرا برای گواهی از طرف محفل بزرگ حقیقت‌پرور امپراطور ایرانی تابع برایشان برای ما بفرستند واینکه مقید به‌لایحه وجمیع مواعید آن باشند وبوعده وفاکنند وبه‌پیمان خویش عمل نمایند ،که ازپیمان سئوال کنند .

وبموجب این فرمان به‌آنها اجازه میدهیم که بدان عمل نمایند تا زمانیکه براین وصایا محافظ ومطیع باشند ودرسجل عمومی مقید باشند .

این فرمان صادرشد ازطرف بنایان آزاده وحقیقت‌پرور جهانی بدستور ما ومهر زده شد به‌مهر شرق اکبر مثالی عالمی درشهر قاهره وبیروت ـ روزشنبه ۲۴ نوامبر ۱۹۵۱ موافق ۲۴ نوامبر سال ۵۹۵۱ ازتاریخ عمومی مهر حامل ختم اعظم ـ مهروامضاء خزانه‌دار کل ـ مهر معمار بزرگ ـ کاتم سراعظم ـ رئیس دیوان اعظم ـ استاد اعظم

قانون اساسی

لژ

همایون

مادهٔ اول ـ فراماسونی ایده آلی سازمانی بشری جهانی است که هدف آن نیکی محض و جستجوی راستی و حکمت و معرفت و کمال میباشد. این سازمان با فضیلت آمیخته است و به نشر علم و ادب و هنر می پردازد و در راه حق و عدالت میکوشد و به ضعفا و ستمدیدگان کمک میکند و همهٔ این کارها را بر اساس آزادی اندیشه و همکاری بشری انجام میدهد.

مادهٔ دوم ـ این خانوادهٔ ایده آلی بر سه پایه قرار دارد که عبارت است از آزادی ـ مساوات ـ برادری

مادهٔ سوم ـ فراماسونی ایده آلی خواهان احترام متقابل بین پیروان ادیان و مرامهای فلسفی و اجتماعی است و جدا سعی میکند که آنها در زیر پرچم ایمان بوجود خداوند آفریدگار و مهندس اعظم جهان متحد شوند و نیز بمکتب مقدس آسمانی و روان جاودان اقرار میکند و حقوق انسان و آزادی اورا در عقیده و ستایش محترم میشمارد.

مادهٔ چهارم ـ طریقهٔ فراماسونی ایده آل جهانی همهٔ قوانین و آئین ها و مقامات حاکمه موجوده را محترم میشمارد و از آلوده شده به کشمکشهای سیاسی و حزبی اجتناب میورزد و همیشه بسود کشورهائی که در آنجا زندگی میکند میکوشد و با رعایت مساوات اعضای خود را از عدالت بهره مند میسازد.

مادهٔ پنجم ـ فراماسونهای قدیمی و فراماسونهای پذیرفته شده نوعی عادات و رسوم قدیمی دارند که منظور از آن فضایلی است که هر برادر ایده آلی چه در شرق و چه در غرب باید به آنها آراسته گردد.

مادهٔ ششم ـ چون فراماسون ایده آلی عضو جامعهٔ بین المللی است باید با زبان و قلم تمدن و آداب فراماسونی را انتشار و توسعه دهد و از کمك و راهنمائی برادران خود گرچه به بهای جان تمام شود دریغ نکند و از او بر اساس تفوق حق بر باطل دفاع کند.

سوگند نامه‌ی لژ همایون

بنام باعظمت معمار بزرگ جهان من .... ساکن .... و تبعه‌ی ...... بخداوند بزرگ و بکتاب مقدس و عزیز و به شرافت خودم قسم میخورم که نسبت به لژ خودم "همایون" که تابع لژ بزرگ ایده‌آلی جهانی است وفادار باشم و عملی کردن آئین نامه اساسی و داخلی آنرا عهده‌دار گردم و به پادشاهم و دولتم و میهنم شرافتمندانه و صمیمانه و صادقانه خدمت کنم و از شرافت خود و خانواده‌ام محافظت نمایم و نسبت به برادرانم در لژ و هر برادری که از عشیره‌ی آزاد است وفادار باشم و هیچگاه وجود خداوند یا یکی از ادیان آسمانی را انکار نکنم و مرتکب هیچگونه عمل زشتی نشوم که از مقام عشیره‌ی من بکاهد. خانواده‌ی برادر فراماسون خودرا خانواده‌ی خود و پدر و مادرش‌را پدر و مادر خویش و زنش‌را خواهر خود و نیز خواهرش‌را خواهر خود و دخترش‌را دختر خود و فرزندانش‌را فرزندان خود بدانم و تعهد میکنم که اسرار فراماسونی را فاش نکنم و راجع به رموز یا کلمات و یا اشارات آن چیزی ننویسم و نگویم و آنچه از دستم برمی‌آید در راه خدمت به برادران ماسونم دریغ نکنم و نسبت بفقراو نیازمندان مساعدت نمایم و نسبت به بیماران مهربانی کنم و همیشه در راه خدمت به بشریت بکوشم و از آلام و دردهای آن بکاهم و دائم در فکر ایجاد نقشه‌های انسانی و عمرانی بنفع برادران فراماسونم علی الخصوص و به نفع دیگران بطور عموم باشم و با دیگر برادرانم در راه مبارزه با ظلم و استبداد و دیکتاتوری مخرب و توان فرسا همدست باشم و در هیچ حالی بداندیش یا مستبد و ستمکار نباشم و در کلیه‌ی کارهایم بشر دوست باشم و به هم میهنانم کمک کنم تا پیشرفت کنند و سعادتمند شوند و از ظلم و جور نجات یابند و نسبت بحیثیت کشورم و میهنم صدمه‌ای نرسانم و با برادرانم اعضای لژ در هر کوششی که بنفع فراماسونی است همکاری نمایم تا اینکه هر برادر فراماسون یک هم میهن بین المللی شود که هم دارای حرمت ملی و احترام شخصی است و هم دارای مقام عالی در جامعه‌ی جهانی باشد و اندیشه‌ی خودرا بسوی ایده‌آلهائی که ضامن پیشرفت آزادی و مساوات و برادری هستند اوج دهم و به طبقه‌ی جوان تحصیلکرده میهنم میدان بدهم تا فراماسونری از او یک نسل جدید که دارای اندیشه‌های بلند است بوجود آید و به آزادی افراد بر اساس قاعده‌ی "مقیاس مساوات در نمایندگی دوستانه بین هیئت‌های آنست" و به برادری بین افراد بشر بر اساس قاعده‌ی "برادری و همکاری در اتحاد بین دولتها و ملتها بدون در نظر گرفتن اختلاف نژاد است" کمک نمایم و با برادرانم بکوشم تا علما و رهبران فکری و روزنامه نگاران و ادباء را بطرف خود جلب کنیم و برادرانی را که از فعالیت لژ باز نشسته اند بتکان آوریم تا به مقصود خودمان که عملی کردن هدفهای فراماسنی است برسیم و وقتی نتیجه‌ی مطلوب بدست خواهد آمد که در پست‌های مهم مردانی دارای علم و اخلاق و اراده‌ی خلل ناپذیر و دل بیدار و شایستگی فوق العاده ما باشند تا در نتیجه هدفها تحقق پذیرد و به پیروزی حقیقی مورد نظر برسیم و در آن هنگام خواهیم دید که دیگر رهبران و متفکرین نه به اسم و بجاه و مقام محدود بلکه به عمل و خیر مطلق رهبر و متفکر خواهند بود و مشعل مثلث آزادی ــ برادری ــ مساوات را در دست خواهند داشت

فلسفه شرق و فن عکاسی نائل شد. جواهری زبان های فارسی، عربی، ترکی، انگلیسی و فرانسه را میدانست و به آن زبان ها سخن می گفت. . . مدتی در بندر "سامسون" در کرانه های دریای سیاه در ترکیه روزنامه "رنگین" را منتشر می کرد و چند سال نیز در بیروت و قاهره و اردن هاشمی به شغل خبرنگاری اشتغال داشت تا سال ۱۳۱۹ شمسی در اواخر سلطنت رضا شاه پهلوی به ایران رفت و پس از وقایع شهریور و تبعید رضا شاه "آژانس خبرگزاری شرق" را در تهران تأسیس کرد و مقارن همین ایام چند کتاب از جمله "بیوگرافی چرچیل" و "تاریخ جنگ دوم جهانی" را انتشار داد.

گفته شده محمد خلیل جواهری با "رشیدعالی گیلانی" که در زمان جنگ دوم بین الملل از ترس انگلیس از عراق به ایران پناهنده شده بود ارتباط داشت و مقدمات ورود رشید عالی را به تهران او فراهم آورد.

فراماسونری انگلیس از ابتدا با تشکیل لژ همایون بخصوص بدست محمد خلیل جواهری که شهرت داشت ضد انگلیس است نظر مساعد نداشت و وقتی لژ گرانداوریان فرانسه لژ همایون را به رسمیت شناخت طرفداران لژهای انگلیس به نابودی او کمر بستند. . . (بعضی از لژهای بزرگ فراماسونری جهانی لژ گراند اوریان فرانسه را بعنوان اینکه به خدا اعتقاد ندارد و در مراسم ورود اعضای جدید از هیچیک از کتب آسمانی استفاده نمی کند به رسمیت نمی شناسند) رقابت نیز در این باره نقش مهمی را ایفا می کرد زیرا فراماسونری انگلیس و فرانسه که باصطلاح لژهای شناخته شده اند مایل نبودند لژ همایون که لژی نا منظم و تابع لژ بزرگ مصر بود رهبری فراماسونری تازه نفس را در ایران بدست گیرد.

از طرف دیگر با اینکه خلیل جواهری مردی پاکنهاد و منظم و درستکار بود تأسیس لژ همایون مورد قبول و تأیید فراماسون های قدیمی نبود و شاید اصولاً آنها معتقد بودند که اجتماع ایران در آنزمان هنوز برای توسعه فراماسونری آمادگی لازم را نداشت. تجربه به ثبوت رسانید که این اعتقاد زیاد هم از حقیقت دور نبود زیرا در سالهای بعد افراد نامناسبی در لژها عضویت یافتند که نه تنها شایستگی نداشتند بلکه افرادی نادرست و شیاد بودند که پیوستگی به لژ را وسیله سوء استفاده و اعمال نفوذ و کسب مال و مقام قرار دادند و به حیثیت فراماسونری لطمه فراوان وارد آوردند.

مقدمات بر چیدن دستگاه خلیل جواهری و لژهمایون پس از کنفرانس پاریس که بنا به دعوت لژ گراند اوریان در تاریخ سوم و چهارم ژوئیه ۱۹۵۴ میلادی برای رفع اختلاف بین لژهای بزرگ جهانی و لژ گراند اوریان تشکیل می شد فراهم گردید. برای شرکت در کنفرانس از لژ روشنائی در ایران و لژ همایون دعوت به عمل آمده بود. لژ روشنائی در ایران تابع لژ بزرگ اسکاتلند از شرکت در جلسه خودداری کرد لیکن لژ همایون بر اثر پافشاری محمد خلیل جواهری دعوتنامه گراند اوریان را در جلسه کمیته روابط عمومی مطرح و اعضای لژ موافقت کردند نمایندگان ایران به قرار ذیل در کنفرانس شرکت کنند:

دکتر احمد هومن، دکتر محمود هومن، شهاب خسروانی، علی سهیلی، دکتر محمدعلی هدایتی، دکتر عباسعلی خلعتبری و ارنست پرون.

کنفرانس مزبور برای رفع اختلاف بین لژهای منظم (Regular) و لژهای نا منظم (Irregular) که فراماسونری جهانی لژ گراند اوریان را یکی از آنها میدانست تشکیل می شد.

در فرانسه لژ بزرگ دیگری بنام "لژ بزرگ ناسیونال فرانس" وجود دارد که از لژ بزرگ لندن الهام می گیرد. لژ ناسیونال فرانس لژ گرانداوریان را قبول ندارد زیرا همانطور که ذکر شد، می گویند که لژ گراند اوریان به خدا ایمان ندارد و در ادای سوگند از کتاب آسمانی استفاده نمی کند. دکتر احمد هومن ضمن گزارشی که به محمد خلیل جواهری فرستاده در این مورد چنین می نویسد:

". . . بلافاصله با برادران تماس گرفتم. مردمان بسیار خونگرم خوب و برادر واقعی هستند. آنچه لازمه اقدام بود انجام دادم. باتفاق پرون در کنفرانس بین المللی شرکت کردیم. گراند اوریان در فرانسه ۱۸۵۰۰ نفر عضو دارد و چندین لژ تحت نظر اوست. برخلاف شهرتی که دارد تمام اعضایش بی عقیده به خدا نیستند فقط آزادی مطلق عقیده را قبول دارند ولی اگر کسی به خدا متعقد میباشد به او کاری ندارند. همانطور که می شود به قرآن کریم قسم خورد در لژها می شود به انجیل و هر کتاب مقدس دیگر قسم خورد ولی اگر کسی به چیزی معتقد نباشد آزاد است. . .

سازمان دیگری موسوم به گراندلژ دو فرانس هست که اعضای آن به کتاب آسمانی قسم می خورند. البته عده آنها ده هزار نفر است و اهمیت گرانداوریان را ندارد. با آنها تماس گرفتیم و بناست دو روز دیگر با استاد اعظم آن نهار بخورم. اما موضوعی که پس از مطالعه دستور بفرمائید و تکلیف مارا معین کنید اینست که لژهای انگلیسی گراند اوریان را نمی شناسند و هیچ ارتباطی با هم ندارند و حتی هیچ ماسون انگلیسی حق ندارد پای خودرا در آنجا بگذارد. اینها هم می گویند اگر آزادی عقیده جزء اصول کلی است پس باید به کتاب آسمانی قسم خورد، ما شما را آزاد میدانیم بهر کتاب آسمانی می خواهید قسم بخورید شما هم مارا آزاد بگذارید که اگر نخواستیم قسم نخوریم. کما اینکه در گرانداوریان عده زیادی هستند که به قرآن قسم می خورند هیچ اشکالی وجود ندارد در مذاکره مقدماتی که با اینها شد حاضرند همه نوع کمک به ما بکنند

ولی آیا مقتضی است با این اختلافی که با لژهای انگلوساکسون دارند ما جزء اینها بشویم جزو آنها معنی ندارد یعنی وقتی مستقل شدیم استقلال خودرا به همه جا اعلان کردیم جزء لژهای معتقد به آزادی کامل عقیده کار کنیم و با اینها ارتباط نزدیک داشته باشیم و یـا اینکه با گـــراند لژ فرانسه مذاکـره کنیم با آنکه از لحاظ عقیده به ما نزدیکتر است تماس داشته باشیم و یا اینکه استقلال خودرا اعلان کنیم و با همه ارتباط داشته باشیم.[۲۹۲]

از نامه فوق چنین استنباط می گردد که اعضای هیأت نمایندگی ایران تحت تأثیر "گراند لژ ناسیونال فرانس" قرار گرفته از الحاق به لژ گرانداوریان منصرف می شوند و البسه و سایر وسائل لازم را برای لژجدیدی که در نظر داشتند در تهران تشکیل دهند بوسیله علی سهیلی به یک شرکت انگلیسی سفارش می دهند و به تهران مراجعت می کنند.

مقارن همین احوال جراید تهران مطالبی علیه فراماسونری انتشار دادند و به تحریک سپهبد حاج علی کیا عضو لژ همایون و رئیس رکن ۲ ستاد ارتش که با جواهری در افتاده بود رضا افشار نماینده آذربایجان در مجلس شورای ملی سخنانی علیه فراماسونری در جلسه علنی مجلس ایراد نمود:

". . . در دنیا احزاب سیاسی که علناً در امورات کشورشان مداخله می کنند نمایندگان می دانند خیلی زیاد است و یک احزابی هم در اروپا در قرن نوزدهم به این طرف وجود داشته از قبیل کاربوناری، ایلیمیناتی، فیلادلفی، توگون بند و فراماسون. . .

فراماسون ها در ایران بی سابقه نیستند. مرحوم ملکم خان مؤسس فراماسونری در ایران بوده است که آنوقت فراموشخانه می گفته اند. یک حکایت هائی هم راجع به فراماسونری در افواه و افکار مردم بود. اخیراً نسبت به بقیه السیف

---

[۲۹۲] ـ اسناد منتشره توسط حکومت اسلامی پس از حمله و تصرف محل لژ مولوی در تهران.

فراماسون های موجود یک عده خیلی زیادی افزوده شده است و حتی در بین آقایان وزیران و آقایان نمایندگان و آقایان سناتورها بعنوان فراماسون وجود دارد. یک لژ همایون هم تشکیل شده است و اخیراً جواهری نامی بعنوان رابط از مصر آمـده بـوده است. اینجا عــذر ایـن آقای جـواهــری را خـواستند. یکی از

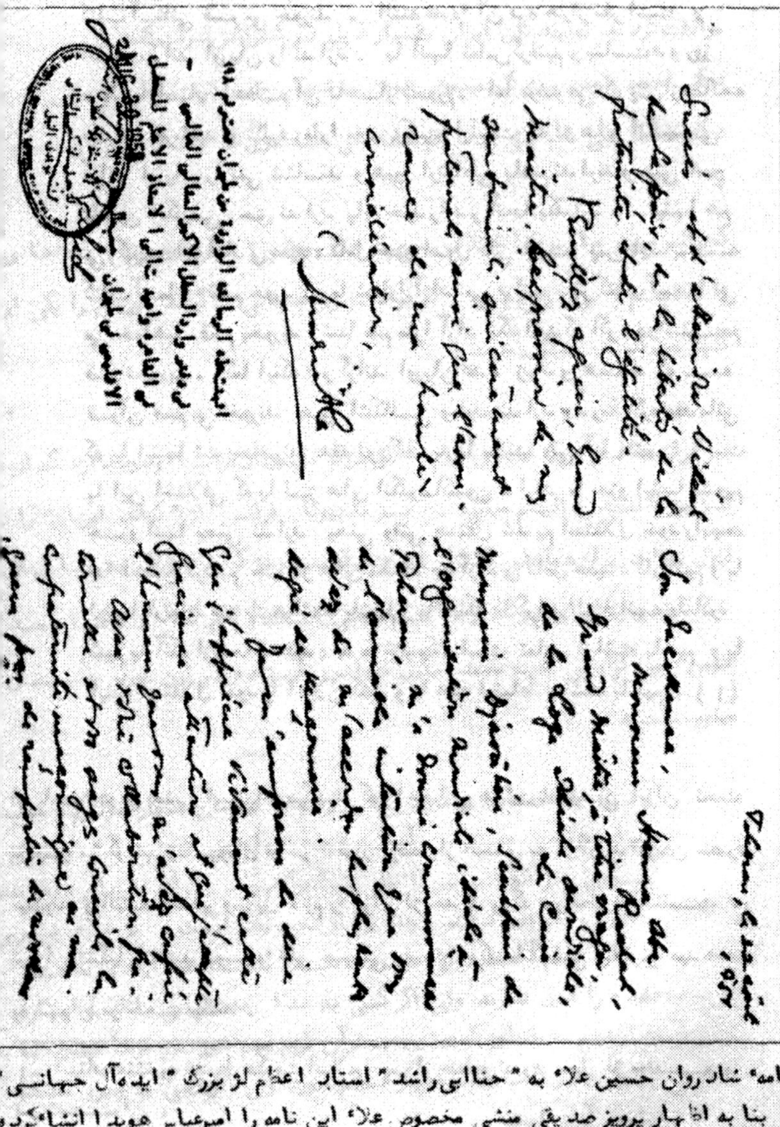

نامهٔ شادروان حسین علاء به "جنابی راشد" استاد اعظم لژ بزرگ "ایده‌آل جهانی"
(بنا به اظهار پرویز صدیقی منشی مخصوص علاء این نامه را امیرعباس هویدا انشاء کرده

ترجمهٔ نامه حسین علاء به حنا ابی راشد

تهران ۲۲ اوت ۱۹۵٤ (میلادی)

عالیجناب آقای حنا ابی راشد استاد بزرگ مادام العمر لژ ایده‌آل جهانی

آقای جواهری منشی سازمان ایده‌آل جهانی در تهران نیات محبت آمیز شما را در مورد اعطای عالیترین درجهٔ ماسونری به اطلاع من رسانید.

ضمن سپاس از هدف محبت‌آمیز شما خاطر نشان می سازم که این افتخار بزرگ را که نصیب من شده قبول می کنم و همکاری برادرانهٔ خود را اعلام داشته امیدوارم که از نظرات برادرانه وعقل و درایت ماسونی شما برخوردار و وظایف خود را بطور شایسته انجام دهم و به صلح و آزادی و برابری و برادری خدمت کنم.

امیدوارم استاد اعظم صمیمانه ترین احساسات برادرانه و احترامات فائقهٔ مرا بپذیرند.

حسین ـ علاء

سناتورهای محترم رابط این حزب فراماسون در ایران یعنی لژ ایران با اروپا است.

فراماسونری روی تحقیقات و تفحصاتی که بنده کرده ام و مطالعه کرده ام یک حزبی است بین المللی. . . ما نباید اجازه بدهیم در این مملکتی که هنوز ملیت مبتنی بر یک اصول و پایه صحیحی نیست یک اشخاص بین المللی بیآیند در اینجا و یک حزب فراماسونری تشکیل بدهند. این حزب یا لژ تشکیل شده است. بنده اسامی لا اقل ۲۷۵ نفر را میدانم (دکتر جزایری – صحیح است) دو تا فراماسونری در دنیا هست یکی اسکاتیش رایت در آمریک است یکی هم گراند اوریان است در اروپا. . . فراماسون های گراند اوریان کارشان اطاعت کورکورانه از یک مبدائی است (داراب- این مبدا کجاست؟) انگلستان است. (صحیح است) اولاً ما نباید بگوئیم که فلان آدم انتحار سیاسی می کند یا بعضی جراید مطالبی بنویسند. من کشور خودم را به هر مقام و منزلتی ترجیح می دهم و از هیچ چیز در مقابل سعادت ملّت و مملکت خودم بیم ندارم (احسنت) ما در درجه اول باید سعادت این مملکت را در مد نظر داشته باشیم. ما باید سعی بکنیم آن اشخاصی که با یک تغییر قیافه ای با یک تغییر شکلی با یک عنوان ظاهرالصلاحی وارد جامعه ما شده اند و می خواهند کشور مارا بصورت یک کشور انترناسیونال در بیآورند و اطاعت کورکورانه از یک سیاستی می کنند که متأسفانه این مملکت را همین سیاست خراب کرده ما نباید این اشخاص را بگذاریم اقدامی بکنند. . . وکلای ملت آقایان نمایندگان محترم باید شجاعت اخلاقی داشته باشند. فلان آقا وکیل می شود فلان آقا وزیر می شود میرود و این مملکت باید بماند. در این مملکت به آن ایادی که سر سپرده سیاست خاصی هستند اجازه جنبش و نمو نباید داد (صحیح است) اگر یک روزی مصلحت بود بنده حاضرم در جلسه محرمانه تمام آقایان را با تمام جزئیات تشکیلاتشان با آن لژ همایون تمام به عرض آقایان برسانم. (نمایندگان – در جلسه علنی بفرمائید – احسنت).[۲۹۳]

---

[۲۹۳] - کتابخانه مجلس شورای ملی. دهم اردیبهشت ۱۳۳۴ شمسی. شماره ۱۱۵

یکی از فراماسون های قدیمی که در آخرین جلسه لژ همایون شرکت داشته در باره تعطیل لژ چنین می نویسد:

". . . آخرین جلسه لژ همایون در مدرسه اسدی واقع در تقاطع ضلع شرقی خیابان ژاله به خیابان عین الدوله محل سابق سفارت هلند تشکیل شد. . . آنشب دکتر کیان، حسین علاء، دکتر هومن، دکتر راجی، سپهبد حاج علی کیا، مهندس حسین شقاقی، مهندس میکده و تقی اسکندانی با نهایت بی انصافی استاد خلیل جواهری را نکوهش کردند و اورا نادرست و شعبده کار خطاب کرده به زشتی از خلیل جواهری و اهداف او سخن بافتند. استاد جواهری طبق روش همیشگی با کمال متانت و بردباری با آنها رفتار و در قبال حملات مخالفان که از جای دیگر الهام می گرفت سکوت اختیار کرد. اما فراماسون های مؤمن که سوگند وفاداری یاد کرده بودند و میدانستند سر نخ دست کیست مصلحت دیدند مدتی فعالیت خودرا متوقف نمایند تا اوضاع روشن شود. . .

ناسزاگوئی به فراماسون ها در خارج لژ همایون نیز ادامه داشت. روزنامه هائی در ردیف هفته نامه ایران ما به مدیریت جهانگیر تفضلی (بعدها وزیر اطلاعات شد) که بطور مستقیم و غیر مستقیم از رکن دوم ستاد ارتش و مقامات امنیتی حمایت می شدند تبلیغات شدیدی را نه تنها علیه لژ همایون و محمد خلیل جواهری آغاز نمودند بلکه اصول و عقاید و اهداف فراماسونری را وارونه جلوه داده تمام گرفتاری های تاریخی ایران را متوجه فراماسون ها دانستند.

". . . علاوه بر حمله مستقیم و علنی که روزنامه ایران ما به لژ همایون و محمد خلیل جواهری کرد در سال ۱۳۳۳ و ۱۳۳۴ نیز در ایران مقالات دیگری علیه لژ همایون نوشته شده بود. چون دشمنی ایران ما نسبت به لژ همایون علنی بود

برای اینکه تنها مندرجات ایران ما را نقل نکرده باشم درباره جهانگیر تفضلی مدیر ایران ما به لژ همایون از محمد خلیل جواهری سؤال کردم. وی در جواب گفت:

من با آقای جهانگیر تفضلی از سال ۱۳۲۳ آشنا بودم. درآن سال ایشان به اتفاق محمد مسعود، خسرو اقبال و جعفر جهان بودند و هفته ای یکبار با یگدیگر ملاقات می کردیم و در محل فعلی سینما پارک با هم نهار (ناهار) می خوردیم. در این جلسات که چند سال طول کشید من درباره اصول روزنامه نگاری جهان و سوژه مقالات با چهار روزنامه نویس مزبور گفتگو و مذاکره می کردم. . . روابط من با آقای تفضلی صمیمانه بود و تصور می کنم حملاتی که ایشان به من کرده اند بدستور سرتیپ حاج علی کیا یا مهندس قباد ظفر عضو لژ همایون بود که هم اکنون نیز در یکی از لژهای دیگر (لژ تهران) عضویت دارد. . .[۲۹۴]

یکی از افرادی که بدون تردید در انحلال لژ همایون مؤثر و سهیم بود و نام او میان فراماسون های ایرانی نامی آشنا و مرموز است "کریستوفر فری" نام داشت. کریستوفر فری تبعه انگلیس و گفته شده که فعالیت اجتماعی خودرا از کلیسا شروع کرد و در سنین جوانی در بندر هنگ کنگ مستعمره انگلیس کشیش بود. درباره این انگلیسی هزار چهره سخن بسیار گفته اند. برخی اورا مأمور سازمان اطلاعاتی انگلیس و بعضی دگر وی را آدم ماجراجوئی که به هیچ جا بستگی نداشت معرفی کرده اند. تحقیقات من نظر گروه اول را تأیید می کند. فری در زمان جنگ دوم جهانی و چند سال پس از آن در نواحی جنوب ایران در شرکت نفت ایران و انگلیس کار می کرد و گویا فارسی را در همان زمان فرا گرفت.

---

[۲۹٤] ـ فراموشخانه و فراماسونری در ایران. اسماعیل رائین. جلد سوم. ص ۹۰ و ۹۸

". . . این انگلیسی یهودی الاصل که مدعی پیروی از مذهب مسیح است از چهل سال قبل تا کنون در ایران بسر می برد. از سوابق او در انگلستان هیچ اطلاعی در دست نداریم ولی از دوران اولیه خدمتش در شرکت سابق نفت گزارش های تأسف آوری موجود است.

او زمانی در تجارتخانه شرکت نفت و بعدها در سازمان های کسب اطلاعات شرکت سابق نفت فعالیت داشت و آخرین پستش ریاست اداره کارگزینی بوده است که پس از ملی شدن صنعت نفت به خدمتش خاتمه داده اند. فری پس از اخراج از ایران به عراق رفت و مدتی در بصره علیه ایران فعالیت می کرد ولی بعداً به رودزیا رفته و پس از دو سال بار دیگر به تهران بازگشت. شغل ظاهری او نمایندگی شرکت های انگلیسی در ایران و داد و ستدهای بازرگانی است.

دوران فعالیت سیاسی و فراماسونری کریستوفر فری از سال ۱۹۵۴ میلادی (۱۳۳۳ شمسی) در شهر آبادان آغاز می شود. بدین ترتیب که او در این شهر وارد لژ پیشآهنگ Pioneer که لژ شماره ۱۳۰۵ وابسته به لژ اسکاتلند بود شد. او در سال ۱۹۵۰ میلادی (۱۳۳۰ شمسی) به لژ روشنائی در ایران پیوست و پس از اینکه به دستور حکومت وقت ایران از خدمت در شرکت نفت اخراج شد فعالیت فراماسونری خودرا در لژ فرانسوی فیحا Faiha شماره ۱۳۱۱ که یکی از لژهای تابعه اسکاتلند در بصره است و اساس آنرا پسران شیخ خزعل بنیان نهاده اند دنبال کرد. . . این یهودی انگلیسی که در سازمان فراماسونری به مقام ناظر اعظم لژ ناحیه ایران رسیده است بالاترین مقام را در سازمان ماسونی ایران دارد. او بر پانصد نفر از فرماسون های انگلیسی تبعه ایران حکومت می کند و این گروه ناچارند دست اورا ببوسند و فرامین اورا بدون درنگ و چون و چرا اطاعت و اجراء کنند. (در این مورد رائین دچار اشتباه است).

فراماسون ها از روزیکه تأسیسات خودرا در جهان گسترش داده اند تا به امروز همواره مدعی بوده و هستند که معلم اخلاق و مجسمه شرافت، درستی و پاکدامنی می باشند. شاید بتوان قبول کرد که در بین فراماسون های ایرانی در گذشته و حال مردان شرافتمند و درستکار و طرفدار حق و عدالت و معتقد به دیانت اسلام و وجود ذات باریتعالی وجود داشته و دارند. چنانچه هم اکنون نیز

در اجتماعات فراماسون های ایرانی و در لژهای وابسته به انگلیس، فرانسه، آلمان و لژ مستقل ایران که وابستگی به هیچیک از سازمان های جهانی را ندارد چنین افرادی یافت می شوند. اینان در اجتماع ایران نیز به نیکنامی و پاکدامنی مشهور هستند و خود نیز به این صفات عالیه انسانی اعتقاد دارند.[۲۹۵]

در شرایطی که مقدمات انحلال لژ همایون از هر حیث فراهم شده و تلاش دکتر سیدحسن امامی امام جمعه تهران در رفع اختلاف بین اعضای لژ همایون بلااثر بود محمد خلیل جواهری بموجب اختیاراتی که بموجب اساسنامه لژ بزرگ ایده آل جهانی به وی واگذار شده بود برای مدت سه ماه لژ را تعطیل نمود و چون بموجب آن اساسنامه چنانچه جلسات لژهای تابعه سه ماه تعطیل بشود لژ بخودی خود منحل است. لژهمایون آخرین جلسه خودرا در تاریخ ۲۷ خرداد ماه ۱۳۳۴ شمسی تشکیل و در همین جلسه اعلام شد که لژ همایون تعطیل شده است.

---

[۲۹۵] ـ فراموشخانه و فراماسونری در ایران. اسماعیل رائین. جلد سوم. ص ۱۵۶ تا ۱۵۸

لزهمايون (پهلوی)

المجلس مهندس الكون الأعظم

المجلس السامی المثالی العالمی للدرجة ٣٣ (الاخيرة)

للطريقة الايكوسية القديمة والمقبولة لوادی النيل وافريقيا والشرق الاوسط

Suprême Conseil Idéal Universel

DU 33 e ET DERNIER DÉGRÉ ANCIEN ET ACCEPTÉ

POUR LA VALLÉE DU NIL, L'AFRIQUE ET LE MOYEN ORIENT

Nous Souverain Grand Commandeur Gr.: Maître du Rite Ecossais, certifions que le T.: C.: F.: *Mohammad Saad*, a été admis au nombre des membres du Chapitre *Maggellan N 55* Or.: du *Pahlavi Iran* en qualité de Chevalier (Rose Croix) 18e degré de la hiérarchie écossaise, et que son nom a été enregistré au registre Matricule Général de l'Ordre sous le No. 2 3 . . . . .

Fait délivré et signé au siège de l'Ordre Or.: de Caire

Ce jourd'hui le 15 Avril . . . 1955

نحن القطب الاعظم والاستاذ الاعظم للطريقة الايكوسية نقرران الاخ محمد ساعد قد قبل عضوا فی شابتر ماجيلان رقم ٥٥ بشرق پهلوی ايران رقم ٤ فی فبراير ١٩٥٤ بصفة فارس من الحكماء درجة ١٨ للطريقة الايكوسية واسمه مسجل فی السجل السام تحت نمرة ٦٨٠

حرر فی المجلس بشرق القاهرة فی تاريخ ١٥ ابريل ١٩٥٥

Le Souv.: Gr.: Com

القطب الاعظم

Le Grand Chancelier Secrétaire Général

كاتب السر الاعظم

Le Gr.: Trésorier

امين الخزينة الاعظم

دبيلم درجه ١٨ محمد ساعد مراغه نخست وزيــــــر اسبق ايران

دیپلم فراماسونی درجه ۳ حسنعلی منصور نخست وزیر اسبق ایران

لژهمایون (پهلوی)

1948 ١٦٤٨

UNIVERSI TERRARUM ORBIS ARCHITECTONIS AD GLORIAM INGENTIS

لمجد مبدع الكون الأعظم

المحفل الأكبر المثالي العالمي

THE WORLD-WIDE IDEAL GRAND LODGE

للبنائين الأحرار القدماء والمقبولين

FOR THE ANCIENT & ACCEPTED FREE MASONS

To All

Whom it may concern

لمن يعنيهم الأمر

لژهمايون (پهلوى)

بسم الله مهندس الكون الاعظم

المجلس السامى المثالى العالمى للدرجة ٣٣ (الاخيرة)

للطريقة الايكوسية القديمة و المتبولة لوادى النيل و افريقيا و الشرق الاوسط

Suprême Conseil Idéal Universel

DU 33 E. ET DERNIER DÉGRÉ ANCIEN ET ACCEPTÉ

POUR LA VALLÉE DU NIL, L'AFRIQUE ET LE MOYEN ORIENT

NE VARIETUR

NOUS Souverain Grand Commandeur GR Maitre du Rite Ecossais, certifions que le T. C. F Dr. Said Malek — a été admis au nombre des membres de l'aréopage al Salam Or. du Cairo — En qualité de Chevalier Kadosh 30° Dégré de la hiérarchie écossaise, et que son nom a été enregistré au Régistre Matricule général de L'ordre Sous le No 16 —

Fait délivré et signé au Siège de L'Ordre or. de Cairo Vallée El-Salam, (...) Le 18, 5, 1954

باسم القطب الاعظم و الاستاذ الاعظم للطريقة الايكوسية تقرر ان الاخ دكتر سعيد مالك قد قبل عضوا فى مجلس السلام - رقم - ١ - بشرق القاهرة - هلوپوليس بصفة فارس من العارفين درجة ٣٠ للطريقة الايكوسية واسمه تسجل فى السجل العام تحت نمرة ١٦ ....

حرر فى المركز الرئيسى شرق القاهرة بوادى السلام فى تاريخ ١٨ مايو ١٩٥٤

Le Souv. Gr. COM. — القطب الاعظم

Le Gr. Chancelier Secrétaire Général — كاتب السر الاعظم

Le Gr. Trésorier — امين الخزينة الاعظم

(القطب الاعظم) المجلس السامى المثالى العالمى لوادى النيل وافريقيا والشرق الاوسط — Le Souv. Gr. Com.

ديپلم درجه ۳۰ دکتر سعيد مالك لقمان الملك استاد اعظم لژناحيه ايران

۲۶

لژ مولوی

پس از اینکه لژ همایون تعطیل شد محمد خلیل جواهری که از تمایل اعضای لژ به قطع رابطه با لژ گرانداوریان و ایجاد رابطه با لژ گراند ناسیونال فرانس به خوبی آگاه بود نامه ای به "پییر شره" استاد اعظم لژ بزرگ ناسیونال فرانس نوشت و تقاضا کرد که گراند لژ مزبور لژ ایرانی جدیدی را که در شرف تأسیس بود برسمیت بشناسد. لیکن لژ ملی فرانسه که لژ همایون را غیر قانونی میدانست و اصولاً قبول نداشت به شرطی با الحاق لژ جدید ایرانی موافقت نمود که عده ای از فراماسون های لژ منحله همایون برای انجام تشریفات لازم و واقعی به فرانسه عزیمت کنند.

در نامه مورخه بیستم ژوئن ۱۹۵۵ میلادی به امضای استاد اعظم لژ ملی فرانسه در پاسخ تقاضای جواهری چنین می خوانیم:

". . . برادر ارجمند خلیل جواهری استاد ارجمند لژ پهلوی[۲۹۶] عطف به تقاضای شما آمادگی خودرا برای کمک های ذیل اعلام میداریم:

۱- لازم است آئین نامه و قانون اساسی و نسخه ای از قواعد و اصول متداول در لژ خودرا که برادران مورد عمل قرار می دهند برای بررسی و صحت آنان با اصول متداول (فراماسونری) ارسال دارید.

۲- در صورت امکان هفت نفر که باید لااقل ده پانزده روز در پاریس اقامت کنند معرفی نمائید تا آنان طبق اصول و مقررات آئین ماسونی به لژ پذیرفته

---

[۲۹۶] - تا این تاریخ هنوز معلوم نشده چرا لژ همایون را لژ پهلوی نامیده اند.

شوند و سپس لژی در پاریس تشکیل بدهیم و با اجازه شما و توافق ما بر اساس آئین لژ ما در تهران لژی تشکیل داده به تدریج سایر برادران مقیم در تهران را به آئین جدید آشنا کنیم تا دو لژ دیگر تشکیل بدهند. پس از اینکه مدتی (سه لژ جدید) با اصول (صحیح) کار کرد آنوقت بنا به تشخیص خودتان گراند لژی با شرکت سه لژ فوق تأسیس خواهید نمود که ما و سایر مراکز ماسونی جهانی آنرا به رسمیت خواهند شناخت و در شمار لژهای منظم خواهد بود. چنانچه برادران ما دکتر احمد هومن و دکتر محمود هومن مایل باشند هم اکنون می توانند بعضویت لژ ما نایل آیند و ما با توافق شما و با کمال خوشحالی آن دو را می پذیریم.

پیوسته برادرانه در خدمت شما بوده و برادری را که شما معرفی کرده به او اختیار بدهید تا با ما مذاکره کند با آغوش صمیمانه خواهیم پذیرفت.

استاد اعظم – پییر شره

در نتیجه هفت نفر از فراماسون های لژ منحله همایون که بطور "نیم بند" تشریفات ناقصی را در لژ طی کرده بودند با معرفی خلیل جواهری در تاریخ یازدهم اکتبر ۱۹۵۵ میلادی به پاریس وارد شدند و مورد استقبال یکی دو نفر از مقامات لژ بزرگ ملی فرانسه قرار گرفتند.

در تاریخ سیزدهم اکتبر ۱۹۵۵ میلادی هفت نفر ایرانی فوق الذکر در جلسه فوق العاده ای که برای همین منظور در لژ "کنفیانس" (یکی از لژهای درجه سه تابع گراند لژ ناسیونال فرانس) تشکیل شده بود حضور یافته و براساس اصول و مقررات لژهای منظم دائر و شناخته شده تشریفات "سیر" را مجدداً طی کرده به عضویت لژ مزبور نائل آمدند و بلافاصله فرمان لژ مولوی را که قبلاً آماده شده بود به ایرانیان دادند.

علاوه بر هفت نفر فوق محمد ساعد – عباسعلی خلعتبری – رشیدی حائری که در پاریس به کاروان فراماسون های ایرانی پیوسته بودند نیز

A LA GLOIRE DU GRAND ARCHITECTE DE L'UNIVERS

GRANDE LOGE NATIONALE FRANÇAISE

65, BOULEVARD BINEAU
NEUILLY-SUR-SEINE
SEINE-FRANCE

TÉLÉPHONE :
MAILLOT 00-08

le 20 Juin, 1955.

R.F. Khalil Djavaheri,
Grand Maître de la Loge
Pahlavi de l'IRAN.

Mon cher Frère,

A la suite de votre demande nous pensons qu'il nous serait possible de vous aider de la façon suivante :

1° Il y aurait lieu de nous adresser votre réglement général et votre constitution ainsi qu'un de vos rituels pour que nous puissions examiner la régularité de vos réglements et des rites pratiqués.

2° Dans l'éventualité d'un développement ultérieur possible de notre aide, auriez vous la possibilité d'envoyer, pour un séjour de 10 à 15 jours minimum, sept de vos frères qui viendraient se faire affilier à une de nos Loges et régulariser leur situation maçonnique.

Ces sept. ou plus. frères se formeraient immédiatement en une Loge que nous pourrions consacrer à Paris et qui me demanderait, avec votre accord, l'autorisation de travailler avec notre charte sur le territoire de l'Iran à Teheran.

Cette Loge régulariserait vos autres Frères, pourrait initier et former par la suite deux autres Loges à qui nous donnerions, toujours avec votre accord, des Chartes et plus tard lorsque vous vous sentirez assez forts, vous pourrez fonder une Grande Loge avec des bases d'une régularité indiscutable, demander votre reconnaissance aux puissances Maçonniques régulières mondiales.

Si les Fr.A. Houman et Dr. M. Houman veulent se faire affilier d'ores et déjà c'est avec le plus grand plaisir que, sur votre recommandation, nous les accueillerons parmi nous au sein d'une de nos Loges.

Nous sommes, bien entendu, à votre fraternelle disposition pour recevoir tout envoyé que vous voudrez bien habiliter à venir discuter de ces questions.

Veuillez croire à mes sentiments fraternels et dévoués.

P. Cheret

P. CHERET
GRAND MAITRE.

بعنوان "هیئت مؤسس لژ مولوی" که تحت شماره ۴۹ در دفتر لژ بزرگ ملی فرانسه به ثبت رسیده بود انتخاب شدند. اعضای مؤسس لژ مولوی که نام آنها در فرمان تأسیس لژ به ثبت رسیده این ها بودند:

۱- دکتر احمد هومن
۲- مصطفی تجدد
۳- دریادار عبدالله ظلی
۴- دکتر محمود هومن
۵- دکتر عباسعلی خلعتبری
۶- محمد ساعد
۷- مهدی شوکتی
۸- عبدالحمید سنندجی
۹- محمد علی امام شوشتری
۱۰- رشیدی حائری

"پییر شره" استاد لژ بزرگ ملی فرانسه که تأسیس لژ ایرانی مولوی را در پاریس پیروزی بزرگی برای فراماسونری منظم و شناخته شده جهانی محسوب میداشت طی نامه ای به خلیل جواهری چنین نوشت:

". . . برادر بسیار ارجمند خلیل جواهری استاد اعظم لژ پهلوی (منظور لژ همایون است، این اشتباه در اغلب مکاتبات فرانسوی ها با لژ همایون دیده می شود).
برادر بسیار ارجمند - پیرو نامه بیست ژوئن که برای شما ارسال داشتم اخیراً افتخار آشنائی با هیئت اعزامی لژ شما که به لژ کنفیانس شماره ۲۵ در پاریس ملحق شده اند حاصل گردید. کلیه این برادران مراسم لازم را تا درجه سوم طی کرده اند و امروز با حضور این برادران لژ جدیدی بنام لژ مولوی شماره ۲۵ بنیان گذاری کردیم و آنها اکنون اجازه دارند این لژ را به تهران منتقل کرده در

آنجا به فعالیت بپردازند. بدیهی است که قوانین و مقررات لژ ما که بموجب آن لژ جدید را تأسیس کردیم باید رعایت گردد و خوشوقتیم که نخستین مرحله اهداف ما با موفقیت و بطور منظم انجام یافته است.

امیدواریم با همکاری دبیر کل لژ بزرگ ما برادر ارجمند "آرتور نیبرگال" که در آینده به ایران سفر خواهد کرد اولین لژ شما لژ مولوی در تهران برقرار باشد و بطور مرتب فعالیت نماید.

خواهشمندم بوسیله برادر خلعتبری آنچه را که در درجات ماسونی گرفته اید برای مطالعه ما ارسال دارید. تا وصول آن مدارک بعلت احترامی که برای آن برادر بسیار ارجمند قائل هستم موقتاً شما را بعنوان بازرس کل منطقه ایران منصوب می نمایم تا پس از تشکیل لژ بزرگ ایران و انتخاب شما به سمت استادی ارجمند آن لژ وظائف محوله را در این مقام انجام دهید. با تقدیم احترام و درود برادرانه به آن برادر ارجمند. *پییر شره – استاد اعظم*

در این هنگام مخالفان جواهری که تحت رهبری لژ روشنائی در ایران (که لژ انگلیسی – آمریکائی بود) در تعطیل لژ همایون توفیق یافته بودند متوجه شدند که جواهری نه تنها در تشکیل لژ جدیدی بنام مولوی موفق شده بلکه از طرف بالاترین مقامات فراماسونری فرانسه بعنوان "بازرس کل" نیز انتخاب شده است. اسماعیل رائین در باره اختلاف بین فراماسون های ایرانی می نویسد:

À LA GLOIRE DU GRAND ARCHITECTE DE L'UNIVERS

GRANDE LOGE NATIONALE FRANÇAISE

NEUILLY-SUR-SEINE
SEINE, FRANCE
TÉLÉPHONE

Le 23 Octobre 1958

Tr. R. Fr. [illegible],
Grand Maître le la Loge
Pahlavi de l'IRAN.

Mon cher Frère,

J'ai déjà exprimé notre reconnaissance, officiellement en Loge, pour les magnifiques présents que nous ont été remis de votre part.

Mais je tiens, tout particulièrement, à vous remercier personnellement pour l'attention délicate que vous avez eue.

Soyez assuré que tout ce que nous avons fait et tout ce que nous pourrons faire dans l'avenir, pour vous aider sera fait de grand coeur car l'esprit qui animait votre délégation nous a fait comprendre l'esprit maçonnique sincère qui est en vous et nous pouvons espérer que l'avenir nous apportera la possibilité de relations de plus en plus étroites entre les Frères de nos deux pays.

J'espère que dans le courant de l'année prochaine mon emploi du temps (très chargé) me permettra d'aller personnellement assister à la consécration de votre Grande Loge ainsi régulièrement constituée.

Veuillez croire, mon cher Frère, à l'assurance de mes sentiments les plus sincères et très fraternellement dévoués.

GRAND MAÎTRE

A LA GLOIRE DU GRAND ARCHITECTE DE L'UNIVERS

GRANDE LOGE NATIONALE FRANÇAISE

Prière répondre à

Arthur NIEBERGALL
Rue Joseph Granier
Paris-7e

le 11 Novembre, 1958.

65, BOULEVARD BINEAU, 65
NEUILLY-sur-SEINE
[illegible] — FRANCE
TÉL. MAILLOT 00-04

Frère Md.Ch. [illegible],
A.PAHLAVI, Avenue Rakh No. 818,
Teheran, Iran.

Mon Très Cher et Bienaimé Frère,

Cela fût avec un très grand bonheur que j'ai reçu, avant hier, votre aimable lettre du 6 Nov., m'annonçant l'arrivée à Paris du Dr. [illegible], qui doit quitter Teheran le 17 Novembre. Suivant la conversation que j'eu hier avec le Frère Khalatbary (Conseiller à l'Ambassade Impériale de l'Iran à Paris), le Docteur Eghbal serait le frère du Frère Eghbal que nous avons eu l'honneur d'initier à la Loge "Semper Fidelis", No. 20, le 18 Octobre, dans la langue anglaise. Après accord avec le Frère Khalatbary nous proposons de procéder à la Cérémonie d'Initiation du [illegible] la Loge "Confiance", en langue française le mercredi 23 Novembre; c'est à la Loge "Confiance" No. 25 que tous les autres Frères de Teheran avaient étés Initiés.

Jamais nous n'oublierons la beauté et la solennité des Cérémonies auxquelles nous avons eu le grand et heureux privelège d'entreprendre pour nos très chers et estimés Frères d'Iran, ni la Cérémonie de la Consécration de la Très Respectable Loge "Moulavy", No. 46 dans notre Registre. Votre noble but de pratiquer, en Iran, la Maçonnerie Régulière de Tradition et Universelle, nous a très ému, et nous a incités à vous accorder une co-opération et une aide sans limites. Nos efforts communs constituent un événement qui aura une influence extrêmement bienfaisante dans notre Fraternité Universelle, et nous sommes fiers du rôle que nous avons eu à remplir. Il est question, pour moi personnellement, à une date à déterminer, de vous rendre visite sur place, et de continuer la noble tâche commencée à Paris.

Je vous prie de bien vouloir transmettre à tous nos chers Frères de Téhéran les Salutations très Fraternelles de la part de notre Très Resp. Grand Maître Pierre Chéret et de tous les Frères de Paris qui ont eu le plaisir de rencontrer nos Frères d'Iran, y compris moi-même.

Je suis très touché de votre délicate attention en m'envoyant un souvenir par le Dr. Eghbal, que j'aurai un plaisir énorme de recevoir et de conserver précieusement comme mémento de nos précieuses relations Fraternelles.

Je vous exprime, mon bien-aimé Frère, mes Salutations les plus sincères et fraternelles,

Arthur Niebergall

(P.G.D.C., Dép. Gd. Séc.)

Voulez-vous avoir l'obligeance de me communiquer Votre Titre & Rang ex...

نامهٔ "پییر شره" به خلیل جواهری دربارهٔ عضویت دکتر منوچهر اقبال و سه ایرانی دیگر ...

". . . در نیمه دوم سال ۱۳۳۴ (۱۹۵۵ - ۱۹۵۶) مبارزه بین دو جناح طرفدار انگلیسی ها و فرماسون های ایران که می خواستند مستقل از انگلستان و تحت نظر فرانسوی ها کار کنند در تهران شدت یافت. در حالیکه این دو جناح با یکدیگر مبارزه می کردند طرفداران جواهری وارد میدان شده و با کسانیکه حق استادی اورا به جا نیآورده و نسبت به او نمک نشناسی کرده بودند مبارزه را آغاز کردند. در این بین جواهری تصمیم گرفت عده ای از طرفداران خودرا برای حفظ موقعیت خویش به پاریس بفرستد و آنها را در مراکز لژ گراندناسیونال فراماسون کند و این عده را که دکتر. . . (دکتر اقبال - رائین در همه نوشته های خود نام دکتر اقبال را با نقطه نشان می دهد) عبدالله سعیدی و صلاحی (صباحی) در رأس آنان قرار داشتند با تحف و هدایائی به پاریس فرستاد. . .[۲۹۷]

از هیئت اعزامی به پاریس استقبال گرمی بعمل آمد زیرا رئیس هیئت دکتر منوچهر اقبال میان فرانسوی ها چهره ای شناخته شده و مورد علاقه و احترام بود. تشریفات ورود دکتر اقبال به لژ "کنفیانس" با آب و تاب در مطبوعات مربوط به فراماسونری فرانسه به چاپ رسید و بعلاوه هیئت ایرانی توانست موقعیت جواهری را در لژ بزرگ ملی فرانسه تثبیت نماید. در این باره در نامه ای که "آرتور نیبرگال" منشی لژ بزرگ ملی فرانسه به جواهری نوشته می خوانیم:

". . . برادر خلیل جواهری لژ پهلوی خیابان کاخ شماره ۲۱۲ تهران ایران برادر عزیز و مهربان پریروز نامه مورخه ۸ نوامبر را با مسرت دریافت نمودم. پیرو مذاکرات دیروز با برادر خلعتبری مستشار سفارت کبرای ایران در پاریس دکتر اقبال باید برادرِ برادر اقبال باشد که اورا در ۱۸ اکتبر در لژ انگلیسی زبان

---

[۲۹۷] - فراموشخانه و فراماسونری در ایران. اسماعیل رائین. جلد سوم. ص ۳۴۹

(Sumper Fidelis) شماره ۲۰ پذیرفتیم. با برادر خلعتبری توافق کردیم که پیشنهاد پذیرش دکتر اقبال را به لژ کنفیانس در روز چهارشنبه ۲۳ نوامبر خواهیم داد و این همان لژ کنفیانس است که سایر برادران ایرانی نیز در آن عضویت دارند.

ما هرگز شکوه و جلال تشریفات ورود برادران ایرانی و همچنین جریان تأسیس لژ مولوی شماره ۴۹ را نمی توانیم فراموش کنیم.

اهداف عالی شما برای ایجاد فراماسونری منظم و تاریخی و بین المللی مارا مورد تأثیر قرار داد و ما آماده ایم.

هدف ما و شما که بسیار به آن می بالیم پیشرفت سریع و الهام بخش برادری جهانی است. من در تاریخ معین شده برای ادامه اقداماتی که در پاریس آغاز نمودیم به تهران خواهم آمد. خواهشمندم درود برادرانه استاد بزرگ پییر شره و سایر برادران لژ پاریس و همچنین سلام مرا به برادران تهران ابلاغ نمائید.

از هدیه ای که توسط دکتر اقبال ارسال داشتید نهایت تشکر می کنم و بعنوان یادبودی آنرا می پذیرم تا روابط ارزشمند فی مابین همچنان ادامه یابد.

پی. دی. جی. سی. منشی اعظم – آرتور نیبرگال

لیکن روابط حسنه ای که بر اثر اقدامات جواهری و اعضای لژ جدید التأسیس مولوی از یک طرف و لژ بزرگ ملی فرانسه از طرف دیگر در شرف تکوین بود مدت زیادی به طول نیانجامید و در وضعی که اختلاف بین فراماسون های فرانسوی – انگلیسی در تهران به اوج خود رسیده بود نمایندگان لژ بزرگ اسکاتلند و لژ بزرگ ناسیونال فرانس در لندن گردهم آمدند و درباره رفع اختلاف دائمی بین فراماسون های ایرانی به توافق رسیدند. این توافق به سقوط نهائی محمد خلیل جواهری انجامید و نتیجه این شد که در نخستین جلسه اعضای مؤسس لژ مولوی که در منزل دکتر احمد

هومن برپا شده بود بطور محترمانه عذر جواهری را خواستند و اورا از جلسه اخراج نمودند.

محمد خلیل جواهری بر اثر اقدام مقامات امنیتی ایران بخصوص اعمال نفوذ از طرف سپهبد حاج علی کیا که خود زمانی سوگند وفاداری به جواهری یاد کرده بود از ایران به بیروت بیرون رانده شد و در آنجا بود تا بمرد.

پس از اینکه خلیل جواهری را از گردونه خارج کردند در مدتی کمتر از شش ماه متجاوز از شصت نفر به عضویت لژ مولوی نائل آمدند لیکن دومین لژ تابع گراند ناسیونال فرانس بنام لژ "سعدی" در تاریخ هفدهم مه سال ۱۹۶۰ میلادی یعنی پنج سال پس از تأسیس لژ مولوی تأسیس شد. . . و سپس چندین لژ مختلف در تهران و شهرستان ها بنیان گذاری و اغلب اعضای لژ همایون دوباره به عضویت پذیرفته شدند.

منظور اساسی و اصلی از تأسیس لژهای جدید جلب موافقت مقامات لژ بزرگ ملی فرانسه برای تشکیل گراند لژ ناحیه و بالاخره تشکیل لژ بزرگ مستقل ایران بود و بطوریکه خواهیم دید در این مورد بین "گراند لژ ملی فرانسه" و "گراند لژ اسکاتلند" و "گراند لژ آلمان" رقابت حکمفرما بود و هریک سعی داشت با تشکیل گراند لژ مستقل ایران سایر لژها را نیز زیر نفوذ و اراده خویش درآورد. در این مورد لژهای ایرانی تابع گراند لژ فرانسه زودتر آماده شدند و در نتیجه لژ بزرگ ملی فرانسه دکتر سعید مالک (لقمان الملک) را که سالها قبل هنگام تحصیل در فرانسه به عضویت گراند اوریان نائل شده. . . و اکنون به عضویت لژ بزرگ ملی فرانسه درآمده بود بسمت استاد بزرگ لژ ناحیه ایران District Grand Master برگزید و جالب اینکه لژهای تابع گراند لژ اسکاتلند نیز برای نشان دادن همآهنگی یکی از

اتباع انگلیس بنام ال. و. استریکر L. V. Straker را به معاونت دکتر سعید مالک انتخاب و معرفی نمود.

در این باره ضمن گزارشی که "دورا بجی" بازرگان هندی عضو لژ روشنائی در ایران در تاریخ نوزده آوریل ۱۹۶۲ میلادی به فراماسون های امریکائی میهمانان لژ روشنائی در ایران داده چنین می خوانیم:

"... نخستین لژ که بدین ترتیب تشکیل شد لژ مولوی نام داشت که در حقیقت در فرانسه تأسیس شده بود ولی تحت نظر گراند ناسیونال فرانسه به اینجا منتقل گردید. رهبر این لژ دکتر سعید مالک بود که یکی از عزیزترین و مهربان ترین برادران ما است...

از لژ مولوی لژهای دیگری منشعب شد که عبارتند از لژهای سعدی و فروغی در تهران – لژ حافظ که اکنون در شیراز کار می کند و لژ شمس تبریزی که در اینجا (در تهران) مشغول فعالیت است،[۲۹۸] لیکن قرار است به تبریز منتقل شود. گراند لژ ناسیونال فرانسه همین یک گراند لژ محلی District Grand Lodge را نیز در اینجا تشکیل داد که در آن دکتر مالک مقام D. G. Superintendent را دارد و برای ایجاد همآهنگی با گراند لژ اسکاتلند از District Superintent ما یعنی برادر ال. و. استریکر Straker دعوت شد که با اجازه گراند لژ اسکاتلند مقام معاونت دکتر مالک را بپذیرد...[۲۹۹]

---

[۲۹۸] - علاوه بر لژهای ذکر شده فوق لژهای "ابن سینا" که بزبان انگلیسی کار می کرد و "مزدا" و "لافرانس" که بزبان فرانسه کار می کرد و "کسرا" را می توان نام برد.

[۲۹۹] -دکتر سعید مالک در سال ۱۲۶۷شمسی در تبریز تولد یافت و در سال ۱۳۵۱ شمسی در تهران درگذشت.

دکتر مالک تحصیل مقدماتی را در دبستان و دبیرستان لقمانیه تبریز به پایان رسانید و سپس برای ادامه تحصیلات بیشتر به فرانسه رفت و در تابستان سال ۱۹۰۶ میلادی در دانشکده طب پاریس نام نویسی کرد و پس از شش سال به تهران بازگشت و در اداره صحیه استخدام شد. در سال ۱۳۰۱ شمسی به ریاست بهداری ارتش منصوب شد و پس از یک سال به وزارت کشور منتقل و در مقام معاونت آن وزارت مشغول کار گردید. از سال ۱۳۰۶ مقامات ذیل را عهده دار بود:

رئیس بهداری کل کشور – استاد دانشکده پزشکی و رئیس بیمارستان دولتی – عضو شورای عالی فرهنگ – وزیر بهداری – سناتور انتصابی.

۲۷

لـژ تـــهران

فراماسونری انگلیس بخصوص اعضای لژ روشنائی در ایران با محمد خلیل جواهری بد نظر بودند و لژ همایون را غیر قانونی می پنداشتند. همزمان با تبعید جواهری مقارن با تأسیس لژ مولوی بنا به پیشنهاد لژ روشنائی در ایران لژ بزرگ اسکاتلند وارد میدان شد و با تأسیس لژی ایرانی تابع لژ بزرگ اسکاتلند موافقت نمود. در نتیجه در اوایل سال ۱۳۳۳شمسی هفت نفر از اعضای لژ منحله همایون به بصره رفتند تا با الحاق به لژ فیحا تشریفات ورود را مجدداً طی کنند.

فراماسون هائی که به بصره رفتند اینها بودند:

۱- مهندس حسین شقاقی

۲- سلیمان بهبودی

۳- مهندس محسن فروغی

۴- دکتر غلامرضا کیان

۵- دکتر علی اصغر خشایار

۶- مهندس ناصر بهبودی

۷- نصرالله آذری

هفت نفر فوق الذکر تشریفات درجه سوم را در لژ فیحا گذرانده و به تهران بازگشتند و به لژ روشنائی در ایران پیوستند تا تجربه لازم را برای تأسیس لژ تهران بیآموزند. بعلاوه چند تن از فراماسون های دیگر نیز که در لژ همایون عضویت داشتند به لژ روشنائی در ایران ملحق شدند تا هیئت مؤسس لژ تهران از تعداد بیشتری برخوردار گردد. میان آن افراد میتوان از دکتر غلامرضا کیان - ابدال بختیار - دکتر محمد حسابی - عبدالرسول میرعبد الباقی - عباس محمدی - کیقباد ظفر - دکتر عبدالحسین راجی و حسن اسکندری نام برد.

لژ تهران در تاریخ پانزدهم اردیبهشت ۱۳۳۷ شمسی برابر با نهم مه ۱۹۵۸ میلادی بر اساس فرمان مورخه ۱۶ آبان ماه ۱۳۳۶ برابر با هفتم نوامبر ۱۹۵۷ میلادی در منزل مهندس حسین شقاقی واقع در جعفر آباد تجریش تأسیس شد. فرمان لژ را دکتر الکساندر - اف باخن Alexander FAI. Buchen منشی اعظم گراند لژ اسکاتلند و دکتر دانیل - مکنیل - واتسن Dr.Daniel MaCneill Watson خزانه دار اعظم لژ بزرگ اسکاتلند همراه خود به ایران آوردند و پس از یک هفته اقامت در تهران لژ تهران را با حضور عده ای از فراماسون های تابع لژ بزرگ ملی فرانسه تقدیس نمودند. بی مناسبت نیست که سرود تقدیس لژ تهران را عیناً ترجمه کنم:

ای توئی که با قدرت آفرینش خود
دنیا در آغاز به نظم درآمد

و از راه نورانی عقل و خرد
مردمان را به برادری هدایت نمودی
برای خردمندی راستین تو ما به تو درود میفرستیم
و در راه هدف پاک و بدون آلایش تو
همان میثاق یکرنگی که در مرگ و زندگی آنان را بهم پیوند داده بود
و با وفاداری آنان
بگذار ماسون هائی که بدین سان زاده شدند
همان همه صفات نیک را بردل بنشانند
و مردمان ارزشمند و هوشمند
گردا گرد اعمال خردمندانه آیند
و از غرور و کبریا بپرهیزند
ای خدای مهربان
به درگاهت نیایش می کنیم
و این لژ را با نام تو تبرک می نمائیم
تا مارا مشمول رحمت خود نمائی
و نور تو
سراسر جمع برادری ما را تابناک کند
آمین. . . .

مؤسسین لژ تهران اینها بودند:

۱- مهندس حسین شقاقی
۲- دکتر غلامرضا کیان
۳- شیخ احمد فیصل خزعلی (فرزند شیخ خزعل)
۴- ابدال بختیار
۵- دکتر محمد حسابی
۶- دکتر علی اصغر خشایار

۷- مهندس عبدالرسول میر عبدالباقی

۸- مهندس ناصر بهبودی

۹- مهندس محسن فروغی

۱۰- مهندس عباس تاد (محمدی)

۱۱- مهندس کیقباد ظفر

۱۲- حسن اسکندری

۱۳- دکتر عبدالحسین راجی

۱۴- نصرالله آذری

در گزارش مربوط به تقدیس لژ تهران که به لرد بروس Lord Bruce استاد اعظم لژ بزرگ اسکاتلند توسط دکتر واتسن داده شده چنین می خوانیم:

"... پس از اینکه استاد اعظم (لرد بروس) مرا مفتخر ساخت که باتفاق منشی کل لژ (اعظم) برای تقدیس لژ شماره ۱۵۴۱ تهران به ایران برویم من میدانستم که این سفر بسی جالب خواهد بود. چون در آن هنگام هیچگونه اطلاعی از وضع ایران و عراق نداشتم مسافرت خودرا با گوش و چشم باز آغاز نمودم.

سالها است که لژ بزرگ اسکاتلند در تهران دارای یکی از لژهای بسیار قدیمی بشماره ۱۱۹۱ بنام لژ روشنائی در ایران می باشد که شامل لژهای ایرانی، عراقی و بحرینی می شود. لژ روشنائی سرپرستی ناحیه خاور میانه را نیز برعهده دارد و بیشتر اعضای آن انگلیسی و چند تن آمریکائی و ایرانی و بعضی از سایر ملیت ها است.

سه چهار سال قبل عده ای از ایرانی ها که مایل بودند به عضویت سازمان فراماسونری نایل آیند توفیق یافتند بر اساس اساسنامه لژ بزرگ اسکاتلند اجازه تأسیس لژی را در تهران بگیرند و لژ را تأسیس کنند. همین برادران ایرانی ما بودند که با توجه به اهمیت وظیفه ای که بر عهده گرفته بودند از ما خواستند برای افتتاح و تقدیس لژ جدید التأسیس به تهران برویم، اما با اینکه سه سال

قبل تقاضای فرمان تأسیس لژ را کرده بودند صدور فرمان موکول به این شد که دقیقاً کلیه نکات لازم را فرا گیرند.

لژ اعظم اسکاتلند

بنایان آزاد و پذیرفته شده باستانی

تأسیس و تقدیس

لژ تهران

شماره ۱۵۴۱

در محل لژ

در تاریخ دوشنبه ۱۵ اردیبهشت ۱۳۳۷

و

تنصیب

برادر حسین شقاقی

بسمت

حضرت استاد ارجمند

و

افسران لژ

بوسیله

برادر دکتر الکساندر فیرلی بوخان

حضرت دبیر ارجمند اعظم

و

برادر د. ماکنیل واتسون

حضرت خزانه‌دار ارجمند اعظم

افسران تقدیس کننده لژ اعظم اسکاتلند

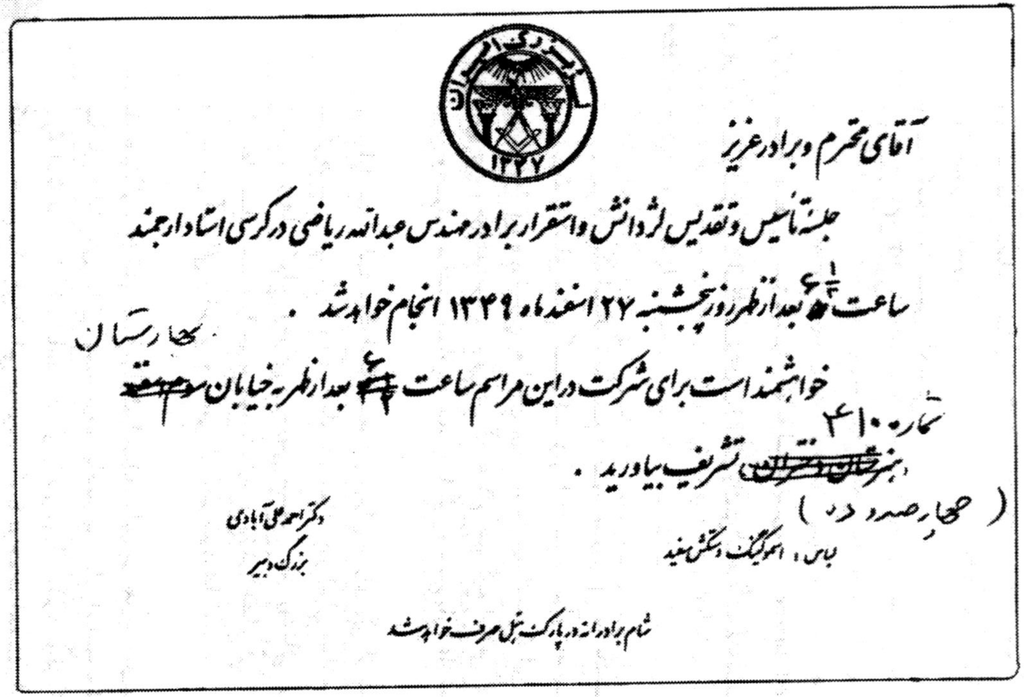

آقای محترم و برادر عزیز

جلسهٔ تأسیس و تقدیس لژ دانش و استقرار برادر مهندس عبدالله ریاضی در کرسی استاد ارجمند

ساعت ۶½ بعد از ظهر روز پنجشنبه ۲۷ اسفند ماه ۱۳۴۹ انجام خواهد شد .

خواهشمند است برای شرکت در این مراسم ساعت ۶ بعد از ظهر به خیابان ~~سوم اسفند~~ بهارستان

شماره ۴۱۰ (چهارصد و ده)

~~هنرستان دختران~~ تشریف بیاورید .

لباس : اسموکینگ و کش سفید

دکتر احمد علی آبادی
بزرگ دبیر

شام برادرانه در پارک هتل صرف خواهد شد

مهندس عبداله ریاضی استاد دانشگاه و رئیس مجلس شورای ملی که سرنوشت با شتاب اورا از پاریس به تهران بازگردانید تا بدست انقلابیون کشته شود . او نخست به لژ سعدی پیوست و سپس لژ دانش را تشکیل داد

بدین ترتیب پس از گذشت سه سال برادران ما (در ایران) دائماً بر دانش فراماسونی خود افزودند و رسوم و اداب و طرز اداره لژ را بزبان فارسی ترجمه کردند و بخوبی آموختند.
برادران ال – د – استریکر سرپرست ناحیه و دیگر برادران لژ شماره ۱۱۹۱ روشنائی در ایران بخصوص برادر کریستوفر فری و برادران اف – اث – دورابجی که هر دو از استادان پیشین هستند برای تهیه و تدارک مقدمات تأسیس لژ تهران کمک های شایانی نمودند.
ورود ما به تهران با استقبال و گرمی و مملو از احساسات برادری و محبت و صفا آمیخته بود و مارا به معبد لژ که گویا خانه ای مسکونی بود راهنمائی کردند.
لژ جدید را به استادی و مسئولیت برادر ا – ح – شقاقی و کمک سایر برادران لژ شماره ۱۱۹۱ روشنائی در ایران و مساعدت بی دریغ برادر شیخ احمد خزعلی استاد لژ فیحا شماره ۱۳۱۱ بصره واقع در عراق افتتاح و تقدیس نمودیم. . . [۳۰۰]

در مراسم تقدیس لژ تهران و تنصیب مهندس حسین شقاقی در کرسی استادی ارجمند یا بقول فراماسون ها "در کرسی حضرت سلیمان" فراماسون های ذیل شرکت داشتند:

۱-سرپرست اول تنصیب کننده:
ال – د – استریکر L.D. Straker ناظر ارجمند ناحیه و ناظم اعظم افتخاری
۲-سرپرست دوم تنصیب کننده:
اف – اث – دورابجی F. S. Dorabjee راهنمای اعظم دوم ارجمند افتخاری
۳-خطیب و رئیس تشریفات تنصیب کننده:
د – مکنیل – واتسون D. MaCneill Watson خزانه دار اعظم ارجمند.
۴-شمشیر دار تنصیب کننده:

---
[۳۰۰] ـ اقتباس و ترجمه از سالنامه سال ۱۹۵۹ میلادی. لژ بزرگ اسکاتلند. ادینبارو.

سی – آی – فری C. I. Fairey راهنمای اعظم دوم افتخاری.

۵-نگهبان داخلی تنصیب کننده:

ارفع السلطنه فرخ کتاب بر اعظم افتخاری.

۶-کار پرداز تنصیب کننده:

شیخ احمد خزعلی راهنمای اعظم ارجمند افتخاری.

آقای محترم و برادر عزیز

با کمال احترام از آن برادر گرامی دعوت می شود تا
در جلسه تأسیس و تقدیس لژ نور و تنصیب
برادر

دکتر سید حسن امامی

بسمت ح.ا.ا. که در تاریخ شنبه ۱۲ خرداد
۱۳۱۶ ساعت ۶/۵ بعد از ظهر در محل انجمن
رازی تشکیل میگردد حضور بهمرسانید و نیز خواهشمند
است در شام برادرانه که همان شب از طرف استاد
ارجمند داده می شود شرکت فرمائید.

لباس اسموکینگ یاتیره

در تاریخ فراماسونری نوشته شده که دو امام جمعه به عضویت فراماسونری نائل شدند. . . اولی میرزا زین العابدین امام جمعه تهران بود که به فراموشخانه میرزا ملکم خان پیوست و دومی دکتر سید حسن امامی امام جمعه روشنفکر و متجدد تهران در زمان محمدرضا شاه پهلوی بود که در سال ۱۹۷۸ میلادی در سوئیس به مرض قلبی درگذشت. دکتر سید حسن امامی در سال ۱۳۴۴ شمسی به لژ کورش تابع لژ بزرگ اسکاتلند وارد شد.

می گویند "آیت الله خمینی" در سازمان فراماسونری عضویت داشت طبق تحقیقاتی که من کرده ام نمی توانم رسماً عضویت آقای خمینی را در لژ تأیید کنم. تنها مدرکی که توانسته ام در این مورد بیآبم شرحی است که در شماره دهم "نامه نقاب" مورخ هیجدهم اردیبهشت ۱۳۶۲ شمسی نوشته شده که عیناً با قید احتیاط کلیشه می شود:

خمینی فراماسون

روزنامه مکزیکوهرالد فاش کرد که در کنگره بین المللی فراماسونها، که بطور محرمانه در اکتبر سال ۸۲ در مکزیک برگزار شد دو نفر نماینده از طرف خمینی، بنامهای سید محمد شیرازی و سید محمود دعائی، شرکت داشته اند.

ارتباط خمینی و دار و دسته اش با فراماسون بین المللی، تحت هدایت و نوکری انگلیس ها قبلا فاش و عضویت عده ای از ارکان اصلی دستگاه خمینی نظیر سید محمد بهشتی، عبدالکریم موسوی اردبیلی، ربانی املشی، سید عبداله شیرازی و عده ای دیگر در لژ اسلام فراماسون آشکار شده بود. واز همان زمان که رادیو بی بی سی لندن برنامه فارسی خود را از یکساعت به چهار ساعت افزایش داد و تمام قدرت و حمایت خویش را پشت سر خمینی گذاشت، مسئله ارتباط کهن آخوندها با انگلیس ها مطرح شد و پس از اینکه خمینی از سید جمال الدین اسدآبادی، سرسپرده حلقه بگوش انگلیس ها و فراماسون بعنوان نخستین رهبر انقلاب اسلامی در خاورمیانه، یاد کرد قطعیت این ارتباط به ثبوت رسید. (۱)

۱ـ نامهٔ نقاب . چاپ پاریس . هجدهم اردیبهشت ۱۳۶۲ شمسی شماره ۱۰ به نقل از "روزنامهٔ مکزیکو هرالد". مکزیکو سیتی . مکزیک .

۲۸

لــــژ مــهر

در زمان "آدلف هیتلر" صدر اعظم آلمان فعالیت لژهای فراماسونری در آن کشور متوقف و بنا به دستور وی کلیه لژهای فراماسونری در سراسر آلمان بسته شد زیرا هیتلر نه تنها تشکیلات فراماسونری جهانی را وابسته به قوم یهود می دانست بلکه یهودی ها را وابسته به انگلیس و آمریکا و دشمن آلمان محسوب میداشت.

قشون آلمان به هر سرزمینی که پا میگذاشت بلافاصله لژهای فراماسونی را مورد حمله قرار میداد و اسناد و مدارکی را که بدست میآورد به برلن میفرستاد. در برلن نمایشگاه بزرگی ترتیب داده بودند و به دستور "گوبلز" وزیر تبلیغات آلمان برای نشان دادن خیانت فراماسون ها به پیشوا و ملت آلمان اسناد و مدارک ضبط شده را در معرض نمایش قرار میدادند.

پس از شکست آلمان و پایان جنگ دوم جهانی نخست وزیر انگلیس وینستون چرچیل دستور داد نیروهای انگلیسی کلیه اسناد و مدارک مربوط به لژهای فراماسونی را که در آلمان جمع آوری شده بود به انگلستان و سایر کشورهای فاتح منتقل نمایند. بطور مثال اسناد مربوط به فراماسونری فرانسه که توسط نیروهای اشغالگر هیتلر جمع آوری و به آلمان انتقال یافته بود طبق دستور ژنرال دوگل به کتابخانه ملی پاریس تحویل شد و اکنون نیز یکی از منابع ذیقیمت در کسب اطلاعات راجع به فراماسونری فرانسه است.

دراواسط سال ۱۹۴۸ فراماسون های انگلیسی در شهر "باد وین هازن" (مرکز نیروهای آمریکا و انگلیس در آلمان) لژی زیر نظر لژ بزرگ انگلیس تأسیس نمودند. در سالهای بین ۱۹۴۸ تا ۱۹۵۵ میلادی بین لژ جدیدالتأسیس و لژهای هلند، بلژیک، سوئد، نروژ، ایتالیا و اسپانیا رابطه برقرار شد. در اوایل سال ۱۹۵۵ میلادی هیئتی به ریاست "فن گرو ورز" به انگلستان عزیمت کرد تا برای شناسائی لژ آلمان توسط لژهای انگلیسی مذاکراتی انجام دهد اما با اینکه دولت های آمریکا و انگلیس به ایجاد رابطه بین لـژهای آلمانی و انگلیسی علاقه مند بودند مسافرت فن گرو ورز به نتیجه ای نرسید و لژهای انگلیسی عدم علاقه خودرا در ایجاد رابطه و شناسائی لژ آلمان اعلام داشتند.

". . . پس از این مسافرت طبق صورت جلسه هفتم سپتامبر ۱۹۵۶ اتحادیه گراند لژهای انگلستان اعلام داشتند که فراماسون های آلمانی بوسیله لژ بزرگ انگلیس برسمیت شناخته نمی شوند و اعضای لژهای تابع لژ انگلیس حق شرکت در جلسات لژهای آلمان را ندارند. . ."[۳۰۱]

لیکن در پانزدهم دسامبر ۱۹۵۶ میلادی لژهای متحده انگلیس لژ فراماسونری آلمان را به رسمیت شناختند مشروط براینکه به لژهای انگلیسی اجازه داده شود در کشور آلمان به فعالیت های فراماسونری بپردازند. بدین ترتیب فرمان تأسیس نخستین لژ انگلیسی – آلمانی تحت شماره ۸۴۱ بنام "لژ ابسلوم" از طرف اتحادیه لژهای بزرگ انگلیس صادر و آن لژ در تاریخ

[۳۰۱] - بایگانی ماسونیک. شماره ۴۱. اوت ۱۹۶۱ میلادی

۳۰ مارس ۱۹۵۷ میلادی در شهر "دوسلدرف" تأسیس گردید و متعاقباً چندین لژ با فرمان لژهای بزرگ انگلیس در آلمان تأسیس شد.

در سال ۱۹۵۸ میلادی فراماسونری آلمان به تدریج از زیر نفوذ لژهای انگلیسی آزاد شد و در ۱۴ سپتامبر ۱۹۵۸ میلادی با حضور بیش از چهارصد نفر رهبران فراماسونری آلمان، سوئد، هلند و انگلیس "اتحادیه گراند لژهای آلمان" بنیانگذاری شد. . . و در اندک زمان اغلب لژهای بزرگ اروپا، لژهای بزرگ هلند، لوکزامبورگ، آلپینای سوئیس، اتریش، بلژیک و گراند اوریان ایتالیا لژ بزرگ آلمان را به رسمیت شناختند.

". . . پس از جنگ اخیر دو گراند لژ در آلمان تأسیس شد که هیچیک توسط لژهای بزرگ اسکاتلند و ناسیونال فرانس به رسمیت شناخته نشدند زیرا حتی آنها بین خودشان هم توافق نداشتند. اما پس از مذاکرات دامنه دار و مفصلی بالاخره بین خود از یک طرف و لژهای اسکاتلند، انگلیس و فرانسه از طرف دیگر به توافق رسیدند و در نتیجه گراند لژ متحده آلمان موجودیت یافت.
اکنون لژهای بزرگ متحده آلمان را لژهای بزرگ اسکاتلند، انگلیس و فرانسه به رسمیت می شناسند و روابط خوبی با آن دارند.[۳۰۲]

در ایران برای اولین بار سید حسن تقی زاده به فکر تأسیس لژی تابع لژهای متحده آلمان افتاد. تقی زاده ضمن مقاله ای در مجله یادگار چنین نوشت:

". . . چهارم تشکیل جمعیتی برای ترویج حیثیت و شرف و راستگوئی و اجتناب از دروغ و دسیسه و نفاق و خودداری از مبالغه و اظهارات بی اساس و بی دقتی و

---

[۳۰۲] - گزارش سرگرد باتیستا. لژ افسران آمریکائی تهران. چاپیتر ۴۶۱ سال ۱۹۶۴

اعتراض از مسامحه و پرهیز از غیبت و نمامی و مخصوصاً ترک مطلق تعارفات بی حقیقت رویاروی که از بدترین مفاسد اخلاقی این ملت است چه در کلام و عمل و چه در کتابت.

اگر چنین انجمنی از مردمان صاحب دل و منزه به وجود بیآید و بطور ثابت و مستمر گذشته از تبلیغ قولی سرمشق مشهودی به دیگران نشان بدهد قطعاً در ایجاد نهضت اخلاقی بی اثر نخواهد بود و مانند تأثیر محفل بنّاهای آزاد در انگلستان و فرقه دوستان یا کویکرها در بنای اخلاقی انگلند جدید در مشرق ممالک متحده آمریکا و همچنین در خود انگلیس انقلاب اخلاقی تدریجی بوجود خواهد آورد.

علامت اصلاح اخلاق راستگوئی، موقوف کردن تعارفات و تملقات رویاروی، تقیّد شدید به نظم در وقت، حفظ وعده و حضور در سر وقت، حفظ قول، سربلندی و سرفرازی، عدم تلون و تبعیت در عقاید از ارباب نفوذ و وزش باد قدرت و ایجاز در کلام و اکتفا به حد لازم است و هر وقت ما اثری از این صفات در جمعی از جوانان خود دیدیم بالنسبه امیدوار می شویم و البته برای اینکار بهترین وسیله تشکیل جمعیت اخوانی است که مراقب حفظ صفات در همدیگر باشند و با تشویق و احترام دارندگان صفات و تحقیر و ترد متخلفین. . [۳۰۳]

متعاقباً هفت نفر از استادان فراماسون:

۱- حسین علاء

۲- سید حسن تقی زاده

۳- مختار الملک (صبا)

۴- عبداله انتظام

۵- تقی اسکندانی

۶- ابوالحسن حکیمی

۷- تئودور فوگل

---

[۳۰۳] - مقاله تقی زاده. مجله یادگار. شماره دهم. سال پنجم. ص ۱۳ تهران

کلوپ ماسونیک را در تهران تأسیس و رسماً از لژ "الپینا" سوئیس تقاضا کردند فرمان اجازه تأسیس لژی مستقل در تهران بنام آنان صادر گردد. اما لژ الپینا که فقط در کشور سوئیس فعالیت دارد با تقاضای فراماسون های ایرانی موافقت نکرد.

فراماسون های ایرانی "لژ مهر" را در تهران بنیانگذاری و از سازمان "لژهای متحده آلمان" تقاضا کردند فرمان لژ جدید را صادر کند. فرمان لژ مهر در تاریخ هفدهم بهمن ماه ۱۳۳۸ شمسی بنام هفت نفر فراماسونهای فوق الذکر صادر و بدین ترتیب نخستین لژ تابع، "قانون اساسی لژهای متحده آلمان" در تهران تأسیس شد. نخستین استاد ارجمند لژ مهر، حسین علاء و نخستین منشی لژ مهر، تقی اسکندانی بودند.

لیکن منظور اصلی بنیانگذاران لژ مهر تأسیس لژ بزرگ مستقل ایران بود و برای این منظور و با پیروی از قوانین لژهای متحده آلمان فراماسونهای ایرانی دو لژ دیگر بنام "لژ آفتاب" و "لژ ستاره سحر" تأسیس کردند اما تأسیس لژ مستقل ایران تا دسامبر سال ۱۹۶۰ میلادی بطول انجامید. "گراند لژ مستقل ایران" با لژهای فرانسوی و انگلیسی ایرانی ارتباط نداشت و طرفین یکدیگر را به رسمیت نمی شناختند.

هنوز یکسال از تاریخ تأسیس لژ بزرگ مستقل ایران نگذشته بود که ۳۷ نفر اعضای لژ ستاره سحر تقاضای انشعاب نمودند. در رأس این فراماسون ها جعفر شریف امامی و اشرف احمدی و دکتر امیر حکمت و امضاء کنندگان تقاضای انشعاب این ها بودند:

ابوالحسن معدل – قاسم لاجوردی – عباس آرام – مهدی پیراسته – قدس نخعی – مطیع الدوله حجازی – دکتر شفیع امین – همایون بهادری.

تقاضای انشعاب در کنوانسیون بروکسل که توسط لژ های متحده آلمان تشکیل یافته بود قرائت گردید اما نه تنها با انشعاب موافقت نشد بلکه لژ ستاره سحر را غیر قانونی اعلام کردند و مراتب را به حسین علاء استاد اعظم لژ بزرگ مستقل ایران ابلاغ نمود ند. وقتی نمایندگان از کنوانسیون بلژیک مراجعت نمودند به تقاضای انشعاب لژ ستاره سحر در جلسه ای فوق العاده به ریاست حسین علاء رسیدگی و با جدائی آن لژ موافقت شد. . . و متعاقباً لژهای "مهر" و "وفا" نیز غیر قانونی اعلام گردید.

". . . در همین ایام، استریکر بنیانگذار لژهای فراماسونی انگلیس برای تأسیس و تقدیس یک لژ انگلیسی به تهران آمد. او طی چند جلسه مذاکره با هیئت رهبری گراند لژ مستقل ایران به آنان پیشنهاد کرد به یکی از لژهای وابسته به انگلستان ملحق شوند ولی هیئت رهبری با این تقاضای مؤسس لژهای انگلیس در ایران موافقت نکرد. در نتیجه وی به گراند لژهای فرانسوی و انگلیسی در تهران دستور داد تا ارتباط همه جانبه خودرا با اعضای لژهای (مهر – آفتاب) قطع کنند. بعد از مراجعت استریکر به انگلستان سازمان فراماسونری آلمان نیز به دستور گراند لژهای فراماسونری انگلستان همه ارتباط خودرا با این دو لژ قطع کرده و به حسین علاء اطلاع داده شد که از این پس در سازمان های فراماسونری جهانی لژهای آنها (غیر قانونی) شناخته می شود.[۳۰۴]

بلافاصله لژ بزرگ مستقل ایران دو لژ جدید بنام "لژ وفا" و "لژ صفا" تشکیل داد. . . ارتباط خودرا بطور کامل با لژهای انگلیسی – فرانسوی – ایرانی قطع کرد. . . و درهای انجمن اخوت محل تشکیل لژ مستقل ایران را تنها به روی فراماسون های عضو لژ مستقل ایران باز نگاه داشت.

---

[۳۰۴] - فراموشخانه و فراماسونری در ایران. اسماعیل رائین. جلد سوم. ص ۵۲۵

از طرف دیگر دار و دسته شریف امامی و انشعابیون لژ ستاره سحر که طرفدار الحاق به فراماسونری جهانی بودند از طرف "لژهای متحده آلمان" دوباره به رسمیت شناخته شدند و فرمان "لژ ستاره سحر" تحت شماره ۸۶۷ صادر و به تهران فرستاده شد. مقارن همین احوال لژ دیگری نیز بنام "لژ ناهید" زیر نظر لژهای متحده آلمان در تهران تأسیس شد و انشعابیون به لژ بزرگ ناحیه ایران پیوستند.

بدین ترتیب مقدمات تأسیس "لژ بزرگ ایران" تابع گراند لژ اسکاتلند از هر جهت فراهم گردید.

اعضای سرشناس لژ مستقل ایران این ها بودند:

حسین علاء – سید حسن تقی زاده – عبداله انتظام – نصرالله انتظام – دکتر تقی اسکندانی – غلامعلی میکده – حمید سیاح – دکتر حسین پیرنیا – نصرالله صبا – طیب حسین (سفیر پاکستان در ایران) – علی وثوق – محمود عرفان – دکتر ذبیح الله صفا – محمد قوام – هاشم ملک مدنی – عباس وارسته – آقاخان بختیار – ابوالحسن حکیمی – یوسف اتحادیه – مهندس رضا گنجه – دکتر جمشید مفخم.

لژهای تأسیس شده در ایران قبل از تأسیس لژ بزرگ ایران

لژهای تابع لژ بزرگ اسکاتلند	لژهای تابع لژ بزرگ فرانسه	لژهای تابع لژ بزرگ مستقل ایران	لژهای تابع لژ بزرگ آلمان
تهران	مولوی	مهر	آفتاب
خوزستان	فارابی	وفا	ستاره سحر
روشنائی در ایران	کسری	صفا	ناهید
کورش	سعدی		
اصفهان	فرانسه		
خیام	ژاندارک		
اهواز	ابن سینا		
مشهد	شمس تبریزی		
نور	مزدا		
آریا	مشعل		
شیراز	دانش		
حافظ	کرمان		

علاوه بر لژهای فوق چهار لژ دیگر نیز بطور نامنظم در کلوپ افسران آمریکائی در سلطنت آباد تشکیل می شد که بزبان انگلیسی کار می کرد.

لژ افسران آمریکائی Officer's Lodge Offic — لژ نجات L. Salvation

لژ پیام Lodge Message — لژ گونیا و پرگار L. Square & Compass

۲۹

آئین فراماسون

منظومه مثنوی آئین فراماسون اثر طبع میرزاصادق امیری فراهانی ادیب الممالک که برای اولین بار بوسیله وحید دستگردی چاپ و منتشر شد و اینک نیز برای اولین بار به سبک ذیل تنظیم و زیرنویسی می شود.

پنجم خرداد ماه ۱۳۶۲

آئین فراماسون

سرنامه به نام آن معمار — که بر افراشت این بلند حصار
اوست معمار این کشیده رواق — اوست بنای این مقرنس طاق
کرده هنگام طرح این آثار — کاف کن گونیا و نون پرگار
باد از ما درود و مهر و نوید — بر روان پیامبران جاوید
که همه روشن و سنی بودند — اوستادان ماسنی بودند
آدم آن اوستاد معماران — نوح فرخنده پیر نجاران
بر براهیم شیخ کلدانی — لژ بیت العتیق را بانی
موسی استاد قبه المحضر[۳۰۵] — بیت استاد معبد و داور

[۳۰۵] - قبه المحضر (علامت رمز) قبه الرمان (علامت رمز) قبه الشهاعته (علامت رمز) در دعای مبارک سمات مکرر به آن اشاره شده است از آنجا که می فرماید (ویمَجدَک الذی ظهر لموسی بن عمران علیه السلام علی قبه الرمان) بـه فرانسه آنرا "تابرناکل" Taber Nacle خوانند Chez Le itesIsrael تصویر آنرا یهود و نسارا در محراب عبادت خود نقش کنند (علامت رمز) چنانکه در تاریخ لوئی ۱۴ پادشاه فرانسه نوشته اند که در آواخر عمر خود این تمثال را در غار

عبادت خود رسم کرده بود (علامت رمز) به زبان عبری آنرا "اوهل موعد" گویند چون خیمه موعد (علامت رمز)

در جلد اول ناسخ التواریخ مستور است (در شرح اربعین میقات) اشارتی رفت که خدای تعالی با موسی فرموده که پاره آلات و ادوات فراهم کند پس از آن حضرت چون از اربعین شفاعت و ضراعت فراغت جست به فرمان یزدان "بصلئیل بن آوری بن هور" را که در صنعت زرگری میان بنی اسرائیل بی عدیل بود به خواست و او مردی دانشمند از اولاد یهودا بود (علامت رمز) و همچنین "اهالیاب بن احیاء ماک" را (در تورات بنی احی ساهات واهی ساماخ به اختلاف نسخ مرقوم است) که از خاندان "دان" نژاد داشت حاضر نمود او نیز مردی کاردان و هنرمند بود (علامت رمز) پس بفرمود تا صندوقی از چوب شمشاد ساختند که طولش ۲ ذراع و نیم یک ذراع عرض داشت ارتفاع آنهم معادل عرضش بود محفوف با زر خالص با کنگره های زر و حلقه های زرین تا جای لوح های عهدنامه باشد و آنرا "صندوق الشهاعه" گفتند (علامت رمز) آنگاه فرمود تختی از زر خالص ساخته که آنرا تخت مرحمت می گفتند دو ذراع و نیم طول داشت یک ذراع و نیم عرض (علامت رمز) "دو فرشته زرین" بر فراز آن روبروی یکدیگر نصب کردند که پر های ایشان تمام تخت را فراگرفته بود و آن بر سر صندوق شهادت جا دادند (علامت رمز) آنگاه خانی از زر ناب بساخته که دو ذراع طول داشت و یک ذراع عرض و ارتفاعش یک ذراع و نیم بود با کنگره های زر و حلقه های زرین (علامت رمز) از آن پس ادوات و آلاتی مانند جام ها و دوسکانی ها و شعمدانی ها و غیر و ذالک بساختند که یک قیظ زر خالص صرف آن جمله شد (علامت رمز) آنگاه سراپرده راست کردند که قبه آنرا هیکل و نشیمن گاهش را "مسکن" گفتند چهل ذراع طول آن بود و بیست و هشت ذراع عرض داشت و آن قبه از پشم نر بود با حلقه های زرین و قلاب های زر و پوششی بر زیر آن از پشم قوچ سرخ برافراشتند و برای اینکه از باران و باد هیچ آسیب نبیند از پوست مواشی خود پوششی دیگر تعبیه کردند و آن پوش را نیلگون کردند و بر زیر آن دو پوشش برافراختند (علامت رمز) آنگاه چهار ستون معلق بود و آنرا "قدس الاقداس" "قدس القدس" نام کردند (علامت رمز) و صندوق شهادت را در میان قدس الاقدس جای داده تخت مرحمت را بر صندوق نهادند (علامت رمز) و از بیرون خیمه خان زر را به طرف شمال و شمعدانی زرین که شش شاخه داشت به طرف جنوب جای دادند (علامت رمز) و سهمی از برای مسکن از بافت های باریک فراهم کردند که کان را صد ذراع طول و پنج ذراع ارتفاع بود (علامت رمز) و از هر طرف بیست ستون شبه (برنج – برنز) برپا داشتند (علامت رمز) آنگاه مذبحی با پنج ذراع طول و پنج ذراع عرض و سه ذراع ارتفاع از همان فلز مرتب ساختند (علامت رمز) خدمت خیمه مجمع را حضرت موسی با "هرون" و پسران وی "ناراب" و "ابیهو" و "العازار" و "عیسی مار" مقرر فرمود (علامت رمز) و حوضی از برنز بساختند و پر آب نمودند تا هرگاه موسی و هرون و اولاد هرون به خیمه مجلل درآیند دست و پای خویش بشویند (علامت رمز) آنگاه جامه هرون را به زینت آراستند (علامت رمز) نخست سینه بندی (ادیب الممالک در حاشیه نوشته که سینه بند هرون – صد ره گستی زرتشتیان و پیشبند ماسون ها همه راجع به یک امر است) برای وی مرتب کردند که از هر جانب یکی بود (علامت رمز) و چهار قنطار جواهر شاداب چون یاقوت و الماس و غیر ذالک بر آن نصب کردند (علامت رمز) که هر قنطار مطابق اسباط بنی اسرائیل (امت بنی اسرائیل) دوازده دانه بود (علامت رمز) پس بر هر سنگی نام یکی از اسباط ثبت کردند و از دور جامه او زنگ های زرین بیاویختند و گلی از زر ناب موازی پیشاپیش معلق ساختند و تاج مقدس را بالای عمامه نهادند که با جواهر شاداب مرصع بود (علامت رمز) آنگاه از چوب شمشاد تخت ها به طول ده ذراع و به عرض یک ذراع و نیم با پشتیبان ها بساختند (علامت رمز) و مذبحی که از هر طرف یک ذراع بود برای بخور آماده کردند (علامت رمز) و جمله این سیم و زر را بنی اسرائیل برای رضای خداوند به حضرت موسی آورده و هدیه کردند و آن بیت نُه قنطار و هفصد و سی مثقال قدس زرناب (علامت رمز) و یکصد قنطار و یکهزار و هفصد و هفتاد و پنج مثقال سیم سپید بود و هفتاد قنطار و دوهزار و چهارصد مثقال شبه برنج بود (علامت رمز)

ادامه منظومه از صفحه ۴۵۱

کـــه بـــامرش فراخت خیمه و کاخ — پســـر اوری[۳۰۶] واحـــی ســامـاخ[۳۰۷]
زیــر بـــال فـــرشتگان[۳۰۸] زد مـــهد — مـخـــزن راز حـــق بــــه خیـــمه عهد[۳۰۹]

علی الجمله در غره ماه اول از سال دوم خیمه مجمع را برپا کردند و پرده دروازه مسکن را بیاویختند (علامت رمز) و آن آلات و ادوات را که گفتیم مرتب داشتند (علامت رمز) آنگاه آثار جلال خداوند بی چون از آن سراپرده پدید آمد (علامت رمز) بدان سان که موسی را طاقت درون شدن در آن خیمه نبود و ابری فرود شده آن سراپرده را فرو گرفت (علامت رمز) و هرگاه ابراز سر مسکن بر خواستی بهر جانب که حرکت کردی بنی اسرائیل از دنبال آن حرکت میکردند (علامت رمز) شبها به نظر آتش می نمود و روزها ابر بود (علامت رمز) و چون باز میایستاد مردم از سفر باز می ایستادند و خیمه مجمع را برپا می کردند و ابر خیمه را می گرفت (علامت رمز) علامت سکون ایشان بود (در تاریخ سوریه عدد ۱۹۹ رجوع و مطالعه شود) در کتاب مقدس تورات ص خروج ۳۵ تا ۴۰ در کتاب ۹ (تواریخ ایام) ف ۱ (۵) مذکور است (علامت رمز) در قرآن مجید مکرر (وظللنا الکم الغمام) نازل شده است و در کتاب تاریخ سوریه شرح مزبور با بعضی اختلافات مرقوم است و آن نسخه در کتابخانه موجود . . . (پایان زیر نویس ۳۰۵).

۳۰۶ - بصلئیل بن اوری بن حود زرگر از نژاد یهودا حضرت موسی بفرمان خدا ساختن ادوات و آلات زرینه و سیمینه قبه المحضر را به وی مقرر داشت بصلئیل به کسر با و فتح صاد و سکون لام متصل به ایل که نام خداست می شود.

۳۰۷ - اهولیا اهالیا احولیا اهولیاب احولیاب پسر احیا مالک یا احی سامک احی ساماخ از خاندان (دان) که او نیز در ردیف بصلئیل بود (علامت رمز) صحیح آن (احالیا احی ساماخ) است (علامت رمز)

۳۰۸ - دو تمثال فرشته بود از زر ناب ساخته در بالای تخت مرحمت بر سر صندوق شهادت نهاده بودند (علامت رمز) و حضرت سلیمان نظیر آنرا ساخته در خانه اندرون بیت المقدس که خانه (تابوت عهد رب) بود برنهاد (علامت رمز)
ناسخ التواریخ ج ۱ (آنگاه دو فرشته از چوب بساختند دو ده ذراع طول و ده ذراع ارتفاع هر یک بود و در پهلوی هم استوار کردند چنانکه بالهای ایشان که گسترده داشتند بیست ذراع عرض داشت تا تابوت رب را در زیر بال آن فرشتگان جای دهند و هردو فرشته را ذهب خالص پوشیده کردند) (علامت رمز) (در توریه مذکور است کتاب دویم تواریخ امام) در دعای سمات به این تمثال مقدس با لفظ (کروبین) اشاره شده است. . . بزبان عبری این تصویر مجسم را "کاروبیم" و به فرانسه "شروبن" – Cherubin گویند (علامت رمز)
صاحب تاریخ سوریه می گوید (علامت رمز) بنی اسرائیل در غیبت موسی گوساله زرین را از روی ابلیس مصریان ساختند (علامت رمز) و دانشمند (مولنو) در کتاب خود که برای تبرئه و تزکیه هرون می نویسد دلائل بسیار اقامه می کند (علامت رمز) منجمله می گوید (همان صنم مسبوک را شبیه "گاروبیم کروبین" در وقتی که خدا بر او جلوس فرموده و در کوه "سینا" تجلی فرموده است ساخته بود) (علامت رمز)
در دعای مقدس "سمات" در ذیل فقره که نام بردیم با (واو عاطفه) می فرماید (علامت رمز) (و فی طور سینا و فی جبل حوریث فی الواد المقدس فی القبه المبارکه من جانب الطور الایمن من الشجره) (علامت رمز)

تا سلیمان ز روی آن خرگاه		بیت اقصی نگاشت بهر اله
مصطفی در رواق هر دو اساس		گشت ساجد بسوی خالق ناس
گاه (ولوا و جوهکم) فرمود		کعبه را قبله گاه خلق نمود
گاه از کعبه شد به قدس خلیل		یافت (اسری بعبده) تنزیل
پور عمران علی که از مردی		جبرئیلش رود به شاگردی
اوستاد کروبیان خدا		پیشوای فرشتگان سما
تا نگهدار راز داور شد		با پسر عم خود برادر شد
پسرانش همه به استادی		صاحب بیست و سید نادی
همه هنگام راز گفت و شنود		جانشان با رفیق اعلی جفت
راز داران سر و نکته و غیب		اوستادان دانیال و شعیب
باد از ما درود بر زرتشت		کش بدی آب و آذر اندر مشت
بست گستی سه تا[310] به دور کمر		پنج گات[311] خجسته خواند ازبر

مؤلف کتاب "گنج دانش" صفحه ۱۷۷ از کتاب خود که به طبع رسیده است در تحقیق "بیستون" آورده است که خسرو پرویز هفت گنج داشت:
۱-گنج باد آورد (علامت رمز) ۲- گنج گاو که خزانه افراسیاب بوده در مکانی وسیع و سرپوشیده در و دیوار سقفش مزین به طلا و لاجورد (علامت رمز) آخورها در اطراف آن ساخته و مملو ازجواهر بر سر هر آخوری گاوی بسته ازطلا و نقره که شاخها و چشمهایشان از جواهر و شکمشان پر از انار وسیب و به زرین مرصع (علامت رمز) و در اطراف آن جانورهای چرنده و در بالا مرغان پرنده گوناگون از مینا و جواهر ساخته بودند (علامت رمز)
حاجب "فرهنگ انجمن آرای ناصری" گوید "نام جمشید بر این گاوان نقش بوده" نگارنده محمد صادق الحسینی الفراهانی ادیب الممالک گوید از مرقومات صاحب گنج دانش چنان استفاده می شود که این بنا از روی بنای حضرت سلیمان و حضرت موسی ساخته شده چنانکه از وجود گاوها که در بعداً ذکر خواهدشد و از "انار زرین" و از تصویر مرغان که تمثال "کاروبیم" بوده است ظاهر می شود (علامت رمز) و مؤید این قول نام جمشید است که پارسیان بر حضرت سلیمان اطلاق کرده اند چنانگه شاعر گوید (علامت رمز)
یعقوب را نشاط ز یوسف فزوده اند		داود را بشارتی از جم نموده اند
دیگری گفته است (علامت رمز)
کی نشستی دیو و ارون چون نگین بر تخت جم		گر نوشتی نام تو جمشید سر انگشتری
ونیز مضمون نگارنده آنست که سلاطین اشکانی و "سکه عقاب دو سر" را که در مسکوکات آنها دیده شده است از تصویر "کابرویم" برداشته اند (علامت رمز) و دولت روس در این نقش اقتدا به آنها کرده است (علامت رمز)

[309] - خیمه عهد همان قبه المحضر است که مشروحاً در نمره ۳۰۵ مذکور شد

[310] - گستی "نقل از گلدسته آئین زرتشت"

پنج فرجود [۳۱۲] از او پدید آمد   روشنی بخش اهل دید آمد

آئین نوروزی

۱۱۷ فرمان است که هر فرزند زرتشتی باید مابین هفت و پانزده سالگی سدره پوشیده گستی برمیان بندد چه که سدره و گستی میان کیش به همی می باشد. سدره پوشیدنی است از پارچه سپید و بر صدر قطعه مخصوصه دارد که نامزد به گریبان بوده در پائین یقه وصل شده است. پارچه سدره باید سپید باشد که سپیدی نشان پاکی و نظافت است.

چنان چون در آیه ۱۲۶ "مهریشت" وارد است بیاض علامت دین "مازدیسنی" باشد (علامت رمز) "گشتی" (ادیب الممالک این کلمه را بصورت گستی نیز گفته است) قسمتی از نوار یا رسته ای است که بطور خاص با ابریشم یا کرک بافته هفتاد و دو نخ دارد. سه لای به گرد کمر پیچیده چهار گره دو از پیش روی و دو از پس پشت بر آن زنند شبانه روز فرض است که گشتی بر میان باشد، سه لائی که به دور کمر پیچند متذکر سه پایه کیش (علامت رمز) یعنی "هست" "هوخت" "هورشت" باشد (علامت رمز) و چهار گره که به گشتی زنند علام چهار صفاتی است که باید هرشخص زرتشتی دارا باشد (علامت رمز) نخست ماردیسنی ۲-زرتشتی ۳- دشمن دیوان ۴-هرمزدی کیش باشد (علامت رمز) کرکی که از آن گستی بافند باید از آن گوسفند باشد (علامت رمز) و این دلیل آنست که دارای گستی را شایان است که چون گوسفند سلیم وبی آزار بوده و همیشه به پاکی و پرهیزکاری زیستن کند (علامت رمز) آئین سدره پوشی و گشتی بندی موسوم به "نوروزی" است. (علامت رمز) که معنای آن "پرستش نخست و عبادت جدید" می شود (علامت رمز) و باید این رسم را یک موبد در حضور جماعت موبدان و به دینان ادا سازد (علامت رمز) طفلی که اصول کیش رامع (اوستای ابتدائی) آموخته است تن شسته به لباس مخصوص در موقع حاضر می شود (علامت رمز) موبد در حضور جماعت حضار برای طفل سه بار "گروش نامه پازندی" که ترجمه اش ذیلاً نگاشته می شود می خواند (علامت رمز) (ادیب الممبلک در حاشیه نوشته از نگارش و نقل ترجمه صرفنظر کردیم).

طفل آستین جامه موبد را گرفته بسوی "خورشید" نموده با او "نیرنگ گشتی" می سراید (علامت رمز) و موبد گشتی را میان طفل پیچیده چهار گره بر آن میزند (علامت رمز) و "گروشنامه اوستائی" که مزده یسنواء همی باشد همی خوانند (علامت رمز) از آن هنگام طفل قانوناً داخل امت پیغمبر می شود (علامت رمز). . . نگارنده محمد صادق الحسینی همی گوید این دو نکته را مذکور می داریم که برادران متذکر شوند گشتی سه لائی بوده گشتی و چهار گره زدن بر او که مجموع هفت می شود (علامت رمز) دوم "سدره" که بسیار شبیه است به "سینه بند هرون در موقع دخول به مجمع مقدس" شاید "پیشگیر" نمونه و یادگار این هردو باشد.

[۳۱۱] - پنج گات "نقل از کتاب گلدسته چمن آئین زرتشت" (۱۸) اوستا متضمن بر مواد آتیه می باشد (علامت رمز) ۱- گاتها (که مسلماً از تصنیفات و بیانات خاصه زرتشت علیه السلام است) (علامت رمز) ۲- ویسپرد دو (علامت رمز) ۳- وندیداد (علامت رمز) ۴- خورده اوستا (علامت رمز)
پنج گات به معنی پنج سرود پاک است که هریک را نامی خاص باشد: ۱- اهنود ۲- اشتود ۳- سنپتمد ۴- هوخشتر ۵- وحشتویشت (علامت رمز) اسم هریک از کلمه اول هر مجموعه برآورده اند (علامت رمز) زبان این سرودها بسیار کهن و باستان ترین کتب پارسیان شمرده می آید، عبارت ذات احدیت و تحصیل اخلاق حمیده و آداب حسنه از آنها آموخته می شود (علامت رمز) از خواص عمده این سرودهای بهشتی اینست که در هر مصرعی یکبار یا دو بار نام خداوند یکتا که "اهوره مزده" و یا "اسماء" و "صفات خداوند" که نامزد و به هفت امشاسپند است می آیند (علامت رمز) گاه گاه اسم ذات احدیت و معیت اسماء صفات الهی آمده است(علامت رمز)

[۳۱۲] - پنج فرجود: فرجود به زبان پارسی معجزه و خارق عادت است

هفت امشا سپند را بشناخت دین حق بر سه پایه محکم ساخت[۳۱۳]
بر مسیح خجسته پیر نبیل روح حق صاحب مقام جلیل
مظهر لطف و کردگار و درود ساجد حق و خلق را مسجود
در سه اقنوم کشف کرد آیات از رموز حیات و ذات و صفات
هم به داود شهریار گرام بر سلیمان پاک و بر حیرام
باد از من سلام بر رخ پیر صاحب شرق و رشک و مهر منیر
همچنین بر دو مبصر بینا ماه و خورشید گنبد مینا
که در این کاخ فرخ از چپ و راست دستگیری کنند بی کم و کاست
بر دبیر و خطیب و مهماندار بر امین و ممیز و معمار
بر عموم برادران صفا سالکان طریق مهر و وفا
پرده داران کاخ ماسونری پی تسخیر وحش و دیو و پری
بر در و بام و شمع و پرده و طاق بر سریر و ستون و سقف و رواق
مشرق و مغرب و شمال و جنوب چشم بینا و پیکر محجوب
آسمان و زمین و اقیانوس[۳۱۴] کوشش و جهد و غیرت و ناموس
نقطه و خط و دائره پرگار قلم و گونیا (زاویه) عمود و مدار
راز پرخیده[۳۱۵] وا پرخیده[۳۱۶] که رسد از لب و کف و دیده
آفتاب و مثلث و شمشیر نور خورشید و زور مرد دلیر
آیته الکرسی و صحیفه نور اختر مشتعل[۳۱۷] طلیعه هور
بر رموز معانی و آیات همه من بدوها الی الغایات
هست پیدا بر اهل دانش و ویر که در این قرن تابناک از دیر
در فرانسه ز شرق اعظم تاخت آفتابی که قلب ذره شکافت
وز خطوط شعاعی آن مهر گشت روشن بساط خاک و سپهر

---

[۳۱۳] - هفت امشا سپند برادر معاصر نامور ما "کیخسرو شاهرخ" که از وکلای پارلمان و مردی دانشمند و بزگوار است در نامه موسوم به "فروغ مازدیسنی" که نسخی از آن برای این بنده به یادگار فرستاده است. (چون مفصل بود نقل نشد)

[۳۱۴] - اقیانوس – اوسان – Ocean

[۳۱۵] - پرخیده مرموز

[۳۱۶] - مصرح

[۳۱۷] - ستاره مشتعل – کوکب درخشان – اختر تابناک Etoile Flambayante

نـور بـگرفـت سـطح عـالم را | روشـنـی داد آل آدم را
تـا از آن نـور سنـگها بـگداخت | "لـژ بـیدارئی[۳۱۸] در ایـران ساخت
ونـدران معـبد ستوده پـاک | پس گـهرهـا بـرون شد از دل خاک
بنـده را هـم بـرادران ز کـرم | سـاخـتـند انـدر آن سـرا مـحرم
راز پنـهـان بـگوش مـن گفـتند | سنـگ سخـتم چـو زر پـذیـرفتند
تـا بـه فضـل خـدا و هـمت پیر | یـار اصـحاب کـهف شد قمطیر[۳۱۹]

---

[۳۱۸] - شرق اعظم فرانسه – Le Grand Orient بعد از آنکه محفل قدیم بواسطه تأسیس "محفل اعظم وطنی" برهم خورد و "دوک شارترس" که در محفل اعظم مقام "استادی اعظم" داشت بواسطه مشاجرات سیئه و بی احترامی که نسبت به وی شده بود از برادران رنجید و از ل (علامت رمز) کناره گزید (علامت رمز) برادران نادم شده در مقام اعتذار برآمدند، در روز بیست و دوم اکتبر مطابق سنه ۱۷۷۳ میلادی و سنه ۱۱۸۷ هجری جشنی بزرگ آراسته و ریاست وی را بسمت استاد اعظمی تصویب نمودند (علامت رمز) در همان روز نام "محفل اعظم وطنی" را منسوخ کرده و بجای آن "شرق اعظم فرانسه" را اعلان کرد (علامت رمز) و با کمال جدیدت و فعالیت به تنظیم قواعد و شعون اداره ف (علامت رمز) پرداخت (علامت رمز) نخستین کاری که کرد این بود که موظفین به خدمت ل (علامت رمز) را در سر شغل خود برقرار کرده و لوایح قرارات کلیه را به خاتم خود امضاء فرمود (علامت رمز) و تصویب کرد که هیچ یک از محافل اقلیمی بدون داشتن اعتبار نامه از شرق اعظم دارای رسمیت نخواهد بود (علامت رمز) و نیز محفلی برای تعیین درجات عالیه که مافوق درجات سه گانه رمزیه می باشد برقرار نمود (علامت رمز) در دهم ماه حریزان سنه ۱۷۷۴ میلادی ۱۱۸۸ هجری از طرف شرق اعظم محافلی که خواتین را به خواهری بپذیرد تأسیس شد (علامت رمز)

(علامت رمز) شرق اعظم تا دیرگاهی در خانه های برادران دور میزد (علامت رمز) تا در دوم ماه اغسطس (ماه اوت) سنه ۱۷۷۴ م سنه ۱۱۸۸ هجری عمارتی عالی را که مدرسه ژوزئیتها بود اجاره کردند و بدانجا انتقال نمودند (علامت رمز) "لژ بیداری ایران (علامت رمز) افتتاح این محفل مبارک و معبد مقدس در دارالخلافه تهران بطور رسمی و با اجازه شرق اعظم فرانسه" و "شورای عالی ماسونی فرانسه در شب سه شنبه ۱۹ ربیع الاول سنه ۱۳۲۶ هجری ۲۱ آوریل ۱۹۰۸ میلادی ۸ ماه ایرل روسی ۸ نیسان رومی ۶ اردیبهشت جلالی سنه ۸۳۰ - ۱ ماه ثور تأسیس یافت (علامت رمز) و نخستین کسی که در این لژ (علامت رمز) پذیرفته شد این بنده نگارنده بود (علامت رمز) ل (علامت رمز) مزبور بعد از بمباردمان مجلس ملی شیدالله ارکانه که مطابق سه شنبه ۲۳ شهر جمادی الاول سنه ۱۳۲۶ بود تعطیل شد (علامت رمز) و بعد از استقرار مشروطیت ثانوی در لیله سه شنبه شهر ذیقعده الحرام سنه ۱۳۲۷ هجری ۱۴ دسامبر ۱۳۰۹ میلادی ۱ کانون ۱ دکابر روسی ۳ مرداد ماه قدیم ۱۲۷۹ ـ ۲۹ آذرماه جلالی ۸۳۱ مجدداً افتتاح شد (علامت رمز)

[۳۱۹] - اصحاب کهف هفت تن بودند از رؤسای مملکت و وزراء و امرای بزرگ که به مخالفت مذهب بت پرستی اتفاق کرده و با کاهنان معبد "افسس" ضدیت نموده و غاری را که در آن نواحی بود اختیار نموده و در آنجا به عبادت و اعتزال پرداخته بودند (علامت رمز) سگ ایشان را نام "قطیر" بود در حکایت ایشان سوره خاص در قرآن نازل شده (علامت رمز). . . و غار اصحاب کهف در چند موضع به نظر می رسد. یکی در جبال "افسس" از بلاد آسیای صغیر که وجود آن در آنجا به صحت نزدیکتراست (علامت رمز) دوم در کوهستان ممالک افغانستان (علامت رمز) سوم در بلاد قفقاز در کوهسار نزدیکی ایروان (علامت رمز)

خواستم تا بجای این اکرام — خدمت لایقی دهم انجام
لاجرم این چکامه بر بستم — عقدی از لعل و در بپیوستم
رشته رازهای پنهان را — بستم آنسان که در و مرجان را
خواهم از فضل ایزدی توفیق — وز رئیس و نگاهبان و رفیق
که به مقصود کامکار شوم — خادم کهف و یار غار شوم

سازم اینک شروع در مقصود
با عنایات کردگار ودود

ای برادر بیار دو بگرو — وز "فراماسونی" ز من بشنو
سبب ارتباط ما یکسر — غیر از این نکته نیست چیز دگر
مجمع فرقه فراماسون — که به جا مانده از زمان کهن
فکر دانش همی کند تعلیم — بی ریا بر برادران سلیم
گر بگوید کسی ترا سخنی — که تو هستی برادر ماسنی؟
پاسخش ده که زمره اخوان — خوانده اند این چنین مرا به جهان
ور بگوید این جواب از چیست — گو مرا بر خود اعتمادی نیست
حق شاگرد ماسنی نبود — که به کردار خویش غره شود
بلکه با خاطری پراندیشه — فکرت و حزم را کند پیشه
زان بترسد که جمع اخوانش — آزمونی کنند در شأنش
سپس از گفته شرمناک شود — زنده ناگشته خود هلاک شود
گشته دهقان برای آبادی — ریشه اش در بهشت آزادی
همه اخلاق او خجسته بود — تنش از ننگ و عیب رسته بود
دوست باشد به دوستدار خدا — فرق ننهد به مالدار و گدا
ور بپرسد ز زاد آزادی — هم ز آئین مردی و رادی
پاسخش ده که چون بمیرد مرد — زان رذائل که هست مایه درد
پس در آید در این مقام بلند — بری از زحمت و تهی ز گزند
رو نهد سوی زندگانی نو — پای کوبد به تخت کیخسرو
اینت باشد ولادتی تازه — عمر و عیشی فزون ز اندازه
ور بخواهد که نیکخو باشد — عدل و حق را به جستجو باشد

این دو را برتری دهد به امور — هر بدی را ز خویش سازد دور
کار خودرا بدین دو سازد جفت — پاک باشد به آشکار و نهفت
گر کسی قصد غیر از این گوید — یا دلیلی بر این عمل جوید
در جوابش بگو که ماسن پاک — که بود ز اهل دانش و ادراک
شرف و قدر مرد را ز اخلاق — می شناسد نه از سرای وثاق
دولت و مال و ثروت و مایه — همه آرایشند و پیرایه
ارزش آدمی بدان گوهر است — که بهر حال ندهدش از دست
وین گهر در وجود انسانی است — زین ره او باقی و جهان فانی است
غرض از این گهر اراده تست — جنبش و عزم و پر افاده تست
که بدان کارهای نیک کنی — خویش را چون زر سبیک کنی
آدمی زین گهر شرف یابد — آدمیت از این گهر تابد
گر ز تکلیف ماسنی خواهی — بشنو از من که یابی آگاهی
از رذائل گریز و می پرهیز — زی فضائل شتاب و می آمیز
راه کسب فضائل آن باشد — که کسی تا در این جهان باشد
از نکوکاری و نکو خواهی — نکند یک دقیقه کوتاهی
گر بخواهی وظیفه ماسن — سخن من به صدق اصغا کن
هست کار بزرگ ماسنی آن — که نهد بر زمین اساس جهان
در اساس ترقی عالم — کوشد و دیو را کند آدم
وین بنا را همی شود بانی — با تمام قوای انسانی
از تو پرسند اگر که در اقطار — سعی ماسن همی بود به چه کار
گو بدان کار سعی باید کرد — که شود باغ فیض خاطر مرد
همه جا و همیشه بر همه کس — فیض بخشد به مهر و نی بهوس
ور بپرسند از آن مکان که نهفت — به فراماسنی ترا پذیرفت
پاسخش ده که در لژی عادل — کامل از مردمان صاحب دل
سه به تنظیم آن شتابنده — پنج روشن چراغ تابنده
هفت ارکان عدل و اصل کمال — همه معمار کاخ عز و جلال

رمـز ایشـان بـه مصحف اقدس — شد مـه و مـهر و خـنس و کـنس[320]
هـفت و پنـج و سـه را اگر خواهی — کـه بیـابی ز سـرّش آگاهـی
سه بـود یـک رئیس و دو مبصر — کـه بـود قـلبشان خـزانـه سـرّ
پنـج شـمع انـد ایـن سـه تن استاد — بـا همـایـون دبـیر و نـاطـق راد
ویـن کتـاب المبین مـا بـالطبع — نـاگـزیـر اسـت از مثـانی سـبع
تـن "لـژ" گرنه هفت پیکر داشت — نتـوانـد لـوای داد افـراشـت
ور نـتابـد شـعاع هـفت اخـتر — خـانـه تـار است و میـهمان بر در
بـایـد از هـفـت تـن سه و استاد — دو رفـیـق سـتـوده آزاد
تـا بسی کارهـای نـغـز کـنند — جستـجـو از درون و مـغـز کـنند
عَلَـم داوری در ایـن ایـوان — سـایـه گسـترده است بـر کیوان
از ۳م (علامت رمز) گر آن یکی استاد — محـفل سـاده ای شـود بنـیاد
کـه بـه جز مشورت در آن کاری — نتـوانـد نمـود دیـاری
از سه استـاد را دو یک انـباز — معـبد آراسـته اسـت بـهر نمـاز
میتواند کسی بطـوع و رضـا — آیـد آنجـا بـه پیشگاه قـضا
لیک تا هفت تـن نبـاشد جـمع — نشود روشـن از حـکومـت شـمع
گـر نبـاشنـد هـفت تـن بـوثاق — کـی حـکومت شـود عـلی الاطـلاق
ور بـه پـرسد تـرا رفـیق کهن — کـز چـه هنـگام گشـته ای مـاسن
گـو از آنـدم کـه ره نور دیدم — در شـب تیـره نـور حـق دیـدم
ور دهـد پـاسخت کـز ایـن گفتار — پـرده بـردار و فـاش کـن اسـرار
پـاسخش ده که چشم مـا کور است — عقـل مـا در حجـاب مسـتور است
مـاسون واقـعی نـگـردد کـم — تـا نگردد بـه خـود ز پیش و ز پس
تـا نمـیرد در او لـجاجت و خـشم — نگشایـد سوی حقـایـق چـشم
چـون بـدین نـور دیـده بگشاید — در ره عـقل و حـق فـرود آید

[320] ـ در تفسیر صافی و مجمع البیان می فرماید اینها ستارگان رونده هستند که در روز مخفی و در شب آشکار شوند و امیرالمومنین علی علیه السلام فرموده که "خنس" و "کنس" عبارت است از زحل (علامت رمز) مشتری (علامت رمز) مریخ (علامت رمز) زهره (علامت رمز) عطارد (علامت رمز) و نگارنده آنها را به ضمیمه شمس و قمر کنایه یا تشبیه ها نماینده ارکان سبعه لژ (علامت رمز) م (علامت رمز) دانسته که سیارات فلک بشریت و انسانیت و عاملان و استاتید کارخانه حق پرستی و عدالتند (علامت مرز)

ماسون واقعی شود آنگاه | که سپارد سوی حقایق راه
گر بگوید که از تو بهراسم | تا ترا با نشانه نشناسم
گو اشارات ما چو شمس بود | به علامات و قول و لمس بود
باز اگر گوید ای رفیق نبیه | کاین سخن را به صدق کن توجیه
گو نخستین نشان رفتارم | که به انصاف و عدل شد کارم
دومین "قول" صدق و حق باشد | که برون از خط ورق باشد
سومین در بلندی و پستی | عهد همراهی است و همدستی
با برادر به جان و دل مالم یار | "لمس دست" آمد است شاهد کار
گر زنو طرح گفتگو فکَند | و ز علامات آن سؤال کند
گو علامات ما شود مشهود | بر تو از گونیا و سطح و عمود
ز آنکه اعمال فکر ما ز آغاز | سوی عدل و حقیقت آید باز
پس به تصحیح خویش پردازیم | کژ و کوژی ز بن بر اندازیم
پس فرازیم بر زمین پایه | ز آن بنا کش بر آسمان سایه
یعنی اندر زمین نهیم اساس | از تمدن بعون خالق ناس
گر بپرسد علامت م (علامت رمز) | که برون باشد از کتاب و سخن
آن علامت که داری از استاد | آشکارا به نزد او کن یاد
سّر آن از تو گر همی پرسد | گو خدا جو ز بنده کی ترسد
هرکه در این طریقه پای نهد | سَر دهد لیک سِر بکس ندهد
گر از این راز معنی دیگر | از تو پرسد بگوی واضح تر
ید یعنی به منتهای گلو | که شود گونیا پدید از او
یعنی ای دست بر هوا و هوس | غالب آید به سینه گوید بس
تا بجوشد درون دل شهوات | شهریار خرد نگردد مات
این علامت چو دیدی از شاگرد | به یقین دان که گشته اورا ورد
کاین منم چیره بر طبیعت دون | به کف اندر زمان نفس حرون[۳۲۱]
سعی دارم که در جهان جاوید | فارغ از زهر و بیم و شهد امید

---

[۳۲۱] - "حرون" سرکش و غالباً به چهارپایان استعمال میشود. نفس اماره چون بهائم و انعام تشبیه کرده اند مجازاً حرون می گویند.

نشوم ز اعتدال هرگز دور　　نکنم جز براه صدق عبور

گر بپرسد ترا ز رمز دخول　　که بیاموختی ز بعد قبول

لفظ "توبالکن"[۳۲۲] ارچه مستور است　　آشکارا بگو که دستور است

گر ز مفهوم آن سؤال کند　　پاسخش ده تو با دلیل و سند

که من این راز را زروی یقین　　خواندم از فصل چهارم تکوین[۳۲۳]

کاین بود نام آن کسی که به حس　　صانع آلت است ز آهن و مس

شرح آنرا درست اگر خواهی　　گوش ده تا بیابی آگاهی

داشت "قابیل" بی سعادت و شوخ　　پسری نامور بنام خنوخ

نام پور خنون شد "عیراد"　　پس "محو یائل" از عراد بزاد

هم پدید آمد از "محو یائل"　　پسری نام "متو شائیل"

"لملک" از این پدر هویدا شد　　که از او چند پور پیدا شد

در سرا داشت دو پری زاده　　این یکی "ظله" آن دگر "عاده"

عاده یابال را همی شد مام　　پدر صاحبان خیل و خیام

نیز "یوبال" را که زاد از وی　　آن نوازندگان به رَبّط٠ و نی

زاد از ظله نیز "توبالکن"　　صانع آلت از مس و آهن

نام آن نقش گشته بر دل ما
"مد پاس" است در محافل ما

ور بپرسد ترا رفیق صفی　　زآن کلام مقدس مخفی

پاسخش ده که این کمین بنده　　نه نویسنده ام نه خواننده

جز هجی بی خبر ز هر هنرم　　چه کنم نیست دانش دگرم

تو بگو حرف اولش زآغاز　　تا من از پی همی سرایم باز

سپس از ابتداء کند به سخن　　تو ز دنبال آن قرائت کن

در سؤال و جواب این اسرار　　N, I, K – A, J بشمار

معنی این کلام اگر جوید　　پاسخش ماسن این چنین گوید

که ز مفهوم آن مرا دریاد　　نیست غیر از عمارت و بنیاد

---

[۳۲۲] - توبالکن "Toubalcain" "توبال قائین" از احفاد قابیل است که مخترع آلات از فلزات شد.

[۳۲۳] - سفر تکوین مراد کتاب اول تورات است.

مــدخل معبد سلــیمان را ست　　　استنی چــون درخــت ایمان راست
مــزد مــزدور خــویــش را　　　اســتاد روزهــا پــای ایـن ستون میداد
نـام آن اسـتن است ایــن کـلمه　　　کــه بــود نــقش در ضـمیر هــمه[۳۲۴]
گــر بــگوید رفــیق روحــانی　　　کــس چــه پـوئی طـریق نــادانی؟
در دبــستان مــگر نــداد استاد　　　هــیچت از خــوانــدن و نـبشتن یــاد؟
در جــوابش بـگوکـه طالب حق　　　درک هــر نــقطه کــه کـند بــه ورق
ایـن اشارات و ایـن رسـوم و رموز　　　کــه بهــر دل کـند ظــهور و بــروز
هــم بکــنه حــقایــق این راه　　　دل شــاگــرد کــی شــود آگاه؟
کــه کـند بالـبداهه سـاز سخن　　　از پــس پــرده فــراماسن
هــرچــه بــاشد ســخنور و نامی　　　هســت بـی شبــهه جـاهل و عــامی
بـاز اگـر گفت و در تو درنگریست　　　کــز تهــبجی مــراد مـاسن چیست؟
پــاسخش ده کــه آنــچه در آئین　　　بــه فــرامـاسونی شـده تلـقین
هست دسـتوری آنچنانکه بـه راز　　　حــرف اول بــیان شــود ز آغــاز
تــا کــه شاگـرد سوی راه درست　　　ره سپــارد بــراستی ز نـخست
پس در ایــن کار جـد و جـهد آرد　　　از دوم حــرف پــرده بــردارد
بــاز حــرف سـوم بیـآمـوزد　　　شمــع دانــش بــه محفـل افـروزد
چــارمـین حـرف راز پـرده فکر　　　انــدر آرد چــون نــو عــروسی بـکر
ور بگوید ز مــزد قصـد تو چیست؟　　　گـــو مــرادم ز مــزد جــز این نیست
کــه بــه پـاداش زحمت مزدور　　　رحــمت آیـد بــر او ز مطلع نــور
هــرکسی را در این ســرای سپنج　　　گنــج بــاشد نصـیب از پـی رنــج

---

[۳۲۴] ـ و در کتاب مقدس توریه "کتاب اول ملوک" فصل هفتم آیه ۲۱ "و آن ستون ها را در رواق هیکل برپا نموده اسمش را دیاکین گذاشت" و ستون طرف چپ را برپا نمود و اسمش را "بوعز" نهاد کتاب دوم تواریخ ایام فصل سوم آیه ۱۷ و آن ستون ها را در برابر هیکل برپا نمود یکی به دست راست و دیگری به دست چپ و اسم دست راستی را "بالکین" و اسم دست چپی را "بوعز" نهاد.
اما "یاکین" یا "یاخین" بزبان عبری یعنی خدا حفظ کند و "بوعز" بزبان عبری یعنی در اوست مدد الهی.
و شاید که لفظ "یاسین" در قرآن مجید همان یاکین باشد بر حسب تبدیل کاف به سین از تداول السنه و خطوط مختلفه یا نظر تعرب صورت کتبی خ به سین در خط عبری و این هردو نام دو تن از معاریف بنی اسرائیل بوده چنانکه ذکر "بوعز" در کتاب "روث حوابیه" که کتاب سوم مورخان است در توریه بشرح آمده است.
نام "یاکین" هم در چند جا مذکور است.

هیچکس اندر این جهان بی مزد / بنماند چه پاسبان و چه دزد
باز اگر گوید آن خجسته رفیق / مزد مزدور چیست بالتحقیق؟
یعنی از حیث صورت و معنی / چیست این اجرو چون شود اجری؟
پاسخش ده که در طریقت داد / آنچه شاگرد دیده از استاد
مزد او بهترین فتوح بود / زانکه تکمیل نفس و روح بود
که به تدریج بهر مزدوران / حاصل آید ز گنج گنجوران
گر بگوید که گاه بخشش و اجر / مزد مزدور را ز مطلع فجر
از چه پای ستون Z آزند؟ / زین کنایت چه مدعی دارند ؟
گو ستون Z آیتی است عظیم / از عنایات کردگار حکیم
رمز کانون حسن ایجاد است / مرکز کار و شغل امجاد است
گر بگوید که چیست آن کانون / گو بود مرکز عقول و شئون
مطلع الشمس عقل و بنائی است / مجمع النور و فضل و دانائی است
آدمی بیند اندر این مرآت / همه تکلیف روزگار حیات
کسب ادراک و عقل و هوش و حواس / همه را اندر آن کند احساس
با طبیعت مجاهدات کند / وز تفکر مشاهدات کند
هرچه بیند به فکر پردازد / داور فکر را حکم سازد
باشد از نقش خویش ناراضی / عقل و انصاف را کند قاضی
کار خود بر خرد رجوع کند / پس به اجرای آن شروع کند
اینکه شاگرد را نخستین بار / در درون زمین دهند قرار
بهر آن است کاندر آن خلوت / چیره گردد به نفس دون همت
یوسف آسا به قعر چاه شود / پس برآید به تخت و شاه شود
از حقیقت بیابد آگاهی / پایه بر مه فرازد از ماهی
وضع و شکل لژ از تو گر خواهند / اوستادان که جمله آگاهند
گو لژ ما مربع است و دراز / باب فضلش به سوی مغرب باز
طولش از سمت شرق سوی غروب / عرض آن از شمال تا به جنوب

ارتفاع از "زنیب"[۳۲۵] تا "نادیر"[۳۲۶] ز اولین نقطه زیر سو تا زیر
راز ابعاد اگر کسی جوید مرد ماسن به پاسخش گوید
آشکارا شود از این ابعاد که به خرگاه عالم ایجاد
ابد الدهر از در و دیوار تابد از شمس و ماسنی انوار
در جنوب و شمال و مغرب و شرق بر همه مردمان ز پا تا فرق
به فقیر و غنی و کودک و پیر نور آن شایع است عالمگیر
گر بگوید که وضع لژ ز چه روی رفته در باختر ز خاور سوی؟
گو از آنجا که گر ببینی ژرف در بیوتی که اقدسند و شگرف
نگری امتدادشان زین سمت نه در ایشان عوج پدید و نه امت[۳۲۷]
مطلع نور شمس شرق آمد مقبل آن بنور غرق آمد
وجه چون مشرق است ماسون را بنگرد پرتو تمدن را
متذکر شود ز تابش نور شمس حق را در آسمان ظهور
دیده از خواب جهل بگشاید به حقیقت رسیده بگراید
پیروان طریقت ماسون که به جا مانده از زمان کهن
معبد خویش را بدان ترتیب ساختند و هم بدان ترکیب
کاندر آنجا خطی که محور بود با خط استوا برابر بود
گر بگوید که لژ چگونه و چیست گو مقام منیع و خاص و خفی است
که بود حافظ فراماسون نزد نا محرمان ز کار و سخن
باز اگر گویدت بگفت و شنفت کار ماسون چرا بود به نهفت؟
گو از ایرا که در همه اطوار آن قوائی که عاملند به کار
از درون چشم های هر هنرند وز برون منشع بسی اثرند
این قوی را سزد که ابر آسا متراکم شوند در یک جا
تا شوند از فشار یکدیگر لایق کار و مستعد اثر

---

[۳۲۵] - زنیت (زنیط) گویند این کلمه از عربی مأخوذ است و به معنای اقصی نقاط سمت الرأس استعمال میشود.

[۳۲۶] - "نادیر" – این کلمه را نیز مأخوذ از لغت عرب دانسته و بر منتهای نقطه تحت القدم اطلاق نمایند.

[۳۲۷] - عوج – کژ و کوژی است – ناهمواری و پست و بلند در سطح.

بطریقی که چون برون تازند　　پنجه با شیر نر در اندازند
گر یکی را دو صد رقیب از پی　　نتوانند پنجه زد با وی
چون بخاری که از زمین خیزد　　اندک اندک بهم در آمیزد
متراکم شود به یکدیگر　　آورد رعد و برق ثلج (برف) و مطر (باران)
این اثر ز اجتماع پنهانی است　　کاندر آن بارگاه روحانی است
گر نه این اجتماع و خلوت بود　　ابر بودی بخار و باران دود
از تو گر پرسد اوستاد نبیه　　که لژ منتظم به چیست شبیه؟
یعنی آن محفلی که محفوظ است　　ماسن آنجا ز کار محظوظ است
گو به سلول پیکری آلی　　که بنائی است محکم و عالی
یا یکی تخم مرغ را ماند　　که درونش کسی نمی داند
در ضمیرش بود یکی موجود　　منشاء قوه و اثر به وجود
پرورانند ورا به خانه دل　　تربیت سازدش در آن محفل
تا بود ناقص و ضعیف و نژند　　اندر آن مجلس است بسته به بند
چون تنومند گشت و بال افراخت　　در گشادش که سوی بیرون تاخت
هم چنین مغز کله انسان　　که بود کارخانه پنهان
درب آن بسته سقف پوشیده　　ساکنانش به کار کوشیده
گوئی آنجا نهاده مرغ وجود　　بیضه های درشت نا محدود
که از آن جوجه ها برون آیند　　بال زرین به چرخ بگشایند
گر به پرسد از آن لژی که در آن　　نیست اسرار ماسونی پنهان
رمز آنکس چه سان پدید آرد　　در جوابش بگو که میسبارد
"این اشارت بود که در خانه　　هست حاضر وجود بیگانه"
گر بپرسند از نگهبانان　　وز ستون و قوائم ایوان
زود بگشا از آن سه قائمه راز　　و آنچه دانی به شرح کن آغاز
که دو دانائی و توانائی است　　رکن سوم ستون زیبائی است
مظهر این سه "پیروا لا جاه"　　"دو نگهبان" چو شمس و زهره و ماه
گر بگوید که این سه قائمه چون　　اندرین ره شدند راهنمون
کم و کیف قوای موجده را　　اثر قوه مولده را

به چه نیرو نهاده برگردن ؟   از چه شاه دلند و مالک تن ؟
کارشان چیست؟ در اثر چونند ؟   در کمالات و در هنر چونند ؟
راز بگشا که صنعت ایجاد   کار "فرزانگی" بود به بلاد
" ختم و انجام " با توائی است   " دلربائی " نشان زیبائی است
این سه اصل قوی به عالم کون   جزء را حافظند و کل را عون
گر بپرسد کسی که در این راه   از چه سالک شدی بلا اکراه؟
چه برانگیخت در سرت سودا   که شدی سوی ماسونی پویا؟
در جوابش بگو که ظلمت جهل   کرده نا اهل را مسخر اهل
نور عقل و شعاع آگاهی   به گدا داده رتبه شاهی
بسکه زندان جهل بد تیره   دیده ام کور گشت دل تیره
لاجرم سوی نور بینائی   تاختم بر سپهر مینائی
ور بگوید چگونه بعد قبول   محرم لژ شدی به گاه دخول
گو نمودم ز خود فلزها دور   نه تنم عور بود و نه مستور
"اینکه کردم برون لباس از تن   دور کردم ز خود زر و آهن"
شد کنایت از آنکه بی دعوی   مرد چون یافت جامه تقوی
هست مستغنی از زر و زیور   زیور او بس است فضل و هنر
سینه و دل برهنه بود مرا   زانکه نزد برادران صفا
شخص محرم به اعتماد تمام   اندر آید به صدق و بنهد گام
زانوی راستم بودی عریان   تا بدانند زمره اخوان
که چو سالک براه حق آید   به خضوع و نیاز بگراید
"موزه کردم ز پای چپ بیرون   پا برهنه در آمدم به درون"
زآنکه دربار قدس و معبد رب   محرم آید به احترام و ادب
دور کردم ز خویشتن زر و سیم   وز تجرد به من وزید نسیم
این کتابت بود ز سلب طمع   در مقامی ز آسمان ارفع
زانکه چون مرد شد بطی سبیل   در طریقت مراتب تکمیل
سیم و زر را ز خویش سازد دور   که وجود مضره نیست ضرور
ور بگوید که در مقام قبول   به چه سان یافتی تو اذن دخول؟

گو سه نوبت نموده دق الباب — راه جستم ز باب تا محراب
معنی این سه پرسد از استاد — پاسخش را چنین بباید داد
که بخوان این سه نکته راز سه بیت — کن سه قندیل روشن از این بیت
اولاً باز خواه تا بدهند — بی طلب در کف تو سر ننهند
ثانیاً در بزن که باز کنند — ور نکوبی به رخ فراز کنند
زین سبب گفته آن شه امجد — طلب الشیئی ثم جد و جد
سعی کوشش بود کلید فرج — قرع الباب ثم لج و لج
ور بگوید پس از دخول به کاخ — خود چه دیدی در آن مکان فراخ
گو پس از آزمایش بسیار — که ز هرکس همی شود ناچار
کرد رأی برادران تصویب — دستگیرم شدند پیر و خطیب
تا که در معبد فراماسن — محرم سرّ شدم به کار و سخن
گر بپرسد چه بد در آن خلوت — امتحان تو وجه اش حکمت؟
گو در آن بارگاه مینوفر — بار بستم سه بار سوی سفر
از پی آنکه تا بود نفسم — به حقیقت دویده باز رسم
گوید ار بعد آزمون دراز — اندر آن بار گه چه کردی باز؟
باز گو کاندر آن وثاق بلند — کرده ام عهد و خورده ام سوگند
که نگهدار هر سرم به نهفت — نکنم زآن به خلق گفت و شنفت
نیز در هر مقام و هر هنگام — باشم از صدق تابع احکام
از تو گر پرسد اوستاد شفیق — شرح اسرار و رازهای طریق
گو نجومی است زیر ابر نهان — نورشان علم بر حقایق دان
آن حقایق که معنویت داشت — ماسون از لوحشان عقیده نگاشت
همه مرموز های تمثالی — نکته ای زان حقایق عالی
چون نیوشد معاهدات ترا — باز پرسد مشاهدات ترا
که چه دیدی در آن مقام شگرف — وز حقایق چگونه بستی طرف؟
گو در آن بارگاه روشن پاک — دیدم آنها که برتر از ادراک
آنچه در عقل کس نمی گنجد — به ترازوی فکر کی سنجد
وآنچه بیرون ز دانش و فهم است — هرکه فهمش گمان کند وهم است

فکرت و عقل و هوش هر موجود باز ماند ز کنه آن مقصود
خاصه آندم که این تن پژمان حامل روح شد در آن ایوان
گفتی اندر فراز دیده من پرده ای زفت بود سایه فکن
گردهای غلیظ و دود سطبر روی خورشید را گرفت چو ابر
تابش نور را حجاب شده مانع از درک آفتاب شده
گر بگوید که این بیان فصیح هست محتاج شرح یا توضیح
گو تن مرد پیش تابش حق می نگردد به روشنی ملحق
نیست کافی برای دیدن نور یافتن در بر چراغ حضور
دیده باید که روشنی یابد پای باید براه بشتابد
تا ندری حجاب دانائی نرهی از مقام ظلمانی
تا به زنجیر وهم های کهن بسته ای روح را به محبس تن
نکنی درک این فنون و علوم وز حقایق همی شوی محروم
ظلمت عقل از وثاق حیات برطرف کن بدر شو از ظلمات
تا ببینی جهان پر از انوار و سنا البرق یخطف الابصار
گر بگوید که بخت میمون شد چون رسیدی به روشنی چون شد؟
گو بدیدم جمال شمس و قمر پیر روشن دل ستوده سیر
این سه را اندر آن سپهر بلند دیدم و رستم از بلای و گزند
گر بگوید که پیر ما ز چه روی جفت خورشید و ماه گشته بگوی
به طریقی که آن مه و خورشید در شب تیره و بروز سپید
چشمه تابناک فکر تواند منبع هوش پاک و ذکر تواند
همچنین اوستاد دانشمند به مقامی رسیده است بلند
که بود منشع نمایش ها مبداء عقل ها و دانش ها
اوست مصداق عقل انسانی کارگاه حیات را بانی
چون ز شمس و قمر برآید نور در رخ وی کند طلوع و ظهور
وجه او هادی خلایق شد ذات او کاشف حقایق شد
گر بپرسد که اوستاد رئیس اندر آن کاخ واجب التقدیس
در کجا می نهد کلاه به فرق؟ در جوابش بگو به نقطه شرق

زآنکه قائم مقام خورشید است   برتر از کیقباد و جمشید است
همچنان کافتاب اول روز   شود از فر خود جهان افروز
گردش روز و شب کند تازه   پاش ها را گذارد اندازه
پیر ما نیز اندرین محضر   جانشین خور است در خاور
فتح و ختم امور در کف اوست   چشم شاگرد سوی مسند اوست
اوست در کارخانه فرمانده   همه فرمان پذیرش از که و مه
گر بگوید که آن نگهبانان   در کدامین جهت کنند مکان؟
گو دو تن مبصر صدیق محب   در سهیل اند طالع از مغرب
یاور اوستاد میمونند   استن خرگه همایونند
مزد شاگرد اگر چه با بنا است   لیک زیشان همی بباید خواست
ز آنکه ایشان وسیط در کارند   بر ز شاگرد و کم ز معمارند
گر بگوید ز شرق و غرب استاد   چیست مقصودش و چه داشت مراد
گو عیان است این لطیفه که نور   باشد از شرق در طلوع و ظهور
پس بود مشرق آن جهت که از آن   تابش ضوء و نور گشته عیان
مغرب آنجا بود که گاه وجوب[۳۲۸]   آفتاب اندر آن نموده غروب
نور مشرق همیشه موجود است   لیک در سمت غرب محدود است
شرق سرچشمه است و غرب مصب   نور جاری در آن به روز و به شب
میتوان گفت قسمتی زاکوان   که به حس درک آن کند انسان
یعنی این عالم امید و غرض   که از جواهر مرکب است و عرض
مغرب شمس عقل انسانی است   که در آن نور معرفت فانی است
قسم دیگر که شد مجرد و پاک   نشود با حواس ما ادراک
خارج از ماده است موجودش   لایزال است بر جهان جودش
درک آن مشکل است جز به ضمیر   شغل آن راجع است بر تقدیر
گر بگوید که جای شاگردان   در کدامین طرف شده است عیان
گو از آنجا که در عمل شاگرد   می نیاورده مایه ها را گرد
دلشان آنچنان که معمول است   تهی از درک نور معقول است

---

۳۲۸ - وجوب – افتادن و پنهان شدن یقال (وجب الشمس) یعنی پنهان شد و فرو رفت آفتاب.

در دبستان عقل شاگردند — که نو آموز اولین وردند
چون در این خانه نام برده شوند — ابتدائی همی شمرده شوند
لاجرم هست جایشان به شمال — وسع ممکن بقد به وسع کمال
زانکه باریکتر از آن جائی — نیست اندر وثاق و صحرائی[۳۲۹]
گر فرا پرسد اوستاد اجل — از گه افتتاح و ختم و عمل
گو به رمز و کنایه مستور — هم به قانون حکمت و دستور
ظهر آید به کار خود معمار — نیم شب دست می کشد از کار
گر بگوید تورتکه این ساعات — از چه باشد کنایه در اوقات
در جوابش بگو که نوع بشر — پیش ار کاید از وجودش اثر
نیمی از عمر خود بپیماید — بامدادش به نیم روز آید

سپس آید درون معبد حق — در نماز از دلوق به غسق[۳۳۰]
ز اول نیم روز خواهد مرد — کار بگذشته را تلافی کرد
لاجرم تا به آخرینه نفس — پاک سازد دل از هوا و هوس
خدمت نوع را کمر بندد — جز نکوئی به خلق نپسندد
از "زراتشت" مانده این دستور — کو بیاموخت سر ظلمت و نور

---

۳۲۹ - چون قطب شمال که منتهی به نقطه می گردد تنگترین نقاط عرض است و این معنا در قطب جنوب یافت نشود زیرا که برآمدگی در قطب شمال است و فرو رفتگی از قطب جنوب. در حاشیه کتاب تاریخ ایران از مرحوم میرزا آقاخان شهید کرمانی ص ۶۸ مرقوم است (در عبری شرق را پیش و غرب را پس و جنوب را راست و شمال را تاریک یا پوشیده گویند). از سه لفظ اول وضع پرستش و شمس و لفظ آخر کاشف عقیده ایست که مردم اوائل در مخوف بودن شمال کره داشته اند و ظلمات را در آنجا می پنداشتند.

۳۳۰ - از دلوک تا به غسق آیه هشتادم در سوره مبارکه بنی اسرائیل نظر به روایت عیاشی از حضرت امام محمد باقر و امام جعفر صادق علیه السلام مذکور است که فرمودند دلوک عبارت از زوال شمس است و غسق کنایه از نیمه شب:

ظهر آید بکار خود معمار — نیمه شب دست می کشد از کار

حضرت زرتشت علیه السلام که یکی از مؤسسین این اساس و مخترع این رموز است شاگردان خودرا در موقع انعقاد مجلس از اول ظهر پذیرفته در نیمه شب مرخص می کرد. بعد از ضیافت و بوسه برادرانه که منتهی به ختم عمل می شد.

"زراتشت بنگر چه دین پرور است — که در شهر علمش ره از صد در است"

"صد در" نام کتاب موبدی "آذرپژوه" نام است که آئین زرتشت را در آن گرد آورده و صد باب است.

روشنی یادگار حکمت اوست　　　که همه مغز بود و مردم پوست

گر ز فرقان نشان او پرسی　　　هست روشن ز "آیت الکرسی"[۳۳۱]

موبد پارسای پارسیان　　　پیر و دستور رازدان سلمان

راز زرتشت را به استادی　　　بر در کعبه مه آبادی

تا چو احمد به کعبه راند کمیت　　　دید مردی به بیت از اهل البیت

چون نماینده حقایق بود　　　برگزیدش چنان که لایق بود

چون خرد باب و داد مادر شد　　　تازی و پارسی برادر شد

شد ز گوگرد پارسی روشن　　　خاک هاماوران[۳۳۲] چو در عدن

کرد فرقان بیان حکمت زند　　　خیمه زد بوقبیس بر الوند

مرمکی کروز شهد گرفت　　　اصفهان از حجاز عهد گرفت

اوستا از نبی اوستا خواند　　　تخت سلمان بر از سلیمان ماند

شد دل و چشم پیر کلدانی　　　روشن از سرمه صفاهانی

گنگ دژ هوخت[۳۳۳] پیش کعبه ستاد　　　عکس حیرام[۳۳۴] در حرم افتاد

گر بگوید ترا که قبل شروع　　　اندرین امر دلکش مشروع

پرسش وقت را سبب چه بود؟　　　امر معلوم را سبب چه بود؟

پاسخش ده که در زمانه مدام　　　خوبی کار بسته بر هنگام

---

[۳۳۱] - قبلاً در این باره شرحی مذکور شده.

[۳۳۲] - هاماوران مملکت حجاز و نجد و یمن را گویند.

[۳۳۳] - "گنگ دژخشت" پارسیان خانه اورشلیم را به دین نام خوانده اند چنانکه فردوسی گفته است:

به خشکی رسیده سر جنگجوی　　　به بیت المقدس نهادند روی
به تازی زمان خانه پاک دان　　　بر آورده دیوان ضحاک دان
چو بر پهلوانی سخن راندند　　　همی "گنگ دژ هوختش" خواندند

[۳۳٤] - حیرام پادشاه مملکت (تیر – صور) است که با حضرت سلیمان عقد اتحاد و موافقت بسته و در بنای مسجد اقصی آن بزرگوار را به فرستادن تخته و چوب با کشتی معاونت نمود. حیرام پسر "مصورا" که پدرش صوری و مادرش اسرائیلی بود. در فن زرگری و نقاشی و مهندسی و معماری مهارت داشت. وی رانیز حیرام ملک صور برای عمارت اورشلیم به خدمت سلیمان فرستاد و این استاد آثار بزرگ در قدس القداس به جا نهاد و اسرار (م علامت رمز) در آنجا مخزون ساخته بالاخره به شرحی که نگارش آنرا اجازه ندارم در دست شاگردان خود که مظهر دیوان و ددان بودند شهادت یافت (وی اولین کسی بود که سر داد و سرّ نداد) و دور نیست که آیه شریفه "ولقد فتنا لسلیمان علی ملکه و الغینا علی کرسیه جدا ثم اناب" اشاره به این خیانت باشد.
(ادیب الممالک سپس دلایل بسیار از تورات و کتاب لغت تاریخی و جغرافیائی احمد رفعت اقامه کرده است و برای اثبات نظر خویش به تفصیل به تجزیه و تحلیل پرداخته و مضامین آیه هائی را شرح داده که چون از حوصله خارج است به نقل همین چند سطر اکتفا شد).

کار را موقعی است شایسته   که رواجش بدان بود بسته
پاسی از وقت کار چون گذرد   عامل از رنج خود ثمر نبرد
ور عمل را ز وقت رانی پیش   نبری فایدت ز کرده خویش
نیمه شب گر نماز فجر کنی   جان خود در شکنج و زجر کنی
ور نهی بامداد فرض پسین   نیست کار تو درخور تحسین
زشت باشد درون برزن و بام   طبل بی گاه و مرغ بی هنگام
رو نگهبان وقت باش و شناس   حرمت وقت بهر طاعت و پاس
بی سخن واجب است بر همه کس   که نه پیش افتد از زمان و نه پس
در همه شغل و خدمت و طاعت   باشد از جان مراقب ساعت
تا پشیمان نگردد از کردار   شود از سعی خویش برخوردار
گر بپرسد کس که سن تو چیست؟   باز گو کز سه سال افزون نیست
ور بگوید که چیست معنی "ن"؟   بی تأمل گشای لب به بیان
که ز سن طریقت مزدور   پایه منصبش رسد به ظهور
زین سبب باید از درستی عهد   پی فهم سه سعی سازد جهد
به طلب نزد پیر بشتابد   تا ز سرّ سه آگهی یابد
زین سبب عمر خود سه سال بود   بر سه مولودش اتصال بود
گوید ار چیست گاه کشف خواص   از یکی معنی و نتیجه خاص؟
پاسخش ده که در جهان وجود   شد یکی اصل و بیخ هر موجود
ذات واحد که مظهر احد است   نه عدد بلکه مصدر عدد است
در تعدد چه بیش و گر اندک   همه اعداد شد مظاهر یک
نزد اهل خرد چه جای شک است   که هزار تو خود هزار یک است
گر نبودی یکی نبود عدد   کو عدد راست اصل و ریشه وحد
هیئت کل مرکب از اجزا است   پیکر ما مرتب از اعضا است
کل ز هر حیث شامل جزء است   تن هر شئی حامل عضو است
گر بگوید که عقل و دانش تو   چه کند درک از حقیقت "دو"؟
گو از آنجا که آدمی ز خرد   به نکات دقیق راه برد
همه جا از قصور ادراکش   به خطا رفته دیده پاکش

خواهد اندر سرای جود وجود — غیر محدود را کند محدود
به غلط کل به جزء شد تابع — واحد از وهم ما شده واقع
در میان دو غایت موهوم — پای بند دو اصل نا معلوم
صورت و لفظ خارج از معنی — کاندر ایشان یکی حقیقت نی
شبه "بن کمونه" از اینجاست[۳۳۵] — که از آن شبه شرک ها برخاست
چون یکی را دو چشم احول دید — رشته شرک را مسلسل دید
پس دوئی را ز بن برافکن و گو — " وحده لا اله الاهو"
گر بگوید از این بیان شگرف — غرضت چیست و ز چه بستی طرف
گر خرد در تعقل هستی — کرده با ما ز فضل همدستی
تا چنان درک کرده ایم به عقل — گرچه خارج شد از حکایت و نقل
که سه شد مظهر جمال و وجود — یا که تمثال اصل هر موجود
زانکه چون مصدر وجود به خویش — جلوه حسن سازد از پس و پیش
چشم ناظر چو روی او بیند — سه گل از باغ معرفت چیند
ناری از وحدت و ز کثرت شمع — نوری اندر مقام جمع الجمع
گرچه این شمع و نور و ناریکست — مظهر و ظاهر و ظهور یکی است
لیک در چشم ما سه میآید — از سه منظر قمر سه بنماید
هندوان کرده زین سه چیز ادراک — مصدر خلقت و حیات و هلاک[۳۳۶]
مصریان از مثلث منشور — "سه" صنم داشتند مظهر نور

---

[۳۳۵] - "ابن کمونه" از فلاسفه یهود و تلامذه شیخ ابوالفتوح شهاب الدین یحیی بن حسن السهروردی بوده است. این شبه را که قدما هم متعرض شده اند متذکر گردیده و گفت: چه ضرورت دارد که دو ماهیت باشد بسیط و مجهوله الکنه و امتیاز هریک از دیگری تمام ذات باشد و مفهوم وجوب وجود بر آنها عرضی صدق نماید چه ما به الاشتراک عرض ما به الامتیاز نمی خواهد چنانکه مقولات تسعه مثلاً کم و کیف دو ماهیت بسیطند که امتیاز هر یک از آنها به تمام داشت و مفهوم عرضی بر آنها صدق عرضی و هیچ مابه المتیاز لازم ندارد و مرکب هم نیستند. این اعتراض مدت چهارصد سال متجاوز بی جواب و لاینحل ماند لهذا آنرا "شبه الشیطان" می نامیدند. تا زمان فیلسوف اعظم "صدرالمتالهین صدرالدین محمد بن ابراهیم" از اعاظم رجال قرن یازدهم هجری آن بزرگوار شبه مزبور را رفع نمود. (برای اطلاع بیشتر به حاشیه اصل منظومه به خط ادیب الممالک رجوع شود).

[۳۳۶] - "مصدر خلقت و حیات و هلاک" بعقیده هندوان "مهادیو" خدای بزرگ آنها است چه مه – مه به معنی بزرگ است و در لغت سانسکریت و "دیو" به معنی خدا می باشد و رفته رفته مهادیو را مخادیو و خدا کرده اند. گویند: از ناف مهادیو شاخه نیلوفری رسته که سه شعبه دارد ۱- برهما یعنی ذات موجد کل ۲- ویشنو به معنی حافظ و نگهدار کل ۳- سیفا یعنی مهلک و معدم کل عده ای بر آنند که این هرسه از "براهم" که رب الارباب است به وجود آمده اند.

نامشان در کتابشان مرقوم   هر مخیس است[۳۳۷] وانگهی دم و توم
"در سه" اختوم عیسی زنده   آب و ابن است و روح پاینده
که به تعبیر دیگر این کلمات   رمز ذات صفات گشت و حیات
مصطفی گفته این مثلث را   لا تثنی و قد تثلث را
پایه داد در شریعت ما   بر سه چیز است از طریق صفا
که دو آزادی و برابری است   سومین پایه برادری است
رمز زرتشت شد "بگات و به یشت"[۳۳۸]   همت نیک و هوخت باهورشت
معنی این "سه" واضح و روشن   منشن دادن و گوشن و کانشن
با سه چیزت در این جهان کار است   وین سه اندیشه گفت و کردار است
این سه گر نیک نیکی ار بد بد   یا چو افراشته تو یا چون دد
گر بپرسد از آن مثلث باز   که در آن نصب گشته دیده باز
گو "مثلث" علامت علم است   علم طومار حکمت و علم است
"چشم بازش" نشانه خرد است   کادمی زان جدا ز دیو و دد است

---

۳۳۷ - "هر مخیس است " آنگهی "رع" و "توم". . . اولاً باید دانست که مثلثات الهیه مصریان یا الهه مثلثه آنها که منظمات خدای بزرگند و مثلث منصف از آن تشکیل می شود عبارت است از "اوزیریس" و "ایزیس" و "هوروس" ولی در ضمن معتقد به الهه و خدایان عظیم و قدیمی بوده اند که اعظم و اقدم آنان فتاح است یعنی خالق اعظم، هیکل آن در شهر "مانوف" بوده دیگر "رع" به معنی آفتاب زیرا که شمس را مصریان قدیم تمثال و نماینده آفریدگار حقیقی میدانستند. هیکل "رع" در شهر تب (طیبه اقصر) بوده است. نیز از برای شمس نظر به اختلافات مواقع و مطالع آن اسماء مختلفه و مظاهر متعدده وضع و تصور کرده اند از آن جمله تمثال "هرمخیس" است که به یونانی "اسفنگس" (مجسمه ابول الهول) و بفرس قدیم "خورمنححی" گویند و هر مخیس مأخوذ از زبان پارس می باشد و این تمثال نماینده آفتاب است در اول طلوع و شرق آن دوم "رع" مظهر و نماینده شمس است در نیمروز و هنگام ظهر. سوم "توم" تمثال خورشید است در وقت غروب. علاوه به این "سه" تمثال دیگری از برای بودن شمس در عالم "سفلی" و ظلام شب تصور کرده اند بنام "اوزیریس" (علامت رمز) اما "الهه مثلثه منصف" که عبارت از اوزریس و اوزیس و هوروس باشد نخستین را بصورت مردی ساخته اند و دوم را بصورت زنی و سوم را بشکل کودکی با ترتیبات و کلاه ها یا تاج های مخصوص که هر یک آلتی در دست دارند.

۳۳۸ - "رمز زرتشت شد به گات و به یشت":
از این بیت دانسته شد که پایه آئین مزدیستی بر سه چیز است. . .   ۱- همت نیکو ۲- هوخت نیکو ۳- هورشت نیکو و نسبت به استواری مقامات عالیه انسانیت بر این سه پایه در کلمه شهادت زرتشتیان می آید. یعنی استوارم به نیک اندیشی. استوارم به نیک گفتاری و استوارم به نیک کرداری و ضد این هرسه دژهمت و دژهوخت و دژ هوشت باشد چه دژ در پارسی افاده معنی زشت و بد را می نماید. . . چون" دژمن" که "دشمن" است و "دژپل" که "دشتل" است و امثال آن. این معنی را نیز نگارنده در نامه "پیوسته فرهنگ پارسی" به نظم آورده ام.

هندیان این نشانه ساخته اند
پس کشیشان "گل" شناخته اند

گر بگوید ترا چه فایده داشت؟
دو ستونی که اوستاد افراشت

گو بود یادگار آن دو ستون
که سلیمان فراشت بر گردون

دو ستون میان تهی ز فلز
ساخت آن آسمان حشمت و عز

گنج ها را در او نشان بنهاد
مزد شاگرد هم در آنجا داد[339]

گر سراید خلیفه ماسون
از انار دهان گشوده سخن

به جوابش بگو که در دل نار
حجراتی بود به یک هنجار

در و دیوار و بام آن حجرات
همه آکنده و پر از ثمرات

دانه های منظم و هم رنگ
یکدگر را گرفته در بر تنگ

شده باهم درون بزم صفا
در اخوت قرین مهر و وفا

می نماید به ما اخوت را
معنی اتحاد و قوت را

گر بپرسد کسی که این شمشیر
از چه شد بر میان مرد دلیر

پاسخش ده که بی کنایه و غمز
هست پنهان در این لطیفه دو رمز

اولاً آنکه در فرانسه تیغ
بود از سوقه و ز عامه دریغ

جز بزرگان و فرقه و نجبا
صاحبان مناصب و امرا

هیچ کس را نبود زهره آن
که کشد تیغ و بنددش به میان

تا چه غذ فط ۱۷۸۹ گذشت از میلاد
در لژ ماسونی شد این میعاد

که به اخوان محترم ز ادب
نه حسب برتری دهد نه نسب

امتیاز از میانه بردارند
همه را بالسویه پندارند

چون مقام برادری دارند
همه باهم برابری دارند

لاجرم هر که یافت آنجا راه
بست شمشیر و کج نهاد کلاه

تا به لوح خیال بنگارد
که برادر برادری دارد

ثانیاً چون حسام مینا رنگ
هست اندر جهان علامت جنگ

جنگ دانا برای حق باشد
نظرش اندرین ورق باشد

مرد ماسن فزون ز بیگانه
قدمش ثابت است و مردانه

سعی دارد به دفع ظلم و فساد
کوشد اندر طریق عدل و سداد

---

[339] - "دو ستون میان تهی ز فلز" الی آخر شرح آن در زیر نویس ۳۲۴ مرقوم افتاد

هست شمشیر آلت این کار　　به میان بست بایدش ناچار
گر بگوید که پیشگیر چرا　　بندی اندر گه دخول سرا
گو از این سر به نزد اهل وداد　　کار عقلانی و یدی است مراد
چون بدست آوری وظیفه خویش　　کار شایسته گیری اندر پیش
پیش گیر تو آرد اندر یاد　　آنچه استاد کرده پیشنهاد
گر بپرسد ز کار شاگردان　　که چه باشد وظیفه ایشان
گو بود در سرشت ما هموار　　قطعه سنگ سخت نا هموار
که "گل" ما از آن تباه شده　　آب مان تیره و سیاه شده
باید آن سنگ را به زحمت و رنج　　همچو گوهر کنیم لایق گنج
تا شود روشن و درخشنده　　صاف و شفاف و نغز و رخشنده
سنگ ما لعل شاهوار شود　　در خور تاج شهریار شود
گر بگوید چگونه در دل ما　　سنگ خاره است صخره صما؟
گو به چاه طبیعت ار نگری　　سوی آن سنگ خاره راه بری
هست این سنگ نا تراشیده　　فطرت پست نا خراشیده
که به نیروی دست شاگردان　　زیر چرخ عمل شود گردان
عقل سازد بعدل همدستی　　تا برد زان بلندی و پستی
بتراشند جمله اعضایش　　تا که روشن شود سرا پایش
شکل از نغز چهره شاد شود　　خاتم دست کیقباد شود
گوید ار در تراش سنگ گران　　چیست افزار دست کارگران
گو دو آلت که هر یکی طاق است　　قلم آهنین و تخماق است
گر بگوید کز این دو آلت کار　　چیست قصدت چه باشد این افزار
گو قلم هست فکر ثابت ما　　ناطق از او درون صامت ما
هست تخماق آن اراده سخت　　که بگوید قلم بر آن یک لخت[۳۴۰]
کوه خارا اگر ز جا جنبد　　این همی کوبد آن همی سنبد
گر بگوید به گاه رفتن و ایست　　مشی و رفتارشان اشاره به چیست
گو کنایت ز جهد و جد باشد　　یعنی اندر عمل مجد باشد

---

۳۴۰ - یک لخت گرز است و در اینجا مراد از آن چکش سنگ تراشی است.

تا برآید ز خانه تاریک / به مقام کسی شود نزدیک

که بود هادیش به جز گه نور / روشنی بخشدش بدیده کور

گر همی پرسد آن خدای پرست / که ترا در دل آرزوئی هست؟

پاسخش ده ز روی عقل و ادب / نیستم آرزو بجز منصب

گر اجازت دهد دلیل طریق / که شود بنده اش معین و رفیق

سر به اوج فلک بر افرازم / به مه و مهر فرقدان نازم

چون بدین جا رسید حد سخن / پیر روشن دل فراماسن

گوید اندر عمل بکوش و بجهد / صادق اللهجه باش و ثابت عهد

برهان طبع خود ز بوالهوسی / سعی کن تا بکام دل برسی

شکر لله که این نهفته رموز / یافت از طبع من ظهور و بروز

این گهر زاد این یم کِلکم / که به گهر قرین و هم سِلکم

شد ز در این سفینه مالا مال / شب یکشنبه سوم شوال

رفته از حجرت شه ابرار / سیصد و بیست و پنج بند هزار

سال میلاد ده ز پانزده رفت[۳۴۱] / از شهور هزار و نهصد و هفت

مه به بزغاله مهر در کژدم / آن دوم بود و این به هیفدهم[۳۴۲]

ناظم این عقود رخشنده / آرزومند عفو بخشنده

بنده خاندان مصطفوی / احقر الخلق صادق العلوی

که ادیب الممالکش لقب است / چون هوا خواه دانش و ادب است

خواهد از دولت فراماسون / جهل را برکند ز بیخ و ز بن

انتهی به خط مصنف

در ۲۱ ذیقعده ۱۳۲۹ مطابق ۲۱ عقرب

---

۳۴۱ - "سال میلاد ده ز پانزده رفت" یعنی ده روز از ماه نوامبر که ماه یازدهم مشهور مسیحی است رفته بود از سنه ۱۹۰۷ میلادی

۳۴۲ - قهر در دوم درجه برج "جدی" و آفتاب در هفدهم هم درجه برج "عقرب" بود.

۳۰

اضافات

لژهای معروف فراماسونری

آغاز فعالیت فراماسونری جهانی در ایران

نخستین لژ فارسی زبان که در تهران تشکیل شد لژ مولوی (استاد لژ لقمان الملک ادهم) بود. هفت نفر از اعضای لژ جواهری به سرپرستی "دکتر احمد هومن" و عضویت محمد ساعد، مصطفی تجدد، دریادار عبداله ظلی، دکتر منوچهر اقبال، دکتر محمود هومن و دکتر عباسعلی خلعتبری (که به فرمان خمینی اعدام شد) به پاریس رفتند و به لژ ملی فرانسه پیوستند و فرمان تأسیس لژ مولوی را با خود به ایران آوردند.

دومین لژ بنام، لژ تهران (با شرکت نگارنده) به سرپرستی مهندس حسین شقاقی و عضویت سلیمان بهبودی، مهندس محسن فروغی، دکتر غلامرضا کیان، دکتر علی اصغر خشایار، مهندس ناصر بهبودی و نصراله آذری برای سوگند و پذیرش در لژ شناخته شده تابع اسکاتلند به بصره رفتند. پس از بازگشت اولین جلسه لژ تهران در منزل مهندس شقاقی (جنب کاخ سعدآباد) تشکیل گردید.

سومین لژ که با لژهای فرانسه و انگلیس یعنی لژ مولوی و لژ تهران، بعداً ارتباط حاصل کرد "لژ مهر" نام داشت که تابع لژ اعظم آلمان بود.

جعفر شریف امامی و فراماسونری

سردسته خائنان به فراماسونری نو پا در ایران جعفر شریف امامی بود. شریف امامی مدتی پس از بازگشت از آلمان، (گرچه در آلمان تحصیل فوق العاده ای نکرد) در یک تاریخ همزمان با بهبهانیان، بنا به دستور مهندس حسن شقاقی مدیر کل راه آهن در اداره "جریه" استخدام شدند. هنگام جنگ جهانی دوم شریف امامی و بهبهانیان در جوار سرجوخه های آمریکائی که حمل و نقل سلاح آمریکائی به روسیه را عهده دار بودند به خدمت صادقانه (از هر لحاظ) به نیروی اشغالگر روسیه، انگلیس و آمریکا مشغول بودند. در واقع ارتباط نزدیک شریف امامی و بهبهانیان با متفقین در آنزمان آغاز گردید و دوستی عمیق بین شریف امامی و بهبهانیان برقرار شد.

پس از کودتای ۲۸ مرداد و سقوط دولت ملی دکتر مصدق شریف امامی در دولت فضل اله زاهدی به سمت وزیر راه انتخاب شد. از آن هنگام شریف امامی مهره مؤثری در دولت های پس از کودتای ۲۸ مرداد محسوب می گردد. سفیر انگلیس و اسداله اعلم از شریف امامی (فرزند آخوند شریف العلما) حمایت می کردند.

شریف امامی در مقام مدیر عامل بنیاد پهلوی نقش مؤثر در سیاست ایران بازی می کرد و مورد اعتماد محمد رضا شاه پهلوی بود. هنگام انتخاب استاد بزرگ لژ بزرگ ایران، دکتر منوچهر اقبال، دکتر محمود هومن و لقمان الملک ادهم نیز کاندیدا بودند. هیچیک از آقایان فوق دانش و اطلاع فراماسونری دکتر هومن را نداشتند اما شاه شریف امامی را انتخاب کرد. حال انتخاب استاد لژ بزرگ فراماسون ها چه ارتباطی به شاه داشته نا معلوم است. اعلیحضرت در تمامی امور کشور مداخله می کردند.

محمد رضا شاه در خاطرات خود می نویسد که: "انتخاب شریف امامی در گرماگرم انقلاب اسلامی به مقام نخست وزیری بر اساس اعتقادی بود که به من تفهیم شده بود که شریف امامی ریشه مذهبی دارد، زیرا او فرزند یکی از امامان شیعی بود در حالیکه این مطلب شایعه ای بیش نبود".

وقتی بنا به دستور شاه، شریف امامی به مقام استاد اعظم لژ بزرگ ایران منصوب شد، بسیاری از فراماسون های قدیمی عضو سازمان فراماسونری شرکت در جلسات را کنار گذاشتند. هیچیک از اعضای ایرانی و مؤسسان و بنیانگذاران فراماسونری در ایران شریف امامی را قبول نداشتند.

بهائیت و فراماسونری

در تشکیلات فراماسونری، بر اساس اعتقاداتی که با ادای سوگند به عهده گرفته اند مذهب آزاد است و اعتقادات دیانتی مربوط به قلوب معتقدان و خالی از حُب و بُغض می باشد و هیچگونه ارتباطی به تعصبات دینی و مذهبی ندارد. بدین سبب در تشکیلات فراماسونری هنگام ادای سوگند تمامی کتاب های به اصطلاح! آسمانی وجود دارد. در زمان محمد رضا شاه پهلوی که نسیم آزادی مذهب در فضای مختنق ایران وزیدن گرفت، حقوق بسیاری از یهودی ها، مسیحی ها، مسلمان ها، هندی ها، بهائی ها و غیره در لژهای فراماسونری کاملاً رعایت می شد. ایران در زمان محمد رضا شاه پهلوی بطور کامل از آزادی دیانت برخوردار بود. پزشک ویژه محمد رضا شاه تیمسار دکتر ایادی بهائی مشهور و عضو انجمن هفت نفری بهائیت در معبد شیکاگو بود. تعداد قابل توجهی از اعضای سرشناس لژهای فراماسونری متعلق به بهائیت بودند و هیچگونه اشکالی نه از طرف دولت و نه از طرف مردم در لژهای فراماسونری اعم از لژهای تابع گراند لژ انگلیس، اسکاتلند، آلمان، فرانسه و لژ بزرگ ایران وجود نداشت. باید اشاره کنم که سازمان جهانی فراماسونری، که پنجاه سال است در آن عضویت دارم، به حکومت جهانی، صلح، آرامش، برادری و برابری اعتقاد دارند. بدون تردید در تمامی سازمان های سیاسی و اقتصادی، آدم های ناباب و دمدمی مزاج وجود دارد اما نمی توان راجع به

تشکیلات پهناور فراماسونری بطور عام بر اساس اعمال چنین افرادی داوری کرد.

من بعنوان یک فراماسون که در تأسیس فراماسونری نوین در زمان محمد رضا شاه پهلوی سهم به سزائی داشته ام میتوانم بگویم که مأموران ساواک در جامعه فراماسون ها نفوذ کرده و گزارش مورد پسند خودرا به مقامات بالای ساواک تقدیم می داشته اند. بدین ترتیب می توان قبول کرد که بسیاری از اعضای جامعه بهائیت نیز در لژهای فراماسونری بعنوان عضو ساده و معمولی لژها و حتی در مقامات حساس لژهای فراماسونری نفوذ داشته اند. بدیهی است در این بُرهه از زمان انتشار نام آنان که هنوز در ایران زندگی می کنند برایم مقدور نیست. اما این مسئله دلیل بارزی نیست که نسبت به اصالت و نفوذ و خلوص نیت فراماسون ها تردید کرد. تشکیلاتی که درهای خودرا به روی مردمان پاکدل و معتقد به تعاون و دوستی و برادری و برابری گشوده تنها ممکن است مورد حسادت کوته فکری و فقدان انصاف قرار گیرد.

لژ بزرگ ایران در تبعید

پس از اعدام اعضای لژهای فراماسونری، همانند هویدا، ریاضی، خلعتبری و دیگران بسیاری از فراماسون ها در ایران باقی ماندند و توبه کردند و سر برآستان آخوند روح اله خمینی فرود آوردند و بسیاری دیگر از آنان به آمریکا و اروپا فرار کردند. برخی از آخوندهای فراماسون همانند "بهشتی" بنا به دستور خمینی به بهانه مداخله در

تصمیمات امام، جملگی در انفجارهای ساختگی مربوط به طرح "علی اکبر رفسنجانی" به حوریان بهشتی و شراب ناب محمدی و عسل حاصله از زنبورهای بهشتی، به بهشت موعود پیوستند.

فراماسون هائی که به آمریکا فرار کردند بنا به حس جاه طلبی در این کشور بیکار ننشستند و لژ بزرگ ایران را در تبعید پایه گذاری کردند. البته فراماسون های قدیمی که سالها در آمریکا اقامت داشته و در این کشور به افتخار عضویت در این سازمان خیریه مفتخر شده بودند با تجدید هرگونه فعالیت فراماسونری در خارج از مرزهای ایران پس از انقلاب اسلامی مخالف بودند. در این زمینه لژ بزرگ کالیفرنیا در سانفرانسیسکو از من دعوت نمود بعنوان استادی که "درجه ۳۲" و بالاترین افتخار فراماسونری را که "شراینر ها" باشند دارا می باشد (شراینری سازمان خیریه نیرومندی است که در شهر لوس آنجلس سالن بزرگ "ادوتوریوم" را اغلب به طور مجانی در اختیار سازمان های خیریه قرار می دهد. این سالن عظیم نمونه ای از ثروت و نفوذ فراماسون ها در سراسر جهان محسوب می گردد)، که برای اظهار نظر در مورد تشکیل لژ بزرگ ایران در تبعید سخنرانی کنم. سپس نامه ای به امضای رئیس کمیته لژ بزرگ کالیفرنیا آقای "جان - دریسکل" استاد بزرگ لژ بزرگ کالیفرنیا برای من ارسال گردید. از من دعوت شده بود که در جلسه بزرگ ایران در تبعید شرکت کنم.

نامه ای نیز از گراند لژ کالیفرنیا در تاریخ ۳۰ جولای ۱۹۸۶ دریافت داشتم که عقیده مرا راجع به تشکیل لژ بزرگ ایران در تبعید

خواستار شده بودند. مقارن این احوال نامه ای نیز به امضای منشی لژ دریافت داشتم که فتو کپی و ترجمه نامه ها را تقدیم میدارم. اما مخالفت خودرا درباره فعالیت فراماسون ها در خارج از ایران ابراز داشتم. دلیل من برای این مخالفت مربوط بود به طرز برخورد دولت جدید ایران (جمهوری اسلامی) با فراماسونری بعنوان مرکز جاسوسی یهودی ها و آمریکائی ها و بویژه انگلستان. بدین جهت اطمینان داشتم که حکومت خمینی جنگ تبلیغاتی شدیدی را علیه فراماسونری آغاز خواهد کرد. وقایع بعدی ثابت نمود که من درست تشخیص داده بودم.

«لژ نور در ایران»، از راست، ۱- میرعبدالباقی ۲- قراگوزلو ۳- مهندس امیر نجات ۴- عربشیبانی ۵- فرمند ۶ - دکتر کیان ۷- دکتر مرشد زاده

(لژ نور در ایران در کلیسای انجیلی در خیابان قوام السلطنه تشکیل می شد.

تابستان ۱۹۶۳، از چپ، ۱- مهندس امیر نجات ۲-دکتر پرتو ۳-لرد باخن منشی لژ بزرگ اسکاتلند ۴-مهندس حسین شقاقی ۵- فرمند ۶- کریستوفر فری ۷- دکتر نواب ۸- بختیار

GRAND LODGE
FREE AND ACCEPTED MASONS
OF CALIFORNIA
CALIFORNIA MASONIC MEMORIAL TEMPLE
1111 CALIFORNIA STREET
SAN FRANCISCO 94108
(415) 776-7000

JOHN W. DRISKELL
GRAND MASTER

July 30, 1986

TO: All Inspectors

RE: Iranian Masons

Brethren:

It has come to my attention that some of our Lodges have accepted Iranian Masons as affiliated members. These Brothers have been accepted after proper avouchment as to their legitimate Masonic background.

Several years ago a "Grand Lodge of Iran (in exile)" was formed in New York and elected and installed officers. Subsequently this Grand Lodge (in exile) was permitted to "convene Masons and hold meetings and conduct Masonic business within the City of Boston in the Commonwealth of Massachusetts, as provided by the Constitution and By-Laws of the Grand Lodge of Iran (in exile) and their officers." (quote from 1986 report of the Commission on Information for Recognition of the Conference of Grand Masters of Masons in North America)

Since that time many of our affiliated Iranian Masons have seen fit to pay dues to this Grand Lodge (in exile) not being aware of the fact that they are not recognized by the Grand Lodge of California. I would call your attention to the report of our Committee on Recognition of Foreign Grand Lodges in the 1984 Grand Lodge Proceedings, pages 165, 166 and 167.

I ask that you bring this to the attention of the Masters of those Lodges in your respective Districts who have Iranian Masons paying dues to a Grand Lodge not recognized by this Jurisdiction, so that they may caution these good Iranian Masons that they are not to have anything to do with the Grand Lodge of Iran (in exile) until such time as they might be accorded recognition by the Grand Lodge of California. To continue to do so would result in the filing of a charge of unmasonic conduct - C.M.C. 2032 and 3300.

Thank you for your continued cooperation.

Sincerely and fraternally,

John W. Driskell

Grand Master

RAK/kt
cc: Chairman, Recognition Committee
M. W. John W. Driskell

FREEMASONRY — "THE LAST FRONTIER"

۶ آگست ۱۹۸۶

آقای امیر نجات

شماره ۱۲ سانتا آنیز غربی

سن ماتئو –کالیفرنیا – ۹۴۴۰۲

برادر نجات عزیز: هم اکنون ما نامه پیوست را که توسط لژ بزرگ فراماسون های کالیفرنیا رسیده است، برایتان ارسال میداریم.

ما می خواهیم نظر و عقیده شما را در این مورد جویا شویم.

ما احتمال می دهیم که شما هنوز عضو لژ تهران شماره ۳ و لژ خیام شماره ۵ می باشید. ما علاقمندیم که بدانیم شما در حال حاضر به لژ سن ماتئو شماره ۲۲۶ مجدداً پیوسته اید؟

امیدواریم که شما هیچگونه ارتباطی با لژ بزرگ ایران در تبعید نداشته باشید.

ما نمی توانیم پیش بینی کنیم که لژ بزرگ کالیفرنیا در چه تاریخی لژ بزرگ ایران در تبعید را به رسمیت خواهد شناخت.

پاسخ شما موجب نهایت امتنان خواهد بود. امیدواریم در جلسه لژ شما را ملاقات کنیم.

با تقدیم احترامات برادرانه

منشی لژ – دیل – ای – کالیز- درجه ۳۲

Ancient and Accepted Scottish Rite of Freemasonry

FOR THE SOUTHERN JURISDICTION OF THE UNITED STATES

Burlingame Bodies • Burlingame Lodge of Perfection • Burlingame Chapter of Rose Croix
Burlingame Council of Kadosh • Burlingame Consistory

HENRY C. CLAUSEN, 33°
Sovereign Grand Commander
S.G.I.G. in California

ALBERT F. KOULA, 33°
Chairman of The Inspector General's
Advisory Committee

Masonic Temple
145 Park Road
Burlingame, California 940[illegible]
Telephone 344-4841

August 6, 1986

Mr. Amir Nejat
12 West Santa Inez Avenue
San Mateo, CA 94402

Dear Brother Nejat:

We have just received the attached letter from the Grand Lodge of Free and Accepted Masons of California.

We want to bring this to your attention so that you are aware of the situation.

We presume that you still are affiliated with Tehran Lodge #3 and Khayam Lodge #5. We would be interested to know if you have re-affiliated with a California Lodge such as San Mateo #226.

We trust that you have no connection with the Grand Lodge of Iran (in exile).

We have no way of predicting when or if the Grand Lodge of California will accord them recognition.

Your reply would be greatly appreciated. Hope to see you at one of our meetings soon.

Cordially & fraternally,

Dale E. Callis

Dale E. Callis, 32° KCCH
Secretary

DEC:hf
Enc.
cc: Ill. Albert Koula, 33°

۱۳ اگست ۱۹۸۶

برادر دیل – ای – کالیز

درجه ۳۲ منشی مَسکَتِ فراماسون ها

۱۴۵ خیابان پارک – برلینگیم – کالیفرنیا ۹۴۰۱۰

برادر عزیزم کالیز:

بدین وسیله وصول نامه ۶ آگست ۱۹۸۶ مربوط به فراماسون های ایرانی را که در لژهای کالیفرنیا عضویت دارند اعلام می دارم.

لژ بزرگ ایران در «تبعید» در نیویورک، تقریباً سه سال پیش موجودیت یافت. من دعوت شدم که در گشایش لژ بزرگ ایران شرکت کنم. اما مخالفت خودرا در باره فعالیت فراماسون ها در خارج از ایران ابراز داشتم. دلیل من برای این مخالفت مربوط بود به طرز برخورد دولت جدید ایران (جمهوری اسلامی) با فراماسونری بعنوان مرکزجاسوسی یهودی ها و آمریکائی ها و به ویژه انگلستان. بدین جهت اطمینان داشتم که حکومت خمینی جنگ تبلیغاتی شدیدی را علیه فراماسونری آغاز خواهد کرد. وقایع بعدی ثابت نمود که من درست تشخیص داده بودم. تشکیل لژ بزرگ در ایران در تبعید نفساً داستان سرگرم کننده و مفصّلی است که در این نامه نمی توان تشریح نمود. اگر لازم بدانید به طور مفصل در این مورد صحبت خواهم کرد.

اما در مورد عضویت من در لژهای ایران باید به اطلاع برسانم که من در سال ۱۹۵۸ میلادی در لژ شماره ۲۲۶ سن ماتئو تابع گراند لژ کالیفرنیا پذیرفته شدم. در سال ۱۹۵۸ که به ایران مراجعت کردم مجدداً فعالیت خودرا آغاز و در تشکیلات باستانی خودمان فعالیت گسترده داشتم.

برادر شادروان دکتر «گرنی» که مشاور سفیر آمریکا و همچنین استاد «لژ نور» در ایران بود برای بسیاری از ایرانیانی که مایل بودند به عضویت درآیند راهنمائی نمود.

امیدوارم این پاسخ مورد رضایت شما راجع به نامه ۶ آگست ۱۹۸۶ باشد و نیز رضایت لژ بزرگ کالیفرنیا (۳۰ جولای ۱۹۸۶) را فراهم آورد.

با تقدیم احترام برادرانه

امیر نجات درجه ۳۲

August 13, 1986

Brother Dale E. Callis
32-KCCH
The Secretary of Masonic Temple
145 Park Road
Burlingame, CA 94010

Dear Brother Callis:

Receipt is acknowledged of your letter dated August 6, 1986, regarding the Iranian Masons as affiliated members of the California Lodges.

The Grand Lodge of Iran (in exile) was formed in New York approximately 3 years ago. I was invited to participate in that Grand Lodge, but I expressed my opposition to any masonic activities for Iranians outside of Iran. My reasoning for this objection was the new Iranian government's attitudes on Free Masonry as agents for Jews, Americans and Great Britons in particular.

For this reason, I was positive that Khomaini's government would benefit by a launching of propaganda campaigns against Free Masonry. Events proved that I was right.

Establishment of the Grand Lodge in Iran, by itself, is a very interesting and amusing story that this letter cannot fully explain. I look forward to discussing it in more detail, if you feel the need.

As to my membership in Iranian Lodges, I must bring to your attention that my Mother Lodge is Lodge #226 of San Mateo, Grand Lodge of California. Free Masonry was just openly reactivated when I moved to Iran in 1958, and I was very much involved in it's activities; related to our ancient craft.

The late Brother Guerry as advisor to the American Ambassador and also Past Master of Lodge Light in Iran was helpful in reintroducing Masonic thoughts to interested Iranian applicants.

I hope this response is satisfactory to your August 6, 1986 letter and the Grand Lodge letter of July 30, 1986. Fraternally yours,

Amir Nejat - 32°

Ancient and Accepted Scottish Rite of Freemasonry

FOR THE SOUTHERN JURISDICTION OF THE UNITED STATES

Burlingame Bodies • Burlingame Lodge of Perfection • Burlingame Chapter of Rose Croix
Burlingame Council of Kadosh • Burlingame Consistory

HENRY C. CLAUSEN, 33°
Sovereign Grand Commander
S.G.I.G. in California

ALBERT F. KOULA, 33°
Chairman of The Inspector General's
Advisory Committee

August 20, 1986

Mr. Amir Nejat
12 West Santa Inez
San Mateo, CA 94401

Dear Brother Nejat:

Thank you for your letter of August 13, 1986 in reply to my leter of August 6th.

Your response was most satisfactory as it answered all questions that might have arisen in light of the Grand Lodge letter of July 30, 1986.

We hope that you will be able to attend some of our functions at Burlingame Bodies and join in our fellowship in the near future.

Cordially & fraternally,

Dale E. Callis

Dale E. Callis, 32° KCCH
Secretary

DEC:hf

cc: Ill. Albert Koula, 33°

سلیمان و هیرام

حسن صباح

نمای داخلی یک معبد ماسونی

رؤسای جمهور فراماسون آمریکا

تابوت فراماسون

نویسنده ها و نام کتاب ها

آثار الباقیه. ابوریحان بیرونی. ترجمه اکبر دانا سرشت.

افغانستان بعد از اسلام. عبدالحی حبیبی.

انقلاب های اسلامی. دکتر حربوطلی. ترجمه غلامحسین دانشی و عبدالحسین یادگار.

الفبای جدید و مکتوبات. میرزا فتحعلی آخوند اف.

اتو بیوگرافی. شاهزاده عباس میرزا ملک آرا.

اسناد سیاسی دوران قاجاریه.

الردعلی الد هرین. شیخ محمد عبده.

المعاثر و الاثار. اعتماد السلطنه.

ایران در دوره سلطنت قاجاریه. علی اصغر شمیم.

پنجاه سال نفت. مصطفی فاتح.

پارسی نغز. علی اصغر حکمت.

تاریخ ایران در دوره قاجاریه. دکتر واتسون. ترجمه وحید مازندرانی.

تاریخ فخری. ابن طقطقی. ترجمه محمد وحید گلپایگانی.

تار یخ بخارا.

ابوبکر محمدابن جعفر الزشخی. ترجمه مدرس رضوی.

تاریخ بیهقی. ابوالفضل محمد بن حسین کاتب بیهقی. تصحیح سعید نفیسی.

تاریخ فلسفه در جهان سوم. حنا الفاخوری و خلیل الحجر. ترجمه آیتی زمان.

تحفه العالم. عبد اللطیف شوشتری جزایری.

تاریخ روابط سیاسی ایران و انگلیس. محمود محمود.

تاریخ سیاسی و اجتماعی ایران در دوره معاصر. سعید نفیسی.

تلاش آزادی. ابراهیم باستانی پاریزی.

تاریخ اجتماعی ایران. مرتضی راوندی.

تاریخ مشروطیت ایران. دکتر مهدی ملک زاده .

تاریخ بیداری ایرانیان. ناظم الاسلام کرمانی.

تاریخ مشروطه ایران. سید احمد کسروی.

تاریخ مختصر احزاب سیاسی. ملک الشعرا بهار.
تاریخ سیستان. ملک الشعرا بهار.
چهره هائی در تاریخ ایران. جلد اول و دوم. امیر نجات.
حلاج. علی میرفطروس.
حقایق. محمد مهدی شاهرخ.
حیات یحیی. میرزا یحیی دولت آبادی.
حکومت خانواده ها در ایران. ابوالفضل قاسمی.
خاطرات و خطرات. مخبرالسلطنه هدایت.
خاطرات اعتماد السلطنه. اعتماد السلطنه.
خاطرات سیاسی. میرزا علیخان امین الدوله.
خاطرات. هدایت اله خان گیلانشاه.
خاطرات میرزا عباسقلی خان آدمیت. میرزا عباسقلی آدمیت.
دوره رهبران مشروطه. میرزا ملکم خان. ابراهیم صفائی.
دیوان ادیب المماک فراهانی. به همت وحید دستگردی.
رهبران مشروطه. ابراهیم صفائی.
رموز السیاحته. سفرنامه نجفقلی میرزا.
رساله عبرت الناظرین و عبرت الحاضرین. ابراهیم بدایع نگار.
رساله فراموشخانه. میرزا ملکم خان.
روانکاوی . ابراهیم خواجه نوری.
رساله خطی. ادیب الممالک فراهانی.
زندگی مسلمانان در قرون وسطی. مرتضی مظاهری راوندی.
زنده رود. علی جواهر کلام.
زعماء الاصلاح فی العصر الحدیث. احمد امین.
سفرنامه ابن بطوطه. محمدعلی موحد.
سیاست نامه. خواجه نظام الملک.
سفرنامه "درو ویل" . ترجمه جواد محبی.
سیاست ناپلئون در ایران. ترجمه. نامه گاردان به فتحعلی شاه.
سفرنامه میرزا صالح شیرازی. وقایع سوم نوامبر.

سه مکتوب. میرزا فتحعلی آخوند اف.

سفرنامه حسین خان آجودانباشی.

سیاست گران دوران قاجار. خان ملک ساسانی.

سید جمال الدین افغانی. مدرسی چهاردهی.

سید جمال الدین. میرزا لطف اله اسدآبادی.

سبک شناسی. ملک الشعرا بهار.

فراموشخانه و فراماسونری در ایران. اسماعیل رائین.

فکر آزادی. فریدون آدمیت.

فتح تهران. عبدالحسین نوائی.

قرارداد ۱۹۰۷. وحید مازندرانی.

کتاب بیست و سه سال. علی دشتی.

کامل-تاریخ بزرگ اسلام و ایران. عزالدین ابن اثیر. عباس خلیلی.

مقاله فراماسونری در ایران. حامد الگار.

مخزن الوقایع. حسین عبداله سرابی.

مجموعه آثار میرزا ملکم. محیط طباطبائی.

مردان خود ساخته. سید حسن تقی زاده.

مجموعه اسناد چاپ نشده درباره سید جمال الدین. مهدوی افشار.

مردان نامی شرق. غلامحسین نراقی فرخزاد.

مجموعه اسناد خطی. سید جمال الدین اسدآبادی.

منتخبی از اشعار صفی علیشاه. میرزا محمد حسن اصفهانی.

نامه های سیاسی سفیر بریتانیا. ترجمه احمد توکلی.

نیمه راه بهشت. سعید نفیسی.

نفت و بحرین. عباس اسکندری.

نقش روحانیت در تاریخ معاصر ایران. م. یاوری.

وقایع اتفاقیه. به همت سعیدی سیرجانی.

یادداشت های پراکنده. محمد نجات.

یادداشت های هدایت اله خان رشتی.

یادداشت های قزوینی. محمد قزوینی.

روزنامه ها – مجلات

مجله آسیای جوان. تهران.

مجله اخبار اروپا و مروری بر اخبار لندن. لندن.

مجله ارمغان. تهران.

هفته نامه قیام ایران. پاریس.

مجله اوده اخبار. دهلی نو.

مجله خواندینها. تهران.

مجله اکتالا ماتوروم. پاریس.

مجله وزارت امور خارجه. تهران.

ماهنامه یغما. تهران.

راهنمای کتاب. تهران.

مجله فراماسون ها و آئینه ماسونیک. لندن.

مجله یادگار. تهران.

روزنامه کیهان. تهران.

روزنامه وقایع اتفاقیه. تهران.

مجله دانشگاه تهران. تهران.

ماهنامه اطلاعات. تهران.

روزنامه اطلاعات. تهران.

نامه نقاب. پاریس.

روزنامه مکزیکو هرالد. مکزیکو سیتی. مکزیک.

روزنامه کیهان. تهران.

ماهنامه روزگار نو. دهلی جدید. هندوستان.

BIBLIOGRAPHY

Anthony, Jesse B.
"HISTORY OF KING SOLOMON'S PRIMITIVE LODGE M. W. " 1982
Arnold, Angustus, C. L.
"PHILOSOPHICAL HISTORY OF FREE - MASONRY AND OTHER SECRET SOCIETIES" 1854
Bede, Elbert,
"THE LAND MARK OF FREEMASONRY" 1979
Blunt, Wilfred
"SECRET HISTORY OF THE ENGLISH OCCUPATION OFEGYPT" 1923
Browne, Edward Granville,
"THE PERSIAN REVOLUTION OF 1905 – 1909" 1910
Bennett, J. R.
"FREEMASONS" 1907
Balfour, J. M.
"RECENT HAPPENINGS IN PERSIA" 1922
Blonnet, M.
"REPORT OF FRENCH AMBASSADOR" 1887
Bronwn, J. P.
"THE DERVISHES OR ORIENTAL SPIRITUATION" 1868
Bullard, Sir Reader
"BRITAIN AND THE MIDDLE EAST"
Castells, F.
"GENUINE SECRETS OF FREEMASONS" 1968
Cotton, Richard
"NATIONALISM IN IRAN" 1964
Denshow, William R.
"TEN THOUSAND FAMOUS FREEMASONS" 1979
Darah, D. D.
"HISTORY AND EVALUATION OF FREEMASONRY" 1951
De Poncines, L. V.
"FREEMASONRY AND THE VATICAN" 1884
Ernest, Jacob
"THE PHILOSOPHY OF FREEMASONRY" 1870
Frazer, J. B.
"NARRATIVE OF THE RESIDENCE OF THE PRINCE IN LONDON" 1838
Finny, Charles G.
"THE CHARACTER, CLAIMS AND PRACTICAL WORKSHOP OF FREEMASONRY" 1906
Gobinean, C.
"RELIGIONS ET PHILOSOPHIE DANS L'ASIE CENTRALE"

Goranson, Dean, N.
"FREEMASONRY, A REMARKABLE TECHNIQUE" 1980

Grahm, Robert,
"THE ILLUSION OF POWER" 1979
Guyard, S.
"UNGRAND MAITRE DES ASSASSINS AUS TEMPS DE SALADIN" 1877
Hammer, F.
"ORIGIN, POWER, AND FALL OF THE ASSASSINS" 1868
Hammond, William E.
"WHAT MASONRY MEANS" 1978
Heckethorn, Charles W.
"THE SECRET SOCIETIES OF ALL AGES" 1966
Haywood, H. L.
"FAMOUS MASONS AND MASONIC PRESIDENTS" 1966
Homan, William
"THE SCOTTISH RITE" 1905
Inman, H. F.
"MASONIC PROBLLEMS AND QUERIES" 1923
Kornice, M.
"WOICE OF FREEMASONS" 1942
Keddie, N. R.
"ROOTS OF THE REVOLUTION: 1981
Lamton, Ann, K. S.
"ISLAMIC SOCIETY IN PERSIA" 1954
Ludendorff, Erick
"DISTRUCION OF FREEMASONRY THROUGH REVELATION OF THEIR SECRETS" 1977
Masonic, Lewis,
"THE MAKING OF A MASON" 1981
Macley, A. G.
"FREEMASONS" 1807
Newton, J. F.
"THE BUILDERS" 1979
Prichard, S.
"THE MASONIC ARCHAEOLOGICAL SOCIETY" 1867
Rolinson, R.
"PROOF OF A CONSPIRACY" 1967
Steinmetz, G. H.
"ITS HIDDEN MEANING" 1976
Stillson, H. L.
"FREEMASONS HISTORY" 1913
Stillson, H. L.
"MASONS AND CONCORDANT ORDEP" 1013
Wilson, L.
"THE POWER OF TRIC" 1976
Wright, Dudley
"ROMAN CATHOLICISM AND FREEMASONERY"

فراماسون هائی که به کاخ سفید راه یافتند

نـــــام	تاریخ تولد	تاریخ مرگ	نام لژ	محل لژ
جرج واشینگتن	۲۲ فوریه ۱۷۳۲	۱۴ اکتبر ۱۷۹۹	الکساندریا	نیویورک
جیمز مانرو	۲۸ آوریل ۱۷۵۸	۴ ژوئیه ۱۸۳۱	ویلیامزبرگ	ویلیامزبرگ
اندرو جاکسون	۱۵ مارس ۱۷۶۷	۸ ژوئن ۱۸۴۵	تنوسی	تنوسی
جیمز پولک	۲ نوامبر ۱۷۹۵	۱۵ ژوئن ۱۸۴۷	کلمبیا	نیویورک
جیمز بوکانن	۲۹ دسامبر ۱۸۰۸	۵ آوریل ۱۹۰۶	لژ ۱۱۹	تنوسی
جیمز گارفیلد	۱۹ نوامبر ۱۸۳۱	۲ ژوئیه ۱۸۸۱	لژ ۳۰	اوهایو
ویلیام مکینلی	۲۱ ژانویه ۱۸۴۳	۵ سپتامبر ۱۹۰۱	لژ ۶۰	اوهایو
تودور روزولت	۲۷ اکتبر ۱۸۵۸	۶ ژانویه ۱۹۱۹	لژ ۶۰	اوهایو
ویلیام تفت	۱۵ سپتامبر ۱۸۵۷	۱۰ ژوتن ۱۹۳۰	لژ ۶۰	اوهایو
وارن هاردینگ	۱۰ ژوئن ۱۸۶۵	۷ اوت ۱۹۲۳	لژ ۷۰	اوهایو
فرانکلین روزولت	۳۰ ژانویه ۱۸۸۲	۱۲ اوریل ۱۹۴۵	لژ ۴۰	نیویورک
هری ترومن	۱۴ مه ۱۸۸۴	۲۶ دسامبر ۱۹۷۲	لژ میسوری	میسوری
لیندن جانسون	۲۷ اوت ۱۹۰۸	۲۲ ژانویه ۱۹۷۳	لژ ۵۶۱	تگزاس
ریچارد نیکسون	۹ ژانویه ۱۹۱۳	۲۲ آوریل ۱۹۹۴	لژ ربالیندا	کالیفرنیا
جرالد فورد	۱۴ ژوئیه ۱۹۱۳	زنده است	لژ اوماها	نبراسکا

Secret
Organizations ass

FREE MASONRY

For information write:
Eastern publishing Society
12 West Sant Inez Ave
San Mateo, California 94402

Manufactured in the United States

Library of Congress Catalog Card Number:
83 – 081791
ISBN: 0 – 321 – 405556

سازمان فرهنگی شرق منتشر نموده است

فاجعه – سقوط ۷۹ – نویسنده پال اردمن – مترجم امیر نجات

خاطرات ثریا اسفندیاری – نویسنده ثریا اسفندیاری – مترجم امیر نجات

جهان سوم. امیر نجات

چهره هائی در تاریخ ایران – جلد اول. امیر نجات

جهره هائی در تاریخ ایران - جلد دوم امیر نجات

جمعیت های سری و فراماسونری. امیر نجات – چاپ چهارم – با اضافات

افلاطون و جمهوریت او. امیر نجات

بازگشت به گذشته – اسلام دیانتی که از نو باید شناخت. امیر نجات

شیخ صنعان. سعید سیرجانی

پیام های عاشقانه. مری نجات. بزبان انگلیسی

سرود تنهائی.

کتاب ۲۳ سال. علی دشتی.

الخلیفه – داستان سیاسی و تخیلی – امیر نجات

دیروز - امیر نجات

امروز - امیر نجات

فردا - امیر نجات

Crash of 79 – Paul Erdman, Farsi Translation by Amir Nejat.
The Autobiography of SORAYA, former Empress of Persia, Translation by Amir Nejat.
The Third World – Amir Nejat
Iran Faces in History – Amir Nejat, Ghajar Dynasty to Pahlavi.
Iran Faces in History – Amir Nejat, Islamic Revolution.
Secret Organization and Free Masonry – Amir Nejat
Palto & his Republic – Amir Nejat
Islam Re-evaluated, Amir Nejat 1400 years in 500 pages.
Sheik San'on, Sa'edee Sirjani.
Love Massages – Mary Nejat
Songs of Loneliness.
The book of 23 years – Ali Dashti
The Khalifa, Semi – fiction. Amir Nejat
Yesterday - Amir Nejat
Today – Amir Nejat
Tomorrow - Amir Nejat

اولین رجال با سیاست و آگاه کنندگان ملت و
شهدا راه حریت و مجاهدان طریق انسانیت

جمعیت های سری

و

فراماسونری

امیر نجات

سازمان فرهنگی شرق

چاپ چهارم

SECRET
ORGANIZATITONS And

FREE MASONRY

Amir Nejat

Eastern Publishing Society

چاپ چهارم

SECRET
ORGANIZATITONS And

FREE MASONRY

Amir Nejat

جمعیت های سری و فراماسونری

امیر نجات

این برگ، از نسخه‌ی اصلی
چاپ سازمان فرهنگی شرق برگرفته شده است